计算社会科学导论

吕鹏 范晓光 主编

陈忱 计湘婷 李轩涯 副主编

清华大学出版社
北京

内 容 简 介

本书精心选择了回归分析、机器学习、聚类分析、神经网络分析、自然语言处理、计算机视觉、社会网络分析、ABM 等内容。通过飞桨平台提供多种开发工具和预训练模型，以及详细的帮助文档和课程，让广大师生快速有效地开展学习和研究。

本书是一本开源的、不断更新的、"适文化"的教材，可作为人文社科类学生学习计算社会科学的入门教材，目的是让他们了解计算社会科学主要的研究议题、研究方法、源起和发展，从而开启他们的学习与探索之旅。本书也可以供计算社会科学相关专业学生和研究者来了解"社会科学家们到底在做什么?"，有助于计算社会科学相关专业学习人员提高人文素养。

图书在版编目(CIP)数据

计算社会科学导论/吕鹏，范晓光主编.—北京：清华大学出版社，2023.9
ISBN 978-7-302-64580-1

Ⅰ．①计… Ⅱ．①吕… ②范… Ⅲ．①社会科学－计算方法－高等学校－教材 Ⅳ．①C32

中国国家版本馆 CIP 数据核字(2023)第 169815 号

责任编辑：贾　斌
封面设计：何凤霞
责任校对：韩天竹
责任印制：宋　林

出版发行：清华大学出版社
　　　　　网　　　址：http://www.tup.com.cn，http://www.wqbook.com
　　　　　地　　　址：北京清华大学学研大厦 A 座　　邮　　编：100084
　　　　　社 总 机：010-83470000　　　　　　邮　　购：010-62786544
　　　　　投稿与读者服务：010-62776969，c-service@tup.tsinghua.edu.cn
　　　　　质量反馈：010-62772015，zhiliang@tup.tsinghua.edu.cn
　　　　　课件下载：http://www.tup.com.cn,010-83470236
印　装　者：三河市铭诚印务有限公司
经　　销：全国新华书店
开　　本：185mm×260mm　　印　　张：18　　　　字　　数：439 千字
版　　次：2023 年 9 月第 1 版　　　　　　　　　印　　次：2023 年 9 月第 1 次印刷
印　　数：1～1500
定　　价：79.80 元

产品编号：098716-01

序

　　我非常欣喜地看到由吕鹏、范晓光、陈忱、计湘婷、李轩涯等一批青年才俊撰写的《计算社会科学导论》的书稿。他们"社计师"团队已经连续两年开展了关于"计算社会科学"的培训课程,受到广泛欢迎,没想到这么快他们就完成了课程教材的编写。我一直在关注着计算社会科学前沿的发展,也积极支持青年学者在这方面大力开拓。因为随着信息社会的突飞猛进,社会科学对社会变迁的理解和研究方法都会发生极其深刻的变化,有些变化甚至是颠覆性的。我并不是计算社会科学的专家,但也不揣浅陋,应邀谈几点对这方面学科发展的看法,算是为青年学者们站台。

一、计算社会科学将异军突起

　　长期以来,学科的研究方法总是从属和辅佐学科研究的理论、内容和对象,但随着互联网、大数据和人工智能等技术的飞速发展,计算社会科学成为一种认识世界和社会生活的新型学科,对整个社会科学将会产生革命性的影响。但迄今为止,我国在这个领域的学科发展和人才储备都还很难适应时代发展的要求。

　　根据我国工业和信息化部人才交流中心发布的《人工智能产业人才发展报告(2019—2020年版)》,人工智能相关企业数量不断增加与相关人才供需不平衡,成为我国人工智能产业强劲发展的突出矛盾。当前,我国人工智能产业的有效人才缺口高达30余万人。人工智能的人才不仅要具备计算科学背景,还要具备社会科学素养。

　　在世界范围内,"计算社会科学"(Computational Social Sciences)作为一门新兴学科正在蓬勃发展。2009年2月,以拉泽(David Lazer)为首的15位学者在《科学》(*Science*)杂志上发表题为"计算社会科学"的文章,是公认的宣示这一学科诞生的重要作品。计算社会科学是采用计算科学和数据科学的方法研究社会科学问题的新兴交叉学科。这种新兴性体现在以下几方面。

第一，数据来源形式的大幅度扩展。"巧妇难为无米之炊"，实证社会科学的发展离不开数据采集和处理技术的进步。传统社会科学研究的数据来源或是结构化的宏微观数据（定量研究），或是小样本的文字（访谈研究）、历史资料（历史比较研究）。随着电子计算机运算能力的提升，计算社会科学可以广泛地采用数量庞大的网络数据、文本数据、图像数据、视频数据、空间地理数据进行研究，为社会科学研究的发展注入新的生机。

第二，提升预测和决策的科学性。传统的预测和决策多依赖于对常规性事实的研究，而计算社会科学为现代国家和机构提供了一个应对高度复杂和快速变化环境的高效能、低成本的工具，将革命性地改变决策科学。比如，政府部门对疫情发布数据、流调数据、防控舆情数据进行挖掘，预测疫情的扩散趋势，也可以使用计算机模拟疫情防控政策施行的效果进行预测，提升决策的科学性。与此同时，政策制定者应该鼓励对预测模型进行公开的验证，同时提供标准数据集，作为解释性模型的验证性数据框架。

第三，为因果推断提供新的解决思路。2021年10月，约书亚·安格里斯特（Joshua D. Angrist）和吉多·因本斯（Guido W. Imbens）因为对因果分析方法学的贡献而被授予诺贝尔经济学奖。因果推断是社会科学经久不衰的议题，学者们提出了各种各样的解决方法，如随机试验、工具变量、倾向值匹配等。如今，计算社会科学的发展为因果推断提供新的思路，大数据挖掘有利于探索信息的关联模式，并据此提出更精确的解释性问题，同时机器学习可以更好地应对维度灾难，进行统计估计。对因果关系的检验是计算社会科学研究中的重要部分。

计算社会科学的发展对于中国社会科学的未来发展同样具有重要的意义。现代文明历史上有多次技术革命，在这次数字化引领的新变革中，中国具有独特的优势。其一，中国数字社会建设走在世界前列，从大众生活的移动支付到数字政府的大力建设，无一不突显数字中国的发展活力；其二，中国的数据规模十分庞大，一条信息可能没有太大的意义，一亿条信息就会产生重大的价值。因此，在这一场计算社会科学的大变革中，中国与世界的距离最小，这为中国社会科学的发展实现"弯道超车"或是"换道超车"提供新的契机。当前，大数据和人工智能技术越来越多地进入社会科学研究领域，"计算社会科学"作为新兴学科蓬勃发展，"新文科"建设方兴未艾，一个由社会科学家、计算机科学家、统计物理学家和其他领域的研究人员组成的研究生态正在形成。

二、大力培养计算社会科学新人才

最近一段时间以来，以教育部新文科建设工作组发布的《新文科建设宣言》和组织的一系列会议为标志，促进文科与理工科的学科交叉成为学术界的讨论热点。中国社会科学院时任院长谢伏瞻大声呼吁，要针对交叉学科建设的一些短板，加快发展具有重要现实意义的新兴学科和交叉学科。中国社会科学院是中国哲学社会科学研究的最高学术机构和综合研究中心，学科齐全，人才集中，资料丰富。近年来，中国社会科学院的一些研究团队，发挥国家队的平台优势，在数字经济、数字乡村、智慧社会、国家智治、智慧法治等众多领域积累了丰富的研究成果。

然而，总体来看，当前国内的社会科学界在人工智能与大数据方面的知识储备与能力建设仍有不足。很有必要倡导和鼓励广大社会科学工作者、青年学子就大数据和人工智能在社会科学中的作用展开研讨与交流。尤其是需要推动社会科学界与计算科学界的跨界合作,探索社会科学研究的新研究范式与方法。特别是在以下几方面,要加快推进。

第一,建立技术与社会相结合的学术知识体系。计算社会科学通常是利用特定的研究方法,开发和应用复杂的、大规模人类行为的数据。但支撑计算社会科学学术生态的,不应只是广义上的定量研究方法。传统的社会科学和计算社会科学实际上正在变得越来越紧密。所涉及的主要内容,既涵盖系统仿真、知识图谱、文本分析与建模、数据可视化等"计算方法",又包括算法审计、数据治理、数字公益等"社会治理"技术。这需要培养一批社会科学和计算科学的复合型人才。

第二,推动社会领域的知识图谱、数据库、实训平台建设。完善新型数据基础设施是计算社会科学的生命线,因为这是一门以数据为基础的学科,就如同人工智能技术也是一门以数据为基础的技术一样。在大数据时代,如何进一步合法合规地获取大数据、分析大数据,成为制约未来中国社会科学进一步发展的一个严峻挑战。要善于把"沉默的文本"变成"活动的知识图谱",这就需要发挥人文社会科学专家的专业知识,而不仅仅是靠计算机技术解决技术难题。

第三,整合力量,设立计算社会科学的专业学位。国内外众多大学和科研机构,已经设立了计算社会科学的学位教育体系。国际高校社会科学类博士研究生辅修大数据第二学位也蔚然成风。例如,芝加哥大学设立了计算社会科学的硕士和博士学位,清华大学也已经在相关学科的学位项目里设立了相应的研究方向,中国社会科学院大学成立了计算社会科学研究中心。我们应鼓励建设计算社会科学课程体系,培养这方面的人才。

十年树木,百年树人。培养人才不仅是为满足当前之需,更要为未来做储备。

三、编好用好计算社会科学的基础教材

当前虽然存在诸多大数据、人工智能的教学工具和内容,但大多数是为计算机专业的学生和学者开发的,尤其是在应用场景上,不能适应人文社会科学类学生的专业背景和训练需求。这本以社会学的青年学者为主体编写的计算社会科学教材,是专门为人文社会科学相关专业的学生掌握计算社会科学的知识而量身定做的,有以下几个特色。

第一,计算社会科学理论与软件操作相结合。学习计算社会科学的目的是应用,因此离不开软件应用,同时软件的应用有利于加深对理论知识的理解。除绪论外,本教材各章都先讲解理论知识,再提供应用理论知识的案例,并且案例给出了详尽的 Python 代码及操作说明,方便使用者上手操作。对于案例,编者特别选择了人文社会科学领域的案例。

第二,服务于计算社会科学的教学与人才培养。本教材目的在于帮助一线的高校教师为人文社会科学专业学生讲授计算社会科学的基本知识,因此在绪论中编者特别提供了如何使用本书授课的建议,并在每章精心设计了习题供学生们巩固练习。可以看出编者的用心,是希望帮助人文社会科学专业学生掌握计算社会科学的基本技能,这也有利于培养兼具科学精神与人文情怀的数字社会建设者。

第三,体现学科交叉性。计算社会科学的发展离不开多学科的知识共享、人员协作。尽管诸多学者都认识到这一问题的重要性,然而现实中不同类型机构之间、机构内部不同部门之间的壁垒始终存在。我很欣喜地看到,本教材既有百度公司与国内知名学术机构的深度合作,比如学者们借助百度 AI 平台实现软件操作,同时又有来自社会学、公共管理、网络科学、计算机科学与技术等专业学者的精诚合作。我相信,打破机构壁垒、学科壁垒,这对计算

社会科学的发展和未来非常重要。

期待本书能够成为一个引子,带动更多的人投身到交叉学科建设的事业中来。

是为序。

李培林①

2023 年 5 月 3 日于北京

---

① 李培林:社会学家、中国社会科学院学部委员、社会政法学部主任、原副院长、第十三届全国人大常委会委员、社会建设委员会副主任委员.

目录

机器学习篇

文本与图像分析篇

复杂性与网络分析篇

基 础 理 论 篇

第1章

绪 论^①

本章学习目标

- 理解计算社会科学的研究范式和学科边界
- 理解计算社会科学的源起和发展
- 了解计算社会科学的研究方法
- 了解计算社会科学的传统和挑战

　　计算社会科学是一门新兴学科。它是对社会科学实证主义传统的推进,借助于计算机和信息通信技术(ICT)的更新迭代,其研究方法和研究设计都有别于传统范式,研究议题越来越突破传统的学科界限,呈现出学科交叉和汇聚、基础理论和应用对策并行等新形态。本章旨在介绍计算社会科学的发展简史、概念界定、学科边界、研究范式和研究方法。作为本书的绪论部分,本章的主要任务是通过回溯计算社会科学的过去、审视当下和展望未来,使读者对计算社会科学有个总体的把握。

1.1　实证社会科学的困境

　　现代的实证社会科学自 17 世纪诞生以来,虽然经过了 4 个多世纪的发展,但固有的一些基础性的内在"张力"依然存在。总的来说,主要包括宏观与微观解释、数据与理论驱动、相关与因果、同质性与异质性、信度与效度。^② 针对这些困境,社会科学界要么将其视作一种常态(视而不见),要么各自从分支学科提出应对策略,但是始终存在各种纷争。然而,计

^①　本章的构思受益于和梁玉成、陈心想等师友的交流,也感谢陈忱通读初稿,并给出了诸多建设性修订意见.本章主要内容曾发表于 2022 年第 1 期的《西安交通大学学报(社会科学版)》.

^②　范晓光. 数字化与实证社会学研究困境化解.中国社会科学评价,2020,(3)：66-75.

算社会科学在缓解这些内在紧张方面具有许多明显优势。

宏观理解与微观解释。孔德(Auguste Comte)在创立社会学之初,就试图按照自然科学的方法去研究人类社会,以区别于既有的以思辨哲学为基石的社会科学体系。这种实证主义思想的影响不仅仅局限于社会学,还广泛影响着经济学、政治科学、法学,以及后来的新闻传播、公共管理等。早期实证社会科学更为关心宏观层面的结构与社会行为的关联,后来以微观为基础的行为科学逐渐兴盛,但是微观解释与宏观解释之间的"裂痕"并没有就此弥合。在社会学中,科尔曼(James Coleman)在洋洋洒洒的《社会理论的基础》中提出了著名的"科尔曼方舟",力图解释微观行为如何与宏观层次结构关联在一起,他也因此被誉为"结构个体主义"的代表。赫斯特罗姆则努力实现微观行为如何导致宏观行动的"涌现",提出"期望-信念-机会(D-B-O)"因果机制分析模型,试图实现"宏观-微观-宏观"的勾连。[1]

数据驱动与理论驱动。在华莱士(Walter Wallace)所提出的科学环中,基于演绎的理论驱动(Theory-Driven)的实证研究摆在了重要位置。[2] 理论导向的实证研究更擅长去检视既有理论,不过即便理论得到了经验资料的支持,我们也很难说该理论被"证实"。而数据驱动强调从经验资料出发,挖掘数据中的显著规律,最终对理论进行检验和拓展。数据驱动不再以既有的理论为天然起点,对探索新机制的挖掘有着自身独特的优势。相较于理论驱动的实证研究,数据驱动研究在传统的社会科学中并不是主流。比起追求统计模型的解释力,社会科学家通常认为变量的解释力才是关键。再加上社会现象错综复杂,纳入模型的变量始终无法穷尽,也强化了实证社会科学的这种理论驱动审美偏好。然而,华莱士封闭的科学环是一种理想型,社会科学研究实际上呈现出数据和理论驱动各行其道的特点,并且衍生出定量和定性分析两大研究方法阵营。

相关分析与因果推断。社会科学分支学科对社会现象的研究多以寻求因果关系为核心。[3] 实证主义强调科学的解释,追求因果解释也就理所当然,不过识别因果关系绝非易事。传统统计分析的基本逻辑是将数据分割为系统模型和残差项(Error),[4]并对残差项的属性做了若干假定。但是,残差项毕竟是个"黑箱",里面包含了未知甚至难以穷尽的变量,内生性问题始终存在。抛开社会科学中大量的横截面数据和非实验数据,我们的模型设定始终存在不确定性(Uncertainty)[5],因为经验估计往往对模型设定极为敏感,以致模型上的细微变动都可能对结论产生巨大的影响。最近,有学者对传统实证研究所采用的统计方法提出批评,认为它主要以简单的线性主效应去探寻因果关系,对多重非线性和联合效应重视不足。[6] 例如,在统计模型中,控制变量和核心(单个)自变量的多重交互项会随着变量数的增加呈现几何式增长,而传统方法并没有给予较好的处理。

同质性与异质性。变异性(Variability)是社会科学研究的三大原则之一。[7] 社会统计

---

① 赫斯特罗姆. 解析社会:分析社会学原理.陈云松、范晓光、朱彦,等译.南京:南京大学出版社,2010.

② Wallace W L. The Logic of Science in Sociology. Chicago:Aldine,1971.

③ 王天夫.社会研究中的因果分析.社会学研究,2010,(4):132-156.

④ 彭玉生.社会科学中的因果分析.社会学研究,2011,(3):1-32.

⑤ Young C, Holsteen K. Model Uncertainty and Robustness:A Computational Framework for Multimodel Analysis. Sociological Methods & Research,2017,46(1):3-40.

⑥ 舒晓灵、陈晶晶. 重新认识"数据驱动"及因果关系:知识发现图谱中的数据挖掘研究.中国社会科学评价,2017(3):29-38.

⑦ 谢宇.社会学方法与定量研究.北京:社会科学文献出版社,2006.

善于发现各种差异并寻求形成差异的解释,但这又是以同质性为前提的。由于受到人力、物力和财力的局限,通过抽样调查获取分析资料是社会科学较为普遍的研究方法。在社会调查中,随机抽样要解决的是如何通过有限数量的样本(Sample)"捕捉"到每个指标足够的变异,从而反映总体参数的分布。如果研究对象缺乏变异性,或者说在多个维度上具备共同特征,那么就无须进行复杂的抽样设计,因为任何个体就可以代表总体。而现实世界则复杂得多,即便我们能观察到全部特征的相似性,也难以确保未被观测的特征是一致的。同时,实证研究在进行分组比较时,主要采取均值法,其理论支撑是大数法则;而大数法则又通过平均数(Averages)掩盖了异质性,陷入了"均值人"的泥潭之中。"均值人"与社会事实的偏差,还受制于特定社会情境。假想两个社会,一个是相对稳态的社会结构,一个是经历社会变迁的社会结构,均值法在后者中的偏差(Bias)可能更大。"均值人"所带来的偏差也是其他范式对实证主义的批评之一,正所谓"只见森林不见树木"。

信度与效度。量化和测量是实证研究必不可少的前提条件,其中测量又是量化的基础。测量的最大社会功能是"标准化"(Standardization)。[1] 大多数社会科学的测量属于基础测量,测量工具和概念本身是相互独立的,需要研究者在两者之间寻求一个可以接受的共识,也就是面临着信度和效度之间的内在紧张。从方法论的角度而言,社会科学的许多概念都有唯名(Nominalism)还是唯实(Realism)的争辩,尤其是像社会地位、幸福感、公平感等这些被社会建构的概念。社会科学家在收集相应数据之前,要完成从概念化到操作化的一整套科学流程,但是最后数据获得多依赖于被调查者的主观报告。我们假定研究对象都拥有一套相似的"感知器"收集信息,并为研究者输出标准化的答案。毋庸置疑,这种假设在现实社会极易被违背,因为当下的个体既是过去经历的浓缩,也是特定情境的反应,研究者和被研究者之间往往会存在种种不一致。

实证社会科学始终秉持科学主义的原则,开展着一系列人类社会行为和态度的研究。但是,其内在的"张力"陷入一种两难的境地,即为了追求科学性,一方面要进行极为复杂的研究设计,耗费大量人力、物力和财力,另一方面很可能得到一大堆比常识还常识的"重要发现",使得研究变得枯燥乏味。不过,社会科学家始终没有就此放弃对科学的孜孜以求,尤其是数据科学和计算科学的突飞猛进为解决这些问题提供新的契机。社会科学家通过"自下而上"的生成模型(Generative Model)应对宏观理解和微观解释的张力,通过引入复杂性应对数据驱动和理论驱动的张力,通过"解释-预测"整合框架应对相关分析与因果推断的张力,通过基于机器学习的数据挖掘去应对信度与效度的张力,而这些都属于计算社会科学的范畴。

1.2　计算社会科学简史

1.2.1　两大传统

社会复杂性(Complexity)始终是社会科学所面对的一大挑战。笼统而言,复杂系统是指系统内多元个体在某一互动框架之中进行互动,行为会彼此影响,并且个体具有适应性和学习的能力,最终引起特定的功能涌现(Emergence)。[2] 与之密切关联的复杂性科学

① 叶启政. 实证的迷失:重估社会科学经验研究. 北京:三联书店,2018.
② Page S E. What Sociologists Should Know About Complexity. Annual Review of Sociology,2015,41(1): 21-41.

(Complexity Science)具有时代变革性,被誉为是一种将颠覆当前科学实践活动的"新科学"。[①] 复杂性是破解社会科学困境的关键理论(见表 1.1)。其中,信息的加工在解释和理解社会复杂性方面起到关键的作用,而计算社会科学就是基于一种对社会的信息加工范式。[②]

表 1.1　经典社会科学理论与复杂性观点的比较[③]

经典社会科学理论	复杂性观点
借鉴 19 世纪近代物理学(均衡、稳定、确定性动力学)等观点和方法	将现代物理和生物学结合(结构、形态、自组织、生命循环)
一切都处于均衡状态,社会变化不存在真正的动力学变化	社会永远处在时间的边缘,不断前进,结构时时在组合、衰败、发展
把研究对象看作结构简单、稳定的事物	认为研究对象具有潜在的复杂性
可仿照物理学等自然科学高度简化	社会科学是高度复杂的科学

总体而言,计算社会科学主要存在两条发展脉络。第一条脉络是社会仿真(Simulation)。相关文献梳理发现,该传统始于 20 世纪 50 年代,其在研究社会的复杂性上远远超越了其他多数研究方法。它通过建立一个研究社会系统或过程的计算机模型,即建立一个能够表征现实世界的"人工社会",开展各种社会科学分析。这种仿真技术之所以有效,是因为其与真实人类社会的多功能性、高维度、随机性、非线性、不完全性等直接相关。譬如,我们很难想象恐怖分子在美国华盛顿市区引爆一颗 1 万吨当量的小型原子弹,然后毒气开始在整个城市扩散,而科学家就采用社会仿真的方法完成了如此令人脑洞大开的研究。[④] 社会仿真主要包括面向变量模型、面向对象模型和混合社会模型等类型。

其中,基于行动者的模型(Agent-based Modelling)属于面向对象建模,其发展速度较快,而且应用场景也越来越丰富。该方法为研究者提供了创建、分析和试验由在环境中互动的行动者构成的模型。[⑤] 它擅长模拟微观行动者的互动,进而对其"涌现"(emergent)的有关社会后果进行分析,解释已经被观察到的宏观现象或者预测变化趋势。涌现是系统的某种特性,它是由系统各组成部分之间的交互作用(而非其本身特性)而产生的。社会仿真研究不仅适用于"人类社会的不平等是如何产生的?"这种非常基础的理论议题,也不乏回答类似"保持社会距离到底在多大程度上能够控制新冠病毒疫情的传播?"应用性极强的政策议题。

第二条脉络是主要基于互联网兴起和在线实时所产生的大数据,利用数据科学和计算科学的前沿技术做数据挖掘,进行理论检验和社会预测。有别于社会仿真的传统,该传统的数据资料来源更加多元化,时空跨度更大,体量更大,形式多样,也正因此为计算社会科学提供了难得的机遇。大数据最早是由道格·莱尼(Douglas Laney)设想,他提出了一个著名的

---

① Wolfram S. A New Kind of Science. Champaign, IL: Wolfram Media, 2002.
② 克劳迪奥·乔菲-雷维利亚. 计算社会科学:原则与应用. 梁君英,译. 杭州:浙江大学出版社,2019.
③ 王国成. 计算社会科学引论. 北京:中国社会科学出版社,2015.
④ Waldrop M M. Free agents. Science,2018,360(6385):144-147.
⑤ 奈吉尔·吉尔伯特. 基于行动者的模型. 盛智明,译. 上海:格致出版社,2012.

"三 V 模型"(容量大、高速增长、种类繁多)来应对日益庞杂的三维数据管理。[①] 在目前的阶段,大数据已经呈现痕迹数据汇集、存储和运用的并行化、在线化、生活化和社会化的新样态。[②] 大数据并不是简单的规模大,而是相对的复杂,其对社会科学的最大意义是"从无到有"。和传统的主要通过收集观察、抽样调查的数据不同,大数据是在弱选择性观察、弱设计、弱标准化、弱目的性的前提下自动存取的非结构化的痕迹数据。虽然无法回避算法干扰、数据漂移(Drifting)、代表性、个人隐私等方面的困扰,但是它为社会科学家打开了一扇新的理解人类社会的大门。

同时,大数据在方法论的层面对传统社会科学研究注入了新的活力,即来自计算科学的数据驱动。[③] 如果说传统的实证社会科学倡导以理论为研究的起点的话,大数据为我们提供了另外一种可能——基于对海量数据的挖掘去探寻突破人类既有知识结构的新发现,并在此基础上建构新理论和新理解。这种方法论上的变革,促使演绎和归纳结合得更为紧密,也使得计算科学、数据科学和社会科学的联系更为紧密。由于该传统的数据生产更多来自互联网,因此大量的研究都围绕着由平台衍生的舆论传播、情感计算和文化生产等展开;此外,数据挖掘和分析部分与数据科学和计算科学结合紧密,也使得计算社会科学可以开展时间和空间跨度更大的人文和历史研究。

与两个传统相对应,计算社会科学的发展大致也经历了两个阶段。第一阶段是社会仿真。该阶段研究既包括投票、创新扩散、谣言传播、组织决策、广义交换形成等集体行动议题,也包括社会分化、制度起源与维持等有关结构的议题。[④] 研究者大部分来自物理学、生物学、计算机科学、网络科学等自然科学,社会科学的参与度总体偏低;仿真除了完全基于理论的与真实社会无法直接对接的方式,还有注入真实数据对现实对接的方式。第二阶段是大数据分析。该阶段的研究议题更宽泛,除了第一阶段的关注点,还扩展至情感计算、社会网络演化、社会心态等新领域。研究者中的社会科学家参与度更高,呈现出不同学科背景研究者更为频繁和广泛的合作。

1.2.2　未来挑战

数据密集型(Data-Intensive)科学范式的到来,对实证社会科学具有极其重要的意义。从学科发展来看,计算社会科学始终强调多学科交叉,这就面临着学科定位的挑战;同时,计算社会科学强调计算,这与数据紧密相关,这也意味着数据使用、隐私保护和算法边界等问题。具体如下。

第一,学科如何定位。既然计算社会科学是社会科学大家庭的成员,那么它总是和"常识"紧密关联。和物理学、化学、生物学等自然科学探索人类未知世界一样,论证常识也非常重要。[⑤] 因为常识不见得就是对的,同样一个观点作为常识存在和作为理论存在意义完全不同,不少观点看上去像是常识,其实是学术研究后产生了常识的错觉,最后常识性研究可

---

① Laney D. 3-D Data Management: Controlling Data Volume,Velocity and Variety. META Group Research Note, 2001.

② 邱泽奇.大数据给社会学研究带来了什么挑战?.实证社会科学研究,2018,6(2):3-27.

③ Veltri Alessandro G. Big Data is not only about data: The two cultures of modelling. Big Data & Society,2017, 4(1):1-6.

④ 乔天宇,邱泽奇.复杂性研究与扩展社会学边界的机会.社会学研究,2020,(2):55-57.

⑤ 赵鼎新.什么是社会学.北京:三联书店,2021.

以让常识细化。然而,计算社会科学的数据收集、数据挖掘、算法设计、论证过程都远比传统社会科学要复杂得多,如果缺乏明晰的学科定位,研究发现无法超越"常识"("酷炫技术,理论贫乏"),并且又不能对重大的现实问题给予关切("有解释,无预测"),那么它就无法逃脱各种合法性危机的困扰。

第二,数据如何共享。和传统实证社会科学一样,好的数据资料也是计算社会科学"梦寐以求"的。数据市场长期是商业数据、行政数据和调查数据三足鼎立,然而,数据市场在大数据时代转向平台数据的一家独大,原有的市场结构发生动摇,越来越多的平台企业利用数据优势在学术研究上表现不俗。实际上,如果企业认为透明地研究和预测问题是符合其长远利益的,那它们与学者的紧张对抗关系可能会部分缓解,但公众与企业的利益依然存在诸多分歧。[①] 这就提出了企业、政府和学术界三方如何实现数据有效共享、共用、共治、共赢的问题。如果未来在这方面没有实质性的推进,那么计算社会科学的发展速度将受到较大限制。

第三,壁垒如何跨越。当下的大学是由一个个相对独立的机构所组织起来的,学科与学科的边界成为理所当然。不得不承认的是,这种组织架构维持着科研机构的常态化运行,但对突破性的知识创新的束缚日益凸显,尤其和计算社会科学的"学科交叉"之灵魂相左。有学者建议需在典型的"孤岛式"大学中进行机制创新,建立连接不同领域研究人员的组织结构,奖励跨学科合作;任命具有多部门隶属关系的教职员工,配置由不同领域的教员组成的研究中心;分配内部资金来支持多学科合作等。但是,知易行难,国内外大学和研究机构都还有许多路要走。

第四,数据如何"说话"。虽然有学者批评"让数据自己说话"是一种"狂妄",但是计算社会科学专家如何正确地基于数据创造新知识是一种历史担当。在计算社会科学中,理论和计算的关系不再是单向的指导与被指导的关系,而是双向促进和螺旋上升的过程。值得注意的是,在算法融合的社会中,不仅社会、经济、政治和科学过程相互影响,而且不同层次上运行的算法的形成也被环境所塑造(见图1.1)。当新开发的算法也引导新的测量、假设和理论时,科学过程可以形成算法平台。由此,个人和社会层面的现象都会受到算法系统的影

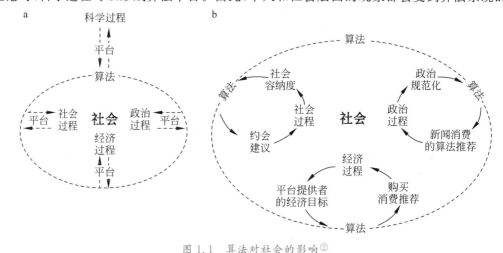

图 1.1 算法对社会的影响[②]

① Lazer D M J,Pentland A,Watts D J,et al. Computational social science:Obstacles and opportunities. Science,2020,369(6507):1060-1062.

② Wagner C,Strohmaier M,Oltcanu A. et al. Measuring Algorithmically Infused Societies. Nature,2021,595:197-204.

响,很难将算法和人类行为以及它们如何相互影响完全割裂。

第五,伦理如何遵守。在数据挖掘和使用上的伦理问题,是计算社会科学面临的又一难题。2021 年的一期《自然》杂志的计算社会科学专题中,有学者提出了"数据的使用权到底谁说了算?"[①]计算社会科学必须充分了解严重的伦理影响,并对数据和数据挖掘方法的应用采取负责任的行为。数据获得和使用的门槛过高,难免会陷入无法复验的"黑箱",这不利于新知识的发现。而如何在保护个人的数据隐私和企业的利益的前提下,企业和计算社会科学家之间建立起合作共赢的数据分享模式,已经成为了该学科必须回答的重要理论问题。

1.3　计算社会科学的基础问题

1.3.1　概念界定

计算社会科学的定义有多种,不同学科取向的学者采取的方式不尽相同。有学者认为计算社会科学是"以计算为媒介,以不同规模的社会团体为着眼点,对社会学领域开展的跨学科研究,其研究对象小至个体行动者,大到社会群体"的新领域。[②] 也有学者提出,计算社会科学是对复杂的、通常是大规模人类行为数据计算方法的开发和应用。[③] 国内有学者指出计算社会科学的分支学科主要包括计算社会学、计算政治学、计算经济学、计算传播学和计算法学及计算(运筹)管理学等。[④] 其核心内容是关于人类社会发展的各类信息的自动化处理,专注于透过行为分析、媒体分析、网络分析和对现实社会的典型化事实的分析,借助代码、算法、程序、建模、模拟等数字化手段,更深入地观察探讨个体行为特征与社会运行规律及二者互动关系。

乍一看,该学科概念与许多传统的学科界定形式不同,给人们的印象是边界不够明晰,理论性也不够强。如果构建一个理论和计算组成的象限,计算社会科学处于 45°角上(见图 1.2)。事实上,计算社会科学涵盖了语言、位置与运动、网络、图像以及视频多种内容,并应用统计模型来获取数据中的多重依赖性。其从业者是由社会科学家、计算机科学家、统计物理学家和其他领域的研究者组成的松散的智力群体。

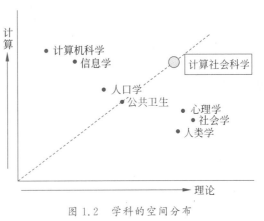

图 1.2　学科的空间分布

1.3.2　学科边界

20 世纪 50 年代之前,社会科学与自然科学相对独立,跨学科研究较少。但在 20 世纪 70 年代至 20 世纪 90 年代人类进入后工业化时代,信息革命使得科学发展变得越来越快,

①　Sadowski J,Viljoen S,Whittaker M . Everyone Should Decide How Their Digital Data are Used—Not Just Tech Companies. Nature,2021,595(7866):169-171.

②　克劳迪奥·乔菲-雷维利亚.计算社会科学:原则与应用.梁君英,译.杭州:浙江大学出版社,2019.

③　Lazer D,Pentland A,Adamic L,et al. Social science. Computational Social Science. Science,2009,323(5915):721-723.

④　王国成.计算社会科学:发展现状与前景展望.中国社会科学报,2020-08-18(4).

变得越来越复杂,大工业和高科技为人类创造了巨大财富,但同时也产生了不平等、社会冲突、环境恶化等大量关乎人类命运的重大问题。在这种背景下,自然科学和社会科学开始走到一起,任何一门科学都开始意识到自己的相对性,意识到与其他学科密切关联。对社会科学而言,无论在问题还是在方法的维度上,它都应该面向现实,面向其他知识体系开放。[①]

计算社会科学处于自然科学和社会科学之间的连通地带(见图1.3)。它不是传统意义上以研究对象、研究问题和研究范畴等为基本内容来定义的学科,而是特别强调研究方法和研究设计。以计算社会科学的分支计算社会学为例,该命名方式看似也遵循了通常的"某某社会学"的命名惯例,但是它除了将计算作为研究对象,更多的是将计算作为一种理解人类社会的工具,更适合与定量社会学、分析社会学等相提并论。[②] 和社会学的其他分支相比,计算社会学的理论更多来自兄弟分支,而研究方法则从计算科学和数据科学中汲取养分。从研究范式层面出发,计算社会科学对社会科学内部有打破科学"分割"传统的冲动,以此真正发挥其在知识生产和人才培育体系中的价值;对社会科学外部,计算社会科学要采用人工智能和数据挖掘等计算科学方法,在技术的层面具有天然的开放性和包容性,有助于达成共识,强调理论创新和现实关怀的双目标,在方法层面边界模糊。

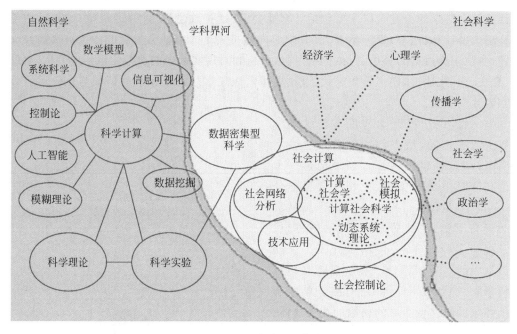

图 1.3　学科分类[③]

1.3.3　研究范式

归纳和演绎是社会科学研究的方法论,也是知识发现的基础。由于社会科学的特殊性,归纳和演绎并不能较好地整合起来,而是呈现出并行的特点。计算社会科学的核心是数据挖掘,该核心实际上是知识发现的过程,包括理解问题领域、理解数据、数据准备、数据挖掘、

①　罗卫东.跨学科社会科学研究:理论创新的新路径.浙江社会科学,2007,(2):35-41.
②　范晓光.计算社会学范式革命开拓新空间.中国社会科学报,2021-08-20(3).
③　孟小峰,李勇,祝建华.社会计算:大数据时代的机遇与挑战.计算机研究与发展,2013,50(12):2483-2491.

评估新知识和使用新知识等环节,融合了归纳和演绎两种研究方法(见图1.4)。① 在方法论层面,计算社会科学的研究范式主要包括以下两种:

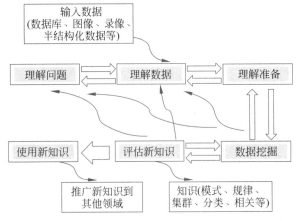

图 1.4　知识发现过程模型

第一,理论与数据双向驱动。② 单纯的数据驱动,即在没有理论假设的前提下,通过模式识别深度学习的方法开展分析和研究,从人类行为互动数据中发现规律,进而给出合理的理论解释,难以满足社会科学研究的需要。理论与数据双向驱动是以现实问题为导向与社会科学相关领域的理论知识经验为基础提出理论假设和研究框架,然后收集适当的原始数据,并采用适当的分析技术,从中提取信息挖掘知识,然后以科学可靠的方式运用数据和知识来检验理论假设,从而发现和揭示人类社会的规律。

第二,理论引导的大数据分析。③ 计算社会科学把社会科学理论以及研究方法与大数据分析熔为一炉,为大数据分析开启了很多新议题,理论指导下的定性、定量调查也可以为数据挖掘的结果提供校准的扎根真相。在大数据挖掘的结果中可以找到建构理论的线索,提供验证理论的资料,进而指导预测模型的建构,推论并解释更多的现象。

除了以上对研究方法的讨论,还有学者从理论与实践的关系层面提出新的范式:

第一,社会预测的计算社会科学。④ 传统的量化实证研究往往是使用全部样本数据来拟合模型,这样就导致了拟合的模型往往只能代表对该数据集的分析及过度拟合。机器学习可以为社会科学处理结构更为复杂、样式更加多元的信息内容,并生成可供分析的变量形式,从而拓展社会科学的研究视界:获得潜藏指标、启发理论假说、助力因果推断、实现数据增生和推动理论创新。

第二,"解释-预测"整合的计算社会科学。⑤ 在学术界,学者们的价值观长期存在分歧。譬如,数据科学家强调开发准确预测的模型,不苛求于因果推断,时常因为无法解释而被批

①　舒晓灵,陈晶晶.重新认识"数据驱动"及因果关系:知识发现图谱中的数据挖掘研究.中国社会科学评价,2017,(3):29-38.

②　罗俊,李凤翔.计算社会科学视角下的数据观.吉首大学学报,2018,39(2):17-25.

③　罗家德,刘济帆,杨鲲昊,等.论社会学理论导引的大数据研究.社会学研究,2018,(5):117-138.

④　陈云松,吴晓刚,胡安宁,等.社会预测:基于机器学习的新范式.社会学研究,2020,(3):94-117.

⑤　Hofman J M,Watts D J,Athey S. et al. Integrating Explanation and Prediction in Computational Social Science. Nature,2021,595:181-188.

评,而社会科学家追求对个体和集体行为提供合理解释,以因果机制为基础,在解释真实世界上存在不足。该整合范式提供了一种建立综合模型的方法。它提倡一个明确的标签系统,以用于更清楚地描述个人的研究贡献,识别它所属的象限,倡导开放科学实践。

第三,干预的计算社会科学。[①] 计算社会科学有着更强的科学性和应用性倾向,社会计算不仅是技术手段,也是社会现实的生成过程。计算社会学家除了能在研制与开发新型社会计算工具中发挥重要作用,研究计算与社会的关系和有关计算或技术的社会问题同样应该是社会科学的重要内容。干预在平台治理中可采用算法治理、开源平台赋能、社会价值评估、企业社会工作、平台工作参与、规范制订和观念培训等渠道。

1.3.4　研究方法

目前,计算社会科学已经形成了社会数据计算、社会模拟、互联网社会科学实验三种研究方法。[②] 其中,除了社会模拟(仿真)属于第一传统,其他方法均在第二传统内。社会数据计算主要集中于数据挖掘过程中,这种方法背后的计算思维(Computational Thinking)强调对所需优化的问题的理解,将其分解为不同的任务,最后通过计算机自动化实现这些分解的任务。社会数据计算的应用场景不仅包括对大数据的清洗(如针对变量缺失、代表性弱、非结构化等),还涵盖特征提取、交叉验证、模型校准等,其基础是机器学习(Machine Learning)。

机器学习是处理大规模数据和多语义文本的核心,被喻为计算社会科学的元算法。[③] 它最早由塞缪尔(Arthur Samuel)提出[④],经历了半个多世纪的发展,在大数据时代得到广泛运用(见图1.5)。其通常遵循非线性、非参数方法,而不是预先限制模型的复杂性,实现聚类、分类及预测等任务,主要分为监督学习(Supervised Learning)与无监督学习(Unsupervised Learning)。与传统统计模型相比,机器学习模型的复杂性通过一个或多个超参数进行控制,

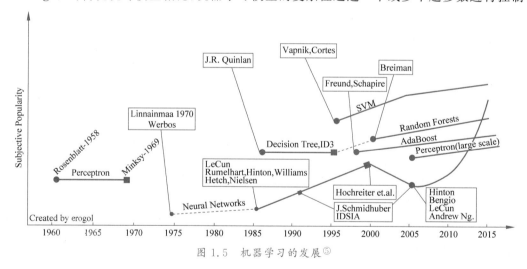

图1.5　机器学习的发展[⑤]

---

① 吕鹏,周旅军,范晓光.平台治理场域与社会学干预.社会学研究,2022,(3):68-91.

② 罗俊.计算·模拟·实验:计算社会科学的三大研究方法.学术论坛,2020,(1):35-49.

③ 苟泽鹏,董悦,闫一帆,等.数据科学的浪潮:计算社会科学研究综述.科学·经济·社会,2021,39(2):16-31.

④ Samuel A L. Some Studies in Machine Learning Using the Game of Checkers. IBM Journal of Research and Development,1959,3(3):210-229.

⑤ https://www.erogol.com/brief-history-machine-learning/,2021-8-21.

通过交叉验证进行选择,提高预测能力。深度学习(Deep Learning)是一个复杂的机器学习算法,强调从连续的层(Layer)中学习。机器学习和深度学习的最大区别在于两者提取特征的方式不同:前者具备自动提取抽象特征的能力,而后者大多是手动选取特征和构造特征。总体而言,计算社会科学中的算法多为基于机器学习的底层技术,在多个细分方向上做深化和拓展,代表性的有自然语言处理(NLP)和网络科学。[①]

互联网社会科学实验是将互联网平台作为一种"实验室",它运用新兴的信息技术工具开展随机实验。和实验室实验、自然实验等传统社会科学实验相比,互联网社会科学实验在样本代表性、环境仿真度、条件控制力、可复制性、主试者偏差、受试者偏差、内在效度和外部效度等方面都具有不同程度的优势(见表1.2)。互联网实验的两个主要应用场景包括:其一是通过和线下实验、自然实验等传统实验的结合,提高因果推断的内外部效率;其二是利用互联网实验去回应大数据时代的一些基础性命题,譬如虚假新闻的传播、政治极化的产生、音乐产品的成功等。[②][③]

表 1.2　传统实验与互联网社会科学实验的比较

项　　目	实验室实验	自然实验	田野实验	互联网社会科学实验
样本代表性	较差(便利样本)	很好(随机抽样)	较差(特定人群)	较好-很好
环境仿真度	低(实验室)	高(自然环境)	高(自然环境)	高(双重环境)
条件控制力	很强	很弱	较弱	较弱
可重复性	较容易	极难	较难(成本制约)	容易
主试者偏差	可能存在	容易避免	可能存在	容易避免
受试者偏差	可能存在	一般不存在	可能存在	可能存在-容易避免
内在效度	很高	较低	较低	较低-较高
外在效度	较低	较高	较低	较高-很高

来源:罗俊(2020)。

社会仿真实质上是在计算机中构造与现实世界相对应的人工世界,建立起与真实系统相对应的平行系统,并在人工世界与平行系统中对现实复杂系统进行试验性研究。[④] 如前所述,该方法在大数据出现前是计算社会科学的主要应用。仿真模型能够容纳具有适应性的主体,实现主体之间的交互,展现了微观个体行为到宏观系统状况的"涌现"。它能够将行动主体的异质性、自我适应性、有限理性、交互性等重要因素重新纳入研究框架之中,克服基于方程建模的不足,自下而上地去构建一个逼近真实的人工社会,以揭示事件发生的条件与概率,事件发生的限度以及多种可能选择的策略。其中,基于主体的建模(ABM)主要包括主体环境、交互规则、时间尺度等基本要素。[⑤] 早期的ABM是从概念模型出发,如模型设置和检验往往都属于抽象概念模型,近年来ABM开始将实证数据嵌入ABM,即数据驱动的

①　苟泽鹏,董悦,闫一帆,等.数据科学的浪潮:计算社会科学研究综述.科学·经济·社会,2021,39(2):16-31.

②　Salganik M J. Experimental Study of Inequality and Unpredictability in an Artificial Cultural Market. Science,2006,311(5762):854-856.

③　Bail C A,Argyle L P,Brown T W,et al. Exposure to Opposing Views on Social Media Can Increase Political Polarization. PNAS,2018,115(37):9216-9221.

④　王飞跃.人工社会、计算实验、平行系统:关于复杂社会经济系统计算研究的讨论.复杂系统与复杂性科学,2004,1(4):25-35.

⑤　奈吉尔·吉尔伯特.基于行动者的模型.盛智明,译.上海:格致出版社,2012.

自主行动者建模(Data-driven Agent-based Modeling)。[①] 在大数据时代,大数据嵌入ABM,网络科学和ABM结合,实验与ABM融合,开始成为该方法的前沿。

1.4   如何使用本书?

在本节中,我们将介绍如何使用本书。本书的定位是一本入门式的教材,区别于通常侧重理论阐释的社会科学教材,更侧重方法的学习和迁移。我们非常赞同今井耕介的理念——"人们只能通过实践,而不是读书来学习数据分析"[②],借用他的说法,我们强调指出"咱们只能通过动手,而不是读书来学习计算社会科学"。本书除了对计算社会科学的概览(第1章)之外,其余章节均围绕着计算原理、数据分析和代码解释。我们使用的所有代码和数据集,都可以通过 http://baiji.org.cn/css/这个链接免费下载。

按照我们的写作计划,本书覆盖了计算社会科学主要的方法模块。第一篇是"机器学习篇",分为监督学习和无监督学习(第3~5章);第二篇是"文本与图像分析篇",涉及神经网络分析(第6章)、自然语言处理(第7章)和计算机视觉(第8章),可以说是对第一篇的综合运用;第三篇是"复杂性与网络分析篇",聚焦于网络科学、社会仿真的基础理论和方法(第9~11章)。除了以上内容,我们还对计算社会科学中广泛运用的 Python 和 R 语言做了专门介绍(第2章,附录A)。针对传统计算机的算力和算法都很难胜任大数据分析的困境,我们还介绍了百度公司的飞桨全景与平台应用(附录B)。此外,为了便于读者迅速地把握计算社会科学的前沿进展,本书还整理了国内外计算社会科学的主要学术网站、前沿学者和专业期刊(附录C)。

本书的课程教学方式相对灵活。如果该课程共48个课时,我们认为可以按照每个章节3个课时来安排,一个方法模块的教学都必须平均1.5个课时的实操(见表1.3)。每次课上,老师可以先讲授基本原理,并结合案例展示方法的实际应用,而后实操课上鼓励同学复现课程的案例,同时以小组形式完成相应习题。如果只有32个学时,不妨将第7章和第8章作为选读内容,第2章作为课程前置自学内容,并将部分实操课改为课外自由练习。

表 1.3   48 课时的教学计划

序　号	章　节	教 学 课 时	实 操 课 时
1	绪论	3	—
2	Python 语言入门	3	—
3	回归分析	3	3
4	非参数监督学习	3	—
5	聚类分析	3	3
6	神经网络	3	—
7	自然语言处理	3	3
8	计算机视觉	3	—
9	社会网络分析基础	3	3
10	社会网络数据与分析	3	—
11	基于多主体建模与仿真	3	3

---

① 梁玉成,贾小双.数据驱动下的自主行动者建模.贵州师范大学学报,2016,(6):31-34.

② 今井耕介.量化社会科学导论.祖梓文,徐秩青,译.上海:上海财经大学出版社,2020.

习　题　1

1. 有人将"计算社会科学"比喻成"无边无际"的"筐",也有人提出这恰恰是该学科的魅力所在。请结合你的学科,谈谈其与计算社会科学的区别和联系。

2. 计算社会科学属于传统的实证科学,请问计算社会科学在未来是否会跨越该传统学科界限? 对历史学、文学等人文传统的学科会产生较大的冲击吗?

3. 计算社会科学有两个传统——社会仿真和大数据分析,请问两者存在什么内在关联? 未来可能融合吗? 为什么?

第2章

Python语言入门①

本章学习目标

- 掌握 Python 语言的基本语法
- 掌握 Python 获取数据的方法
- 了解 Python 语言的简史
- 了解 Python 在社会科学中的应用场景

2.1 Python 语言简介

2.1.1 简介

Python 语言是一款免费开源的脚本语言。它可以用于绘制图表、处理结构化数据、爬取数据、识别图像、实现自然语言处理等。该语言既能应用于复杂的数学计算、实验数据等自然科学领域，也能应用于财务金融、民众信任分析等人文社科场景。

同时，Python 还是一款简单易用的计算机编程语言，初学者可以快速上手实操，完成一些普通任务。其特点有三：①相较于其他计算机编程语言，Python 的语法非常简单和直观；②是一种解释型语言，输入的命令能够迅速执行，易于调用源代码；③标准库非常庞大，且允许用户添加多种第三方库，通过库能快速实现许多看似困难的功能。② Python 用途广、上手简单，已成为一门广受欢迎的计算机编程语言。发展至今，国内外越来越多的研究机构使用 Python 做科学计算，许多大学开始将 Python 作为本科生的必修课程。

本章将对 Python 语言做一个初步的介绍，并通过相关案例给示范我们如何使用 Python 爬取数据并开展计算社会科学研究。

---

① 感谢陈忱和范晓光对初稿的多次修订.
② Python 教程：Python 3.9.1 文档.Python 官方. 2020-10-05[2021-09-01].

2.1.2　历史

1989 年圣诞节期间,身居阿姆斯特丹的吉多(Guido)开发了一个继承甚至超越 ABC 语言的,可以为非专业程序员服务的脚本解释程序,并以 Python(大蟒蛇)作为该编程语言的名字,由此 Python 编程语言诞生。

2000 年 10 月 16 日,Python 2 初次发布,现今稳定版本是 Python 2.7,它除了支持 Python 2.x 语法外,还支持部分 Python 3.1 语法。2008 年 12 月 3 日,Python 3 初次发布,但不完全兼容 Python 2,最新可下载版本为 Python 3.9.5(截至 2021 年 6 月),目前的稳定版本为 Python 3.8。[①]

2004 年以后,Python 的使用呈线性增长。2011 年 1 月,Python 被 TIOBE 编程语言排行榜评为 2010 年度语言。截至 2020 年底,Python 已经三次获得"年度编程语言"称号。现在,Python 主要由一个核心开发团队维护,创始人吉多仍然发挥着至关重要的作用。

2.1.3　Python 与计算社会科学

我们为什么要使用 Python 开展计算社会科学的研究? 为了回答这个问题,首先我们要了解两种数据,即结构化数据和非结构化数据。结构化数据也称为定量数据,是一类高度组织和整齐格式化的数据。结构化数据是由二维表结构来表达的数据类型,是能够用数据或统一的结构加以表示的信息,严格地遵循数据格式与长度规范。由于其数据类型的规范性,当使用结构化查询语言或者 SQL 时,计算机可以轻松地进行数据搜索,研究者运用和处理也极其方便。[②]社会科学研究中较典型的结构化数据包括问卷的统计数据(如人口特征类因素,包括性别、年龄、学历等)、金融股市数据、信用卡号码、日期、财务金额、电话号码、地址、品名等。我们可以利用 Python 对结构化数据进行定量分析和可视化呈现。

所谓非结构化数据,就是结构化数据之外的一切数据,不符合任何预定义的模型,存储在非关系数据库中,很难用数据库的二维逻辑进行表述。随着存储成本下降和新兴技术的发展,如物联网、工业 4.0、视频直播,越来越多的非结构化数据被不断生产出来。非结构化数据可以是文本的或非文本的、人为的或机器生成的、字段可变的数据类型,涵盖办公文档、文本、报表、图像、音频、视频信息等。[③]非结构化数据构成了互联网绝大多数可用数据,是人们日常生活中接触最多的数据类型。然而,由于数据类型较难组织化和格式化,数据体量庞大,蕴含信息丰富,因此收集、处理和分析非结构化数据成为了社会科学研究中的一大重点难点。

较典型的人为生成的非结构化数据主要包括:

(1) 文本文件:文字、电子表格、演示文稿、电子邮件[④]、日志等;

(2) 社交媒体:微博、微信、百度贴吧、QQ、Facebook、Twitter、Messenger、LinkedIn 等平台的数据;

(3) 网站:百度、新浪、搜狐、YouTube、Instagram 等网站的数据;

(4) 移动数据:短信、位置、手机钱包等;

(5) 通信:聊天、即时消息、电话录音、协作软件等;

---

① 李金.自学 Python:编程基础、科学计算及数据分析.北京:机械工业出版社,2018.

② 吴广君、王树鹏、陈明等.海量结构化数据存储检索系统.计算机研究与发展,2012,49(S1):1-5.

③ 雷振江.非结构化大数据云存储稳定性优化评定:评《大数据技术原理与应用》.现代雷达,43(2):1.

④ 电子邮件一些固定框架具有内部结构性,一般认为是半结构化的,但是消息字段是非结构化的.

（6）媒体：MP3、数码照片、音频文件、视频文件等；

（7）业务应用程序：Office 文档、WPS 文档等。

较典型的机器生成的非结构化数据包括：

（1）卫星图像：天气数据、地形、绿化面积、军事活动等。

（2）科学数据：石油勘探、天然气勘探、空间勘探、地震图像、大气数据、医学数据等。

（3）数字监控：监控照片、监控视频等。

（4）传感器数据：交通、海洋传感器等。

传统的定量社会科学研究一般通过 Stata、SPSS、SAS、Mplus 等统计软件处理数据，然而这些软件并不能搜集和处理海量的非结构化数据。质性研究虽常常研究非结构化的数据，如访谈记录、照片等，但一般以人工的方式编码，无法处理数字时代的大量数据。而 Python 为搜集、处理海量的非结构化数据提供可能。

比起社会科学界流行的 SPSS 和 Stata，Python 在处理结构化数据中优势并不明显，实现前沿的统计方法时代码也较为复杂。事实上，Python 的优势在于爬取、处理非结构化数据，并实现数据的可视化。在处理和使用非结构化数据上，工业界和计算机专业学者在 Python 语言的应用上远远地走在了社会科学家的前面。我们可以使用开放社区开发的 Python 模型和算法，帮助自己高效地处理录音、图片以及长文本等。另外，如果我们想使用深度学习实现图片中的物体检测、提取长篇新闻中的内容、精确判断社交媒体上的信息的情感等，就离不开 Python 语言。表 2.1 比较了 Python 和其他统计软件的异同。

表 2.1　软件比较

项　　目	Stata	R	Python
开源免费	否	是	是
易学性	容易	入门有一些难度，但之后很容易学习更高级的知识	上手简单，学习曲线相对平稳
代码库	有，较少	有，在统计领域资源特别丰富。部分包的帮助文档不够规范，应用有难度	有，在各个领域都有相应的包，相关帮助文档规范详细，容易调用
非结构化数据处理	弱	一般	强
可视化	弱	强	强
爬虫	弱	一般	强
机器学习	一般	强	强
深度学习	不支持	不支持	支持
主要应用场景	社会科学	社会科学、生物学等	企业和研究机构

2.2　Python 的安装

Python 支持跨平台，可以在 Windows、Linux 和 macOS 等平台上运行。但要注意的是，仅仅在电脑本地环境中安装 Python 是无法开始编程的，还需要一些其他软件协助才能写程序和运行，如 Anaconda 中的 Jupyter notebook 和 PyCharm[①]；或者，可以使用一些在

---

　① Hetland M L. Python 基础教程(第 2 版·修订版). 北京：人民邮电出版社，2010.

线编程平台,如百度飞桨旗下的 AI Studio,平台一般都会内置 Python 环境,无须安装,即可使用。

2.2.1　在 Windows 上安装 Python

(1) 登录 https://www.python.org/downloads/(见图 2.1)。网站页面有 Python 3.x 和 Python 2.x 版本的两类下载链接。Python 同时维护 3.x 和 2.x 两个版本,其中早期项目可继续使用 Python 2.x,新项目可使用 Python 3.x。

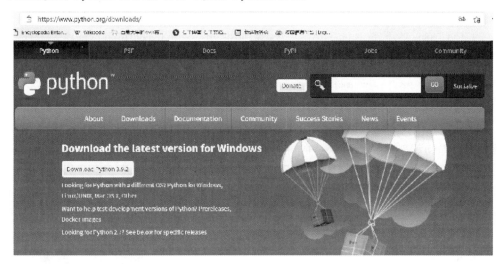

图 2.1　Python 下载界面

(2) 在页面下方的"Looking for a specific release?"列表中选择"Python 3.8.x"。

(3) 在下载列表中,以"Windows x86"开头的链接是 32 位的 Python 安装程序,以"Windows x86-64"开头的链接是 64 位的 Python 安装程序,请根据自己的系统选择合适的安装包下载。

(4) 根据安装向导进行软件安装。

2.2.2　在 macOS 上安装 Python

(1) 如果我们正在使用苹果电脑,系统是 OS X 10.9(台)以上版本,那么苹果系统自带的 Python 版本是 2.7。

(2) 要安装最新的 Python 3.8,有两个方法:①从 Python 官网下载 Python 3.8 的安装程序,下载后双击运行并安装;②如果安装了 Homebrew,直接通过命令"brew install Python3"安装。

2.2.3　Anaconda 安装

(1) Anaconda 能帮助我们便捷获取包且对包进行管理。其包含的科学包涵盖 conda, numpy,scipy,iPython notebook 等。

(2) Anaconda 可以在以下系统平台中安装和使用:Windows;macOS;Linux(x86/Power8)。

(3) 与 Python 安装过程类似:Anaconda 官方下载地址 https://www.anaconda.com/distribution/#download-section。

（4）如果安装了 Anaconda，就无须安装 Python。安装 Anaconda 时，会自动安装 Python 环境，也会同时安装 Jupyter Notebook。Jupyter Notebook 以网页的形式打开，支持在网页中直接编写代码和运行代码，代码的运行结果也会直接在代码块下显示，非常适合一步步调试程序。

2.2.4　PyCharm 安装

（1）PyCharm 是一款功能强大的 Python 编辑器，可以在 Windows、macOS、Linux（x86/Power8）平台中安装和使用。

（2）PyCharm 的下载地址：http://www.jetbrains.com/pycharm/download/♯section＝windows。

2.2.5　AI Studio 调用

（1）AI Studio 提供免安装的在线 Python 编程环境。

（2）进入 AI Studio 的官网 https://aistudio.baidu.com/aistudio/index，登录账号后，在"项目"页面创建项目①。进入项目，启动环境后，即可进行编程（见图 2.2）。

图 2.2　AI Studio 页面

2.3　Python 基础语法

2.3.1　数据结构类型

1. 数字（Number）结构

Python 数字数据类型用于存储数值，包括 int（整型）、long（长整型）、float（浮点型）、complex（复数）等类型。

（1）int（整型），有四种表现形式：

① 二进制：以 '0b' 开头。例如：'0b100000' 表示 10 进制的 32；

② 八进制：以 '0o' 开头。例如：'0o40' 表示 10 进制的 32；

③ 十进制：正常显示；

④ 十六进制：以 '0x' 开头。例如：'0x20' 表示 10 进制的 32。

---

① 具体步骤请参见附录 B.

（2）float（浮点型）：由整数部分与小数部分组成，可以使用科学记数法表示。例如：$2.5e2 = 2.5 \times 10^2 = 250$。

（3）complex（复数）：由实数部分和虚数部分构成，可以用"$a+bj$"或者"complex(a,b)"表示，其中实部 a 和虚部 b 都为浮点型。

Python 的数学运算常用函数集中于 math 库。

（1）语法讲解。

```
1.    import math                          # 引用 math 库
2.    'from math import <函数名>'           # 引用 math 库函数的另一种方法'
3.    # dir(math)                          # 查看所有函数名列表
4.    # help(math)                         # 查看所有定义及函数原型
5.    # 常用函数
6.    math.pi                              # 输出圆周率
7.    math.fabs(x)                         # 输出 x 的绝对值
8.    math.pow(x,y)                        # 返回 x 的 y 次幂
9.    math.sqrt(x)                         # 返回 x 的平方根
```

（2）示例。

```
1.    import math
10.   print(math.fabs(-3.2))
11.   print(math.pow(3,2))
12.   print(math.sqrt(4))
13.   print(math.pi)
14.
15.   # 返回结果
16.   3.2
17.   9.0
18.   2.0
19.   3.141592653589793
```

Python 中的随机数函数主要集中于 random 库。

（1）语法讲解。

```
1.    import random                        # 引用 random 库
20.   'from random import *'               # 引用 random 库函数的另一种方法
21.   # 常用函数
22.   random.random()                      # 生成一个[0.0,1.0)的随机小数
23.   random.uniform(a,b)                  # 生成一个[a,b]的随机小数
24.   random.randint(a,b)                  # 生成一个[a,b]的随机整数
25.   random.randrange(a,b)                # 生成一个指定范围内的随机整数
26.   random.randrange(a,b,x)              # 生成一个指定范围内,并以 x 为递增/步长的随机整数
27.   random.seed(x)                       # 随机数种子赋值 x
28.   # !!!当使用 random.seed(x)设定好种子之后,random()生成的随机数将会是同一个。
```

（2）示例。

```
1.    import random
29.   print(random.random())
30.   print(random.uniform(1,10))
31.   print(random.randint(1,10))
32.   random.seed(10)
33.   print(random.randint(1,100))
34.   print(random.randint(1,100))
```

```
35.    print(random.randrange(100,200))
36.    print(random.randrange(100,200,3))
37.    #返回结果
38.    0.23796462709189137
39.    5.898063027663567
40.    6
41.    74
42.    5
43.    154
44.    190
```

2. 字符串(String)结构

Python 中的字符串可以使用单引号、双引号和三引号(三个单引号或三个双引号)引起来,使用反斜杠"\"转义特殊字符,其中:"\n"表示换行,"\\"表示反斜杠,"\t"表示制表符(Tab)。

(1) 引号的使用。

```
1.     print('Hello,world!')
45.    print("Hello,world!")
46.    print('''Hello,world!''')
47.    #返回结果
48.    Hello,world!
49.    Hello,world!
50.    Hello,world!
51.
52.    十九大报告开篇 = '''中国共产党第十九次全国代表大会,
53.    是在全面建成小康社会决胜阶段、
54.    中国特色社会主义进入新时代的关键时期召开的一次十分重要的大会。
55.    大会的主题是:不忘初心,牢记使命,
56.    高举中国特色社会主义伟大旗帜,决胜全面建成小康社会,
57.    夺取新时代中国特色社会主义伟大胜利,
58.    为实现中华民族伟大复兴的中国梦不懈奋斗。'''
59.    print(十九大报告开篇)
60.    #返回结果
61.    中国共产党第十九次全国代表大会,
62.    是在全面建成小康社会决胜阶段、
63.    中国特色社会主义进入新时代的关键时期召开的一次十分重要的大会。
64.    大会的主题是:不忘初心,牢记使命,
65.    高举中国特色社会主义伟大旗帜,决胜全面建成小康社会,
66.    夺取新时代中国特色社会主义伟大胜利,
67.    为实现中华民族伟大复兴的中国梦不懈奋斗。
```

(2) 反斜杠\的使用。

```
1.     print('中国\n特色\t\t社会\t\t主义')
68.    #返回结果
69.    中国
70.    特色    社会    主义
```

(3) 基本的字符串操作。

```
1.     #1.使用 + 操作符,将两个字符串连接
71.    str1 = '不忘初心'
72.    str2 = '方得始终'
73.    print(str1 + str2)
```

```
74.    ♯2.使用 * 操作符,将字符串 x 复制 n 次
75.    print(str1 * 3)
76.    ♯3.使用 in 操作符,x in s:判断字符串 x 是否在 s 内,是返回 True,不是返回 False
77.    str3 = '中国特色社会主义'
78.    print('美国'in str3)
79.    ♯4.使用 str[i]进行索引,返回第 i 个字符
80.    print(str3[4])
81.    ♯5.使用 str[N:M]进行切片,返回第 N 到 M 个字符,但不包括 M
82.    print(str3[4:6])
83.    ♯6.使用 join 进行分隔连接
84.    print('-'.join(str3))
85.
86.    ♯返回结果
87.    不忘初心方得始终
88.    不忘初心不忘初心不忘初心
89.    False
90.    社
91.    社会
92.    中-国-特-色-社-会-主-义
```

3. 列表(List)结构

序列是 Python 中最基本的数据结构。序列中的每个元素都分配一个数字,代表着它的位置或索引。Python 有 6 个序列的内置类型,但最常见的是列表和元组。列表作为 Python 中最常见的数据类型,可以作为一个方括号内的逗号分隔值出现,其数据项不需要具有相同的类型。

(1) 定义列表和列表查询。

```
1.     ♯1.声明一个列表
93.    livelihood = ['幼有所育','学有所教','劳有所得','病有所医','老有所养','住有所居','弱有所扶']
94.    ♯2.使用下标访问其中的元素
95.    print(livelihood[2])
96.    ♯3.访问第一个元素
97.    print(livelihood[0])
98.    ♯4.访问最后一个元素
99.    print(livelihood[-1])
100.   ♯查询"livelihood"列表中有没有值为"幼有所育"的元素
101.   if"幼有所育"in livelihood:
102.       print('幼有所育')
103.   else:
104.       print('否')
105.
106.   ♯返回结果
107.   劳有所得
108.   幼有所育
109.   弱有所扶
110.   幼有所育
```

(2) 列表添加。

```
1.     ♯1.append():在列表末尾追加元素
111.   livelihood = []                    ♯定义一个空列表
112.   livelihood.append('劳有所得')        ♯把"劳有所得"加进列表末尾
113.   print(livelihood)
114.   ♯2.extend():合并列表
```

```
115.    livelihood1 = ['住有所居','弱有所扶']
116.    livelihood.extend(livelihood1)              # livelihood = livelihood + livelihood1
117.    print(livelihood)
118.    #3.insert(): 在指定位置添加
119.    livelihood.insert(1,'幼有所育')              # 向第 1 位之后增加"幼有所育"
120.    print(livelihood)
121.
122.    # 返回结果
123.    ['劳有所得']
124.    ['劳有所得','住有所居','弱有所扶']
125.    ['劳有所得','幼有所育','住有所居','弱有所扶']
```

（3）列表修改。

```
1.      #1.修改指定元素
126.    livelihood = ['幼有所育','学有所教','劳有所得','老有所养','弱有所扶']
127.    livelihood[-2] = '住有所居'                  # 将列表的倒数第二个换成"住有所居"
128.    print(livelihood)
129.    #2.将 livelihood 列表中的"学有所教"替换为"病有所医"
130.    for i in range(len(livelihood)):            # len()计算列表的长度
131.        if'学有所教'in livelihood[i]:            # 判断"学有所教"是否在列表中
132.            livelihood[i] = '病有所医'
133.            break
134.    print(livelihood)
135.
136.    # 返回结果
137.    ['幼有所育','学有所教','劳有所得','住有所居','弱有所扶']
138.    ['幼有所育','病有所医','劳有所得','住有所居','弱有所扶']
```

（4）列表删除。

```
1.      #1.del list[i]: 删除列表中第 i 个数据
139.    livelihood = ['幼有所育','学有所教','劳有所得','病有所医','老有所养','住有所居','弱有
        所扶']
140.    del livelihood[1]                           # 删除"学有所教"
141.    print(livelihood)
142.    #del list[i:j]: 删除列表中第 i 到 j 个数据
143.    livelihood = ['幼有所育','学有所教','劳有所得','病有所医','老有所养','住有所居','弱有
        所扶']
144.    del livelihood[1:4]                         # 删除"学有所教"、"劳有所得"、"病有所医"
145.    print(livelihood)
146.    #2.remove(x): 删除列表中的第一个元素 x
147.    livelihood = ['幼有所育','学有所教','劳有所得','病有所医','老有所养','住有所居','弱有所
        扶']
148.    livelihood.remove('病有所医')               # 删除"病有所医"
149.    print(livelihood)
150.    #3.pop(i): 将列表中第 i 个元素取出来,并且删除
151.    livelihood = ['幼有所育','学有所教','劳有所得','病有所医','老有所养','住有所居','弱有
        所扶']
152.    livelihood.pop(1)                           # 删除"学有所教"
153.    print(livelihood)
154.    #pop(): 删除队尾最后一个元素
155.    livelihood = ['幼有所育','学有所教','劳有所得','病有所医','老有所养','住有所居','弱有
        所扶']
156.    livelihood.pop()                            # 删除"弱有所扶"
157.    print(livelihood)
```

```
158.    #4.clear(): 清空列表
159.    livelihood = ['幼有所育','学有所教','劳有所得','病有所医','老有所养','住有所居','弱有
        所扶']
160.    livelihood.clear()                      #清空列表
161.    print(livelihood)
162.
163.    #返回结果
164.    ['幼有所育','劳有所得','病有所医','老有所养','住有所居','弱有所扶']
165.    ['幼有所育','老有所养','住有所居','弱有所扶']
166.    ['幼有所育','学有所教','劳有所得','老有所养','住有所居','弱有所扶']
167.    ['幼有所育','劳有所得','病有所医','老有所养','住有所居','弱有所扶']
168.    ['幼有所育','学有所教','劳有所得','病有所医','老有所养','住有所居']
```

（5）列表切片。

```
169.    #[]中设置要使用的第一个元素和最后一个元素的索引,左闭右开
170.    livelihood = ['幼有所育','学有所教','劳有所得','病有所医','老有所养','住有所居','弱有
        所扶']
171.    print(livelihood[-1:])                  #留下最后一个元素
172.    print(livelihood[::2])                  #从第一个到最后一个,以2为步长进行切片
173.    print(livelihood[-5:-1:2])
174.
175.    #返回结果
176.    ['弱有所扶']
177.    ['幼有所育','劳有所得','老有所养','弱有所扶']
178.    ['劳有所得','老有所养']
```

（6）列表排序。

```
1.      import random                           #生成10个随机整数
179.    ls = []
180.    i = 0
181.    while i < 10:
182.        ran = random.randint(1,50)          #生成随机整数
183.        if ran not in ls:
184.            ls.append(ran)
185.            i += 1
186.    print(ls)
187.    #sorted(): 升序,将列表中的数据按从小到大顺序排列
188.    print(sorted(ls))
189.    #reverse(): 将列表中元素反转,可用于降序
190.    print(sorted(ls,reverse = True))
191.
192.    #返回结果
193.    [16,38,35,9,24,39,31,41,5,1]
194.    [1,5,9,16,24,31,35,38,39,41]
195.    [41,39,38,35,31,24,16,9,5,1]
```

4. 元组（Tuple）结构

Python 的元组与列表类似,不同之处在于元组的元素不能修改。元组使用圆括号,而列表使用方括号。

（1）定义元组。

```
1.      #定义一个元组,注意:元组中只有一个元素时,需要在后面加逗号
196.    tuple1 = ()
```

```
197.   print(type(tuple1))
198.   tuple2 = ('hello')
199.   print(type(tuple2))
200.   tuple3 = ('hello',)
201.   print(type(tuple3))
202.
203.   # 返回结果
204.   < class'tuple'>
205.   < class'str'>
206.   < class'tuple'>
```

（2）元组修改。

元组中的内容不可修改，不能往元组里加入元素。因此只能将元组转化为列表后再对其中元素进行修改。

```
1.     # 对元组中的元素进行修改,想将其中的"学有所教"元素删除,可进行如下操作：
207.   tuple4 = ('幼有所育','学有所教','劳有所得','病有所医','老有所养','住有所居','弱有所扶')
208.   ls = list(tuple4)              # 元组转列表
209.   ls.pop(1)                      # 删除"学有所教"
210.   print(tuple(ls))              # 列表转元组
211.
212.   # 返回结果
213.   ('幼有所育','劳有所得','病有所医','老有所养','住有所居','弱有所扶')
```

（3）元组截取。

```
1.     tuple5 = ('幼有所育','学有所教','劳有所得','病有所医','老有所养','住有所居','弱有所扶')
214.   print(tuple5[-1:])            # 留下最后一个元素
215.   print(tuple5[::2])            # 从第一个到最后一个,以 2 为步长进行切片
216.   print(tuple5[-5:-1:2])
217.
218.   # 返回结果
219.   ('弱有所扶',)
220.   ('幼有所育','劳有所得','老有所养','弱有所扶')
221.   ('劳有所得','老有所养')
```

（4）元组函数。

```
1.     tuple6 = (32,21,5,16,48,24,3,27,9,39)
222.   max(tuple6)                   # 最大值
223.   min(tuple6)                   # 最小值
224.   len(tuple6)                   # 元组长度
225.   sum(tuple6)                   # 求和
226.
227.   # 返回结果
228.   224
```

（5）元组的拆包与装包。

```
1.     # 元组元素个数与变量个数相等
229.   tuple7 = ('幼有所育','学有所教','劳有所得')      # 定义一个元组
230.   a,b,c = tuple7                            # 将元组中的值赋值给 a,b,c
231.   print(a,b,c)                              # 输出 a,b,c
232.   # 元组元素个数与变量个数不相等
233.   tuple8 = ('幼有所育','学有所教','劳有所得','病有所医','老有所养','住有所居','弱有所扶')
234.   a,b,c, * d = tuple8        # 赋值,将元组中的前三个元素依次赋值给 a,b,c,剩下的赋值给 d
```

```
235.   print(a,b,c,d)
236.   print(d)
237.
238.   #返回结果
239.   幼有所育 学有所教 劳有所得
240.   幼有所育 学有所教 劳有所得['病有所医','老有所养','住有所居','弱有所扶']
241.   ['病有所医','老有所养','住有所居','弱有所扶']
```

5. 字典(Dictionary)结构

字典是另一种可变容器模型,且可存储任意类型对象。

(1) 定义字典与修改。

```
1.     #定义一个空字典
242.   dict1 = {}
243.   print(dict1)
244.   #定义一个字典的同时,进行初始化
245.   dict2 = {'成果':'脱贫攻坚','开始时间':20151127,'国家级贫困县':832,'结束时间':
       20201123}
246.   print(dict2['成果'])
247.   #定义一个字典,之后添加元素
248.   dict3 = {}
249.   dict3['成果'] = '十八大经济'
250.   dict3['增长速度'] = '54万亿元增长到80万亿元'
251.   print(dict3)
252.   #修改字典元素
253.   dict3['增长速度'] = '48%'
254.   print(dict3)
255.
256.   #返回结果
257.   {}
258.   脱贫攻坚
259.   {'成果':'十八大经济','增长速度':'54万亿元增长到80万亿元'}
260.   {'成果':'十八大经济','增长速度':'48%'}
```

(2) 字典相关函数。

```
2.     #items()函数   2019年全球GDP排名(单位:万亿)
261.   dict4 = {'美国GDP':21.4,'中国GDP':15,'日本GDP':5.1,'德国GDP':3.8}
262.   print(dict4.items())
263.   #keys()函数
264.   country = dict4.keys()
265.   print(country)
266.   #values()函数
267.   GDP = dict4.values()
268.   print(GDP)
269.
270.   #返回结果
271.   dict_items([('美国GDP',21.4),('中国GDP',15),('日本GDP',5.1),('德国GDP',3.8)])
272.   dict_keys(['美国GDP','中国GDP','日本GDP','德国GDP'])
273.   dict_values([21.4,15,5.1,3.8])
```

(3) 字典删除。

```
1.     #del
2.     dict4 = {'美国GDP':21.4,'中国GDP':15,'日本GDP':5.1,'德国GDP':3.8}
3.     del dict4['美国GDP']               #删除"美国GDP"这个元素
```

```
4.    print(dict4)
5.    #pop()
6.    dict4 = {'美国 GDP':21.4,'中国 GDP':15,'日本 GDP':5.1,'德国 GDP':3.8}
7.    dict4.pop('日本 GDP')              #取出"日本 GDP"这个元素
8.    print(dict4)
9.
10.   返回结果
11.   {'中国 GDP':15,'日本 GDP':5.1,'德国 GDP':3.8}
12.   {'美国 GDP':21.4,'中国 GDP':15,'德国 GDP':3.8}
```

6. 集合(Set)结构

集合主要用于数据去重或进行数据重复处理。

(1) 定义集合。

```
1.    set1 = set()                     #建立一个空集合一定要用 set()函数
274.  print(set1)
275.  set2 = {21.4,15,5.1,3.8}        #集合是无序组合,元素没有固定位置,不能进行切片、索引
276.  print(set2)
277.  set3 = {21.4,15,15,5.1,3.8,3.8,21.4}   #集合中的元素是不重复的,可用于过滤重复元素
278.  print(set3)
279.
280.  #返回结果
281.  set()
282.  {5.1,3.8,21.4,15}
283.  {5.1,3.8,21.4,15}
```

(2) 集合相关函数。

```
1.    #add()函数: 增加元素
284.  set4 = {'中国 GDP','日本 GDP'}
285.  set4.add('美国 GDP')
286.  print(set4)
287.  #clear()函数: 删除所有数据项
288.  set4 = {'中国 GDP','日本 GDP'}
289.  set4.clear()
290.  print(set4)
291.  #pop()函数: 随机返回集合中的一个元素,如果集合为空,则会产生异常
292.  set4 = {'中国 GDP','日本 GDP'}
293.  set4.pop()
294.  print(set4)
295.
296.  #返回结果
297.  {'美国 GDP','中国 GDP','日本 GDP'}
298.  set()
299.  {'日本 GDP'}
```

2.3.2 条件语句

Python 条件语句是通过一条或多条语句的执行结果(True 或者 False)来决定执行的代码块。

(1) if 语句。

```
1.    #语法格式
300.  if <条件>:
301.  <语句块>
```

```
302.
303.    ♯if 语句
304.    TIME = ['1950', '2031', '2019', '2045']
305.    for i in TIME:
306.      i = eval(i)
307.      if 1921 < i < = 2020:
308.          print('目标是全面建成小康社会')
309.      if 2020 < i < = 2035:
310.          print('目标是基本实现社会主义现代化')
311.      if 2035 < i < = 2050:
312.          print('目标是富强民主文明和谐美丽的社会主义现代化强国')
313.
314.    ♯返回结果
315.    目标是全面建成小康社会
316.    目标是基本实现社会主义现代化
317.    目标是全面建成小康社会
318.    目标是富强民主文明和谐美丽的社会主义现代化强国
```

（2）else 子句。

```
1.      ♯语法格式
319.    if <条件>:
320.      <语句块 1>
321.    else:
322.      <语句块 2>
323.
324.    ♯if - else 语句
325.    TIME = ['1950', '2031', '2019', '2045']
326.    for i in TIME:
327.      i = eval(i)
328.      if i < = 2020:
329.          print('未实现第一个百年奋斗目标')
330.      else:
331.          print('已实现第一个百年奋斗目标')
332.
333.    ♯返回结果
334.    未实现第一个百年奋斗目标
335.    已实现第一个百年奋斗目标
336.    未实现第一个百年奋斗目标
337.    已实现第一个百年奋斗目标
```

（3）elif 子句。

```
1.      ♯语法格式
338.    if <条件 1>:
339.      <语句块 1>
340.    elif <条件 2>:
341.      <语句块 2>
342.      ……
343.    else:
344.      <语句块 N>
345.
346.    ♯if - elif - else 语句
347.    TIME = ['1950', '2031', '2019', '2045']
348.    for i in TIME:
349.      i = eval(i)
```

```
350.        if 1921 <= i <= 2050:
351.            if i <= 2020:
352.                print('目标是全面建成小康社会')
353.            elif 2020 < i <= 2035:
354.                print('目标是基本实现社会主义现代化')
355.            else:
356.                print('目标是富强民主文明和谐美丽的社会主义现代化强国')
357.
358.    # 返回结果
359.    目标是全面建成小康社会
360.    目标是基本实现社会主义现代化
361.    目标是全面建成小康社会
362.    目标是富强民主文明和谐美丽的社会主义现代化强国
```

2.3.3　循环语句

Python 提供了各种控制结构,允许更复杂的执行路径。循环语句允许我们执行一个语句或语句组多次,即在某条件下,循环执行某段程序,以处理需要重复处理的相同任务。

(1) for 循环(遍历循环)。

```
1.      # 语句格式
363.    for <循环变量> in <遍历结构>:
364.        <语句块>
365.    # 1.循环 N 次
366.    for i in range(N):
367.        <语句块>
368.    # 2.遍历文件 fi 的每一行
369.    for line in fi:
370.        <语句块>
371.    # 3.遍历字符串 s
372.    for c in s:
373.        <语句块>
374.    # 4.遍历列表 ls
375.    for item in ls:
376.        <语句块>
377.
378.    # 循环 N 次
379.    for i in range(3):
380.        print('全面建成小康社会')
381.    # 遍历字符串 s
382.    for c in '小康社会':
383.        print('正在输出: ' + c)
384.    # 遍历列表 ls
385.    TIME = ['1950', '2031', '2019', '2045']
386.    for item in TIME:
387.        print(item)
388.
389.    # 返回结果
390.    全面建成小康社会
391.    全面建成小康社会
392.    全面建成小康社会
393.    正在输出: 小
394.    正在输出: 康
395.    正在输出: 社
```

```
396.    正在输出：会
397.    1950
398.    2031
399.    2019
400.    2045
```

（2）while 循环。

```
1.      #语句格式
401.    while <条件>:
402.       <语句块>
403.
404.    #while 循环
405.    s,i = '全面建成小康社会',0
406.    while i < len(s):
407.       print('正在输出：' + s[i])
408.       i += 1
409.    print(s)
410.
411.    #返回结果
412.    正在输出：全
413.    正在输出：面
414.    正在输出：建
415.    正在输出：成
416.    正在输出：小
417.    正在输出：康
418.    正在输出：社
419.    正在输出：会
420.    全面建成小康社会
```

（3）循环的终止：break 和 continue 语句。

break：跳出最内层 for 或 whlie 循环，脱离该循环后程序从循环代码后继续执行。
continue：跳出此次循环，即跳出循环体中下面尚未执行的语句，但不跳出当前循环。

```
1.      #break
421.    for s in '全面建成小康社会':
422.       if s == '小':
423.          break
424.       print(s,end = '')
425.    #返回结果
426.    全面建成
427.
428.    #continue
429.    for s in '全面建成小康社会':
430.       if s == '小':
431.          continue
432.       print(s,end = '')
433.    #返回结果
434.    全面建成康社会
```

2.3.4　函数

函数能提高应用的模块性和代码的重复利用率。它是组织好的、可重复使用的、用来实现单一或相关联功能的代码段。Python 提供了许多内建函数，比如 print()。我们也可以自己创建函数，即用户自定义函数。

1. Python 的内置函数

内置函数"help"：Python 内置函数有 100 多个（见表 2.2），我们直接输入"help（函数名）"，然后回车，就会看到系统提供的对于内置函数的更加详细的解释及用法提示。

表 2.2 Python 内置函数

内 置 函 数				
abs()	delattr()	hash()	memoryview()	set()
all()	dict()	help()	min()	setattr()
any()	dir()	hex()	next()	sliceal()
ascii()	divmod()	id()	object()	sorted()
bin()	enumerated()	input()	oct()	staticmethod()
bool()	eval()	int()	open()	str()
breakpoint()	exec()	isinstance()	ord()	sum()
bytearray()	filter()	issubclass()	pow()	super()
bytes()	float()	iter()	print()	tuple()
callable()	format()	len()	property()	type()
chr()	frozenset()	list()	range()	vars()
classmethod()	getattr()	locals()	repr()	zip()
compile()	globals()	map()	reversed()	_import_()
complex()	hasattr()	max()	round()	

2. 函数的定义与调用

（1）函数的定义。

```
1.      #Python 使用 def 保留字定义一个函数
2.      def <函数名>(<参数列表>):
3.        <函数体>
4.      return <返回值列表>
```

（2）函数的调用。

函数调用的基本步骤：①调用程序在调用处暂停执行；②调用时将实参数复制给函数的形参；③执行函数体语句；④函数调用结束给出返回值，程序回到调用前的暂停处继续执行。

```
1.      #示例
2.      '''实现伟大梦想,必须进行伟大斗争。
3.      实现伟大梦想,必须建设伟大工程。
4.      实现伟大梦想,必须推进伟大事业。'''
5.      def dream():                  #定义函数 dream()
6.        print('实现伟大梦想,必须进行伟大斗争。')
7.      def dream1(way):              #定义函数 dream1()
8.        dream()
9.        print('实现伟大梦想,必须{}。'.format(way))
10.     #前 1-7 行是函数的定义,函数只有在被调用时才能使用,因此不能直接执行!!
11.     dream1('建设伟大工程')          #调用函数 dream1()
12.     print()
13.     dream1('推进伟大事业')          #调用函数 dream1()
14.
15.     #返回结果
16.     实现伟大梦想,必须进行伟大斗争。
```

```
17.    实现伟大梦想,必须建设伟大工程。
18.    实现伟大梦想,必须进行伟大斗争。
19.    实现伟大梦想,必须推进伟大事业。
```

2.3.5　库(包)

库是一些他人写好的代码,Python 中有大量的官方库和第三方库。在本地编程的时候,我们只要将官方库和第三方库下载到本地,编程时调用就可以快速实现一些功能。

1. 库的安装与更新

在本地环境中,除了标准库外,大量第三方库需要在控制台中安装后使用,而安装和更新库可借助命令行窗口实现,即 Anaconda Prompt 或 cmd 窗口。而且部分 Python 在线编程系统甚至无须安装,直接支持使用流行的第三方库。

```
1.    # 安装 pandas 库
2.    pip install pandas
3.    # 更新 pip 库
4.    pip install -- upgrade pip
```

2. 使用库

在调用库前,我们需要先在编程文件中导入库,然后才能调用库中的程序,其语法与调用函数的语法类似。

```
1.    # 导入库,并在后续使用中使用缩写指代一个库
2.    import numpy as np
3.    import pandas as pd
4.    import jieba
5.
6.    # 利用 jieba 库进行分词
7.    jieba.lcut(text)
```

2.3.6　案例: 政府工作报告热点分析

以上是对 Python 基础语法的一些介绍。有了这些知识,我们就可以进行一些数据分析工作了。接下来将通过案例继续熟悉 Python 语言的一些基本语句。

1. 研究背景

国务院的《政府工作报告》是具有法定效力的官方正式文件,是一类具有施政纲领性质的政策性文本。一般而言,《政府工作报告》包括两类内容:一是总结前一年中央政府工作的成绩和经验、社会发展现状;二是指出新一年中央政府的发展方向、目标、工作重心等。《政府工作报告》蕴含着政府及决策者的价值取向,在很大程度上是在告诉民众政府已经做了什么,将来会重视什么,将重点向哪些领域投入资源。[①]　毋庸置疑,国务院政府工作报告是了解中国和中国政治的必读内容。

2020 年注定是不平凡的一年,我们见证了突如其来的新冠病毒疫情、全球经济深度衰退、全面脱贫攻坚、全面建成小康社会等事件。在 2021 年春天,我国政府如何总结过去一年,对未来又进行了什么规划呢? 这份报告的重点会与往年的报告有比较大的差异吗? 我们可以利用文本挖掘尝试着回答以上问题。

---

① 魏伟,郭崇慧,陈静锋.国务院政府工作报告(1954—2017)文本挖掘及社会变迁研究.情报学报,2018,37(4):406-421.

2. 代码与实操

（1）导入库。

```
1.    #最开始导入中文分词库，jieba库
2.    import jieba
```

（2）读取文件的内容。

```
1.    #读取文章内容
2.    text = open('work/政府工作报告.txt','r',encoding = 'utf-8').read()
3.    #读取停用词：停用词的存在有利于提升主题的效果
4.    #在实际应用中，一些词语出现在大部分或者几乎所有文档中，但往往信息量不足，对表达主
      #题意义不大
5.    s = open('work/停用词.txt', encoding = 'UTF-8').read()
6.    #利用循环，创建停用词表，并进行处理
7.    for line in s:
8.      stopwords = line.strip()
```

（3）分词。

```
1.    #使用精确模式对文本进行分词
2.    words = jieba.lcut(text)
3.    #通过键值对的形式存储词语及其出现的次数
4.    counts = {}
```

（4）词频统计。

```
1.    #对所有分词进行词频统计
2.    for word in words:
3.      if len(word) == 1:                          # 单个词语不计算在内
4.        continue
5.      else:
6.        counts[word] = counts.get(word, 0) + 1  # 遍历所有词语，每出现一次其对应的值加1
7.    #将键值对转换成列表
8.    items = list(counts.items())
9.    #根据词语出现的次数进行从大到小排序
10.   items.sort(key = lambda x: x[1], reverse = True)
```

（5）输出高频词。

```
1.    #输出列表
2.    print(items)
3.    #输出前25个词频
4.    for i in range(25):
5.      print(items[i])
```

（6）可视化。

```
1.    #前期准备
2.    #新建两个空列表，供之后转换数据使用
3.    l1 = []
4.    l2 = []
5.
6.    #利用循环，将元组分解，按顺序放入列表中
7.    for i in range(0,10):
8.      l1.append(items[i][0])
9.      l2.append(items[i][1])
10.   #让图直接在notebook中显示
```

```
11.    % matplotlib inline
12.
13.    #导入库
14.    import matplotlib.pyplot as plt
15.
16.    #设定字体,解决无法显示中文的问题
17.    plt.rcParams['font.sans - serif'] = ['MSYH.TTC']
18.
19.    #绘制柱状图,第一个参数为 x 轴数据来源,第二个参数为 y 轴数据来源
20.    plt.bar(l1, l2)
21.    #绘制图像
22.    plt.show()
```

（7）结果。

我们画出的图展示了 2021 年的政府工作报告出现最多的 10 个有意义的词语(见图 2.3)。其中,"发展"被提及约 140 次,远远多于其他词语,是最受重视的内容。报告中经常出现的词语还包括建设、经济、企业、完善、创新等。以上结果支持了以往研究的结论[1],"发展"是我国政府工作报告的高频词,是党执政兴国的第一要务;与现有文献的结果相比,本报告的其他高频词与近年来的报告的热词差别不大,2021 年政府工作报告与近年工作报告相似度较高,差异不大。

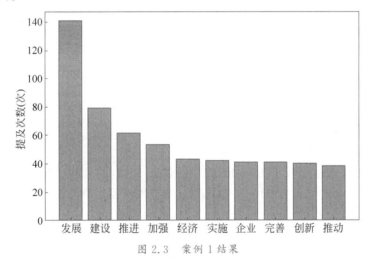

图 2.3　案例 1 结果

当然,词频分析一般只是自然语言处理中的第一步。要获得更为稳健的结果,需要使用其他方法进一步分析政府工作报告。

2.4　搜集数据: 网络爬虫简介[2]

在传统的社会科学研究中,研究者主导着研究资料的产生过程。例如,进行定量研究的研究者会利用自己制订的问卷搜集人们的信息,而进行质性研究的研究者则多通过访谈和

---

① 魏伟,郭崇慧,陈静锋.国务院政府工作报告(1954—2017)文本挖掘及社会变迁研究. 情报学报,2018,37(4): 406-421.

② 我们仅对 Python 爬虫做简要介绍,有兴趣的读者可以参考 Ryan Mitchell 的《Python 网络数据采集》(人民邮电出版社)等相关书籍进一步研读.

参与式观察等途径搜集资料。如果研究者不向被研究者提问,也不记录被研究者的回答,那么研究资料不会出现在这个世界上。但在计算社会科学中,研究者常常会发现研究资料早已产生,大量数据已在互联网公开。然而,以往的研究资料搜集方法难以获得如此多的数据,因此,我们需要搜集研究材料的新方式。

由于大量的数据由企业或政府所有,部分学者会选择与企业或政府合作,获取数据开展研究。企业或政府亦主动开放了部分非敏感数据,供研究者下载、使用。如果通过以上两种途径所得到的资料都不能满足研究需要,那么可以尝试用爬虫技术获得数据。[①]

2.4.1　什么是网络爬虫

网络爬虫又叫网络蜘蛛、网络蚂蚁、网络机器人等。它是一段程序,模拟着人浏览网站的行为,在网站上单击按钮,查询数据,把看到的数据记录回来,再进行下一步处理,或是继续进入网页,或是筛选数据,最后将所需要的数据保存到本地或数据库中。

实际上,网络爬虫是一种广泛使用的技术。例如,我们日常使用的搜索引擎就离不开爬虫。搜索引擎的爬虫程序每日会对海量的互联网信息进行爬取,收录其中的优质信息。当用户搜索关键词时,搜索引擎会据此进行分析,在收录的信息中找到相关网页,再按一定的规则排序,将网页展现给用户。[②] 在研究中,也可以使用爬虫技术,提取相关网页的公开信息,包括网页链接、文本、图片、视频等,帮助我们获取研究问题所需的数据。

2.4.2　利用 Python 进行爬虫

Python 中有许多库能帮助我们轻松爬取互联网中的信息。我们下面将介绍两个基础库。

1. Requests 库

Requests 是 Python 实现的简单易用的 HTTP 库,能帮助我们获取到网页中的所有信息。[③]

2. BeautifulSoup 库

BeautifulSoup 库是一个可以从 HTML 或 XML 文件(网页的一般形式)中提取数据的 Python 库,能将网页内容变为结构化的数据,方便提取所需信息[④]。

本 章 小 结

我们在本章中简要介绍了 Python 语言。首先,我们梳理了 Python 的发展历史,比较了社会科学中不同软件在学习曲线、可视化、应用场景等方面的异同,分析了 Python 在计算社会科学中的地位和作用。然后,我们介绍了在不同系统中如何安装 Python,并就 Python 的基础语法,如列表、字典、条件语句、循环语句、调用函数等做了呈现。最后,本章介绍了计算社会科学常用的一种搜集资料的新方法——爬虫,以及如何使用 Python 语言实现网络爬虫。

为了让读者对 Python 语言有更加直观的印象,我们结合一个使用 Python 语言的案例来

① 在进行网络爬虫时,请遵守相关法律规定.
② 韦玮. 精通 Python 网络爬虫:核心技术、框架与项目实战. 北京:机械工业出版社,2017:1-11.
③ 最新动态可查阅官网:http://cn.python-requests.org/zh_CN/latest/.
④ 最新动态可查阅官网:https://beautifulsoup.readthedocs.io/zh_CN/v4.4.0/.

运用本章所学知识。在 2.3.7 节的案例中,我们对《2021 年国务院政府工作报告》进行了文本分析。

习　题　2

1. 挖掘用户评价的信息

消费者评价是互联网交易中的重要信息。对消费者而言,好评会吸引他们购买某件商品;对商家而言,从好评中能得知商品的优点,从差评中能提取出需要改进的地方。请分析 https://www.kaggle.com/sid321axn/amazon-alexa-reviews 网站的消费者评价文本,这些消费者都购买了亚马逊公司推出的一款智能家居机器人 Alexa。

(1) 选用合适的方法,将文件读取到程序中。

(2) 对于文字评价,请完成分词工作。在英语中,词和词之间用空格分隔,在去掉标点符号后,能以空格为标识完成分词工作。你可能发现部分词语对了解人们的想法帮助不大,可以将这些词语去掉。

(3) 根据评分,对文字评论进行归类,然后在每一类中进行词频统计工作。

(4) 最后尝试将你得出的结果进行可视化,在图中显示不同评分下评论词频的情况。

2. 谁是《西游记》的主角?

《西游记》是中国古代第一部浪漫主义章回体长篇神魔小说,也是我国古典四大名著之一。请对《西游记》的主题进行探究,分析唐僧、孙悟空、猪八戒、沙僧四人中,谁被提及的次数最多。

(1) 要做到这点,我们首先需要让程序知道我们要统计的词语。《西游记》原著中用多种方式称呼唐僧、孙悟空、猪八戒、沙僧四人,如孙悟空有时会被叫做孙行者、齐天大圣、斗战胜佛等,这些称呼都需要与同一个人联系起来。请创建一些列表,完成这个任务。

(2) 请用恰当的方式,将《西游记》的全文本读取到程序中,并进行一定处理,去掉换行符等无关内容。

(3) 利用 jieba 分词①划分文本。请检查结果,是否有部分分词结果不尽如人意。如果是,那么请查阅相关帮助文档,将新词添加到 jieba 分词的词典中,重新进行分词。

(4) 使用最开始创建的列表,进行词频统计,找出唐僧、孙悟空、猪八戒、沙僧四人中被提及的次数最多的人。

3. 今日热点在哪里?

新闻头条、社会热点是了解社会舆情的有效手段。你想知道今天的热搜是什么吗?是科技、经济、体育、娱乐还是民生?是新闻事件、热点话题、人物动态还是产品资讯?请选择一个新闻聚合网站,使用浏览器中的"开发者控制"功能,查看网站首页新闻标题所在的标签。然后编写相关 Python 代码,爬取新闻聚合网站首页的数据,筛出新闻标题,并用适当的方式进行可视化。

(1) 选择一个新闻网页,查看相关标签。

(2) 编写代码,爬取新闻标题数据。

(3) 进行一次到多次爬取,形成一个文字档案,并完成分词工作,然后进行词频统计。

(4) 将词频统计结果进行可视化,如直方图、词云图等。

---

① jieba 是一个应用极为广泛的中文分词库,能自动将句子划分为词语.

机 器 学 习 篇

第 3 章

回归分析[①]

本章学习目标

- 理解回归分析的基本逻辑
- 理解岭回归和拉索回归函数形式
- 了解岭回归、拉索回归和弹力网等算法的应用场景、原理及优势
- 掌握相关算法在 Python 中的分析

3.1 算法基础

在一般意义上,回归分析(Regression Analysis)作为一种统计分析方法,旨在获取两个或两个以上变量间相互依赖的定量关系。在机器学习中,回归(Regression)特指一类算法,这类算法一般被用来预测与对象关联的连续型变量取值。在统计学发展初期,"回归"由英国统计学家高尔顿提出,描述子代身高向族群平均身高靠拢的现象。在当下主流的社科定量研究方法中,"回归"泛指一类剥离并观察自变量与因变量之间净效应的技术。鉴于回归概念本身的复杂性,需要澄清的是,本章仅从机器学习角度理解回归,并将介绍其中主要的几种线性回归(Linear Regression)算法,包括最小二乘法(Ordinary Least Squares,OLS),以及改进了最小二乘法的岭回归(Ridge Regression)、拉索回归(LASSO)和弹性网(Elastic Net)。

与本书其他章节介绍的"酷炫"技巧相比,线性回归可能会显得有些平淡无奇,但了解它仍有相当的必要性。从应用角度看,线性回归的适用范围广泛,且与其他复杂算法相比,实际效果甚至相差无几。例如,著名的计算社会科学家萨尔加尼克等人[②]曾召集 160 个顶尖

---

① 感谢范晓光对本章的完成给予的大力帮助,同时感谢毕向阳通读初稿并提出建设性意见.

② Salganik M J. et al. Measuring the Predictability of Life Outcomes with a Scientific Mass Collaboration. Proceedings of the National Academy of Sciences,2020,117(15):8398-8403.

团队,让他们各自利用机器学习对某一社会变量进行预测。结果发现,表现最好的算法尽管非常复杂且利用了数千个预测变量,但预测精度也就比使用四个预测变量的线性回归高一点点。而从学习路径看,线性回归不仅与社会科学家们熟悉的传统方法思路最为相近,且以岭回归为代表的正则化(regularization)方法也最能体现机器学习与传统计量在功能取向上的不同,以及机器学习方法在预测方面的优势[①]。

3.1.1　线性回归的基本原理

有一连续型变量 Y,以及 p 个可以用来预测的变量 $X=(X_1,X_2,\cdots,X_p)$。通常我们会建构方程 $Y=f(X)+\epsilon$,其中,f 是未知的关于 X 的方程,ϵ 是随机误差。研究者需要做的,是根据现有数据 Y 和 X 得到 $\hat{f}$,即对 f 的形式进行估计。估计 f 有两类目的。传统定量研究的目的主要是推断,即探究部分自变量对因变量的净效应。机器学习更关心预测,即给定 X,要用 $\hat{Y}=\hat{f}(X)$ 来预测那些难以获取的 Y。我们不再对 $\hat{f}$ 本身感兴趣,而是将其视为一个黑箱。本章涉及的线性回归旨在找到一个具有较好预测效力的 $\hat{f}(X)$。其中,"线性"指假设方程 $f(X)$ 的形式为预测变量的线性组合:

$$f(X)=\beta_0+\beta_1 X_1+\beta_2 X_2+\cdots+\beta_p X_p$$

其中,$\beta_1,\cdots,\beta_p$ 被称为权重(weight)或系数,β_0 被称为偏置(bias)或截距。在线性方程中,估计 f 的问题,就转换为估计 $p+1$ 个参数 $\beta_0,\beta_1,\cdots,\beta_p$ 的问题。进一步说,就是通过确定这组参数,来尽可能让 $Y\approx\hat{f}(X)$,确保提出的方程能拟合当前的数据。那么,当数据体现的模式在其他对象中同样存在时,就可以依据此方程进行预测。问题是,该如何确定一组 β 呢? 换句话说,如何才能让 $Y\approx\hat{f}(X)$ 呢? 这需要用到最小二乘法。最小二乘法试图找到一组 β 来让模型产生的残差平方和(Residual Sum of Squares,RSS)最小。RSS 被定义为

$$
\begin{aligned}
\text{RSS} &= \sum_{i=1}^{n}(y_i-\hat{y}_i)^2 \\
&= \sum_{i=1}^{n}(y_i-\hat{\beta}_0-\hat{\beta}_1 x_{i1}-\hat{\beta}_2 x_{i2}-\cdots-\hat{\beta}_p x_{ip})^2
\end{aligned}
\tag{3.1}
$$

其中,y_i 为第 i 个观测对象目标变量的真实值,$\hat{y}_i$ 为模型对第 i 个观测对象的预测值。为了表达上的简洁,可以将上述表述转化为矩阵的形式。设 X 为一个 $n\times(p+1)$ 的矩阵,其中 n 为观测对象数,p 为特征数。设 $\boldsymbol{\beta}$ 为一个 $p+1$ 维的向量,有 $\boldsymbol{\beta}=(\beta_0,\beta_1,\cdots,\beta_p)^{\mathrm{T}}$。设 $\boldsymbol{y}$ 为目标变量真实值所组成的 n 维向量,那么有:

$$\hat{\boldsymbol{\beta}}=\underset{\boldsymbol{\beta}}{\operatorname{argmin}}\parallel X\boldsymbol{\beta}-\boldsymbol{y}\parallel_2^2 \tag{3.2}$$

针对正规方程求解,可以直接得到解析解 $\hat{\boldsymbol{\beta}}=(X^{\mathrm{T}}X)^{-1}X^{\mathrm{T}}\boldsymbol{y}$。当特征数 p 比较大时(例如上万个特征),求逆过程的运算量也会特别大,得出结果会比较慢,这时梯度下降(Gradient Descent)求解法可能是更好的选择。在实操中,计算机根据指定算法去求解最优 β 的过程被称为训练。训练完成后,就得到可以用来执行预测任务的模型。向模型输入新的观测对象,模型会给出对新数据的预测。

---

①　陈云松,吴晓刚,胡安宁,等.社会预测:基于机器学习的研究新范式.社会学研究,2020,(3):94-117.

需要注意的是,训练所得模型中的 $\hat{\beta}_1, \cdots, \hat{\beta}_p$,不能直接解读为现实中各预测变量对目标变量的(平均)效应,原因主要有三点。一是从理论角度看,机器学习模型的主要目的是预测,而非推断,因此变量设置没有经过严格的理论论证。二是从统计学角度看,由于无法获得无穷多的样本,权重估计必然存在不确定性,传统计量中需要计算置信区间来将这部分不确定性纳入考量。最后,模型设置本身也具有不确定性,不同预测变量的组合,实际上会导致权重的估计值发生较大改变,甚至正负号都会发生变化。[1]

3.1.2 线性回归模型的评估指标

评估得到的模型 $\hat{f}(X)$,需要测量它在预测方面的准确性。常用的指标之一为均方误差(Mean Squared Error,MSE)。具体来说,那些用来训练模型的观测对象组成的集合被称为训练集(training set),而我们需要找到一些训练集之外的观测对象 (x_0, y_0),构成测试集(test set)。测试集上的均方误差为(Ave 表示取均值):

$$\text{MSE} = \text{Ave}(y_0 - \hat{f}(x_0))^2 \tag{3.3}$$

模型在测试集上的误差为测试误差(Test Error)。该误差被视为模型在全新样本中误差(泛化误差,Generalization Error)的近似。泛化误差越低,说明模型的准确性越高。除MSE 外,线性回归中另一常用指标是决定系数(Coefficient of Determination),也叫 R 方,之后统一表示为 R^2。R^2 的定义为:

$$R^2 = 1 - \frac{\sum_i (\hat{y}_i - y_i)^2}{\sum_i (y_i - \bar{y})^2} \tag{3.4}$$

其中,$\sum_i (y_i - \bar{y})^2$ 为数据集中目标变量自身固有的变异性,或者说所携带的信息量。$\sum_i (\hat{y}_i - y_i)^2$ 是模型所能预测,或者说解释了的变异性。R^2 的取值为负无穷到 1。[2] R^2 取值越大,说明模型的泛化能力越好。0 是一个重要的分界线。当 $R^2 \leqslant 0$,说明与均值模型相比,模型表现地一样甚至更糟,所以模型没有任何价值。

3.1.3 方差与偏差的权衡

在机器学习领域中,方差与偏差的权衡(bias-variance trade-off)是一个十分重要的概念。本节将对此概念进行简要解释。一般来说,使用模型对新对象 (x_0, y_0) 进行预测时,泛化误差可以被分解为三个部分:

$$E[(y_0 - \hat{f}(x_0))^2] = \text{Var}(\hat{f}(x_0)) + [\text{Bias}(\hat{f}(x_0))]^2 + \text{Var}(\epsilon) \tag{3.5}$$

其中,$\text{Var}(\hat{f}(x_0)) = E[(E[\hat{f}(\boldsymbol{x}_0)] - \hat{f}(\boldsymbol{x}_0))^2]$,被称为 $\hat{f}(x_0)$ 的方差(variance),$[\text{Bias}(\hat{f}(x_0))]^2 = E[(f(\boldsymbol{x}_0) - E[\hat{f}(\boldsymbol{x}_0)])^2]$,被称为 $\hat{f}(x_0)$ 的偏差(bias),$\text{Var}(\varepsilon) = E[(y_0 - f(\boldsymbol{x}_0))^2]$,是随机扰动项方差(Irreducible Error)。$\text{Var}(\epsilon)$ 是无法控制与调整的,因此,提高预测精准度,或者说减少泛化误差,需要从削减方差和误差入手。

---

[1] Young C,Chen X. Patients as Consumers in the Market for Medicine: The Halo Effect of Hospitality. Social Forces,2020,99(2):504-531.

[2] 一般来说,R^2 小于 0 的情况很少见.

不难看出,$\hat{f}$ 的方差是指当使用不同训练集来训练时,$\hat{f}$ 的变化程度。理想情况下,估计出的 $\hat{f}$ 不会因为使用不同训练集而剧烈变化。$\hat{f}$ 的偏差是指因为用一个简单的模型去逼近一个复杂现实生活问题(Real-life Problem)而引入的误差(Error)。例如,线性回归假设 $\hat{Y}$ 是 X 的简单线性组合,但事实上的关系可能是非线性的。

例如,图 3.1 左侧的散点图显示,数据呈现出非常明显的非线性模式。右侧我们训练出三个不同的模型来对数据模式进行拟合。"长短虚线交替"为基于普通最小二乘的线性回归。"虚线"为三次多项式回归,"实线"为高次多项式回归。当训练集发生变化时,可以想见,训练得到的高次多项式模型会发生很大变化,而三次多项式和线性回归则变化不会很大,换句话说,二者的方差都比较低。但是,线性回归没有能够充分反映数据所展现的模式,其对应偏差会比较大。因此案例中只有三次多项式回归做到了方差与偏差的权衡。

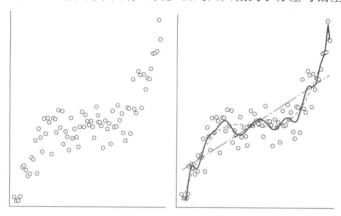

图 3.1   三个不同模型对数据的拟合

3.1.4   过拟合与欠拟合

1. 概念界定

过拟合与欠拟合两个概念与上节所介绍的方差和偏差概念密切相关。

当模型设定过于复杂时,模型很可能对训练集拟合得"太好"。这意味着它将样本的一些随机误差都拟合进去了。由于过多方差的存在,预测结果会很不准确,这被称为过拟合(Overfitting)。当模型因太过"简单"时,它很可能并未充分挖掘样本所能提供的有关数据模式的信息,由于过多偏差的存在,其预测效力同样很差,这被称为欠拟合(Underfitting)。

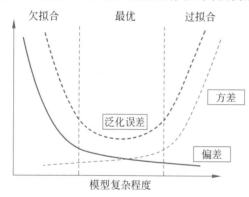

图 3.2   方差和偏差的平衡图示

理想情况下,我们在方差与偏差之间找到一个平衡,避免过拟合和欠拟合问题的发生,提升模型的泛化能力。

随着模型复杂度的提升(例如预测变量和参数的增多),偏差会不断下降,但方差会逐渐上升,模型由欠拟合状态逐渐走向过拟合状态(见图 3.2)。这意味着存在一个最优的模型复杂度设置,可以规避欠拟合和过拟合问题,这就是研究者旨在寻找的最优设置。一般来说,研究者在建模过程中总倾向于尽量解释训练集中数据的变异性。因此,有大量不重要甚至无关的特征会被添加到线性回归模型中,所以过拟合通常比欠拟合更容易发生。本章将介绍的岭回归和拉索回归,相较于普通最小二乘算法,其原理就是通过引入少量偏差来减少方差,降低预测时的误差,一定程度上避免过拟合,从而提升模型的预测效果,或者说泛化能力。这反映了机器学习与传统定量方法的差异。

2. 判断是否出现过拟合

那么,研究者该如何判断模型有没有过拟合呢? 最简单的方法是找到训练集之外的数据进行预测,计算 MSE 或 R^2 等评估指标。如果指标表明模型在训练集上的表现明显好于测试集,那么就有理由认为建模过程导致了过拟合。一般来说,研究者会将手头的数据分为训练集和测试集。训练集用来进行模型的训练,测试集用来评估建模过程的合理性。这种方法被称为交叉验证。交叉验证的方法有很多,这里介绍"留出法"(Hold-out)和"K 折法"(K-fold)两种。

留出法指将数据按指定比例划分为两个互斥的集合,分别作为训练集和测试集。研究者在训练集上得到模型后,在测试集评估其表现,将计算得到的指标作为模型泛化误差的近似。需要注意的是,给定一个样本,理论上有很多种方法对样本进行分割。每一种分割方式都会产生一个评估量。因此,单次的留出法的结果可能并不可靠。

K 折法指将数据分为 k 个互斥且大小相同的子集。用 k-1 个子集作为训练集,剩下的一个子集作为测试集,计算相应的指标。循环这一过程 k 次,直至每一个子集都做过一次测试集,将求得的 k 个指标求平均值,作为对模型泛化误差的近似。图 3.3 展示了 5 折法交叉验证的过程。当然,有时也会计算 R^2 或其他指标并最终取平均。

图 3.3　5 折法交叉验证图示

K 折法存在一种极端情况,那就是每次只将 1 个观测对象作为测试集,其他观测对象作为训练集。循环执行的次数等于样本量,直至每一观测对象都作为过测试集。这种方法也被称为留一验证(Leave-one-out)。当样本量比较少的时候,K 折法获得的训练集和测试集都会比较小。一方面较少的测试集测不准确,另一方面较少训练集意味着训练过程对异常值、标签错误比较敏感,方差很大。此时对泛化误差的估计会很不准确。由于留一法每次训练都能充分利用数据,相比之下模型方差要小得多,不会倾向高估泛化误差。另外,针对特定数据集,留一验证的方式有且只有一种,因而有时无须像 K 折那样重复多次。留一法的缺陷(在大多数时候)是运算量大,需要消耗较多算力。

3. 过拟合的处理简述

如之前所述,模型泛化误差的期望,可以被分解为三个成分:方差、偏差和随机误差项的方差:

$$E[y_0 - \hat{f}(x_0)]^2 = \underbrace{\mathrm{Var}(\hat{f}(x_0))}_{\text{Variance}} + \underbrace{[\mathrm{Bias}(\hat{f}(x_0))]^2}_{\text{Bias}^2} + \underbrace{\mathrm{Var}(\epsilon)}_{\text{Irreducible Error}} \qquad (3.6)$$

设训练集有 n 个观测对象，p 个观测变量。如果线性假设成立，基于 OLS 训练线性回归模型时，可能存在三种情形。

(1) 当 $n \gg p$，偏差小，方差一般也小，模型预测精度很可能不错。

(2) 当 $n > p$ 但是 $n \gg p$ 不成立时，误差小，但方差可能会很大，模型预测精度堪忧。

(3) 当 $p > n$，OLS 不存在唯一解，方差无穷大，模型根本无法使用。当发现线性回归模型存在过拟合时，一般是因为上述的(2)、(3)两种情形。

此时，有四类方法可以缓解过拟合问题。一是增加观测对象的个数，这相当于直接增加模型训练时所能获取的信息量。但鉴于训练模型前，研究者应该已经尽力搜集了所有能搜集到的信息，所以增加观测对象很困难。二是进行特征选择(Feature Selection)，也就是从 p 个预测变量中选出我们相信对预测目标变量效果最好的一部分。特征选择的方法有很多，没有标准化的方法，且一般流程比较烦琐。三是进行特征提取，或者说降维。以 PCA (Principal Component Analysis)为代表，这类方法将 p 个预测变量投影到 M 维的空间内，且 $M < p$。然后用这新生成的 M 个特征作为新的预测变量。一般来说，特征提取会不可避免的损失掉一些信息，最为关键的是，线性回归优势在于模型的可解释性，但提取的特征不再具有明确的现实意义，相当于让线性回归"自废武功"。四是本章将要介绍的正则化(Regularization)方法。正则化方法以岭回归和拉索回归为代表，它们会利用所有的预测变量，但相比最小二乘方法，整体上的系数会向 0 收缩，这起到了引入偏差但减少方差的作用，从而提升模型的泛化能力。另外，拉索回归可以使部分变量的系数收缩到 0，从而起到了特征选择的作用，帮助得到更加简单且易于解释的模型。

正则化方法不仅可以在线性回归中使用，在多项式回归、广义线性模型等建模过程和算法中也有使用。例如，Logistic 回归中也可以使用正则化方法来避免过拟合。

3.2 岭 回 归

3.2.1 对岭回归的理解

在机器学习中，经常通过使某一函数最小化来对模型参数进行训练，该函数被称为损失函数(Loss Function)。回忆一下，OLS 定义的损失函数为模型在训练集上残差的平方和：

$$\mathrm{RSS} = \sum_{i=1}^{n} \left(y_i - \beta_0 - \sum_{j=1}^{p} \beta_j x_{ij} \right)^2 \qquad (3.7)$$

上式表达成矩阵的形式为：$\hat{\beta} = \underset{\beta}{\arg\min} \| X\beta - y \|_2^2$。正如前文所述，岭回归得到的同样是包含 p 个预测变量的线性模型，但损失函数的形式略有不同：

$$\sum_{i=1}^{n} \left(y_i - \beta_0 - \sum_{j=1}^{p} \beta_j x_{ij} \right)^2 + \lambda \sum_{j=1}^{p} \beta_j^2 = \mathrm{RSS} + \lambda \sum_{j=1}^{p} \beta_j^2 \qquad (3.8)$$

上式表达成矩阵的形式为：$\hat{\beta} = \underset{\beta}{\arg\min} \| X\beta - y \|_2^2 + \| \beta^p \|_2^2$。[①] 可以看到，相比

---

① 偏置一般不参与正则化，所以这里用 β^p 表示去掉偏置后的 p 维向量.

OLS，岭回归损失函数增加了一项，该项为各权重平方求和后再乘以"超参数"（Hyperparameter）λ，且有 $\lambda \geq 0$。$\lambda \sum_{j=1}^{p} \beta_j^2$ 整体称为收缩惩罚（Shrinkage Penalty），$\sum_{j=1}^{p} \beta_j^2$ 求平方根后被称为 L2 范数（L2 norm）。 参数 λ 越大，收缩惩罚就越大，损失函数也就越大。当 $\lambda = 0$，岭回归与 OLS 一样。当 $\lambda > 0$，与 OLS 相比，岭回归算法下的 β_j 会呈现向 0 收缩的趋势。我们知道，对于线性回归而言，OLS 算法会找到对训练集拟合程度最佳的模型，但岭回归中惩罚项的出现会让其找到次佳的模型，这无疑引入了少量偏差，但由于权重的收缩效应，参数因不同训练集而发生的变化程度也被压缩，方差减少，从而提升了预测效力，或者说模型的泛化能力。

具体来说，岭回归主要克服的是 OLS 的线性回归中的多重共线（Multicollinearity）问题。多重共线问题包含两类情况——完全相关和高度相关，二者都是针对特征矩阵 $\boldsymbol{X}$ 而言的。完全相关是指 $\boldsymbol{X}$ 中各特征向量是线性相关的，例如一个特征和另一个特征成比例。高度相关是指各 $\boldsymbol{X}$ 中的特征间有高度的相关关系，表现为方差膨胀因子（Variance Inflation Factor，VIF）过高。当特征高度相关时，虽然 OLS 的估计仍然具有无偏性，但估计的标准误差很大。换句话说，不同训练集上拟合的模型可能会非常不同，使模型泛化误差中的方差成分很高。

进一步说，OLS 方法的解析解为 $\hat{\boldsymbol{\beta}} = (\boldsymbol{X}^{\mathrm{T}} \boldsymbol{X})^{-1} \boldsymbol{X}^{\mathrm{T}} \boldsymbol{y}$。当完全相关发生时，$\boldsymbol{X}^{\mathrm{T}} \boldsymbol{X}$ 不可逆，一些统计软件甚至会直接报错。[①] 当高度相关发生时，$\boldsymbol{X}^{\mathrm{T}} \boldsymbol{X}$ 虽然可逆，但求逆的结果会相当不稳定，直接影响对 $\hat{\boldsymbol{\beta}}$ 的求解。总的来看，面临多重共线时，OLS 的功能便受到极大限制。相比之下，岭回归的解析解为 $\hat{\boldsymbol{\beta}} = (\boldsymbol{X}^{\mathrm{T}} \boldsymbol{X} + \lambda \boldsymbol{I}^p)^{-1} \boldsymbol{X}^{\mathrm{T}} \boldsymbol{y}$[②]。当完全相关发生时，虽然 $\boldsymbol{X}^{\mathrm{T}} \boldsymbol{X}$ 不可逆，但 $\boldsymbol{X}^{\mathrm{T}} \boldsymbol{X} + \lambda \boldsymbol{I}^p$ 在绝大多数情况下都是可逆，因而可以求解。当高度相关发生时，随着超参数 λ 的增加，模型将越不容易受到多重共线的影响。

3.2.2 调参

需要注意的是，当选取不同 λ 值时，岭回归都会输出一组不同的 $\hat{\boldsymbol{\beta}}$，得到不同的模型，也就必然给出不同的预测。然而，$\hat{\boldsymbol{\beta}}$ 是基于算法在训练过程中得到的，但 λ 却无法通过算法本身得到，却在很大程度上影响模型表现。所以 β 被称为参数，而 λ 被称为超参数。研究者通过种种方式来选择、判断超参数该取何值更好的过程，被称为调参（Parameter Tuning）。

一种比较知名的 λ 确定方法来自岭回归的提出者 Hoerl 和 Kennard。[③] 他们发明了岭迹图（Ridge Trace）（见图 3.4）。图像的横轴为 λ，纵轴为对应的权重，即不同预测变量的权重被表现为 λ 值的函数。一般来说，随着 λ 的增大，权重先是变化很大，然后会趋于稳定，而研究者要做的，是选择权重平稳时的 λ，但要让 λ 尽可能小，即在削减方差的同时尽可能少

---

① 此时，R 语言中的 lm 函数会自动删除精确共线的特征，返回的结果中对应权重显示为 NA，也就是缺失值。Python 语言 sklearn. linear_model 的 LinearRegression 虽然不会返回 NA，但会在多个解中选择一个返回，本质上仍是没有唯一解，此时的方差有穷大。

② 由于偏置不参与正则化，$\boldsymbol{I}^p$ 并不等于单位矩阵。区别在于 $\boldsymbol{I}^p$ 主对角线上第一个元素是 0，其他 p 个元素则都跟单位矩阵一样是 1。

③ Hoerl A E，Kennard R W． Ridge Regression：Applications to Nonorthogonal Problems. Technometrics，1970，12（1）：69-82.

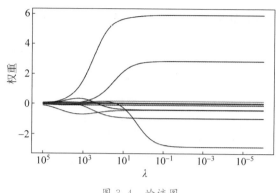

图 3.4　岭迹图

地引入偏差。

岭迹图本质上是一种定量与定性相结合的方法,判别标准不能具体的量化,有一定的主观色彩。在机器学习中,更常用的是通过交叉验证来确定 λ[①],这种方法最大程度增加了找到一个好模型的可能性。之前提到过,交叉验证可以评估模型的泛化能力,其原理是将数据分为训练集和测试集,前者训练模型,后者评估模型表现。在调参过程中,交叉验证的流程基本一致,只不过它是将数据分为训练集和验证集(Validation Set)。例如,在岭回归中,先假设最佳的 λ 可能是 200 个 1～200 整数中的一个。然后用 200 个不同的 λ 值在训练集上训练 200 个对应模型,再用验证集评估这 200 个模型的表现,表现最好的模型所对应 λ 值,就是应该选择的参数。之后便可以使用该参数,在整个数据集中训练模型。

知晓如何调参后,另一个问题是,如何对包含调参的建模过程所产生模型的泛化能力进行评估?评估需要用到三个互斥集合:训练集、验证集和测试集。流程主要分为四步:(1)基于训练集训练出使用不同 λ 的 K 个模型;(2)然后用验证集评估这 K 个模型,提取表现最佳的模型所使用的 λ;(3)将训练集和验证集合并,用选出的 λ 进行模型训练;(4)用测试集评估模型的泛化能力。

3.2.3　案例 1:　如何预测居民的幸福度

1. 背景

假如你是某民生研究院的研究员,现在需要你基于一份综合调查数据,通过机器学习建模来预测居民的幸福度,幸福度的区间为 1～5,分数越高,幸福度越高。所用数据是 2005 年的"中国综合社会调查"(CGSS2005)。[②]

所涉变量包括居民的主观幸福感、职业阶层、教育水平、家庭人均月收入对数、对社会经济地位相对于过去高低的判断、对社会经济地位相对同龄人高低的判断、性别、民族、年龄、户籍、是否为党员、自评健康、婚姻状况和与亲朋联系的密切程度等。

2. 代码与实操

我们使用 python 语言完成全部建模过程。实操第一步是导入必要的模块(module):

---

① 前提是不考虑计算成本.

② 本数据是洪岩璧(2017)的文章所用资料。感谢 CGSS 调查项目组授权允许我们使用此数据.该数据集为官方发布数据的一部分,包含部分受访者和再编码后的部分变量,只作案例演示之用.获得完整数据请查看 CGSS 官网 http://cgss.ruc.edu.cn/.另外,严格来说幸福度在问卷中属于定序变量,这里为演示方便将其作为连续变量进行处理.参见:洪岩璧.再分配与幸福感阶层差异的变迁(2005—2013).社会,2017,37(2):106-132.

```
1.    import pandas as pd              ♯ 用于表格形式展示、处理和加工数据
2.    import numpy as np               ♯ 处理数学运算
```

以上两库是使用 Python 从事数据科学时常用的，所以先行导入。对于其他模块，我们则到使用时再导入，以便更为清晰地讲解和呈现代码。

下面读取数据：

```
3.    X = pd.read_csv("data/data105025/CGSS2005_predictors.csv")
4.    y = pd.read_csv("data/data105025/CGSS2005_target .csv")
```

除可以使用 data.head() 查看前 5 行信息外，还可以通过 data.info() 查看各变量的名称、缺失值个数以及类型等信息；通过 data.describe() 查看各变量的描述统计信息，包括均值、四分位数等；通过 data.hist() 绘制各变量的直方图。对数据基本情况进行了解和描述的方法有很多，这里不一一介绍了。

正如之前提到了，我们需要将手头的数据分为训练集和测试集。这要用到 sklearn 模块中的 train_test_split 函数。向其传入特征矩阵和目标变量，然后设定测试集占总数据量的比例为 30%。

```
5.    ♯  使用 sklearn 中的 train_test_split 函数拆分训练集和测试集
6.    from sklearn.model_selection import train_test_split
7.    X_train, X_test, y_train, y_test = train_test_split(X, y,
8.    test_size = .3, random_state = 728)
```

拆分完成后，就可以在训练集上进行岭回归的训练了：

```
9.    from sklearn.linear_model import Ridge
10.   ridge_temp = Ridge(alpha = 20)            ♯ 设定 lambda = 20
11.   ridge_temp.fit(X_train, y_train)          ♯ 训练模型
```

模型训练完成后，可以通过 ridge_temp.coef_ 来查看各预测变量对应的权重，通过 ridge_temp.intercept_ 来查看偏置。但正如之前所述，人为设定 λ 值不仅没有根据，而且很不可靠，所以应该使用交叉验证的方法。下面我们基于训练集，使用 5 折交叉验证，来计算不同 λ 所得岭回归模型的表现（用 MSE 衡量）：

```
12.   ♯ 绘制所有 lambda 对应的 mse(仅针对训练集)
13.   ♯导入模块
14.   from sklearn.linear_model import Ridge
15.   from sklearn.model_selection import cross_val_score, KFold
16.   ♯ 待搜索的参数 lambda
17.   ridgeAlphas = np.logspace(-5, 2, 100)
18.   ♯ 定义 K 折方法(5 折交叉验证)
19.   fold5 = KFold(n_splits = 5, random_state = 728, shuffle = True)
20.   ♯ 遍历 lambda 值
21.   ridges = []
22.   for alpha in ridgeAlphas:
23.       ridge_ = Ridge(alpha = alpha)
24.       ridgeScore = -1 * cross_val_score(ridge_, X_train, y_train, cv = fold5, scoring =
          "neg_mean_squared_error").mean()
25.       ridges.append(ridgeScore)
26.   ♯ 绘图
27.   import matplotlib.pyplot as plt
28.   plt.plot(ridgeAlphas, ridges, c = "black", label = "Ridge")
29.   plt.legend()
```

图 3.5 表明交叉验证显示最佳的 λ 值为 20～40。在实际操作中,我们不必执行上面繁复的操作去调参,sklearn 模块已经写好了自带交叉验证调参的 RidgeCV。

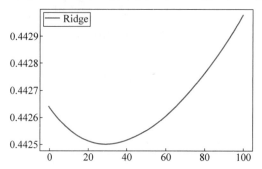

图 3.5　不同 λ 所对应岭回归模型的 MSE 表现

```
30.    ♯定义一个自带 cv 调试 lambda 功能的岭回归算法
31.    from sklearn.linear_model import RidgeCV
32.    ♯ 定义算法
33.    ridgeReg = RidgeCV(alphas = ridgeAlphas,
34.    cv = fold5, scoring = "neg_mean_squared_error")
35.    ♯ 训练
36.    ridgeReg.fit(X_train, y_train)
37.    ♯ 查看找到的 alpha
38.    ridgeReg.alpha_
```

ridgeReg.alpha_ 可以查看计算机为我们找到的最佳参数,结果为 31.99。而且 RidgeCV 已经用该选值为我们在训练集上训练好了模型。为了便于展示岭回归收缩系数的效果,图 3.6 用线性回归系数和岭回归得到的系数进行了对比。

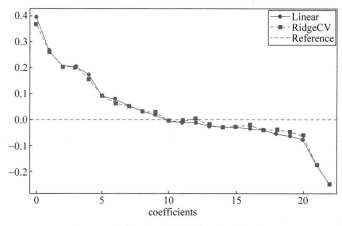

图 3.6　线性回归系数和岭回归系数对比

可以看到,线性回归中那些绝对值较大的系数,在岭回归大都向 0 收缩。但需要注意两点,一是不是所有系数都向 0 靠拢,二是岭回归的系数永远不可能收缩到 0。当然,由于数据本身的特点(观测对象数远大于预测变量数),岭回归对系数的惩罚效果不是特别明显。

目前,我们已经在训练集上完成了岭回归的建模和调参。下面就可以用训练好的模型在测试集上进行测试:

```
39.    ♯ 基于训练好的模型进行预测
40.    testPred = ridgeReg.predict(X_test)
41.    ♯ 查看模型在测试集上的表现
42.    from sklearn.metrics import mean_squared_error
43.    mean_squared_error(y_test, testPred)
```

mean_squared_error 会根据根据我们提供的真实值和预测值计算 MSE。结果显示，测试集上的 MSE 为 0.4263。另外，基于 OLS 的线性回归建模显示，测试集 MSE 为 0.4265。这说明相较 OLS，岭回归对模型泛化能力的提升并不明显。事实上，提升不明显的情况在社科类数据中是比较常见的。

3.3　拉索回归

3.3.1　对拉索回归的理解

同样是包含 p 个预测变量的线性模型，拉索（LASSO）回归与岭回归的损失函数形式略有不同，表达如下：

$$\sum_{i=1}^{n}\left(y_i - \beta_0 - \sum_{j=1}^{p}\beta_j x_{ij}\right)^2 + \lambda \sum_{j=1}^{p}|\beta_j| = \mathrm{RSS} + \lambda \sum_{j=1}^{p}|\beta_j| \tag{3.9}$$

上式写为矩阵形式为 $\hat{\beta} = \underset{\beta}{\arg\min}\|X\beta - y\|_2^2 + \|\beta^p\|_1$。可以看出，拉索回归和岭回归损失函数的唯一的区别，在于 β_j^2 被替换为了 $|\beta_j|$。$\sum\limits_{j=1}^{p}|\beta_j|$ 被称为 L1 范数（L1 norm）。和岭回归一样，拉索回归对训练集的拟合程度作出了牺牲，但可以换来方差的减少，做到方差与偏差的权衡。当然，拉索回归同样会使系数向 0 收缩，且 λ 越大，收缩越明显。区别在于，岭回归的系数不会等于 0，拉索回归的系数却可能等于 0，尤其是当 λ 比较大的时候。换句话说，拉索回归会得到一个稀疏模型（Sparse Model），最后只有部分预测变量被用来预测。这体现了拉索回归在特征选择方面的作用。那么，为什么拉索回归中系数可能等于 0，岭回归却不会呢？

可以证明，岭回归和拉索回归的损失函数最小化问题，分别等价于两个条件极值问题：
（1）岭回归为 $\underset{\beta}{\arg\min}\|X\beta - y\|_2^2$ s.t. $\sum\limits_{j=1}^{p}\beta_j^2 \leqslant s$；（2）拉索回归为 $\underset{\beta}{\arg\min}\|X\beta - y\|_2^2$ s.t. $\sum\limits_{j=1}^{p}|\beta_j| \leqslant s$。当只对两个权重进行估计时，上面的估计过程可以表示为图 3.7 的形式。

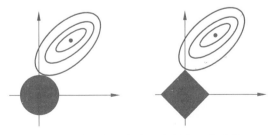

图 3.7　岭回归和拉索回归损失函数比较

其中，左侧为岭回归，右侧为拉索回归。x 轴和 y 轴分别代表预测变量的对应系数 $\hat{\beta}_1$

和 $\hat{\beta}_2$。椭圆线是 OLS 损失函数的等高线图,黑色的圆和菱形则分别是岭回归和拉索回归的约束条件。在 OLS 中,系数应该是图中的实心点,因为此时有 RSS 最小。而带有惩罚项时,应该找等高线与代表约束条件的图形的切点。可以看到,拉索回归更容易让切点落在坐标轴上,也就是其中一个系数会等于 0。

很难说岭回归和拉索回归哪个更好。如果认为每一个预测变量都必不可少,并起到了大致相当的预测作用,岭回归可能是个更好的选择,因为它会综合利用所有变量进行预测。如果认为预测变量中只有一少部分对目标变量有预测效力,并且想获得一个系数更少,更好解释的模型,那么最好选择拉索回归,它可以自动帮你完成变量选择的过程。变量选择能力让拉索有一些更灵活的使用方式。例如,由于社科数据中缺失值比较普遍,一些学者在进行简单的均值插补后,会通过拉索筛选出一个更小的预测变量集合,从而便于执行更为复杂的插补,最终来预测儿童福祉状况。[1] 需要注意的是,拉索以预测而非统计推断为目的,所以传统社会计量对拉索正则化的应用比较少,但也有例外。比如,对数线性模型(Log-Linear Model)常被用来对列联表数据进行建模,由于该模型的主要目的是对定类变量间关系模式进行描述,而不是因果推断,因此可以使用拉索正则化来进行模型选择。[2]

虽然拉索具有特征选择的良好性质,但也有一些缺陷。例如,当两个预测变量呈现高度相关时,它们对目标变量的影响会非常相似。在这种情况下,拉索只会随机选择一个变量,而另一个变量的系数很可能被压缩到 0。尽管这一般不会影响预测精度,但当基于回归结果对不同变量效应进行解释,或导出某些假设时,一些重要变量很可能因此被忽视。[3]

3.3.2　贝叶斯角度理解岭回归与拉索回归

设参数向量 $\boldsymbol{\beta}=(\beta_0,\beta_1,\cdots,\beta_p)^{\mathrm{T}}$,$\boldsymbol{X}$ 为预测变量构成的矩阵。$\boldsymbol{\beta}$ 的先验分布为 $p(\boldsymbol{\beta})$,那么当前目标变量 $\boldsymbol{Y}$ 的似然函数可以写成 $f(\boldsymbol{Y}|\boldsymbol{X},\boldsymbol{\beta})$。需要假设 $\boldsymbol{Y}$ 的分布为 $\boldsymbol{Y}\sim N(\boldsymbol{X\beta},\sigma^2\boldsymbol{I})$,其实就是说每一观测对象的目标变量彼此独立,且服从方差相同的正态分布。

根据贝叶斯原理,我们知道 $\boldsymbol{\beta}$ 参数的后验分布有 $p(\boldsymbol{\beta}|\boldsymbol{X},\boldsymbol{Y})\propto f(\boldsymbol{Y}|\boldsymbol{X},\boldsymbol{\beta})p(\boldsymbol{\beta})$。为了估计 $\boldsymbol{\beta}$ 的值,需要计算最大化参数后验概率(MAP),即

$$\hat{\boldsymbol{\beta}}=\underset{\boldsymbol{\beta}}{\arg\max}\,f(\boldsymbol{Y}|\boldsymbol{X},\boldsymbol{\beta})\cdot p(\boldsymbol{\beta}) \tag{3.10}$$

我们进一步假设 $p(\boldsymbol{\beta})=\prod_{j=1}^{p}g(\beta_j)$,$g$ 是某分布 S 的概率密度函数。那么存在以下结论:如果 S 为正态分布,其均值为零且标准差是与 λ 有关的一个函数,则贝叶斯公式给出的最大后验估计,就是岭回归给出的估计。如果 S 是拉普拉斯分布,其均值为零且尺度参数是与 λ 有关的一个函数,则贝叶斯公式给出的最大后验估计,就是拉索回归给出的估计。

①　Stanescu D,Wang E. Using LASSO to Assist Imputation and Predict Child Well-Being. Socius:Sociological Research for a Dynamic World,2019,5:1-21.

②　Bucca M,Urbina D R. Lasso Regularization for Selection of Log-Linear Models:An Application to Educational Assortative Mating. Sociological Methods & Research,2021,50(4),1763-1800.

③　Wang H,Lengerich B J,Aragam B,et al. Precision Lasso:Accounting for Correlations and Linear Dependencies in High-dimensional Genomic Data. Bioinformatics,2019,35(7):1181-1187.

3.3.3　案例2：如何预测住院群体的医疗支出

1. 背景

假如你是某医院的研究员，现在需要你基于一份住院群体的数据，通过机器学习建模来预测有住院需求的群体在一年内的住院总支出。所用数据是 2011 年和 2013 年 CHARLS 全国基线调查数据中有住院情况的样本。[①]

所涉变量包括：个人全年住院的医疗总支出、是否加入新农合、家庭财富、慢性疾病数量、15 岁时的健康状况、健康冲击、抽烟、喝酒、健身开支、已婚、年龄、小孩数、老人数、性别、村医疗机构数量、村人均纯收入、村企业数、受教育水平、所在省份、地区类型和年份。

2. 代码与实操

首先读取数据并拆分训练集和测试集：

```
1.    X = pd.read_csv("data/data104952/CNCMS_predictors.csv")
2.    y = pd.read_csv("data/data104952/CNCMS_target.csv")
3.    #  使用 sklearn 中的 train_test_split 函数拆分训练集和测试集
4.    from sklearn.model_selection import train_test_split
5.    X_train, X_test, y_train, y_test = train_test_split(X, y, test_size = .3, random_
      state = 728)
```

拆分完成后，就可以在训练集上进行拉索回归的训练了：

```
6.    from sklearn.linear_model import Lasso
7.    lasso_temp = Lasso(alpha = 10)          # 设定 lambda = 10
8.    lasso_temp.fit(X_train, y_train)        # 训练模型
```

刚才我们手动设定 $\lambda = 10$。可以看一下此时有多少个系数收缩到 0：

```
9.    np.sum(lasso_temp.coef_ == 0)
```

结果显示，55 个预测变量中有 7 个系数都收缩为 0。人为设定 λ 值不仅没有根据，而且很不可靠，所以应该使用交叉验证的方法。下面我们基于训练集，使用 5 折交叉验证，来计算不同 λ 所得拉索回归模型的表现（用 MSE 衡量），见图 3.8：

```
10.   # 绘制所有 lambda 对应的 mse(仅针对训练集)
11.   # 导入模块
12.   from sklearn.linear_model import Lasso
13.   from sklearn.model_selection import cross_val_score, KFold
14.   # 待搜索的参数 lambda(这里是 0.01 到 1000 的等比数列)
15.   lassoAlphas = np.logspace(-2, 3, 100)
16.   # 定义 K 折方法
17.   fold5 = KFold(n_splits = 5, shuffle = True, random_state = 728)
18.   # 遍历 lambda 值
19.   lassos = []
20.   for alpha in lassoAlphas:
21.       lasso_ = Lasso(alpha = alpha)
22.       lassoScore = -1 * cross_val_score(lasso_, X_train, y_train,
23.   cv = fold5, scoring = "neg_mean_squared_error").mean()
```

---

① 本数据是章丹等(2019)的文章所用资料。感谢 CHARLS 调查项目组授权，允许我们使用此数据。该数据集为官方发布数据的一部分，包含部分受访者和再编码后的部分变量，只作案例演示之用。获得完整数据请查看 CHARLS 官网 http://charls.pku.edu.cn。参见：章丹，徐志刚，陈品。新农合"病有所医"有无增进农村居民健康？ 对住院患者医疗服务利用、健康和收入影响的再审视。社会，2019，39(02)：58-84.

```
24.        lassos.append(lassoScore)
25.    # 绘图
26.    import matplotlib.pyplot as plt
27.    plt.plot(lassoAlphas, lassos, c = "black", label = "Lasso")
28.    plt.legend()
```

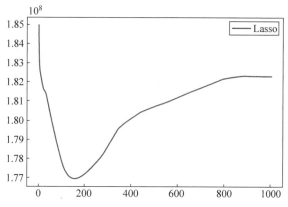

图 3.8　训练集拉索模型不同 λ 值对应的 MSE 表现

可以看到,交叉验证显示最佳的 λ 值为 0～200,且特别靠近 200。在实际操作中,我们也不必执行上面繁复的操作去调参,sklearn 模块已经写好了自带交叉验证调参的 LassoCV:

```
29.    # 定义一个自带 cv 调试 lambda 功能的拉索回归算法
30.    from sklearn.linear_model import LassoCV
31.    # 待搜索的参数 lambda
32.    lassoAlphas = np.logspace( - 2, 3, 100)
33.    # 定义算法
34.    lassoReg = LassoCV(alphas = lassoAlphas, cv = fold5)
35.    # 训练
36.    lassoReg.fit(X_train, y_train)
37.    # 查看找到的 alpha
38.    lassoReg.alpha_
```

lassoReg.alpha_ 可以查看计算机为我们找到的最佳超参数,结果为 155.57。而且 LassoCV 已经用该选值为我们在训练集上训练好了模型。np.sum(lassoReg.coef_==0)的结果说明,有 35 个变量的系数被收缩到 0,也就是说,我们得到了一个更易于解释的模型! 为了便于展示拉索回归收缩系数的效果,图 3.9 用线性回归系数、岭回归系数和拉索回归的系数进行了对比。

可以看到,线性回归中那些绝对值较大的系数,在拉索回归大都向 0 收缩。拉索回归的系数是可以收缩到 0 的。目前,我们已经在训练集上完成了拉索回归的建模和调参,下面就可以用训练好的模型在测试集上进行测试:

```
39.    # 基于训练好的模型进行预测
40.    testPred = lassoReg.predict(X_test)
41.    # 查看模型在测试集上的表现
42.    from sklearn.metrics import mean_squared_error
43.    mean_squared_error(y_test, testPred)
```

结果表明,测试集上的 MSE 为 203382628。如果采用 OLS 线性回归,测试集 MSE 为

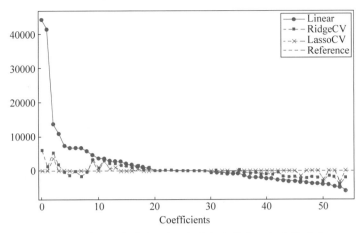

图 3.9　线性回归系数、岭回归系数与拉索回归系统对比

210170904。相较 OLS,拉索回归在一定程度上提升了线性回归的泛化能力,而且使用的变量更少,模型更容易解释,不过预测误差仍然比较大。这说明面对影响因素很多且机制复杂的问题时,线性回归起到的预测作用会比较有限。

3.4　弹　力　网

3.4.1　对弹力网的理解

如前所述,选择岭回归还是拉索回归取决于研究者的先验知识。如果先验知识是所有预测变量都对预测有所贡献,就应该选择岭回归。反之,如果只有部分变量对预测有贡献,就应该选择拉索回归,因为它可以帮助你完成特征选择。但是,当先验把握并不大时,可以尝试用弹力网(elastic net),它会在岭回归和拉索回归之间进行权衡。弹力网的损失函数形式:

$$\text{RSS} + \lambda\left((1-\alpha)\sum_{j=1}^{p}\beta_j^2 + \alpha\sum_{j=1}^{p}|\beta_j|\right)$$

上式表达成矩阵的形式为:$\hat{\beta} = \underset{\beta}{\arg\min}\|X\beta - y\|_2^2 + \lambda(1-\alpha)\|\beta^p\|_2^2 + \lambda\alpha\|\beta^p\|_1$。可以看到损失函数中多了一个超参数 α。当 $\alpha=0$,实际执行的便是岭回归;当 $\alpha=1$,实际执行的是拉索回归;当 $0<\alpha<1$,实际执行的是岭回归和拉索回归的混合,α 越大,拉索回归所占"比例"就越大。弹力网可以像拉索回归一样起到特征选择的作用。另外,当一组预测变量相关时,拉索回归可能会随机选择其中一个,而弹力网却可能保留更多。

3.4.2　案例 3: 如何预测小麦产量

1. 背景

假如你受雇于美国爱荷华州的农业生产部门,现在需要你基于一份过往的小麦产量数据,通过机器学习建模来预测未来的小麦产量。数据给出了美国爱荷华州在 1930—1962 年农业关键月份的降水量、平均温度及最终小麦产量,所涉变量基本情况见表 3.1。[①]

①　可以在 R 语言中输入?lasso2∷Iowa 查看数据详情或下载本数据,也可以在百度飞桨 AI studio 平台数据集中搜索 lanzhou_Iowa 下载本数据. 本数据及案例 Rhys(2020)有参考.

表 3.1 数据所含变量

变 量 名	含 义
Year	年份(代表品种改进)
Rain0	季前降水
Temp1	第一个生长季的平均气温(华氏度,下同)
Rain1	第一个生长季的平均降水(英寸,下同)
Temp2	第二生长季的平均气温
Rain2	第二个生长季的平均降水
Temp3	第三生长季的平均气温
Rain3	第三个生长季的平均降水
Temp4	收获季的平均气温
Yield	爱荷华州某年的小麦产量(蒲式耳每英亩)

2. 代码与实操

我们读取数据,并显示数据的前 5 行信息,如图 3.10 所示。

```
1.    data = pd.read_csv("data/data101272/Iowa.csv")        # 读取数据
2.    data.head()                                           # 显示前 5 行
```

	Year	Rain0	Temp1	Rain1	Temp2	Rain2	Temp3	Rain3	Temp4	Yield
0	1930	17.75	60.2	5.83	69.0	1.49	77.9	2.42	74.4	34.0
1	1931	14.76	57.5	3.83	75.0	2.72	77.2	3.30	72.6	32.9
2	1932	27.99	62.3	5.17	72.0	3.12	75.8	7.10	72.2	43.0
3	1933	16.76	60.5	1.64	77.8	3.45	76.4	3.01	70.5	40.0
4	1934	11.36	69.5	3.49	77.2	3.85	79.7	2.84	73.4	23.0

图 3.10 显示前 5 行信息

需要将手头的数据分为训练集和测试集:

```
3.    #  提取特征矩阵 X 和目标变量 y
4.    X = data.drop(['Yield'], axis = 1)
5.    y = data.Yield
6.    #  使用 sklearn 中的 train_test_split 函数拆分训练集和测试集
7.    from sklearn.model_selection import train_test_split
8.    X_train, X_test, y_train, y_test = train_test_split(X, y,
9.    test_size = .3, random_state = 728)
```

拆分完成后,就可以在训练集上进行弹力网的训练了:

```
10.    from sklearn.linear_model import ElasticNet
11.    #  设定 lambda = 10; alpha = 0.5
12.    elastic_temp = ElasticNet(alpha = 10, l1_ratio = .5)
13.    elastic_temp.fit(X_train, y_train)                    # 训练模型
```

可以看一下此时有多少系数收缩到 0:

```
14.    np.sum(elastic_temp.coef_ == 0)
```

结果显示,9 个预测变量中有 4 个收缩为 0。如果使用拉索回归拟合该数据,相同 λ 值

下,9 个预测变量的系数中会有 7 个收缩为 0,这体现了弹性网对岭回归和拉索回归的权衡。人为设定 λ 和 α 的值没有根据,所以应该使用交叉验证的方法。和之前两种算法的区别是,弹性网需要同时调试两个超参数。sklearn 模块已经写好了自带交叉验证调参的 ElasticNetCV:

```
15.  # 定义一个自带 cv 调试 lambda 功能的弹力网算法
16.  from sklearn.linear_model import ElasticNetCV
17.  # 定义交叉验证的方法(3 折交叉验证,重复 5 次取平均)
18.  from sklearn.model_selection import RepeatedKFold
19.  r3f = RepeatedKFold(n_splits = 3, n_repeats = 5, random_state = 728)
20.  # 定义算法
21.  elasticReg = ElasticNetCV(alphas = np.logspace( - 1, 1, 40),
22.                            l1_ratio = np.linspace(0.001, 1, 40),
23.  cv = r3f, max_iter = 5000)
24.  # 训练
25.  elasticReg.fit(X_train, y_train)
```

elasticReg.alpha_ 可以查看计算机为我们找到的最佳参数 λ,结果为 2.42。而 elasticReg.l1_ratio_ 可以查看计算机为我们找到的最佳参数 α,结果为 1。也就是说,弹性网认为在这一案例的训练集中,直接执行拉索回归的效果更好。当然,在很多案例中,交叉验证的结果并不一定正好等于 0 或者 1。这一结果也说明,如果没有非常有把握的先验证据或理论,可以直接使用弹性网,而不是岭回归和拉索回归。

本 章 小 结

本章,我们学习了线性回归的基本思想,并对其在机器学习和传统计量中的不同定位有了基本了解。传统计量重视假设检验,机器学习重视预测效力。从这种区别出发,我们接着介绍了偏差与方差、过拟合与欠拟合这两对重要的概念。对这两组概念的讨论,有助于我们理解为何机器学习需要岭回归和拉索回归,这是因为它们都缓解过拟合带来的高泛化误差问题。

接着,我们讨论了岭回归和拉索回归对损失函数的不同处理,以及对应的不同正则化项。这些设置降低了模型对训练集的拟合度,当然,也降低了模型的方差。在论述中,我们着重对这两种方法的优缺点进行了探讨和对比。同时,使用两个与社会科学相关的例子,展示了如何在 Python 中进行实践操作。案例所展示的过程,涵盖了数据读取、数据拆分、建模、预测和调参等多个步骤。

最后,我们对综合了岭回归和拉索回归的弹力网算法进行了简要介绍。当研究者先验知识不足时,可以直接使用该方法进行操作,而不必逐一试验基于 OLS 的线性回归、岭回归和拉索回归,从而让建模过程更加简便。在 3.4.2 节爱荷华州小麦数据的案例中,我们展示了如何在样本量较小时,基于重复 K 折方法对弹力网所涉及的超参数进行调参。

习　题　3

1. 在机器学习中,理解一个概念的最好方法就是用代码计算它。给定波士顿房价数据的训练集和测试集,你能对基于 OLS 的线性回归算法的平均方差和平均偏差进行估计吗?导入数据的代码如下:

```
1.    # 读取数据；拆分训练集和测试集
2.    from sklearn.datasets import load_boston
3.    from sklearn.model_selection import train_test_split
4.    X = load_boston().data
5.    y = load_boston().target
6.    X_train, X_test, y_train, y_test = train_test_split(X, y, test_size = .3, random_
      state = 822)
```

可以参考下列过程①：

```
7.    import numpy as np
8.    num_random = 200                                    # 设定随机抽样的次数
9.    all_pred = np.zeros((num_random, y_test.shape[0]), dtype = np.float64)
                                                          # 存储预测结果的矩阵
10.
11.   # 定义算法 estimator(读者可以自行改变算法，对比结果)
12.   from sklearn.linear_model import LinearRegression
13.   estimator = LinearRegression()
14.
15.   # 随机数种子
16.   rng = np.random.RandomState(822)
17.
18.   # 使用 boostrop 获取多组预测值
19.   for i in range(num_random):
20.       # 放回抽样，抽取一个训练集
21.       sample_ind = np.arange(X_train.shape[0])
22.       bootstrap_ind = rng.choice(sample_ind,
23.                                       size = sample_ind.shape[0],
24.                                       replace = True)
25.       X_boot, y_boot = X_train[bootstrap_ind], y_train[bootstrap_ind]
26.       # 拟合模型，并对测试集进行预测
27.       pred = estimator.fit(X_boot, y_boot).predict(X_test)
28.       all_pred[i] = pred                              # 存储预测的结果
29.
30.   # 计算的 MSE
31.   avg_MSE = ((y_test - all_pred) ** 2).mean()
32.
33.   # 计算 bias 和 variance
34.   # 按列求均值，得到每个个体的 200 个预测值的平均值
35.   main_predictions = np.mean(all_pred, axis = 0)
36.
37.   # 模型的偏差
38.   avg_bias = np.sum((main_predictions - y_test) ** 2) / y_test.size
39.   # 模型的方差
40.   avg_variance = np.sum((main_predictions - all_pred) ** 2) / all_pred.size
41.
42.   print(avg_MSE, avg_bias, avg_variance)
```

2. 当岭回归和拉索回归的泛化误差特别接近时，从模型易解释性考虑，你应该选择哪

---

① 真实的偏差和方差是不可能计算的，因为不知道 $f(X)$ 的具体形式，所以只能估算. 此处代码参考：https://github.com/rasbt/mlxtend/blob/master/mlxtend/evaluate/bias_variance_decomp.py.

个模型？为什么？

3. 在 sklearn 模块中，程序给出的均方误差往往以负值的形式出现（即负均方误差，neg_mean_squared_error）。猜测一下，这是为什么呢？

4. 在 3.2.2 节中，我们提到了如何对包含调参过程的算法所产生模型的泛化能力进行评估。该流程被称为嵌套交叉验证（Nested Cross-validation）。你能基于爱荷华州小麦数据集，对包含调参过程的岭回归、拉索回归和弹力网的泛化误差进行估计吗？（提示：考虑cross_validate()函数。）

第4章

非参数监督学习[①]

本章学习目标

- 掌握 K 近邻法、决策树、随机森林等非参数监督学习的基本概念
- 掌握非参数监督学习与参数监督学习的异同
- 了解不同非参数方法监督学习的优缺点及适用场景
- 了解非参数方法监督学习在计算社会科学中的应用潜力

上一章所介绍的线性回归、岭回归、拉索回归和弹力网,都是基于参数方法(Parametric Approach)进行监督式机器学习的代表,即事先假设函数 $y=f(x)$ 的具体形式。本章将集中介绍基于非参数方法(Nonparametric Approach)进行的监督学习。假设数据中有若干个特征变量 x 与响应变量 y,机器学习通常把已有的数据理解为训练集,机器学习的过程是放入所有已知的 x 和 y,训练出一个算法。然后给出新的一系列 x 变量,使用训练所得的算法对这些 x 取值条件下的 y 进行估计。非参数估计指的是对 y 的估计不预先假设函数形式。常用的非参数监督学习有 K 近邻法、决策树、随机森林、集成学习、提升法等。

4.1 K 近 邻 法

非参数方法中最基础的是 K 近邻法(K nearest neighbors,简称 KNN)。KNN 是基于 K 个最近邻居的响应变量 y 来对测试集进行预测。[②] 在线性回归分析中,响应变量 y 是连续的,在这里我们假设只有一个 x。如图 4.1 所示,圆圈代表现有数据特征变量 x 与响应变

---

① 感谢吕鹏对初稿的仔细审读.

② Fix E,Hodges J L. Nonparametric Discrimination:Consistency Properties. Technical Report 4,USAF School of Aviation Medicine,Randolph Field,1951,21-49.

量 y 的取值组合(即为散点图)。

　　如果我们要估计 x_i 的预测值 y_i,KNN 就是以 x_i 最相邻的 k 个邻居的 y 值之平均数作为 x_i 的预测值 y_i。具体而言,当 $k=1$ 时,就取黑色实心圆圈对应的 y 值作为预测值 y_i(见图 4.2)。当 $k=2$ 时,就取最靠近 x_i 的黑色实心圆圈和三角对应 y 的均值作为预测值 y_i。譬如,我们要利用父代的收入水平(x)来预测子代可能获得的最高学历(y),假定 $k=5$,训练集中父代年收入[①]区间为 $0\sim20$ 万元,所要预测的个案的父代年收入为 10 万元,那么就选择 5 个父代年收入最靠近 10 万的个案所对应的子代受教育程度的平均值加以预测。

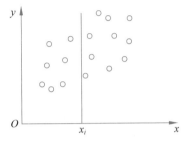

图 4.1　特征变量 x 与响应变量 y

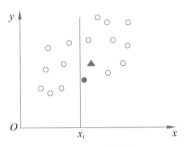

图 4.2　K 近邻法

　　接下来我们从具体案例回到更为一般的情况。在特征空间中考虑 x 最近的 K 个邻居,KNN 是以离 x 最近的 K 个邻居的 y 的平均作为预测值。$N_K(x)$ 为最靠近 x 的 K 个观测值 x_i 的集合。由此,KNN 的表达式为:

$$\hat{f}_{KNN}(x)=\frac{1}{K}\sum_{x_i\in N_K(x)}y_i \tag{4.1}$$

　　为了找到最近的 K 个邻居,我们需要首先在特征空间中定义一个距离函数,通常采用欧氏距离法[②]。由此,KNN 中所有特征变量均为数值型,否则无法计算欧氏距离。同时,为了避免不同变量因取值大小不同[③]而对距离函数产生偏差,实际操作中务必将所有特征变量标准化,这与量化社会科学中求标准化系数回归无异。

　　除了以上回归问题,KNN 同样也适用于分类问题。即特征变量 x 依然是数值型,而响应变量 y 是离散型。假设以 x 预测分类 y_i,首先确定离 x 最近的 K 个邻居,然后采取多数票规则,即以 K 个邻居中最常见的类别作为 y_i,如果有 1 个以上的类别为最常见类别,则随机选择 1 个作为预测结果。

　　在 KNN 中,K 值的大小尤为关键。以分类问题为例,图 4.3 呈现了 K 值取值不同导致最后的预测结果不同。其中,空心圆圈和实心圆圈分别表示不同的类别,三角形为待预测个案。如果取 $K=3$,我们观察到最近的 3 个邻居中 2 个属于实心圆圈,1 个属于空心圆圈,则此时预测三角形为实心圆圈;如果取 $K=5$,我们观察到,最近的

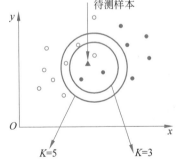

图 4.3　K 值对 K 近邻法预测
结果的影响

---

　　①　我们通常用父亲或母亲中更高收入作为父代收入的代理测量.
　　②　欧氏距离法衡量的是多维空间中两个点之间的绝对距离.
　　③　譬如,人的身高单位一般厘米,成年人区间为 $150\sim200$ 厘米,而最高教育年限的取值范围通常为 $0\sim20$ 年,两者的变异区间有明显不同.

5个邻居2个属于实心圆圈,3个属于空心圆圈,则此时预测三角形为空心圆圈。由此可见,不同 K 值的预测结果之间存在较大的差异,这就提出了如何确定 K 值的问题。

事实上,确定 KNN 的 K 值是一个偏差(Bias)和方差(Variance)的权衡。偏差描述的是预测值(估计值)的期望与真实值之间的差距。偏差越大,越偏离真实数据。方差描述的是预测值的变化范围,离散程度,也就是与其期望值的距离。方差越大,数据分布越分散。降低方差,有利于提高模型拟合的信度,但是偏差会变大,降低偏差,有利于提高效度,但是离散程度会变大。如果 K 取1,意味着仅使用最近邻的信息,那么这时的偏差较小而方差较大,这时训练后的模型往往会过度拟合,模型会比较复杂,同时泛化能力较差。[①] 如果 K 取值过大,即用更远的邻居来估计,此时估计值的偏差较大而方差较小,这时极易导致模型欠拟合(Underfit),无法捕捉数据中的有效信息。在实际操作中,可使用交叉验证(Cross-validation)选择最优的 K 值。也就是先从较小的 K 的取值开始,当 K 的取值范围从1开始增加时,依次计算相应的交叉验证误差,最后选择交叉验证误差最小的 K 值。

总体而言,KNN 的优点是算法简单,无须预设函数的具体形式。由于当 x 变动时,其 K 个邻居的选择需要增加或减少邻居,这时往往会发生不连续的变化,结果使得所估计的回归函数或者类别边界一般不太规则。如果真实情况的确如此,那么 KNN 的效果就较好。

同时,KNN 属于"懒惰学习"的代表,即在训练阶段只是把样本保存起来,等收到待测样本之后才会开始寻找邻居,因此并不适用于实时预测的场景。[②] 此外,囿于高维空间中邻居较难寻找,KNN 一般要求变量数远远小于样本数,也就是更适用于"小数据";并且受噪声变量影响大,因为该算法中无法判断哪些 x 不属于噪声变量。

4.2　决　策　树

4.2.1　决策树是什么?

相较于 KNN 在噪声处理上的不足,决策树(Decision Tree)在其基础上做出改进,它在预测时加入 y 的信息,更容易排除噪声变量的影响,并且适用于特征变量 x 较多的高维数据。从本质上来说,决策树也是一种近邻方法。

决策树的思想形成于20世纪60年代,成熟于20世纪80年代。决策树的基本逻辑是什么?下面我们以大学生求职为例来说明。假设在某次求职招聘中,人力资源部门(以下简称 HR)要对大量的申请人简历进行多轮次筛选,时间紧任务重,那么 HR 会如何"多快好省"地挑选出最优秀的员工?在"文凭社会"[③],HR 通常会考虑一系列问题:你是否毕业于名校?你的学业成绩是否优异?你是否拥有"光鲜"的实习经历?你的标准化考试成绩好吗?HR 在申请人的简历上得到了以上所有问题的肯定答案,那么他/她就很有可能进入面试环节(见图4.4)。当然,理论上这些问题有24种($4\times3\times2\times1$)不同的组合。以上的分步决策的逻辑看似"简单粗暴",但在现实社会的预测中却有大量应用场景。

决策树的基本元素是节点(Node)和分支(Branch)。节点可以分为根节点(Root Node)、内节点(Internal Node)和叶节点(Leaf Node)/终节点(Terminal Node)(见图4.5)。

① 陈强. 机器学习及 R 应用. 北京: 高等教育出版社,2020.
② 周志华. 机器学习. 北京: 清华大学出版社,2016.
③ 兰德尔·柯林斯. 文凭社会: 教育与分层的历史社会学. 北京: 北京大学出版社,2018.

叶节点表示决策树的最底端,不再分类。在分类之前,所有样本汇聚在最顶端的根节点,根节点与叶节点之间的节点为内节点。如果每个节点都是一分为二,那么内节点表示一个属性的二分判断,分支代表每个判定结果的输出,每个叶节点代表分类的结果。这种决策树称为二叉树(Binary Tree)。

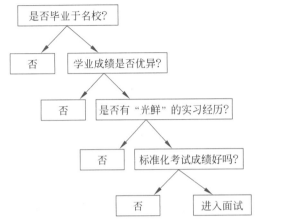

图 4.4   简历筛选的决策树模型

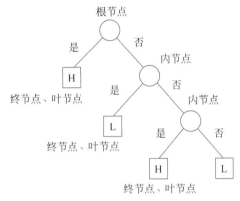

图 4.5   决策树模型的基本元素

决策树的分类过程是个递归过程,分为以下几个步骤。首先把训练集的所有数据放在根节点,我们根据数据特征选择一个决策条件,将所有数据一分为二。然后将分类的结果放在两个子节点中,并重复这个过程,直到所有子节点中的数据属于同一类别。最后,当我们应用了足够多的决策条件,会使每个子节点的内部数据都保持在同一类别,从而使所有数据被决策树进行了合理的分类。当输入新的测试数据后,我们就可以根据特征信息基于树结构从上往下依次带入决策条件,以此判定测试数据的类别。

在决策树中,最为关键的环节是要在每个节点进行分裂时,确定选择什么分裂变量,以及如何界定临界值进行分类,即分裂准则。一般而言,我们希望分类树的运行,能够实现每个节点分裂之后的数据相似度明显提升,异质性下降。假定响应变量 y 可以分为 K 类,在某个节点 y 不同类别出现的概率分别是 $p_1, p_2, p_3, \cdots, p_K$,且 $\sum_{k=1}^{K} p_k = 1$。我们可以想象两种极端的情况:如果某个节点 $p_1 = p_2 = p_3, \cdots, = p_K = \dfrac{1}{K}$ 时,"纯度"(Purity)最低,节点内各类别出现的概率一致;如果某个节点 $p_1, p_2, p_3, \cdots, p_K$ 中仅有一个 p_i 为 1,其余均为 0,则"纯度"最高,所有数据属于 i 类,分类完成不再继续分裂。为此,我们需要定义一个不纯度函数(Node Impurity Function),使得每个节点的不纯度能够计算。实际上,决策树的分类过程是不纯度不断下降的过程。本节主要介绍两种常用函数。

第一种是布莱曼等人的经典著作《分类和回归树》中提出的 CART 算法。[1] CART 算法采用基尼指数(Gini Index)计算节点的纯度,从而评估划分属性。基尼系数衡量的是从 $(p_1, p_2, p_3, \cdots, p_K)$ 中随机抽取两个观测值,则这两个观测值不一致的概率为

①   Breiman L,Friedman J H,Olshen R A,et al. Classification and Regression Trees. Boca Raton,FL:Routledge,1984.

$$\text{Gini}(p_1,\cdots,p_K) \equiv \sum_{k=1}^{K} p_k(1-p_k) = \sum_{k=1}^{K} p_k - \sum_{k=1}^{K} p_k^2 = 1 - \sum_{k=1}^{K} p_k^2 \tag{4.2}$$

如果是二分类问题,则可以简化为

$$\text{Gini}(p_1,p_2) = 1 - p_1^2 - (1-p_1)2 = 2p_1(1-p_1) \tag{4.3}$$

从式(4.3)中可以得出,如果某个节点的两个类别出现概率相等,则基尼系数最大(0.5),如果 $p_1=1,p_2=0$,则基尼系数最小(0)。决策树分类过程中,每次分裂都计算节点的基尼系数,选择最小化基尼系数的决策条件和决策临界值进行分类,直至所有类别都汇聚在同一终节点。[①]

第二种常用的测量不纯度指标是"信息熵"(Information Entropy)。"信息熵"源自信息理论。[②]信息理论认为,每个随机事件的发生有一定的概率,同时含有一定的信息量。如果是概率为1的事情发生,如"太阳东升西落",作为一个必然事件其信息量非常小,我们定义该判断的信息量只有0。如果是概率较小的事情发生,如"明天地铁停运",这个判断的信息量则很大。换言之,一件事情的发生概率与其信息量成反比。假设 p_k 表示随机事件发生的概率,定义 $\log_2(1/p_k)$ 为该事件的信息量。[③] 在决策树中,如果把希望预测的 y_i 每个可能取值的信息量,以相应概率 p_k 为权重加权求和,就可以得到信息熵的公式:

$$\text{Entropy}(p_1,\cdots,p_K) \equiv E(-\log_2 p_k) = -\sum_{k=1}^{K} p_k \log_2 p_k \ (p_k \geqslant 0) \tag{4.4}$$

在分类树(Classification Tree)[④]中,信息熵代表分支中样本种类的丰富性。如果一个节点信息熵越高,则它的丰富性越高,不确定性越大,不同类别都有可能在此节点出现, y_i 可能的取值很多,因此该节点内数据鱼龙混杂,存在诸多类别。如果某节点的信息熵越小,则表明其丰富性较低,此节点的数据中的某一种类出现概率较大,而其他种类出现的概率较小, y_i 可能的取值较少,因此这个节点的数据"纯度"高。

在使用决策树分类时,随着层数的增加,我们希望每个节点内的数据尽可能一致。因此应该使每个节点的信息熵尽可能的小,而且信息熵降低的速度越快,决策树的效率就越高。为此,我们引入"熵增益"(Entropy Gain)概念,它是上一层的信息熵减去当前决策条件下所有子节点信息熵之和。如果某个决策条件下,熵增益最大,则当前所有子节点信息熵和最小,那么这个决策条件是当前节点最优的决策条件。

决策树除了可用于分类,还适用于回归问题,即"回归树"(Regression Tree)。回归问题中响应变量 y 是连续变量,使用回归树返回的预测值是一个个具体值。其中,每个节点使用"最小化残差平方和"作为节点的分裂准则。每次节点分裂时,都希望内节点的 y 预测值与真实的数据 y 之差的平方和最小。同时,希望每次分裂后的残差平方和下降最多。以上则是"回归树"进行分裂的主要指标。

作为监督学习的非参数方法,决策树并不包含回归系数,那么我们如何判断决策树模型不同特征变量的重要性? 在传统的 OLS 回归中,一般通过 p 值来判断自变量对因变量的

---

① 公式 4.2、4.3 参考陈强. 机器学习及 Python 应用. 北京:高等教育出版社,2021.

② Shannon C E. A Mathematical Theory of Communication. The Bell System Technical Journal,1948,27(3):379-423.

③ 因为这样可以保证,当 $p_k=1$ 时,信息量为 0.

④ 如果将决策树应用于分类问题,则是"分类树".

影响是否显著,通过 R^2 的变化判断新增的自变量对模型的影响大小。在决策树中,鉴于每次分裂仅选择一个变量,可以考虑该变量对降低基尼系数(或残差平方和)的作用。对于每个变量,我们可以求出所有节点的基尼系数(或残差平方和)因该变量所导致的下降幅度,进而确定各变量对解释响应变量的重要性。

决策树可解释性很强,易于追溯和倒推。与 KNN 类似,决策树也将特征空间划分为若干个区域,并利用近邻进行预测。KNN 预测时不考虑响应变量 y,因此不利于处理高维数据,且易受对 y 没有影响的噪声变量的干扰。决策树在划分区域时,考虑特征变量 x 对 y 的影响,同时每次仅适用一个分裂变量,因此更容易处理高维数据,且不受噪声变量的影响,是一种适合于大数据传统计算社会科学的方法。

值得注意的是,决策树的决策边界通常是规则的,但是真实的决策边界很可能是不规则的。对此,我们可以采用基于决策树的集成学习(比如装袋法、随机森林)得到光滑的决策边界,提高预测准确率。另外,决策树对树的最大深度非常敏感,如果深度太大,导致每个终节点的个案数偏少,易造成过度拟合,模型过于复杂,泛化能力降低;如果深度太小,则可能导致分类不够精细,分类过程还没完全结束就终止,反而造成拟合不足。

4.2.2　案例 1：申请研究生的录取率预测

高年级本科生在毕业时会面对多种人生选择,有相当部分会决定继续读研,然而"几家欢乐几家愁",并不是所有同学都能够被心仪的学校所录取。与国内不同,欧美的研究生录取多采用申请制,哪些因素会对申请成功率产生影响是众所周知的,如在学成绩(GPA)、托福成绩,然而,即便如此,大学生们很难了解自己被某所大学录取的几率。如果可以知道自己被目标院校录取的概率,大学生们就能够更有目的性、更有效率地为研究生申请进行准备。因此,对于这些学生而言,他们更加关心的不是托福分数对申请成功率有着多大的影响力,而是考到多少分才能够帮助自己申请上"梦校"。对于这个目标而言,我们所面临的是一个有关"预测"的问题,而机器学习则可以在预测方面为我们提供很好的帮助。

如果能够获得往年申请院校研究生申请的录取情况,那么我们是否就能够以这些数据为基础,训练出一个模型,用以预测未来申请该院校的录取成功率呢? 对此,莫汉(Mohan S Acharya)在 kaggle 网站上传了一个数据集[①],我们将以该数据集为例,探索通过机器学习的方式预测研究生的录取成功率。该数据中包括以下 8 个变量：(1)GRE 分数(满分 340 分)；(2)托福分数(满分 120 分)；(3)大学等级(1~5 分,数字越大等级越高)；(4)目的陈述强度(1~5 分)；(5)推荐信强度(1~5 分)；⑥本科 GPA(满分 10 分)；(7)研究经验(0 或 1)；(8)录取概率(0~1)。

在下面的分析中,我们将录取概率作为 y,其他变量作为 x。

1. 数据读取与初步分析

导入所需模块,并读取数据：

---

① Mohan S A, Asfia A, Aneeta S A. A Comparison of Regression Models for Prediction of Graduate Admissions. IEEE International Conference on Computational Intelligence in Data Science 2019. 数据地址为 https://www.kaggle.com/mohansacharya/graduate-admissions,本案例使用其中的"Admission_Predict.csv"数据进行分析.

```
1.    import pandas as pd
2.    import matplotlib.pyplot as plt
3.    import numpy as np
4.    import seaborn as sns
5.
6.    # 读取数据集(将数据提前下载至工作目录中)
7.    df = pd.read_csv("Admission_Predict.csv", sep = ",", index_col = "Serial No.")
```

数据中,如某个变量的缺失值很多,可以考虑对其进行删除处理,而对于缺失值不多的变量,则可以考虑使用插补法,填充缺失数据。通过查看本例中的数据信息,可以发现本数据中不存在缺失值:

```
8.    df.info()
```

Data columns (total 8 columns):

GRE Score   400 non-null int64

TOEFL Score   400 non-null int64

University Rating   400 non-null int64

SOP   400 non-null float64

LOR   400 non-null float64

CGPA   400 non-null float64

Research   400 non-null int64

Chance of Admit   400 non-null float64

前 5 行数据见图 4.6:

```
9.    # 前5行数据展示
10.   df.head()
```

Serial No.	GRE Score	TOEFL Score	University Rating	SOP	LOR	CGPA	Research	Chance of Admit
1	337	118	4	4.5	4.5	9.65	1	0.92
2	324	107	4	4.0	4.5	8.87	1	0.76
3	316	104	3	3.0	3.5	8.00	1	0.72
4	322	110	3	3.5	2.5	8.67	1	0.80
5	314	103	2	2.0	3.0	8.21	0	0.65

图 4.6 前 5 行数据

用热力图展示变量的相关系数矩阵,见图 4.7:

```
11.   # 各变量之间的相关系数
12.   fig,ax = plt.subplots(figsize = (10, 10))
13.   sns.heatmap(df.corr(), ax = ax, annot = True, linewidths = 0.05, fmt = '.2f',cmap = "magma")
14.   plt.show()
```

通过数据的可视化来查看变量之间是否满足线性关系。比如,图 4.8 展示了学生的本科 GPA 与其录取概率之间的关系,对于其他变量,我们也可以通过类似的可视化方式进行分析。除了 regplot 以外,seaborn 也提供了很多其他的作图方式,适用于不同的分析目的。

```
15.   sns.regplot(x = "CGPA", y = "Chance of Admit", data = df, color = "orange")
```

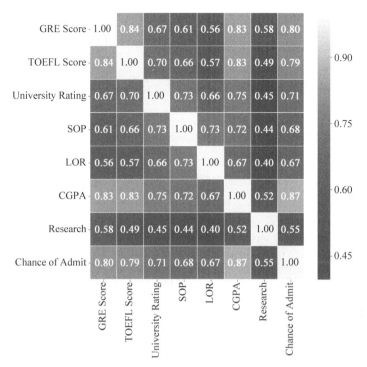

图 4.7 研究变量的相关系数矩阵

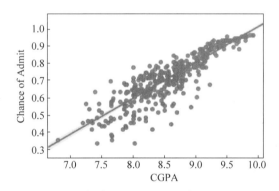

图 4.8 本科 GPA 与录取概率的散点图

2. 使用机器学习模型预测

（1）数据划分。

```
1.    # 确定数据中的 x、y
2.    y = df["Chance of Admit"]
3.    x = df.drop(["Chance of Admit"], axis = 1)
4.    # 注意：下载的数据中"LOR"和"Chance of Admit"变量名后有一个空格，使用时需先删除空
      # 格，以免报错
5.
6.    # 以 8∶2 的比例划分训练集与测试集
7.    from sklearn.model_selection import train_test_split
8.    x_train, x_test, y_train, y_test = train_test_split(x, y, test_size = 0.20, random_
      state = 1)
```

划分数据以后，我们就可以使用各类机器学习模型进行预测。首先尝试线性回归模型。

（2）线性回归模型。

```
1.   from sklearn.linear_model import LinearRegression
2.
3.   # 模型加载
4.   lr = LinearRegression()
5.
6.   # 模型训练
7.   lr.fit(x_train, y_train)
8.
9.   # 使用 R 方进行模型评估
10.  print("训练集 R 方: ", lr.score(x_train, y_train))
11.  print("测试集 R 方: ", lr.score(x_test, y_test))
12.
13.  # 其他模型评估方式(测试集)
14.  from sklearn.metrics import mean_squared_error,mean_absolute_error
15.  y_pred_test_lr = lr.predict(x_test)          # 记录模型预测的测试集中 y 的取值
16.  print("均方误差 MSE: ", mean_squared_error(y_test, y_pred_test_lr))
17.  print("平均绝对误差 MAE: ", mean_absolute_error(y_test, y_pred_test_lr))
```

模型拟合后，训练集的 R^2 为 0.801，测试集 R^2 为 0.808。接下来我们可以通过画图来直观地考察模型对于测试数据的预测效果，见图 4.9：

```
18.  # 测试集数据的真实值和预测值对比
19.  lr.fit(x_train, y_train)
20.  plt.figure(figsize = (15, 6))
21.  plt.plot(np.arange(len(y_test)), y_test, 'go-', label = 'true value')
22.  plt.plot(np.arange(len(y_test)), y_pred_test_lr, 'ro-', label = 'predict value')
23.  plt.legend()
24.  plt.show()
```

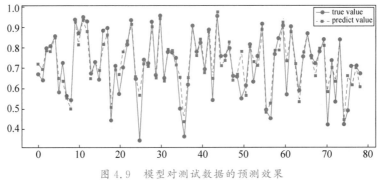

图 4.9　模型对测试数据的预测效果

除了线性回归模型以外，我们还可以尝试其他类型的机器学习模型。

（3）决策树回归。

```
1.   from sklearn.tree import DecisionTreeRegressor
2.   dtr = DecisionTreeRegressor(random_state = 1)
3.   dtr.fit(x_train,y_train)
4.
5.   print("训练集 R 方: ", dtr.score(x_train, y_train))
6.   print("测试集 R 方: ", dtr.score(x_test, y_test))
```

模型的训练集 R^2 为 1.0，测试集 R^2 为 0.656。可以看到模型出现了过拟合的情况，导

致其对测试数据的预测效果较差。我们可以对决策树进行剪枝,以避免模型的过拟合:

```
7.    from sklearn.tree import DecisionTreeRegressor
8.    dtr = DecisionTreeRegressor(random_state = 1, max_depth = 5, min_samples_leaf = 7,
      max_features = 5)
9.    dtr.fit(x_train,y_train)
10.
11.   print("训练集 R 方: ", dtr.score(x_train, y_train))
12.   print("测试集 R 方: ", dtr.score(x_test, y_test))
```

剪枝以后,模型的训练集 R^2 为 0.825,测试集 R^2 为 0.768,模型预测效果得到了明显改善。接下来我们可以对决策树进行可视化,见图 4.10:

```
13.   # 回归树的可视化
14.   from sklearn import tree
15.   df_feature_name = x.columns[:]
16.   # 需要首先安装 Graphviz
17.   dot_data = tree.export_graphviz(dtr, out_file = None, feature_names = df_feature_
      name, impurity = False, max_depth = 3)          # 只展示 3 层深度
18.
19.   # 需要首先安装 pydotplus
20.   import pydotplus
21.   graph = pydotplus.graph_from_dot_data(dot_data)
22.
23.   from IPython.display import Image
24.   Image(graph.create_png())
```

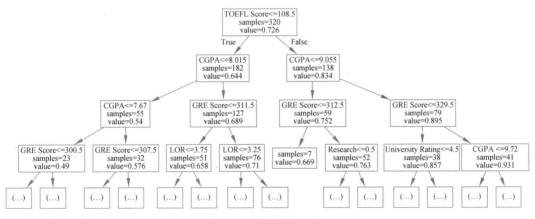

图 4.10　决策树的可视化

3. 小结

对比 R^2 结果可以发现,在两种模型中,线性回归模型对测试集数据的预测效果较好,而决策树在未剪枝的情况下则会产生严重的过拟合情况。同时我们可以看到,决策树的判断过程十分容易解释,通过可视化,我们可以方便地了解决策树是根据哪些重要特征来进行预测的。以本例来看,决策树模型首先对学生的托福成绩进行了划分:托福成绩 108 分及以下的学生,其平均录取概率为 0.644,而高于 108 分的学生则为 0.834。在以托福成绩进行划分以后,决策树模型又对两组学生分别用本科 GPA 成绩进行了分类……通过观察决策树的判断过程,我们可以直观地了解到哪些因素对最终的结果产生了关键性的影响,并且可以得到一些重要的特征取值。

通过本例我们可以发现,决策树模型具备很强的可解释性。如果我们想要做的不是输入一些变量数据,以得到一个具体的预测值,而是想要利用模型来为我们的选择和行动提供一些指导,那么决策树就是一个很好的方法。通过决策树模型,我们可以知道哪些变量和取值更为关键,从而优化自己的选择,用更小的代价获得更大的收益。

4.3   集 成 学 习

非参数监督学习的目标是训练出一个各方面表现较好的模型,但现实往往没有那么完美,我们只能得到多个仅在某些方面表现较好的模型。集成学习(Ensemble Learning)是通过构建并结合多个学习器来完成学习任务的方法(见图4.11)。如果有一些预测效果一般的弱学习器(Weak Learner),当我们以某一种方式将它们组合起来,有可能构成一个预测效果较好的强学习器(Strong

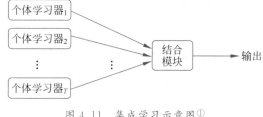

图 4.11   集成学习示意图[1]

Learner)。即便某一个弱学习器预测错了,其他的弱学习器也可以把错误纠正过来。集成学习常常可以获得比单一学习器更优的泛化能力。由此,集成学习的思路类似于“三个臭皮匠,顶个诸葛亮”。假设三名竞技体操运动员各有擅长的项目,小王单杠好,小李双杠好,小张自由体操好。某次团体比赛,让小王去比单杠,小李去比双杠,小张去比自由体操,从而获得最佳的团体成绩。

以回归问题为例,假设共有三种不同的算法(线性回归、K 近邻法、决策树),其预测结果分别为 $\hat{f}_1(x), \hat{f}_2(x), \hat{f}_3(x)$,则集成算法的最终预测结果为

$$\hat{f}(x) = \alpha_1 \hat{f}_1(x) + \alpha_2 \hat{f}_2(x) + (1 - \alpha_1 - \alpha_2) \hat{f}_3(x) \tag{4.5}$$

其中 $\alpha_1 \geqslant 0, \alpha_2 \geqslant 0, \alpha_1 + \alpha_2 \leqslant 1, \alpha_1$ 和 α_2 定义为最优调节参数,可以通过交叉验证来确定。由于算法 $\hat{f}_1(x), \hat{f}_2(x), \hat{f}_3(x)$ 都是 $\hat{f}(x)$ 的特例,所以 $\hat{f}(x)$ 相当于取自三个学习器的较优解,因此 $\hat{f}(x)$ 的预测效果优于(至少不差于)三个单独的算法。

根据个体学习器的生成方式,目前的集成学习方法大致可分为两大类:(1)个体学习器间不存在强依赖关系,可同时生成的并行化方法;(2)个体学习器之间存在强依赖关系,必须串行生成的序列化方法。首先,本节介绍两种基于决策树 CART 算法的并行式集成学习方法:“袋装法”(Bootstrap Aggregating,简写 Bagging)和随机森林(Random Forest)。

4.3.1   袋装法

袋装法是并行式集成学习方法的主要代表。集成学习通过“搅动”数据的方法将不同的基学习器组合起来,袋装法搅动数据采用的是有放回地抽取数据(即拔靴法Bootstrapping)。袋装法的基本步骤有三:(1)对训练数据进行有放回的再抽样,得到 B 个数量的拔靴样本(Bootstrapping Sample);(2)根据每个拔靴样本训练 B 棵未修枝的决策树;(3)对于回归树,将 B 棵决策树的预测结果进行**简单算术平均**,对于分类树,将 B 棵决

---

① 周志华. 机器学习. 北京:清华大学出版社,2016.

策树的预测结果进行**多数投票**,即取众数。

袋装法将决策树估计的大量结果汇总,可以降低算法估计的方差,提高模型的预测准确率。对于不稳定的估计量(如决策树),数据的微小变化(比如抽样子样本)可能引起预测结果的明显变化,袋装法有利于提高这类算法的预测准确率。由于决策树以不连续的临界点分割特征空间,因此其决策边界并不连续。袋装法有利于得到更为光滑的决策边界,提高预测性能。如果是方差较小的估计量(如 KNN),袋装法的作用则相对有限,因为即使随机抽取数据,一般也不会对 k 个近邻的平均结果产生显著影响。

4.3.2　随机森林

如果袋装法每个拔靴样本训练出来的决策树之间相关度较大,则所估计的方差下降并不明显,这时使用袋装法训练的模型不会有较大提升。这就好比三个体操运动员参加团体比赛,如果三个人都是单杠好,其他项目一般,那么即使三个人去比赛不同的项目,最终的比赛成绩也很一般。因此,降低不同决策树之间的相关性是提升模型的必由之路,随机森林由此而生。

随机森林是采用多个决策树训练模型,在袋装法的基础上,从数据集中随机有放回地抽样,再用每个子样本训练决策树。与袋装法不同的是,在每个决策树的节点分裂时,仅随机选取部分变量(m 个变量)作为候选的分类变量,不会考虑其他变量,而在下一点分裂时,再随机选择部分分裂变量作为候选。每次分裂选择的变量不完全相同。对于分类树,一般建议选择 $m = \sqrt{p}$,p 是全部的特征变量的个数;对于回归树,则建议选取 $m = p/3$ 个变量作为候选变量。这种变量选取的"随机性"是为了降低决策树之间的相关性,也就是随机特征选择(Random Feature Selection)。

随机森林包括以下几个步骤:①预设模型的超参数,比如有几棵树,每棵树的深度;②N 个数据中随机有放回的抽取 n 个数据,训练决策树,每个分裂节点从 p 个特征变量中随机选择 m 个变量作为候选变量,每次分裂的选取不完全相同,每次抽取的 n 个数据都训练一棵决策树;③输入待预测样本到每个决策树中,以一定方法将各个树的结果进行整合,通常回归问题求均值,分类问题求众数。

下面还是以前文的"简历筛选"为例。在随机森林中,每棵决策树使用的分裂变量可能不同(见图 4.12)。第一棵决策树(左图)使用的是"是否毕业于名校?""是否有'光鲜'的实习经历?""标准化考试的成绩好吗?",第二棵决策树(右图)使用的是"是否毕业于名校?""学业成绩是否优异?""标准化考试的成绩好吗?",由于选取的特征变量不同,每棵决策树的相关性会比袋装法小。

随机森林中分裂点备选变量的个数 m 是一个调节参数,m 的选择体现偏差和方差的平衡。在随机森林中,当 m 过大(如 $m = p$),随机森林即为袋装法,此时偏差较小,但由于不同决策树的相关性较大,模型预测的方差较大,而当 m 较小时,每次分裂仅使用部分变量,偏差较大,由于不同节点选择的变量很不一致,不同决策树的相关性降低,进而减小预测的方差。总体而言,随机森林是以损失少量偏差为代价,换取方差的下降,降低均方误差。

值得注意的是,由于随机森林包含了众多决策树,在度量"变量重要性"时较单棵决策树更为复杂。由于每次节点分裂仅使用单个变量,故对于某个变量而言,可度量随机森林中每

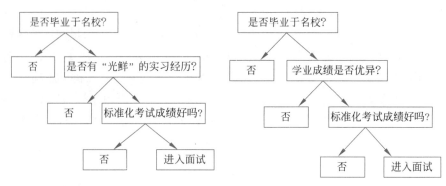

图 4.12   简历筛选的随机森林模型

棵树由该变量引起的基尼系数或残差平方和的下降,并针对此下降幅度对每棵树进行平均,以此度量每个变量的重要性。

和决策树类似,随机森林呈现出树状结构,易于解释,并可以计算每个特征的重要性。此外,每次分裂随机选择部分特征变量构成了特征空间,决策树的模型随机性强,不易过度拟合,抗噪性较好,不容易受到噪声变量的干扰。同时,决策树的训练过程选取部分数据和特征,处理高维数据相对更快。然而,随机森林的模型往往过于笼统,不专注于解决困难数据。譬如,在分类问题中,因为各决策树都属于弱分类器,它们对于较难分类的临界数据难以处理,而统合在一起也往往不具备正确处理过于困难数据的能力,所以随机森林模型的"天花板"较低。

4.3.3   提升法

集成学习主要是利用不同算法对不同特征和不同数据的处理结果不同,最终集合成最优解。随机森林的组合策略是通过随机选取不同的特征变量,使决策树之间不相关,避免出现三个单杠好,其他项目一般的体操运动员去参加竞技体操团体比赛。那么,能否更主动地寻找不同(互补)的算法?比如已知小李双杠好,自由体操和单杠不佳,那么在接下来的训练中,我们就专门去寻找自由体操和单杠单项好的运动员。这就是"提升法"(Boosting)的组合策略。

提升法是一种串行式集成学习的算法。串行式集成学习指的是基学习器(Base Learner)[①]之间存在强依赖关系,以串行的方式生成的序列化方法。以提升法为例,其工作原理就是在给定数据后,训练出基学习器,然后将这些结果按照某种策略进行调整(比如加权平均),对做错的训练样本给予更多关注,继续训练下一个基学习器,直至达到事先给定的目标。

对于随机森林,每个决策树的位置是独立的,可以随便更换决策树的位置,最后再利用一定的方法统合即可。对于提升法,每棵决策树的作用并不相同,而是根据前面的结果依次进行,这种依次而终(Grow Sequentially)的决策树之间的相对位置不能随意变动。因此,提升法是一种"序贯集成法"(Sequential Ensemble Approach)。本节主要介绍自适应提升法(Adaptive Boosting)。

自适应提升法是一种通过基于学习器不同权重来提升模型预测结果的机器学习算法。

---

①   基学习器通常指的是用于集成学习的弱学习器。决策树较为灵活,故常常被用作基学习器.

自适应提升法的基本步骤是：①预设模型的超参数，基学习器种类；②初始化所有样本的困难程度 $w_{\text{old}} = 1/n$，其中 n 为样本数量；③从第一个弱学习器开始训练，训练后发现哪些样本比较容易，哪些比较复杂，利用弱学习器的结果更新样本的困难程度，ε 表示通过当前学习器产生的错误率。如果当前样本被正确分类，则减小样本的困难程度，新的困难程度是

$$w_{\text{new}} = \frac{1}{2(1-\varepsilon)} w_{\text{old}} \tag{4.6}$$

如果当前样本错误分类，提高样本的困难程度，新的困难程度是

$$w_{\text{new}} = \frac{1}{2\varepsilon} w_{\text{old}} \tag{4.7}$$

基于改变的样本困难度，训练下一个学习器。（4）根据错误率调整每个弱学习器的权重

$$\alpha_k = \frac{1}{2} \log (1 - \varepsilon_k / \varepsilon_k) \tag{4.8}$$

其中 ε_k 是第 k 个学习器的错误率。重复（3）、（4），直到达到预设置的学习器的数量。训练完成后，当我们需要测试数据时，我们把数据结果放入每一个弱学习器里，然后得到不同的输出结果，根据每个弱学习器的权重 α_k 将每棵决策树的预测结果按照加权多数票的方式组合在一起。

最初，自适应提升法仅用于分类问题，当弗里德曼（Friedman）提出二分类自适应提升法可等价地视为前向分段加法模型，并且使用指数损失函数来表示[①]。这一统计学解释推动了自适应提升法的应用和发展。如果把指数损失函数改用误差平方的损失函数，则可以将自适应提升法应用于回归问题。除了自适应提升法，提升法还发展出梯度提升法（Gradient Boosting）、随机梯度提升法（Stochastic Gradient Boosting）、XGBoost 等多种不同的提升算法。同样是让后面的学习器修正前面学习器的错误，自适应法是加大错误分类样本的权重，梯度提升法则是通过拟合之前学习器的残差。梯度提升法在社会科学研究中有着诸多应用[②]，有兴趣的读者可以参考机器学习的专门教材进行更深一步的了解。

自适应提升法和随机森林都属于用若干个弱学习器解决问题的方法。不同的是自适应提升法依序进行，加大较难分类样本的权重，其优点是擅长解决困难问题。譬如，对于非常相似的不同类别的样本，自适应提升法比随机森林可以做到更好的分类，自适应提升法的"天花板"比较高。当然，其不足在于模型更为复杂，运行速度较慢，对于异常值比较敏感，同时容易出现过度拟合，导致泛化能力下降。

4.3.4　案例 2：员工离职率预测

对于公司的人力资源部门和管理层而言，员工的大量离职可能是个棘手的难题。一方面，雇佣一名新员工需要经历复杂的流程，要付出较大的时间成本和培训费用；新员工也需要时间来适应工作，因此离职可能会导致生产力的下降；另一方面，如果员工频频离职，这对留下来的员工也会产生某些情绪"渲染"，影响士气。因此，对于公司的管理层而言，如何

---

①　对自适应提升法指数损失函数形式及证明的读者可以参考：陈强. 机器学习及 Python 应用，371-375.

②　Chalfin A，Danieli O，Hillis A，et al. Productivity and Selection of Human Capital with Machine Learning. American Economic Review，2016，106（5）：124-127.

留住员工是他们十分关切的问题。一方面,他们想要搞清哪些原因可能会导致员工离职意愿的上升;另一方面,他们也希望知道哪些员工更有可能提出离职申请,而公司可以做出哪些调整,来防止这些员工的流失。

实际上,员工离职率的问题主要涉及对未来的预测,而不是对离职的解释。如果我们有此前公司员工(包括已离职员工)的数据,就可以此建立机器学习模型,来预测当前员工的离职概率。

对于此问题,kaggle 网站为我们提供了一个很好的数据集①,该数据来自 IBM Watson Analytics 平台分享的样例数据。其中,训练集包括了 1176 条记录、35 个字段,测试集包括 294 条记录、34 个字段。训练集中的 Attrition 变量为员工的离职状态,是模型中的 y,而测试集中则不包含此变量,需要我们根据模型得出预测结果。数据中各变量的介绍见表 4.1:

表 4.1　员工离职预测的变量名称和解释

变 量 名 称	变 量 解 释
Age	年龄
Attrition	是否离职(是/否)
BusinessTravel	出差频率(不出差/不经常出差/经常出差)
DailyRate	日薪
Department	所在部门(销售/HR/研发)
DistanceFromHome	上班距离
Education	教育程度
EducationField	受教育领域(六分类类别变量)
EmployeeCount	员工人数
EmployeeNumber	员工 ID
EnvironmentSatisfaction	工作环境满意度
Gender	性别
HourlyRate	时薪
JobInvolvement	工作投入度
JobLevel	职业级别
JobRole	工作角色(九分类类别变量)
JobSatisfaction	工作满意度
MaritalStatus	婚姻状况(离婚/已婚/单身)
MonthlyIncome	月收入
MonthlyRate	月薪
NumCompaniesWorked	曾经工作过的公司数量
Over18	是否年满 18 岁(是/否)
OverTime	是否加班(是/否)
PercentSalaryHike	工资增长百分比
PerformanceRating	绩效评估
RelationshipSatisfaction	关系满意度
StandardHours	标准工时
StockOptionLevel	股票期权水平

---

① 数据来源为 https://www.kaggle.com/c/bi-attrition-prediction/data.

续表

变 量 名 称	变 量 解 释
TotalWorkingYears	总工龄
TrainingTimesLastYear	上一年的培训时长
WorkLifeBalance	工作与生活的平衡度
YearsAtCompany	在本公司的工作年数
YearsInCurrentRole	在本岗位的工作年数
YearsSinceLastPromotion	距离上次升职的年数
YearsWithCurrManager	与当前管理人员的相处年数

1. 数据读取与初步分析

导入模块，并分别读取训练集和测试集数据：

```
1.    import pandas as pd
2.    import numpy as np
3.    import seaborn as sns
4.    import matplotlib.pyplot as plt
5.    % matplotlib inline
6.
7.    import warnings
8.    warnings.filterwarnings('ignore')
9.
10.   # 读取数据
11.   train_data = pd.read_csv('train.csv', index_col = "user_id")
12.   test_data = pd.read_csv('test.csv', index_col = "user_id")
```

展示数据，部分数据内容如图 4.13 所示：

```
13.   pd.set_option('display.max_columns',None)      # 展示全部列
14.   train_data.head()
```

user_id	Age	Attrition	BusinessTravel	DailyRate	Department	DistanceFromHome	Education	EducationField
1374	58	No	Travel_Rarely	605	Sales	21	3	Life Sciences
1092	45	No	Travel_Rarely	950	Research & Development	28	3	Technical Degree
768	40	No	Travel_Rarely	300	Sales	26	3	Marketing
569	36	No	Non-Travel	1434	Sales	8	4	Life Sciences
911	25	Yes	Travel_Frequently	599	Sales	24	1	Life Sciences

图 4.13　部分数据内容

观察数据类型，并确认数据中无缺失值，部分输出结果如下：

```
15.   print(train_data.info())
```

Data columns（total 35 columns）：

Age　　　　　　1176 non-null int64

Attrition　　　　1176 non-null object

BusinessTravel　　　1176 non-null object

DailyRate　　　1176 non-null int64

Department   1176 non-null object

可以发现，一些变量的类型为 object，我们需要对这些类别变量进行预处理。接下来，我们对变量取值的分布情况进行初步考察，下面是部分输出结果：

```
16.  for i in train_data.columns:
17.     print("{0} 取值数量：{1}".format(i, len(train_data[i].value_counts())))
```

Age 取值数量：43

Attrition 取值数量：2

BusinessTravel 取值数量：3

DailyRate 取值数量：783

Department 取值数量：3

DistanceFromHome 取值数量：29

Education 取值数量：5

EducationField 取值数量：6

EmployeeCount 取值数量：1

结果表明，EmployeeCount、Over18、StandardHours 这三个变量均只有一个取值，对于模型预测没有实际价值，因此将其从数据中删除。此外，EmployeeNumber 变量为员工编号，也不具备实际预测意义，我们也将其删除。

```
1.  # 在训练集和测试集删除上述变量
2.  train_data.drop(columns = ["EmployeeCount", "EmployeeNumber", "Over18",
    "StandardHours"], inplace = True)
3.  test_data.drop(columns = ["EmployeeCount", "EmployeeNumber", "Over18",
    "StandardHours"], inplace = True)
```

训练集中的因变量 y 是 Attrition 变量，其取值为 Yes 或 No，我们需要首先将其重新编码为取值 0 或 1 的二分变量：

```
1.  # 将离职状态变量进行编码
2.  train_data['Attrition'] = train_data['Attrition'].apply(lambda x:0 if x == 'No' else 1)
```

下面我们就可以对自变量和因变量之间的关系做一些初步分析。图 4.14 呈现年龄与离职情况的关系，可以看出 18～21 岁的员工离职率较高，此后随着员工年龄的增长，离职率不断下降，直到 58 岁又出现另一个离职高峰——这可能是因为员工到了退休的年纪。图 4.15 呈现月收入与离职情况的关系，可以发现离职员工的平均工资明显低于在职员工。这些关系图可以让我们对员工的离职原因产生一些直观的认识。对于其他变量的分布情况以及多个变量之间的关系问题，我们也可以通过类似的可视化方式进行初步考察，此处不再举例。

```
1.  # 年龄与离职情况
2.  plt.figure(figsize = (15, 5))
3.  sns.barplot(x = "Age", y = "Attrition", data = train_data)
4.  # 月收入与离职情况
5.  plt.figure(figsize = (5, 5))
6.  sns.boxplot(x = "Attrition", y = "MonthlyIncome", data = train_data)
```

2. 使用机器学习模型进行预测

（1）数据准备。

将上文提到的类别变量转换为虚拟变量，转换后的部分数据如下：

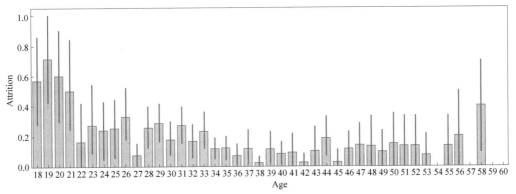

图 4.14　年龄与离职情况的关系

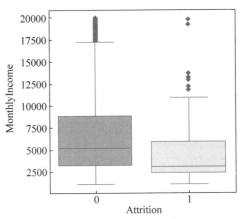

图 4.15　月收入与离职情况

```
1.    # 分别对训练集和测试集数据中所有类别变量进行独热编码,同时删除冗余的虚拟变量
2.    for i in train_data.columns:
3.     if train_data[i].dtype == "O":
4.        dummies = pd.get_dummies(train_data[i], prefix = i, drop_first = True)
5.        train_data = pd.concat([train_data, dummies], axis = 1)
6.        train_data = train_data.drop(i, axis = 1)
7.
8.    for i in test_data.columns:
9.      if test_data[i].dtype == "O":
10.        dummies = pd.get_dummies(test_data[i], prefix = i, drop_first = True)
11.        test_data = pd.concat([test_data, dummies], axis = 1)
12.        test_data = test_data.drop(i, axis = 1)
13.
14.    # 查看编码结果
15.    train_data.head()
```

图 4.16 为查看结果。

EducationField Life Sciences	EducationField_Marketing	EducationField_Medical	EducationField_Other	EducationField_Technical Degree	Gender_Male
1	0	0	0	0	0
0	0	0	0	1	1
0	1	0	0	0	1
1	0	0	0	0	1
1	0	0	0	0	1

图 4.16　查看结果

导入模块,并划分训练集的 x、y:

```
16.    from sklearn.model_selection import cross_val_score
17.    from sklearn.ensemble import RandomForestClassifier,GradientBoostingClassifier
18.    from sklearn.tree import DecisionTreeClassifier
19.    from sklearn.linear_model import LogisticRegression
20.    from sklearn import metrics
21.
22.    # 划分 x、y
23.    y = train_data["Attrition"]
24.    x = train_data.drop(['Attrition'], axis = 1)
```

(2)建模。

我们分别尝试 Logistic 回归、决策树、随机森林、以及梯度提升法模型,并使用交叉验证的方式获得各模型的 auc 评分:

```
1.     model = {}
2.     model["lr"] = LogisticRegression()
3.     model["cart"] = DecisionTreeClassifier(random_state = 1)
4.     model["rfc"] = RandomForestClassifier(random_state = 1)
5.     model["gdbt"] = GradientBoostingClassifier(random_state = 1)
6.
7.     # 交叉验证得到模型 auc 评分
8.     for i in model:
9.         score = cross_val_score(model[i], x, y, cv = 10, scoring = "roc_auc")
10.        print("% s 模型的 auc 为: % .3f" % (i,score.mean()))
```

各模型的 auc 分别为,lr:0.807,cart:0.610,rfc:0.735,gdbt:0.805。可以看到,决策树模型的 auc 分数较低,因此在后面的分析中不再对此模型进行考虑。

(3)参数调优。

通过网格搜索和交叉验证的方式找到并输出模型的最佳超参数值:

```
1.     from sklearn.model_selection import GridSearchCV
2.     model = ["lr", "rfc", "gbdt"]
3.     temp = []
4.
5.     # 设置各模型的备选超参数值
6.     lr = LogisticRegression()
7.     params = {"C":[0.01,0.1,0.25,0.5,0.75,1,2], "solver":["liblinear","newton - cg",
       "lbfgs","sag"]}
8.     temp.append([lr,params])
9.
10.    rfc = RandomForestClassifier(random_state = 1, n_estimators = 100)
11.    params = {"max_depth":[5,6,7,8], "min_samples_leaf":[2,3,4,5]}
12.    temp.append([rfc,params])
13.
14.    gbt = GradientBoostingClassifier(random_state = 1, n_estimators = 100)
15.    params = {"learning_rate":[0.01,0.1,0.2,0.25,0.3], "max_depth":[3,4,5,6]}
16.    temp.append([gbt,params])
17.
18.    # 通过网格搜索找到模型的最佳超参数值
19.    for i in range(len(model)):
20.        grid_search = GridSearchCV(temp[i][0], param_grid = temp[i][1], refit = True, cv = 5,
           scoring = "roc_auc")
```

```
21.        best_model = grid_search.fit(x, y)
22.        print(model[i], "模型的最佳参数：", best_model.best_params_)
```

代入得到的最优超参数值（具体取值见下面的代码），观察调参后的模型 auc：

```
23.    model = {}
24.    model["lr"] = LogisticRegression(C = 0.5, solver = "newton－cg")
25.    model["rfc"] = RandomForestClassifier(random_state = 1, n_estimators = 100, max_
       depth = 7, min_samples_leaf = 2)
26.    model["gdbt"] = GradientBoostingClassifier(random_state = 1, n_estimators = 100,
       learning_rate = 0.25, max_depth = 3)
27.    for i in model:
28.        score = cross_val_score(model[i], x, y, cv = 5, scoring = 'roc_auc')
29.        print('%s 模型的 auc 为：%.3f'%(i, score.mean()))
```

各模型的 auc 分别为，lr：0.825，rfc：0.806，gdbt：0.813。可以发现模型的预测能力有了一定程度的提升。

（4）集成学习：投票分类器。

上面三个模型的 auc 评分比较接近，我们可以进一步使用集成学习中的投票法，尝试建立模型并观察其 auc 值：

```
1.    from sklearn.ensemble import VotingClassifier
2.    voting_clf = VotingClassifier(estimators = [("lr", LogisticRegression(C = 0.5,
      solver = "newton－cg")), ("rfc", RandomForestClassifier(random_state = 1, n_
      estimators = 100, max_depth = 7, min_samples_leaf = 2)), ("gdbt",
      GradientBoostingClassifier(random_state = 1, n_estimators = 100, learning_rate =
      0.25, max_depth = 3))], voting = "soft")
3.    scores = cross_val_score(voting_clf, x, y, cv = 5, scoring = "roc_auc")
4.    print("集成模型的 auc 为：%.3f" % (scores.mean()))
```

集成模型的 auc 为 0.836。可以看到集成学习投票法建立的模型，其预测能力相较于单个模型而言有了一定的提升。

（5）离职率预测。

最后，我们使用集成学习的投票分类器模型对测试集数据进行预测，预测结果以概率形式展示，部分预测结果如下：

```
1.    ＃ 预测
2.    voting_clf.fit(x, y)
3.    y_pred = voting_clf.predict_proba(test_data)
4.
5.    ＃ 预测结果展示
6.    data_pred = pd.read_csv('test.csv')
7.    data_pred = data_pred["user_id"]
8.    y_pred = pd.DataFrame(y_pred.reshape(294,2))
9.    data_pred = pd.concat([data_pred, y_pred], axis = 1)
10.   data_pred.head()
```

预测结果如图 4.17 所示。

3. 小结

可以看到，Logistic 回归、随机森林、随机梯度提升等方法均能够较好地预测员工的离职率，而通过集成学习的投票法，模型的预测效果也能够得到进一步的提升。通过模型对未知数据的预测，我们可以得知哪些员工有较高的离职可能性，进而可以分析哪些原因可能导

user_id		0	1
0	442	0.910389	0.089611
1	1091	0.928411	0.071589
2	981	0.672984	0.327016
3	785	0.910149	0.089851
4	1332	0.201324	0.798676

图 4.17　预测结果

致了他们较高的离职意愿,并对此做出及时的措施。

在本例中,机器学习展现出了较好的预测能力,而除了员工离职率以外,我们还可以运用机器学习方法进行很多预测工作。比如我们可以利用调查数据建立机器学习模型,来预测大选结果;对于某个政策的满意度,我们也可以利用试点区域的信息建立起模型,进而预测该政策在整体范围内的公众满意度。总而言之,对于有预测需求的场景,机器学习都能为我们的决策提供有价值的参考。

本章小结

本章聚焦于几种常用的非参数监督学习方法。与上一章不同,非参数监督学习是不预设响应变量 y 与特征变量 x 函数形式的机器学习方法。首先,我们介绍了 K 近邻法,它是最为基础的一种非参数方法,其划分区域过程不考虑 y 的取值,适用于特征变量远小于样本量的场景。其次,本章介绍了决策树,其分类过程更进一步考虑特征变量 x 对 y 的影响,同时每次仅适用一个分裂变量,故更容易处理高维数据,是一种更加智能的机器学习。决策树在社会科学的应用非常广泛。譬如,贝拉里(Billari)及其合作者使用决策树模型对奥地利人和意大利人的生命历程数据[1]进行训练,从而解释两个国家的民众在读书、就业、婚姻、独自居住等重大决策上的不同。[2] 本章 4.2.2 节案例中使用决策树算法来预测研究生录取率,并对决策树模型与线性回归模型的预测效果进行评估。

此外,我们介绍了集成学习。该方法是把若干个仅在某些方面表现良好的弱学习器取长补短地结合起来,从而达到更优的学习效果。其中,袋装法是通过有放回的抽样搅动数据实现集成学习;随机森林则是在袋装法有放回抽样的基础上,随机抽取部分特征变量作为备选分裂变量,通过降低每个决策树的相关性来实现更好的训练结果。最后,提升法在随机森林的基础上更进一步地有目的地训练决策树,是把不同基学习器按照一定的顺序串行式集成学习的方法。目前,集成学习广泛地应用于社会预测,譬如,奥斯特(Oster)使用随机森林从每个人消费记录中"血糖仪""检测试纸"等关键字来预测受访者是否罹患糖尿病[3],随机森林算法还被用于泰坦尼克号的生存率估计,有进一步阅读需求的读者可以参考伯克、戈埃尔等人的作品[4]。机器学习的算法非常多样,每种算法的原理、复杂程度、适用条件与预测效果都存在一定的差别。本章 4.3.4 节案例 2 中使用 Logistic 回归、决策树、随机森林、提升法多种机器学习的方法对员工离职率进行训练和预测,该案例恰恰可以体现不同算法预测的差异。

① 生命历程理论关注人生中的重大事件,如出生、迁移、婚姻变迁、生育、死亡等,特别是从童年过渡到成年时期重大事件发生的时间和先后次序.

② Billari F C, Fürnkranz J, Prskawetz A. Timing, Sequencing, and Quantum of Life Course Events: A Machine Learning Approach. European Journal of Population, 2006, 22(1): 37-65.

③ Oster E. Diabetes, Diet: Purchasing Behavior Change in Response to Health Information. American Economic Journal: Applied Economics, 2018, 10(4): 308-348.

④ Berk R A, Sorenson S B, Barnes G. Forecasting Domestic Violence: A Machine Learning Approach to Help Inform Arraignment Decisions. Journal of Empirical Legal Studies, 2016, 13(1): 94-115. 和 Goel S, Rao J M, Shroff R. Precinct or Prejudice? Understanding Racial Disparities in New York City's Stop-and-Frisk Policy. The Annals of Applied Statistics, 2016, 10(1): 365-394.

习　题　4

1. 请针对下面的案例画分类器决策树。

某银行给客户是否推荐办理信用卡：卡内月平均资产低于 1 万元,不推荐；卡内月平均资产高于 1 万元,且每月有大于 5000 元的固定收入,推荐；卡内月平均资产高于 1 万元,每月没有大于 5000 元的固定收入,学历在大专及以上,推荐；卡内月平均资产高于 1 万元,每月没有大于 5000 元的固定收入,学历在大专以下,不推荐。

2. 某知名企业招聘职员时,考察毕业学校、笔试成绩和发展潜力。这三项内容中,毕业学校分为 985 大学 1、211 大学 2 和普通大学 3 三个级别,笔试成绩和发展潜力分为高 1、中 2、低 3 三类。分类为合格 1 和不合格 0。已知 10 个申请人的数据(见表 4.10)。试用回归法、决策树、随机森林、提升法分别学习一个分类器,比较不同算法的异同。

表 4.2　申请人情况

申请人情况	申请人编号									
	1	2	3	4	5	6	7	8	9	10
大学	1	1	3	2	2	3	2	3	3	3
笔试成绩	2	1	3	2	3	1	1	2	2	2
发展潜力	1	2	2	1	1	1	2	3	1	2
分类	1	1	0	0	0	1	0	0	0	0

3. 用 Python 调用 student-por 数据集[①],进行决策树估计。其中,响应变量是教育期望 higher,特征值可根据自己的理论假设在数据库中选择 15 个。

(1) 随机选择 300 个学生为测试集,估计分类树模型；

(2) 通过交叉验证,画图并确定最优复杂性参数；

(3) 在(2)基础上画分类树；

(4) 在测试集中预测,评估模型准确率。

---

① 　加州大学戴维斯分校机器学习数据库 https://github.com/rupakc/UCI-Data-Analysis/tree/master/Student%20Dataset.

第5章

聚类分析[①]

本章学习目标

- 掌握聚类分析中距离测量以及结果评估方法
- 掌握 K-means、密度聚类、层次聚类等常用聚类方法的基本原理
- 掌握利用 Python 进行聚类分析
- 了解聚类分析方法在计算社会科学的应用场景

5.1 计算社会科学也需要聚类分析

群体是社会科学研究的基本分析单位之一。Sociology 有"群学"的译法,量化研究对异质性群体进行分解,在理论和类型学中都极为重要。本章介绍的聚类分析(Cluster Analysis)就是一类从量化数据中自动提取异质性群体的方法,它通过测量或感知到的内在特征或相似性对对象进行分组或聚类,进而探索和发现数据中的潜在结构。聚类分析是量化社会科学的基础统计方法,然而它在计算社会科学中也有许多应用场景,是实现非结构化数据快速分组和降维的基础策略。

让我们试想一个场景:如果你从互联网公司获得了一个用户行为数据库,该数据库捕捉到了许多有趣的社会现象,却具有诸多复杂而特殊的变量(或说特征),这些信息远远超出了传统调查的预想,请问你该怎么办呢?传统的量化社会科学分析通常遵循"理论-假设-测量"的研究思路,基于低维特征对用户进行分类,而这种方法在面对特征维度极高的用户行为大数据时往往"捉襟见肘",且生成成本极高。机器学习的兴起则大大拓展了原有的研究工具,帮助我们得以在数据驱动下充分挖掘数据信息。具体来说,通过将相似的观察结果

---

① 感谢范晓光对本章文字和内容的校对.

或特征分组到子群体中,无监督的降维和特征工程可以为大型数据集的内在结构提供基于数据本身的科学化建议。[①]

毋庸置疑,数字时代的到来为我们提供了大量面对以互联网用户行为数据(包括文本、图像和视频等类型)为代表的高容量、高维数据集的机遇,也为发现数据中新的群体提出了更高的要求,计算社会科学家需要新的工具来挖掘这些来源、类型和结构都非常复杂的大数据。我们希望在对新数据没有过多知识积累的前提下,可以找到计算方法能帮助探索数据集中承载了哪些重要的社会群体,数据具有怎样的自然分组等。在我们看来,引入聚类分析就是一种恰当的选择。

5.2　聚类分析基础

5.2.1　距离:　如何测量两个人的相似程度?

中国素来有句古语,"物以类聚,人以群分",它很好地道出了聚类分析的两个原则:"类聚"与"群分"。一般来说,我们认为相同群体的成员"臭味相投",而不同群体的成员间则"道不同,不相为谋"。志趣相投的人经常处在一起,而风格迥异的人则通常不相往来,这正是聚类分析的基本假定。然而,这样的思想如何在数据中体现呢?

在一个常见的数据集中,每个成员大多具有相同维度的描述性特征,这意味着我们对于这些成员具有一个共同的描述体系(虽然这个评估体系是有侧重的)。如果让我们运用简单的数学知识,为每个独立特征设定一个相互正交的坐标轴来反映其数值度量,这实际就将所有成员的描述性特征设定为了某种空间坐标(当维度很高时是难以想象的)。借助这种转换,我们会发现所有在描述性特征上完全相同的成员,在空间上就具有相同的位置;相反,如果两个成员在空间上远离,那么他们的特征就可能具有较大的差异。我们不难发现,此时空间上的距离关系可以反映两个成员在特征上的相似程度。由此,借助于空间中成员间的聚集和分散,我们就可以较好地观察群体内的一致性与群体间的异质性,也就是对数据本身的自然分组进行展示。

为了更好地评估这种相似性与异质性,我们引入距离度量(Distance Measure)来统一数据集内相似度的测算。在规定了距离度量后,数据集内两两成员间的相似程度(也就是距离)可以确定。聚类分析正是通过引入距离度量,将数据集的成员放入了相同的向量空间。由于空间上聚集与远离会反映成员间的相似或相异,我们可以较好地观察成员间的自然分组,该分组潜在地具有社会群体层面的解释意义。距离度量是人为规定的,我们可以根据数据的特性来选择。在机器学习中,我们通常使用 L_p 距离或称"闵可夫斯基距离"(Minkowski Distance)作为距离度量。对具有 m 个样本以及 n 个特征的数据集 $\chi_{m \times n}$ 而言,$x_i, x_j \in \chi_{m \times n}$,$x_i = (x_i^{(1)}, x_i^{(2)}, \cdots, x_i^{(n)})^{\mathrm{T}}$,$x_j = (x_j^{(1)}, x_j^{(2)}, \cdots, x_j^{(n)})^{\mathrm{T}}$,我们定义 L_p 距离为:

$$L_p(x_i, x_j) = \left(\sum_{l=1}^{n} |x_i^{(l)} - x_j^{(l)}|^p \right)^{\frac{1}{p}} \tag{5.1}$$

①　Grimmer, Justin, Roberts, et al. Machine Learning for Social Science: An Agnostic Approach. Annual Review of Political Science, 2021, 24: 395-419.

上式中 $p \geqslant 1$，欧氏距离（Euclidean distance）其实是 $p=2$ 时，L_p 距离的特例：

$$L_2(x_i, x_j) = \sqrt{\sum_{l=1}^{n} |x_i^{(l)} - x_j^{(l)}|^2} \tag{5.2}$$

当 $p=1$ 时，则有曼哈顿距离（Manhattan distance）也称街区距离，为 x_i, x_j 各坐标距离之和：

$$L_1(x_i, x_j) = \sum_{l=1}^{n} |x_i^{(l)} - x_j^{(l)}| \tag{5.3}$$

最后，当 $p=\infty$ 时，则有切比雪夫距离（Chebyshev distance），也称棋盘距离，它的计算实质上是 x_i, x_j 各个坐标距离的最大值：

$$L_\infty(x_i, x_j) = \max_l |x_i^{(l)} - x_j^{(l)}| \tag{5.4}$$

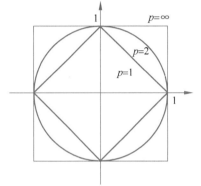

图 5.1 不同 L_p 距离的等距

图 5.1 展示了二维空间中，p 取不同值时，与原点 L_p 距离为 1 的点的集合，它更直观地呈现了这些距离度量的区别。

我们不难发现，在不同的距离度量下，同一数据集中两个成员的距离也会随之改变。实际上，距离度量会影响聚类分析所发现群体的数据特征。由于通常使用的欧氏距离自身的特性（圆形的等距线），大部分使用欧氏距离的算法都偏好发现在空间中呈现超球面形（Hyperspherical-shaped）的群体，此时采用更具弹性的距离度量则有助于适应更广泛的数据特征。[①]

通过距离度量可以把数据集中不同成员间的相似度转换到一个统一的空间。一般而言，相同群体的成员会因为特质的相似而在空间上相互接近，不同群体的成员则在空间上相互远离，由此，我们就有可能识别数据集中的异质性群体。然而，如何自动地获取这些群体？如何衡量这些机器生成的群体的质量？前一问题涉及具体的聚类算法，后文将集中介绍；而后一问题则涉及我们对机器生成的异质性群体的预期。总的来说，聚类结果的性能评估是对群体内一致性以及群体间异质性的综合衡量。

5.2.2 聚类结果的性能评估

再次回到对群体的基本假设上，在定义了距离（也就是基于成员间的相似性）后，我们就已经构建了一个用来透视群体的空间。现在我们假定已经获得了聚类结果，也就是为数据集中的成员唯一划定了所属群体。我们该如何衡量这种划分的优劣呢？先来回顾一下我们对群体的一些基本期望。在生活中，我们首先认为群体成员间"臭味相投"，这指出了社会群体的内部同质性；另外，我们也会认为社会群体具有区域性，"南橘北枳"这种表述暗示了社会群体由区位而产生的群体层次异质性。以上两种常识则同时构成了我们评估聚类结果的基本思想。在理想状况下，我们希望获得的群体在内部尽可能一致，而与外部则尽可能不同，这就产生了"类型内相似度"（Intra-cluster Similarity）与"类型间相似度"（Inter-cluster

---

① Mao J C, Jain A. A Self-Organizing Network for Hyperellipsoidal Clustering (HEC). Proceedings of 1994 IEEE International Conference on Neural Networks (ICNN'94), 1994.

Similarity)两个概念。在构建数学指标时,我们通常希望聚类结果前者更高,而后者更低。

对聚类结果的评估通常基于数据集本身已有类标签。此时,我们可以将聚类结果与既有标签进行比较,直接评估聚类结果的精确性与有效性。但这样的情况在社会科学领域并不多见,本章不做过多讨论,有兴趣的读者可自行阅读。事实上,当拿到数字痕迹或者传感器数据时,除了数据提供方的简单介绍(有时甚至没有),我们往往对数据集本身的类型知之甚少。在这种情况下,根据聚类结果本身的数据特征来进行评估就尤为关键,我们接下来简要介绍其中的数学过程。

在评估聚类结果时,最广泛使用的指标是"轮廓系数"(Silhouette Coefficient)。该指标通过描述群体的轮廓,可以较好地测量群体间的重叠与分离趋势;并且在需要研究者指定群体数量 k 的模型中,通过轮廓系数能够可视化地进行参数选择。[①] 由于轮廓系数很好地体现了聚类结果性能评估的思路,我们将在本节着重介绍。首先要对一些重要的数学指标进行说明和界定。假定我们手头的数据集仍然是 $\chi_{m \times n}$,它具有 m 个样本以及 n 个特征。

与之前不同,我们目前已经定义了距离度量,用来确定成员间的相似度(也就是距离)。对于 $x_i, x_j \in \chi_{m \times n}$,我们用 $\mathrm{dist}(x_i, x_j)$ 来表示两个成员间的距离;假定已经得到了聚类结果 C,在 C 中我们区分了 $\chi_{m \times n}$ 中的 k 个群体,于是有 $C = \{C_1, C_2, \cdots, C_k\}$。对于个体 x_i 而言,他/她在聚类结果中被归属于群体 C_a,则有 x_i 的"平均类内距离"(Mean Intra-cluster Distance),该指标反映了群体中特定成员与其他群内成员的平均相似程度,其计算公式为

$$a(x_i) = \frac{1}{|C_a|} \sum_{\substack{j=1 \\ j \neq i}}^{|C_a|} \mathrm{dist}(x_i, x_j) \tag{5.5}$$

在式(5.5)中,$x_j \in C_a$,$|C_a|$ 代表集合 C_a 中的元素个数。我们接下来计算 x_i 与 C_a 之外其他某个群体 C_n 的"平均类间距离"(Mean Inter-cluster Distance),该指标反映了群体中特定成员与其他群体成员的平均距离。当 $x_j \in C_n$ 时,我们将这一指标的计算公式表达为:

$$d(x_i, C_n) = \frac{1}{|C_n|} \sum_{\substack{j=1 \\ j \neq i}}^{|C_n|} \mathrm{dist}(x_i, x_j) \tag{5.6}$$

对 x_i 这个成员来说,我们只关心与他所属的群体 C_a 平均距离最近的那个群体 C_b,因为这反映了两个最贴近的群体间边界,即轮廓。我们称 x_i 与 C_b 的平均类间距离为"平均最近类间距离"(Mean Nearest-cluster Distance):

$$b(x_i) = \min_{1 \leq n \leq k} d(x_i, C_n) \tag{5.7}$$

在式(5.7)中,C_n 是除了 x_i 所属群体 C_a 之外其他的某个群体。在获得了 $a(x_i)$ 与 $b(x_i)$ 后,我们就能确定 x_i 的轮廓系数,其大小反映了 x_i 远离群体轮廓的程度:

$$s(x_i) = \frac{b(i) - a(i)}{\max\{a(i), b(i)\}} \tag{5.8}$$

当求取数据集 $\chi_{m \times n}$ 中所有成员的轮廓系数并计算均值后,我们就获得了聚类结果 C 的轮廓系数,它反映了聚类结果所划分的群体间分离重叠的整体状况。

我们从轮廓系数的指标构成可知,它的取值范围在 $[-1, 1]$。轮廓系数通常都是大于 0

---

① Rousseeuw P. Silhouettes: A Graphical Aid to the Interpretation and Validation of Cluster Analysis. Journal of Computational and Applied Mathematics, 1987, 20: 53-65.

的,系数越大说明聚类结果中不同群体间的轮廓越明确。在模型选择上,我们可以比较不同模型的轮廓系数,并结合理论需求,选择系数更为优越的模型。当该值为 0 时,则代表不同群体完全重叠;当该值小于 0 时,代表聚类结果更多将成员划入了不恰当的群体,此时需考虑更改模型的参数或选用其他聚类算法。

由于轮廓系数反映了每个成员与聚类结果的关系,我们可以进行可视化,以辅助我们选择更恰当的模型。图 5.2 中的例子展示了如何借助每个样本的轮廓系数对聚类结果进行整体的评估,进而帮助我们进行模型选择。[①] 在这个案例中,研究者使用了具有 75 个样本的 Ruspini 数据集,[②]它是常用于聚类分析的测试数据集,在理想状态下应被分成 4 类。在借助轮廓系数进行参数选择时,我们可以先按照 k 从小到大依次生成一定数量的模型,并对聚类结果中各个群体内成员的轮廓系数按照从大到小的顺序全部绘制,这样就能直观地看到聚类结果中每个群体的大致状况。我们发现,较好的模型平均轮廓系数较高且划分的群体在体量与轮廓上都更为匀称。

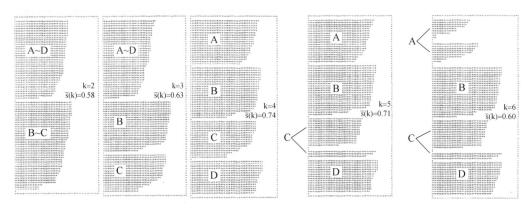

图 5.2　借助轮廓系数对不同 k 值下 K-median 聚类结果进行可视化

以上内容主要介绍了轮廓系数的数学过程,以及如何使用轮廓系数来评估聚类结果。作为一种指标体系,轮廓系数在使用上较为广泛,且本身对聚类结果的描述也相对直观,另外,当我们希望对聚类的效果进行可视化时具有比较直观的表达,这些特性都满足了社会科学研究对可理解性的偏好。当然,读者完全可以选用其他指标来佐证自己对聚类模型的选择。但在理解这些指标时,我们要认识到它们都会综合考虑类内距离与类间距离的问题,也就是"类聚"与"群分"。只要牢牢把握这两点,就能更好地理解数学过程背后非常直白的意图。我们下面再介绍两个常用的聚类评估指标,后续的案例也会加以展示。

CH 指标(Caliliski-Harabasz Index)对类间与类内的离差矩阵进行了统计调整,以综合考虑聚类结果的分离与聚合状况。[③] CH 值总是大于 0 且没有极值,聚类结果中较好的群间分离与较好的群内凝聚都会带来指标的提升。该指标适用于研究者对聚类结果类间、类内状况的关注比较平衡的场景。

---

①　Rousseeuw P. Silhouettes：A Graphical Aid to the Interpretation and Validation of Cluster Analysis. Journal of Computational and Applied Mathematics,1987,20：53-65.

②　Ruspini E. Numerical Methods for Fuzzy Clustering. Information Sciences,1970,2(3)：319-350.

③　Caliński T,Harabasz J. A Dendrite Method for Cluster Analysis. Communications in Statistics,1974,3(1)：1-27.

DB 指标(Davies-Bouldin Index)与前两个指标的关注点略有不同,它仅考虑聚类结果中效果最差的区域,并将最差区域的重叠程度(在聚类结果较好的时候是分离程度)除以 k 值来平衡模型复杂程度的影响。[①] 读者一定已经意识到,由于这一指标评估的是聚类结果最差区域的情况,当该值越大,说明模型在局部有越大的混淆和重叠,这意味着模型质量更差,由此我们期待 DB 指标越小越好。

5.2.3　聚类结果的选择与解读

在本节中,我们将对聚类结果评估做一个简要的归纳。如果我们已经选择了恰当的聚类算法,并得到了一系列参数下的聚类结果。在这种情况下:

(1)可以先通过单个或者多个评估指标的使用来挑选数据在自然特征上更为优越的模型。通过把不同模型的客观指标在折线图中连续绘制,我们可以更好地识别不同聚类结果的变化趋势。

(2)为了使结果直观化,我们可以把聚类结果通过散点图进行展示,来直观地透视聚类结果的分布与交叠。对于高维数据可以通过 t-SNE、UWAP 算法进行降维后再可视化,我们会在后续的案例中做介绍。

(3)我们通常不会武断地挑选唯一的模型,这在特征复杂以及体量过大的数据上更是如此。我们应该结合客观指标、可视化结果以及具体划分出的群体的特征进行综合性评估。

(4)但正如我们已经提及的,评估结果更多只是作为参照,以服务于我们的研究目的。由于聚类分析具有很强的探索性特质,最终的模型选择通常要基于解释性"一锤定音"。如何在可解释性这个"弹性指标"中,将经验、理论与数据完美结合,是每一位研究者都必须认真思索的议题。

然而,不同聚类中心数量的模型很多时候具有相似的性能。在这种情况下,决定性的判准来源于研究者的洞见与视野。虽然我们可以通过观察划分群体的特征、对聚类整体进行可视化等方式进行合适模型的判断,但最关键所在是所划分群体是否具有社会科学意义上的"可解释性",[②]以及能否助力我们进行新的知识发现。[③]

5.3　原型聚类

5.3.1　经典聚类算法: K-means

上一节侧重从理论上介绍聚类分析的距离度量以及性能评估。在此基础上,我们将在最后展示具体的算法。考虑到不同聚类方法的思路差异较大,难以归纳出通用的聚类流程,我们在介绍聚类方法的共同背景后再来依次介绍聚类算法。常见的聚类算法主要包括原型聚类(Prototype-based Clustering)、密度聚类(Density-based Clustering)和层次聚类(Hierarchical Clustering)。下面,我们将优先介绍其中发展最早也是最成熟的原型聚类,该方法最大的特点是假设数据自身的特征能通过一组原型(也就是典型案例)来刻画[④],这与

① Davies D,Bouldin Donald. A Cluster Separation Measure. IEEE Transactions on Pattern Analysis and Machine Intelligence,1979.

② 黄荣贵.网络场域、文化认同与劳工关注社群:基于话题模型与社群侦测的大数据分析.社会,2017(2):26-50.

③ Jain A. Data Clustering:50 Years Beyond K-means. Pattern Recognition Letters,2010,31(8):651-666.

④ 周志华.机器学习.北京:清华大学出版社,2016.

韦伯对"理想类型"有异曲同工之处。在某种程度上,原型聚类的思路与社会科学思维有很强的亲和性,这也大大增强了其结果在社科领域的可解释性。

在原型聚类中,K-means 是最具生命力也最为经典的聚类算法。在计算社会科学中,它仍然被各领域广泛使用,并作为大量聚类算法的基础或工序存在。[1][2] 理解 K-means 算法,有助于我们厘清聚类算法的基本逻辑,也为我们理解更新的算法奠定基础。我们也将在本节加入数学过程,虽然难免有些枯燥,但读者应当理解数字背后的计算思想。

在 K-means 算法中,我们用聚类中心(Cluster Center)来表示原型,其本质是群体特征的均值。聚类中心的数量 k 依赖于研究者的主观设定,该值意味着对数据集中潜在群体数量的假定,它通常依赖于研究者直接观察或基于指标的探索来确定。K-means 算法将基于设定的 k 值来确定恰当的聚类中心,对于具体的成员则把距离最近(也就是相似度最高)的聚类中心视作其原型,以此达到聚类的效果。

那么如何来确定一个恰当的聚类中心呢?从逻辑上,我们实际上希望划分出来的群体在内部相似度最高,这意味着要使所有群体与对应聚类中心的平均距离最小,于是当我们使用欧氏距离作为距离度量时,我们实际上希望从数据集 $\chi_{m \times n}$ 划分所得群体 $\{C_1, C_2, \cdots, C_k\}$ 的"误差平方和"(Sum of Squared Errors,SSE)[3]最小,我们将某个群体 C_i 的聚类中心(也就是类内均值)视作 μ_i,则有:

$$\text{SSE} = \sum_{i=1}^{k} \sum_{x \in C_i} \| x - \mu_i \|_2^2 \tag{5.9}$$

其中,$\| x - \mu_i \|_2$ 指的是 C_i 中某个点与其聚类中心 μ_i 的 L_2 距离,也就是欧氏距离。在理想状态下,我们一定希望直接获得使 SSE 取得全局最小值的群体划分,但这意味着要遍历数据集中所有聚类中心为 k 的可能划分,而当数据量达到一定规模,这几乎是不可能完成的任务。[4] 因此,K-means 算法其实提供了一种使聚类结果的 SSE 尽可能小的思路。接下来,我们具体看看 K-means 是如何实现该目标的。

K-means 算法的训练总体分为三个阶段:初始化、参数更新以及收敛,整个流程为(a)输入数据;(b)初始化聚类中心并确定群体划分;(c)(d)在迭代中更新聚类中心与群体划分;(e)聚类结果收敛。(见图 5.3)。[5] 在训练开始前,研究者需要先指定潜在的聚类中心数量 k,这将会决定最终获得的群体数量。研究者们同样可以指定的是训练终止条件,如指定最大迭代的次数、规定参数更新的最小幅度等。在完成以上设置后,K-means 就可以开始自动运行。K-means 首先会从数据集中选择 k 个成员作为最初的"原型" k,即聚类中心。虽然这种选择可以是完全随机的,但是聚类结果对此极为敏感[6],故很多时候需要对 K-means 进行多次运行,以获得更好的聚类结果。

① Jain A,Murty M N,Flynn P. Data Clustering:A Review. ACM Computing Surveys,1999,31(3):264-323.

② Jain A. Data Clustering:50 Years Beyond K-means. Pattern Recognition Letters,2010,31(8):651-666.

③ 也称为"惯性"(inertia)。

④ Aloise D,Deshpande A,Hansen P. NP-hardness of Euclidean Sum-of-Squares Clustering. Machine Learning,2009,75:245-248.

⑤ Jain A. Data Clustering:50 Years Beyond K-means. Pattern Recognition Letters,2010,31(8):651-666.

⑥ Celebi E. Improving the Performance of K-Means for Color Quantization. Image and Vision Computing,2011,29(4):260-271.

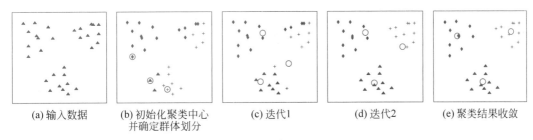

| (a) 输入数据 | (b) 初始化聚类中心
并确定群体划分 | (c) 迭代1 | (d) 迭代2 | (e) 聚类结果收敛 |

图 5.3　K-means 算法的整个流程

在进行了最初的随机初始化后,K-means 会依照两个步骤进行逐次迭代。在第一步,算法会计算每个成员与所有聚类中心的距离,并将距离最近的聚类中心设定为该点的原型。当根据现有的聚类中心为所有成员分配了"标签"后,则进入第二步。此时,算法会把所有标签相同的成员视为同一群体,并计算这些群体的类型内均值作为新的聚类中心,对参数进行更新。在每次步骤一与步骤二完成后,K-means 会对迭代次数或者参数更新的幅度进行判断,当达成终止要求时,则算法停止并输出最终的聚类标签;反之,则继续重复步骤一与步骤二,直到达成终止条件。

K-means 是一种有效的算法。当数据本身的群体异质性足够强时,也就是数据的自然分组较为明显时,它在大概率上可以达到局部最优的结果。[1] 然而,K-means 仍然具有三个不足:

(1) 在群体划分上对超球面形状的偏好;

(2) 由于欧氏距离带来的异常值敏感;

(3) 初始值会显著地影响聚类结果。[2]

针对以上不足,我们不仅可以通过多次运行模型以及剔除离群值解决,而且还可以通过选用其他聚类算法来替换。总之,K-means 仍然是研究者在处理聚类分析时的首选算法,在积极调整以及保持审慎的数据处理后,能为我们提供充分的启发。

5.3.2　其他原型聚类算法

原型聚类是聚类分析中最重要的一类方法,但其内部的分类较多。本节我们将为读者介绍其他主流的原型聚类方法。具体如下:

高斯混合模型(Gaussian Mixture Model,GMM)与 K-means 算法使用均值来刻画群体的原型不同,高斯混合模型使用概率分布来描述原型的特征。通过把数据结构拆分为多个高斯分布,该模型实际上对数据特征进行了建模,并最终通过预测的方式来获得样本从属于每个高斯分布的可能性。总的来说,该模型既能对模型复杂程度进行精细的人为设定,又能解决样本的多元归属问题,相较于传统的划分模型具有更强的灵活性与自由度。实际上,K-means 模型可以视作高斯混合模型在混合成分方差相等、且每个成员只能归属于同类时的特例。[3]

谱聚类(Spectral Clustering)也是近年来非常流行的聚类方法。在图论思想的引导下,

---

① Meila M. The Uniqueness of a Good Optimum for K-Means. Proceedings of the 23rd international conference on Machine learning(ICML06),2006.

② Celebi E, Kingravi H, Vela P. A Comparative Study of Efficient Initialization Methods for the K-Means Clustering Algorithm. Expert Systems with Applications,2013,40(1):200-210.

③ 周志华. 机器学习. 北京:清华大学出版社,2016.

谱聚类首先是使用成员两两间的相似度方阵来替换特征矩阵,这就获得了具有图属性的数据。然后,借助拉普拉斯特征映射(Laplacian Eigenmaps)对图数据进行降维,该方法能很好地保留原始数据的相似性特征。最后,借助传统聚类方法,如 K-means 对转化后的数据重新聚类,来获得最终结果。与传统的聚类方法相比,谱聚类的主要优势在于其基于相似度方阵进行运算,可以较好地规避数据的稀疏问题;同时,由于其中使用了 LE 方法进行了降维,在处理大规模高维数据时有明显优势;最后,图论的引入使得谱聚类对于不同数据特性的适用性要更强。[①] 当然,谱聚类的问题在于当期望划分的群体数量较多时,效果可能并不理想,另外由于谱聚类倾向于给出体量均衡的划分,当不同群体间规模过于悬殊时则并不适用。

下面我们将以中国村庄的类型划分为例,详细介绍聚类算法如何帮助研究者基于量化数据识别农村发展过程中所可能存在的村庄类别分化。

5.3.3 案例1: 强基建与促发展——中国村庄发展的类型差异

众所周知,中国的村庄发展长期存在着不均衡的现象。为了减少这种发展不均衡,国家动用大量的财政力量,在基层农村大力开展基础设施建设,试图扭转农村发展不平衡的局面。既有研究已经发现,虽然政府推动的强基建政策确实产生了正向效应,但由于地方性问题,在农村的经济发展与基础设施建设间仍存在着不平衡问题。[②] 本案例基于中国劳动力动态调查(CLDS)2016 年的村庄数据,试图通过聚类分析对于现有理论发现的类型学进行检验。我们选择了经济发展水平与基础设施建设相关的变量作为分类的标准,在剔除缺失值与异常值后保留了 182 个有效的村庄样本。接下来,我们将基于几种原型聚类算法对中国村庄在经济发展与基础设施层面的自然类型进行识别:

1. 数据导入与预处理

```
1.      # 1.导入 pandas 库并创建别名 pd,后续我们使用 pandas 库中的 DataFrame 类作为数据容器
2.      import pandas as pd
3.      # 2.sklearn 库是一个泛用性很强的机器学习工具箱,提供大多数主流机器学习算法的实现
        # 从 sklearn 库导入 preprocessing 模块,用于后续数据预处理
4.      from sklearn import preprocessing
5.      # 3.从 sklearn 库中的 cluster 模块导入 KMeans 类
6.      from sklearn.cluster import KMeans
7.      # 4.从流形模块导入 TSNE 方法,TSNE 是一种降维算法,特别适用于将高维数据降至 2 维、3
        # 维,以便可视化。我们之后将借助 TSNE 的映射功能对高维数据的聚类结果进行可视化。
        # 当维数非常高时可以先进行 PCA,再使用 TSNE 降维并可视化
8.      from sklearn.manifold import TSNE
9.      # 5.sklearn 的 metrics 模块提供了大量模型评估工具,我们从中选用了三种常用的聚类结
        # 果评估指标:
10.     #      (1)轮廓系数取值在[-1,1],该数值越接近 1,则代表聚类效果越好
11.     #      (2)calinski-harabasz 指数没有值域限制,该数值越大代表聚类效果越好
12.     #      (3)davies-bouldin 指数越接近 0 代表聚类效果越好
13.     from sklearn.metrics import silhouette_score,calinski_harabasz_score,davies_bouldin_score
14.     # 6.从 matplotlib 中导入 pyplot 模块用于绘图,创建别名 plt
```

①   Von Luxburg U. A Tutorial on Spectral Clustering. Statistics and Computing,2007,17: 395-416.
②   梁玉成,刘河庆.新农村建设:农村发展类型与劳动力人口流动.中国研究,2015(1): 6-25.

```
15.    from matplotlib import pyplot as plt
16.    # 7.设置 pandas 的最大显示列数、行数
17.    pd.set_option('display.max_columns', 50)
18.    pd.set_option('display.max_rows', 20)
19.    # 8.设置 pyplot 的绘图默认参数,使绘图正常显示
20.    plt.rcParams['font.sans-serif'] = ['SimHei']          # 使中文编码在图中正确显示
21.    plt.rcParams['axes.unicode_minus'] = False            # 使负号在图中正确显示
22.    # 9.统一设置绘图参数:透明度、大小、轮廓粗细、色谱。cmap 中具有与数值对映的颜色映
       # 射,可视化时可以为不同的类别标签分别赋予颜色
23.    plot_kwds = {'alpha': 0.7, 's': 40, 'linewidths':0,'cmap':'Set3'}
24.    # 10.读取 CLDS 中村庄的数据,查看数据规模,并使用 head 函数查看前 10 行的数据。将
       CID2016 这一变量设置为索引,用于唯一标识数据
25.    Data = pd.read_csv("ComTypeNew.csv",index_col = "CID2016")
26.    Data.shape
27.    Data.head(10)
28.    # 11.部分变量间量纲差异较大,对数据进行标准化,以减少极端影响。标准化函数会洗掉索
       # 引与列名,为了后续查看数据方便,我们从原始数据复制了这些信息
29.    Data.astype(float)                    # 将数据转化为浮点数格式
30.    DataDup = Data.copy()                 # 暂存未标准化的数据,以便后续数据拼接
31.    Data = pd.DataFrame(preprocessing.scale(Data),index = Data.index,columns = Data.columns)
32.    Data.head(10)
```

2. 聚类模型选择

```
33.    # 1.对于 K-means 算法使用"肘部法则"选择参数。对于 K-means 算法而言,SSE 会随着类
       # 别的增加而降低,但对于有一定区分度的数据,在达到某个临界点时 SSE 会得到极大改善,
       # 之后缓慢下降,这个临界点就可以考虑为聚类性能较好的点,由于指标改善的曲线形似手
       # 肘,故这种选择聚类中心数量的方法称为"肘部法则"。我们接下来计算了不同 n_clusters
       # 下,K-means 结果的 SSE,并绘制了出来,见图 5.4
34.    SSE = []                                # 空列表,用于存放每次聚类结果的 SSE
35.    for k in range(1, 9):
36.        clf = KMeans(n_clusters = k)        # 更换不同的 k 值构建聚类模型
37.        clf.fit(Data)
38.        SSE.append(clf.inertia_)            # 使用 inertia_接口获取 SSE
39.    k = range(1, 9)
40.    plt.xlabel('n_clusters')
41.    plt.ylabel('SSE')
42.    plt.plot(k, SSE,"o-",c = 'red')
43.    plt.show()
44.    # 从图 5.4 中我们发现,本例的"肘部法则"并不明显,我们接下来使用更为通用的聚类结果
       # 评估指标来选取聚类中心数
45.    # 2.我们综合考量轮廓系数、CH 值以及 DB 值来评估聚类结果的质量。我们同样对这些指标
       # 随聚类中心数的变化进行了绘制,见图 5.5
46.
47.    def cluster_scores(n,data,label):
48.        s1 = silhouette_score(data,label) * 100    # 越大越好(为了便于绘图进行了倍乘)
49.        s2 = calinski_harabasz_score(data, label)  # 越大越好
50.        s3 = davies_bouldin_score(data, label) * 5 # 越大越好(为了便于绘图进行了倍乘)
51.        return([n,s1,s2,s3])
52.
53.    scores = []
54.    labels = []
55.    for k in range(2, 10):
56.        clf = KMeans(n_clusters = k)                # 更换不同的 k 值构建聚类模型
```

```
57.     clf.fit(Data)
58.     label = clf.labels_
59.     scores.append(cluster_scores(k,Data,label))
60.     labels.append(label)
61.   scores = pd.DataFrame(scores,columns = ["n","s1","s2","s3"])
62.   labels = pd.DataFrame(labels).T
63.   # 累积绘制,将三条线画在一张图里
64.   plt.plot(scores["n"],scores["s1"],"o-",alpha = 0.7,c = 'green',label = "S")
65.   plt.plot(scores["n"],scores["s2"],"o-",alpha = 0.7,c = 'blue',label = "C-H")
66.   plt.plot(scores["n"],scores["s3"],"o-",alpha = 0.7,c = 'pink',label = "D-B")
67.   plt.legend()                              # 显示图例
68.   plt.show()
69.   # 综合考虑三种指标,我们选定 k = 5 为最终的模型。但在社会科学中,我们应把模型的解释
      # 性放在显要位置,我们进而对聚类结果进行可视化
```

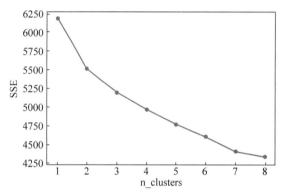 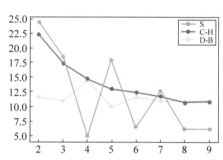

图 5.4   不同 n_clusters 下,K-means 结果的 SSE   图 5.5   不同 n_clusters 下,K_means 结果的各指标变化

3. 聚类结果可视化

```
70.     # 1.对于高维数据进行可视化是比较困难的,我们通常要用到降维的办法。比较常见的降维
        # 办法如 PCA 并不一定能把数据映射到适合进行图示的维度。近年来比较流行的一种降维
        # 算法 TSNE 则可以比较好地完成这个任务。TSNE 的主要参数是 n_component 和 perplexity,
        # 前者决定目标维数(可选 2 或 3),后者则影响降维后聚簇形状的紧密性,该数值一般设定
        # 在[5,50],也有经验值认为设定在样本量的 1/20 较好。TSNE 的映射每次不尽相同,一般能
        # 较好地展示出聚簇边界即可
71.     tsne = TSNE(n_components = 2,perplexity = 100,n_iter = 3000)
72.     proj = tsne.fit_transform(Data)
73.     # 2.由于 TSNE 的计算量通常较大,一般在获得了满意的映射后,我们可以将 TSNE 的系数进行
        # 保存,以便日后的可视化
74.     DataDup['tsne_x'] = proj.T[0]
75.     DataDup['tsne_y'] = proj.T[1]
76.     DataDup.to_csv("ComTypeTsne.csv")
77.     # 3.我们接下来通过不同形状来标识聚类结果,见图 5.6
78.     marker_list = ["X","v","h","o","s"]
79.     label = labels[4].ravel()
80.     DataDup['label'] = label
81.     for i in range(0,5):
82.         data = DataDup[DataDup['label'] == i]
83.         plt.scatter(data['tsne_x'],data['tsne_y'],marker = marker_list[i],
84.                     alpha = i * 0.2 + 0.05,s = 40,c = "black",label = "cluster{}".format(i))
85.     plt.legend()
```

```
86.    plt.show()
87.    # 4.在聚类结果进行存储。由于我们事先进行了标准化,变量数值不再有意义。我们可以根
       # 据生成的类别对原始数据计算分组均值,来看类簇的行征
88.    DataDup['ClusterLabel'] = labels[3].ravel()
89.    DataDup['ClusterLabel'].value_counts()
90.    DataDup.to_csv("ComTypeLabel.csv")
91.    DataDup.groupby('ClusterLabel').mean()
92.    Result = pd.DataFrame(Data.groupby('ClusterLabel').mean())
93.    Result.to_csv("ComTypeClusterResult.csv")
```

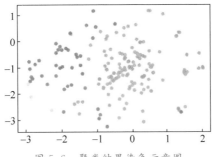

图 5.6　聚类结果染色示意图

结合既有发现,我们根据以上所生成的概览表对聚类结果进行解读。我们不难发现,经济水平高、基础设施较好型的村庄数据最多(127 个),同时由于国家对农村的投入,经济水平一般但基础设施建设好的村庄数量同样较多(25 个),这印证了既有的经验发现[①]。

5.4　密度聚类与层次聚类

在上一节中,我们主要对原型聚类方法进行了系统介绍。然而,除了假定数据中存在作为典型案例的原型聚类外,我们还要考虑到数据疏密的密度聚类,以及数据样本存在层级化的树状结构的层次聚类。

5.4.1　密度聚类

密度聚类认为,如果数据中存在潜在群体就会呈现出数据密度的变化。由此,理论上只要从一个点出发,保持对密度的监控,并进行穷举的搜索,就有可能对数据中所有的群体进行发现,即完成群体划分。在具体的算法实现上,它基于数据密度来测量样本间的可连接性,连续拓展同类的群体来完成聚类任务。[②] 最经典的密度聚类算法当属 DBSCAN 算法,它擅长在具有噪声的大规模数据中高效地发现潜在的群体,尤其出色的是该算法可以发现任何形状的群体。[③] 相比于大多数的原型聚类方法,以 DBSCAN 为代表的密度聚类算法并不需要指定潜在的原型数量,而这在大多数研究中通常是个难题。

当然,DBSCAN 同样也依赖于研究者对某些参数的指定。正如它基于密度搜索的思路,研究者控制算法判定样本间是否具有连接性的标准。DBSCAN 假定当两个样本共存在

①　梁玉成,刘河庆.新农村建设:农村发展类型与劳动力人口流动.中国研究.2015(1):6-25.

②　周志华.机器学习.北京:清华大学出版社,2016.

③　Ester M,Kriegel H P,Sander J, et al. A Density-Based Algorithm for Discovering Clusters in Large Spatial Databases with Noise. Proceedings of the Second International Conference on Knowledge Discovery and Data Mining (KDD-96),1996:226-231.

具有一定数据密度的区域内时,它们之间就是相互连接的,因而我们使用一组邻域参数(ε, MinPts)来限制数据密度。这组参数不仅限定了以 ε 为半径的圆形区域,而且保证该圆形区域保持连接性时具有的最少样本数 MinPts。也就是说,我们借助邻域参数规定了搜索过程继续进行的密度下限。在限定了邻域参数后,DBSCAN 会以数据集中每个样本为圆心画半径为 ε 的圆,并把圆周内点的数量大于等于 MinPts 的样本标记为核心对象,并以核心对象为起点继续画圆来"寻找同类",直到连续搜索到所有可及的成员,并将它们划入同一群体(见图 5.7[①])。当然,密度聚类在抗噪声和不限定群体形状上表现优异,但在处理高维数据时面临较大挑战。

图 5.7 父母教养方式 K-means 聚类在不同 n-clusters 下的 SSE 结果

5.4.2 层次聚类

层次聚类在面对数据时假设数据本身具有层级结构,进而采用树状来刻画数据的群体划分。该算法通常分为由上而下的分裂式与由下而上的凝聚式两种:前者的代表算法是 DIANA 算法,先将所有成员划分入同一群体,在采取分拆的方式逐渐生成子群;后者的代表算法则是 AGNES 算法,它从单个成员为起点,根据成员间距离的远近逐渐合并,直到所有样本都合并到一类。对层次聚类而言,一个非常有趣的做法是对拆分或合并的过程绘制完整的树状图(Dendrogram)。图 5.8 展示的是基于 CLDS 的 AGNES 算法聚类结果。

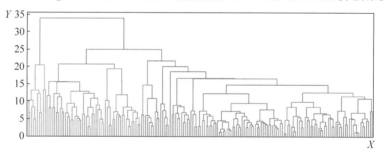

图 5.8 AGNES 算法中凝聚过程的树状图展示

那么,如何来理解层次聚类的树状图呢?首先,我们看到从 X 轴向上伸展出了竖线。在最初阶段,这些竖线并未合并,每条竖线都代表了数据集中一个独立成员。竖线开始向上延伸,Y 轴的坐标代表进行凝聚时同类样本间的最大距离,显然,由于聚类将一定距离内的样本都聚合进一类,伴随着该距离的升高,所有样本都会被逐渐吸纳进同一类中。每当子群体进行合并,树状图都会以横线连接子群体并合入一条竖线。最后,我们通过"剪树"来获得可用的聚类结果,在特定的距离值上横向"切一刀",有多少竖线断裂就分作了几类。

层次聚类的优势之一是结果可视性强。借助于树状图,我们可以很好地看到随着距离变化,组与组间的合并/拆分过程,并进行适当的"剪树"。另外,在样本量不大时,我们借助树状图可以发现凝聚过程中的异常点。当出现凝聚距离很大时才被收纳的孤立点,我们就有理由认为这是一个奇异值,可以从聚类过程中剔除以提高聚类质量。最后,由于层次聚类的树状结构,我们有可能解读出不同层级群体间更深层的理论关系,这对于社会科学研究而

---

① 周志华.机器学习.北京:清华大学出版社,2016.

言尤为重要。

5.4.3 案例 2: 关注与忽略——中国家庭教育的不同模式

对于每个中国家长而言,家庭教育都是个"欲说还休"的话题。自古以来就有"万般皆下品,唯有读书高"的观念,这也使得教育在中国社会处于尤为重要的位置。虽然都认同教育的重要性,但父母对教育的关注方式仍然存在很大的差异,是传统的"严师出高徒",还是西式的"放任得自由"呢? 是……还是……? 本案例试图利用聚类分析来回答中国家庭教育有哪些不同模式。我们使用的是 2014—2015 年中国教育追踪调查(CEPS)数据,从中筛选了学生和家长问卷中与教育方式有关的变量[①],接下来让我们利用聚类分析来探究中国家庭教育的基本类型。

1. 数据导入与预处理

```
1.  # 1.与案例 1 相似,我们同样使用 pandas 库中的 DataFrame 类作为我们的数据容器。同时我
    # 们从 sklearn 库中导入 preprocessing 模块用于数据预处理
2.  import pandas as pd
3.  from sklearn import preprocessing
4.  # 2.本节我们将引入其他聚类算法来比较他们的差异。在 K-means 之外,我们还将简单介绍
    # 高斯混合模型以及层次聚类。我们从 sklearn、scipy 库中导入这些模块。sklearn 同样提
    # 供了层次聚类方法(见 AgglomerativeClustering)。这里换用 scipy 库是为了便于树状图
    # 的绘制
5.  from sklearn.cluster import KMeans
6.  from sklearn.mixture import GaussianMixture
7.  from scipy.cluster import hierarchy
8.  # 3.导入 PCA 与 TSNE 用于数据可视化。导入轮廓系数、CH 指数、DB 指数用于聚类效果测量
9.  from sklearn.decomposition import PCA
10. from sklearn.manifold import TSNE
11. from sklearn.metrics import silhouette_score,calinski_harabasz_score,davies_bouldin_score
12. # 4.从 matplotlib 库中导入 pyplot 模块用于数据可视化,并创建别名 plt
13. from matplotlib import pyplot as plt
14. # 5.如案例一进行基本的 pandas、pyplot 的参数配置
15. pd.set_option('display.max_columns', 50)          # 配置 pandas 的最大显示列数
16. pd.set_option('display.max_rows', 20)             # 配置 pandas 的最大显示行数
17. plt.rcParams['font.sans-serif'] = ['SimHei']      # 使中文编码在图中正确显示
18. plt.rcParams['axes.unicode_minus'] = False        # 使负号在图中正确显示
19. plot_kwds = {'alpha': 0.15, 's': 40, 'linewidths':0}  # 统一设置绘图参数
20. # 6.读取 CEPS 中有关子女教养方式的数据,查看数据规模,并使用 head 函数查看前 10 行的
    # 数据。将 ids 这一变量设置为索引,用于唯一标识数据
21. Data = pd.read_csv("Data/EduPat.csv",index_col = 'ids')
22. Data.shape
23. Data.head(10)
24. # 7.部分变量间量纲差异较大,对数据进行标准化,以减少极端影响。标准化函数会洗掉索
    # 引与列名,为了后续查看数据方便,我们从原始数据复制了这些信息
25. Data.astype(float)            # 将数据转化为浮点数格式
26. DataDup = Data.copy()         # 暂存未标准化的数据,以便后续数据拼接
27. Data = pd.DataFrame(preprocessing.scale(Data),index = Data.index,
28.                     columns = Data.columns)
29. Data.head(10)
```

---

① 网址为 http://ceps.ruc.edu.cn/.本案例使用的 47 个变量在 CEPS 数据中对应的变量名为 ids、w2a18、w2a19、w2a2001-w2a2006、w2a2101a、w2a2101b、w2a2102a、w2a2102b、w2a2103a、w2a2103b、w2a2104a、w2a2104b、w2a22-w2a29、w2ba04、w2ba05、w2ba11~w2ba13、w2ba1701~w2ba1706、w2ba18-24、w2ba2601、w2ba2604、w2ba29。

2. 聚类模型选择

30. ＃ 1.我之前已经展示过了 K-means 算法的基本参数选择办法,也就是,通过计算不同聚类中心
　　　＃ 的 SSE 值,并通过"肘部法则",挑选位于"肘部"的取值。当然,"肘部法则"有时并不明显,
　　　＃ 此时我们可以结合通用的聚类评估指标、可视化结果以及聚类结果的可解释性来综合选择
　　　＃ 参数(这适用于大部分聚类算法)。我们来看一下对 CEPS 的父母教养方式数据进行 K-means
　　　＃ 聚类的结果,见图 5.9

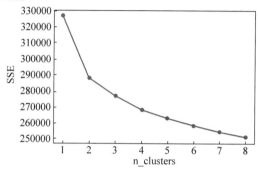

图 5.9 父母教养方式 K-means 聚类在不同 n-clusters 下的 SSE 结果

31. `SSE = [ ]`　　　　　　　　　　　　　　　　　＃ 空列表,用于存放每次聚类结果的 SSE
32. `for k in range(1, 9):`
33. 　`clf = KMeans(n_clusters = k)`　　　　　＃ 更换不同的 k 值构建聚类模型
34. 　`clf.fit(Data)`
35. 　`SSE.append(clf.inertia_)`　　　　　　　＃ 使用.inertia 接口获取 SSE
36. `k = range(1, 9)`
37. `plt.xlabel('n_clusters')`
38. `plt.ylabel('SSE')`
39. `plt.plot(k, SSE,"o - ",c = 'red')`
40. `plt.show()`
41. ＃ 根据"肘部法则",我们大概可以确定 n = 2 或 n = 4 时,聚类结果可能有更好的表现
42. ＃ 2.我们接下来用高斯混合模型(GaussianMixtureModel)来对我们的数据进行聚类。高斯混
　　　＃ 合模型将我们的观测数据视为 n 个多元高斯分布的混合,因而他实际上是一种基于概率的
　　　＃ 估计算法。在完成了模型的估计后,我们可以通过预测的方式来确定样本的类别,这就达
　　　＃ 到了聚类的效果。通常使用 BIC 准测来评估高斯混合模型的拟合质量。(我们在社会统计
　　　＃ 中也常用 BIC 来评估 Logistic 回归模型拟合的好坏)与另一种常用的指标 AIC 准则(评估
　　　＃ 预测能力)相比,BIC 准则(评估拟合质量)更偏好简约(参数较少)的模型而已
43. `BIC = [ ]`　　　　　　　　　　　　　　　　　　＃ 空列表,用于存放每种 GMM 的 BIC 准则数值
44. `for k in range(1, 9):`
45. 　`clf = GaussianMixture(n_components = k)`＃ 更换不同多元高斯分布数量 k 值来构建模型
46. 　`clf.fit(Data)`
47. 　`BIC.append(clf.bic(Data))`　　　　　　　　＃ 使用.bic(data)接口获取 BIC 准则数值
48. `k = range(1, 9)`
49. `plt.xlabel('n_components')`
50. `plt.ylabel('BIC')`
51. `plt.plot(k, BIC ,"o - ",c = 'purple')`
52. `plt.show()`
53. ＃ 观察 GMM 拟合结果的 BIC 准测变化,见图 5.10。我们可以看到 n = 2 或 n = 5 时,聚类结果
　　　＃ 可能有更好表现
54. ＃ 3.我们最后介绍层次聚类(Hierarchy Clustering)。层次聚类是一种从下而上的聚类方
　　　＃ 法,其根据点与点间的距离由小到大,逐渐生成小的类簇并对类簇进行合并,直到所有的类
　　　＃ 簇合并为一类,见图 5.11。在实际使用中,层次聚类能比较好地识别出离群值。在"剪数"
　　　＃ 时,通常对于点间距离接近的类簇,应该尽可能都划分出来。当样本量较大时,我们一般不
　　　＃ 绘制完全的树状图,此时设置 dendrogram()中的参数 truncate_mode = 'lastp'并设置 p 值

```
55.    # 为我们想要观察的合并节点数量
       clf3 = hierarchy.linkage(Data, method = 'ward', metric = 'euclidean')
56.    hierarchy.dendrogram(clf3, truncate_mode = 'lastp', p = 40, no_labels = True)
57.    plt.show()
58.    # 后续为了获得聚类的类别,我们需要对"剪"树,也就是在一定的高度(height)对树形图进
       # 行截断来获得类别。我们想象在树状图上横切一刀,划破几根竖线就会分出多少类别。在
       # 本例中,我们选择 height = 100 作为聚类结果,此时会分出四个聚簇
```

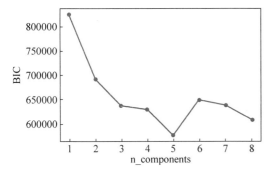

图 5.10　不同 n_components 下模型的 BIC 值　　　　　图 5.11　层次聚类示意

3. 聚类结果可视化

```
59.    # 1.接下来,我们首先获取了这些模型的聚类结果
60.    # K - means 算法获得的最佳聚类结果
61.    clf1 = KMeans(n_clusters = 4)
62.    clf1.fit(Data)
63.    clf1_labels = clf1.labels_.ravel()
64.    # GMM 算法获得的最佳聚类结果
65.    clf2 = GaussianMixture(n_components = 5)
66.    clf2_labels = clf2.fit_predict(Data).ravel()
67.    # GMM 算法获得的最佳聚类结果
68.    clf3_labels = hierarchy.cut_tree(clf3 , height = 150).ravel()
69.    # 2.我们接着使用几个通用的聚类结果评估指标对聚类结果进行评估。我们定义了函数用
       # 来打印这些指标
70.
71.    def cluster_scores(method, n_clusters, data, label):
72.        s1 = silhouette_score(data, label)                    # 越大越好
73.        s2 = calinski_harabasz_score(data, label)             # 越大越好
74.        s3 = davies_bouldin_score(data, label)                # 越大越好
75.        print(method, "n_clusters:", n_clusters)
76.        print( " silhouette_ score:", s1, "calinski_ harabasz _ score:", s2, "davies _ bouldin_
           score:", s3)
77.
78.    cluster_scores("kmeans", 4, Data, clf1_labels)
79.    cluster_scores("gmm", 5, Data, clf2_labels)
80.    cluster_scores("hierarchy", 3, Data, clf3_labels)
81.    # 3.TSNE 降维效果好,但计算量很多。由于变量较多,我们结合 PCA 与 TSNE 对数据进行可视
       # 化,来降低计算的时间成本
82.    from sklearn.decomposition import PCA
83.    pca = PCA(n_components = 30, svd_solver = 'full')
84.    proj = pca.fit_transform(Data)
85.    pca.explained_variance_ratio_.sum()                    # 计算总的解释方差
86.    proj.shape
87.    tsne = TSNE(n_components = 2, perplexity = 300, n_iter = 2000, n_jobs = - 1)
```

```
88.     # 在一些情况下,n_jobs = - 1 可能导致错误,此时可以删去这一参数
89.     proj = tsne.fit_transform(proj)
90.     # 4.在结合 PCA 与 TSNE 的降维图上,对于 3 种聚类结果进行可视化,见图 5.12
91.     marker_list = ["o","X","v","d","s"]
92.     def label_plot(method, n_cluster, label):
93.         plot = pd.DataFrame(proj, columns = ['tsne_x','tsne_y'])
94.         plot['label'] = label
95.         plt.figure(figsize = (10,10))
96.         plt.title(method + " " + "n_cluster = " + str(n_cluster))
97.         for i in range(0, n_cluster):
98.             data = plot[plot['label'] = = i]
99.             plt.scatter(data['tsne_x'], data['tsne_y'], marker = marker_list[i]),
100.                 alpha = i * 0.2 + 0.05, s = 10, c = "black", label = "cluster{}".format(i))
101.         plt.legend()
102.
103.    label_plot("kmeans", 4, clf1_labels)
104.    label_plot("gmm", 5, clf2_labels)
105.    label_plot("hierarchy", 3, clf3_labels)
106.    # 从图 5.12 中我们可以大概看到几种聚类算法获得的聚类结果的特点,显然 K - means 更偏
        # 好给出形状更为规整的聚簇,而 GMM 则倾向于给出复合的聚簇,层次聚类在大部分情况下
        # 与 K - means 结果相近
107.    # 5.最后,我们保存这些降维与聚类的结果。为了对结果进行解释,我接着计算聚类结果的
        # 类内均值,对这些聚簇进行描述
108.    DataDup['tsne_x'] = proj.T[0]
109.    DataDup['tsne_y'] = proj.T[1]
110.    DataDup['KmeansLabel'] = clf1_labels
111.    DataDup['GmmLabel'] = clf2_labels
112.    DataDup['HierarchyLabel'] = clf3_labels
113.    DataDup.to_csv("Data/EduPatLabel.csv")
```

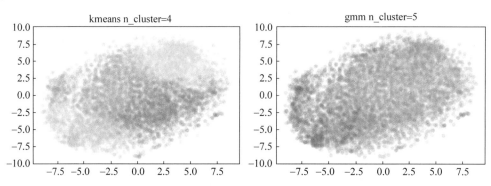

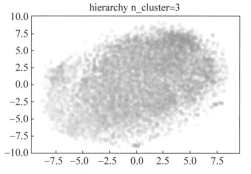

图 5.12 不同聚类方法下聚类结果的染色比较

综合考量我们的理论关照以及可视化结果,我们最后选择 K-means 算法获得的 $k=4$ 的模型用于我们最后的理论解释。针对"陪伴""沟通""管教"以及"期望"对父母教育子女模型进行分组后,我们发现中国父母的教育模式在方式上分为严格与放任型,另一个核心差异在于期望的高低,最终是一个二维的类型学模型。同样的,当大家获得如用户在知乎问答、豆瓣影视评价以及传感器中的行为信息等特征维度较高的数据时,也可以将上述介绍的聚类方法用于用户子群体识别、用户社群变迁等任务中,助力计算社会科学研究。

5.5　聚类分析展望

在聚类分析中,当定义了恰当的距离度量后,我们就可以使用相关算法来获得异质性群体的划分,并可以通过性能评估指标、结果启发性以及可解释性来选择最终的模型。具体到聚类算法的选择,其实没有一定之规。由于数据结构间的巨大差异,大部分聚类算法在性能上的差异其实并不大,关键在于我们的研究目的以及数据特征。我们往往针对数据结构来选择恰当的算法,要衡量的因素可能包括:数据体量、特征数量、离散聚集趋势以及稀疏性等等。在这点上来说,是否能够从特定数据集中发现真正有趣的聚类,对聚类分析更为关键。在研究中,我们大可放手尝试各种类型的聚类算法,在理解算法适用的状况后,以性能评估指标作为客观参照,再结合研究经验就能获得适切的模型。

近年来,聚类分析的算法发展的越发深入,在适应大规模非结构化数据上有了长足的进展。[1] 但大多数传统聚类方法仍然对聚类对象中的结构和关系重视不足。相对而言,更具灵活性的潜在语义分析(Latent Semantic Analysis,LSA)以及隐含狄利克雷分布模型(Latent Dirichlet Allocation,LDA),也都提供了提炼文本深层结构的初步方法。前者基于 SVD 分解,可以将词频数据投射到维度更低的空间,以达到提炼语义的目的;后者则通过贝叶斯方法获取词袋数据中的词汇在文档中的共现关系,以提取文档的主题,这些都已经在计算社会科学领域得到了广泛应用。[2][3]

此外,伴随着深度学习的发展,表示学习(Representation Learning)愈发重要,借助自编码器(Autoencoder)的广泛应用,研究者可以对具有复杂特征数据进行更深入的分析,而无须担心过量的信息损耗。[4] 以词向量(word2vec)为代表的文本特征自动提取技术,利用了自编码器的优势,很好地保留文本数据中的语境信息,为我们理解社会与文化提供了巨大的支持。[5] 目前,国内外一些研究已经开始利用词向量模型来开展计算社会科学研究。[6][7]

---

① Jain A. Data Clustering:50 Years Beyond K-means. Pattern Recognition Letters,2010,31(8):651-666.

② Grimmer J. Appropriators Not Position Takers:The Distorting Effects of Electoral Incentives on Congressional Representation. American Journal of Political Science,2013,57(3):624-642.

③ 黄荣贵.网络场域、文化认同与劳工关注社群:基于话题模型与社群侦测的大数据分析.社会,2017(2):26-50.

④ Xie J W,et al. Representation Learning:A Statistical Perspective. Annual Review of Statistics and Its Application,2020,7:1-33.

⑤ Evans J A,Aceves P. Machine Translation:Mining Text for Social Theory. Annual Review of Sociology,2016,42:21-50.

⑥ Garg N,Schiebinger L,Dan J,et al. Word Embeddings Quantify 100 Years of Gender and Ethnic Stereotypes. Proceedings of the National Academy of Sciences,2018,115(16):3635-3644.

⑦ 刘河庆,梁玉成.政策内容再生产的影响机制:基于涉农政策文本的研究.社会学研究,2021(1):115-136.

本 章 小 结

聚类分析(Cluster Analysis)是一类从量化数据中自动提炼异质性群体的方法,可以帮助研究者探索和发现感兴趣数据集中的结构和模式。为更好地评估数据中的相似性和异质性,聚类分析需要引入距离度量来统一数据集内相似度的测算,对聚类结果进行评估则包括轮廓系数等常用指标。在对聚类分析的基础知识进行介绍后,本章分别重点对 K-means 为代表的原型聚类以及密度聚类、层次聚类等主要聚类算法的基本原理进行介绍,并结合 CLDS 村庄数据以及 CEPS 数据,分别对中国村庄发展的类型以及中国家庭教育模式进行了探索和分析。

聚类分析是传统量化研究方法的重要组成部分,它常常被用于发现调查数据中新社会群体、新社区类型和新治理模式等。在数字社会,社会科学所拥有数据的变量越来越丰富和多样,仅使用几个变量来确定数据中的群体分类并不现实。如何挖掘数以百万乃至数以千万计的文本数据、图片数据和视频数据中的群体类属,并发现新的有趣的群体类别是计算社会科学家的重要研究内容,而以聚类分析为代表的无监督机器学习方法无疑将发挥基础作用。

习 题 5

1. 在本章案例 1 中,选择了 CLDS2016 村庄数据中的经济发展水平与基础设施建设相关的变量作为分类的标准,你认为还有哪些变量可以进一步作为村庄分类的标准?原因是什么?请进一步思考不同类型村庄中的人口迁移模式存在何种差异?

2. 使用不同的聚类算法、不同的参数设置对你感兴趣的群体进行划分,选出你认为最好的模型,对各个类别进行进一步描述和解读。

3. 请使用聚类分析方法,尝试对文本数据(如人民日报文本数据、中国知网上的文献摘要数据等非结构化数据)进行分析,并比较上述聚类方法在分析结构化数据和非结构化数据中的异同。

文本与图像分析篇

第6章

神经网络[①]

本章学习目标

- 了解神经网络分析的简史
- 理解误差反向传播算法原理
- 掌握卷积神经网络在社会科学中的应用
- 了解循环神经网络和对抗神经网络

6.1　神经网络简史

　　神经网络是一种受生物学启发的编程范式,它让计算机从观测数据中进行学习,而深度学习是一个强有力的用于神经网络学习的算法集合。在传统的编程中,我们需要告诉计算机做什么,把大问题分成许多小的、精确定义的任务。然而,在神经网络分析中,我们无须告诉计算机如何解决我们的问题。相反,它会从观测数据中学习,找出它自己的解决问题的方法。2006 年以来,"深度神经网络"(也为"深度学习")得到进一步发展,它在计算机视觉、语音识别、自然语言处理等许多重要问题上都取得了显著的性能。

　　神经网络发展大致经历三个阶段,见图 6.1。早在 20 世纪 40 年代,美国神经生理学家Warren McCulloch 和数学家 Walter Pitts 对生物神经元进行建模,首次提出形式神经元模型[②]。1958 年,Rosenblatt 提出感知器,意味着经过训练之后,计算机能够确定神经元的连

---

　　① 感谢梁晨、范晓光对本章文字和内容进行校对.神经网络的内容丰富,除了卷积神经网络外,还有循环神经网络和对抗神经网络.考虑到社会科学的适用性和本书的体例要求,本章仅介绍卷积神经网络.

　　② McCulloch W S, Pitts W. A Logical Calculus of the Ideas Immanent in Nervous Activity. The Bulletin of Mathematical Biophysics,1943,5(4): 115-133.

接权重是多少[1],从而引发了第一波神经网络分析的热潮。

然而,在 1969 年 Minsky[2] 指出感知器无法解决线性不可分问题后,神经网络分析陷入了低谷。到了 20 世纪 80 年代,福岛邦彦(Kunihiko Fukushima)提出神经认知机,模拟了生物的神经传导通路。[3] 1989 年 LeCun 提出卷积神经网络,将生物初级视觉皮层的卷积层引入进来。[4] 该阶段没有预防过拟合的理论依据,训练时间长,参数不易设定,神经网络分析再次进入低潮。尽管如此,Hinton 等人仍持续不断地为神经网络的发展做出不懈努力。

直到 2006 年,Hinton 和 Bengio 提出将预训练和自编码器与深度神经网络相结合的方法。[5][6] Frank Seide[7] 等人于 2011 年在语音识别基准测试中取得压倒性优势,神经网络分析迎来了第三阶段。与前两阶段不同的是,此时硬件的发展为大量训练数据的运算提供了算力保障。

第一阶段
- 1943年Warren McCulloch&Walter Pitts提出形式神经元模型。
- 1958年Roseblatt提出感知器。
- 1969年Minsky指出感知器无法解决线性不可分问题。

第二阶段
- 1980年Kunihiko Fukushima提出神经认知机。
- 1986年Rumelhart提出误差反向传播算法。
- 1989年LeCun提出卷积神经网络。

第三阶段
- 2006年Hinton和Bengio提出将预训练和自编码器与深度神经网络结合方法。
- 2011年Frank Seide等人在语音识别基准测试取压倒性优势。
- 2012年Krizhevsky引入ReLU激活函数。

图 6.1 神经网络分析的发展阶段

6.2 神经网络原理

6.2.1 感知器(Perceptron)

人工神经元的数学模型由美国神经科学家麦卡洛克(Warren S McCulloch)和数理逻辑学家皮特斯(Walter Pitts)于 1943 年提出,美国神经物理学家罗森伯特(Frank Rosenbaltt)在此理论的基础上,进一步提出了感知机(Perceptron)模型[8]。简单的感知机模型能处理一

---

① Rosenblatt F. The Perceptron: A Probabilistic Model for Information Storage and Organization in the Brain. Psychological Review,1958,65(6): 386-408.

② Minsky M,Papert S A. Perceptrons: An Introduction to Computational Geometry. MIT Press,1969.

③ Fukushima K. Neocognitron: A Self-Organizing Neural Network Model for a Mechanism of Pattern Recognition Unaffected by Shift in Position. Biological Cybernetics,1980,36(4): 193-202.

④ LeCun Y,Boser B,Denker J S,et al. Backpropagation Applied to Handwritten Zip Code Recognition. Neural Computation,1989,1(4): 541-551.

⑤ Hinton G E,Osindero S,Teh Y W. A Fast Learning Algorithm for Deep Belief Nets. Neural Computation,2006, 18(7): 1527-1554.

⑥ Bengio Y,Lamblin P,Popovici D,et al. Greedy Layer-Wise Training of Deep Networks. Advances in Neural Information Processing Systems,2007: 153-160.

⑦ Seide F,Li G,Yu D. Conversational Speech Transcription Using Context-Dependent Deep Neural Networks. Twelfth Annual Conference of the International Speech Communication Association,2011.

⑧ 尼克.人工智能简史.北京:人民邮电出版社,2017.

些初级视觉分类任务,如区分圆形、矩形和三角形等。可以说,感知机就是神经网络的神经元。

　　和生物神经元类似,感知机完成的也是"输入—神经处理—输出"的过程。当细胞被生物电信号激活,它就会产生电脉冲,沿着突触传递给其他神经元。感知机仿照生物神经元完成了这个工作:感知机的前端接受输入,经过内部加工处理成数字信号,作为结果传递给负责判断的单元,让它决定感知机是否被"激活"。在此过程中,感知机进行加工的依据就是机器学习的权重,负责判断感知机加工结果的就是激活函数。在添加了激活函数之后,感知机的输出就具备覆盖线性和非线性问题的能力。通过套用不同的激活函数,感知机可以用于不同类型的问题,总体来看,感知机就是在模仿生物神经的刺激传导过程:感知机接受外部输入之后,在内部进行信息处理,再经由激活函数传出。

　　感知器在结构上简单地模仿了生物神经元,其输出的结果会作为其他单位的输入。但是,感知器同生物神经元的差异非常明显:生物的神经元结构非常复杂,里面有很复杂的电化学反应,工作过程是动态模拟的过程,而感知器是一个简单的数学模型(见图 6.2)。

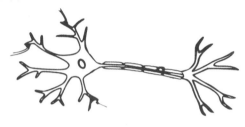

图 6.2　神经元示意

　　一个感知机在神经网络中就是一个神经元,多个神经元并联、堆叠就可以实现多输入、多输出的网络层结构(见图 6.3)。一般而言,我们将神经网络接受的数据称为整个神经网络的输入,网络传递的最终结果称为整个神经网络的输出,中间的层级结构称为隐藏层。神经网络的训练就是根据数据结果调整每个神经元的内部参数,使神经网络内部的神经元能综合处理输入的特征值,对数据的"刺激"做出合适的反应,最终得到理想的网络输出。

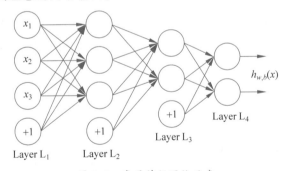

图 6.3　多层神经网络示意

6.2.2　反向传播算法思想

　　计算机神经网络作为人为产物,归根结底是一系列的数学运算。掌握了神经网络赖以运行的基本概念,就等于掌握了理解神经网络的"钥匙"。其中,导数是衡量一个指标变化趋势的数学概念。举例来说,假如小明要在一周内上交一篇 8000 字的课程论文,他从新建文本文档开始,在截止时间的那一刻完成了论文。一周以来,他反复斟酌,对论文进行了各种增删改查。那么,这篇论文的字数变化与时间的关系见图 6.4。

　　为了方便起见,我们假设这篇论文的字数是"连续变化"的。如果在上面这张图中,我们将曲线的首尾连接起来,就会得到一条直线(见图 6.5(a))。抛开论文的质量不谈,这条灰

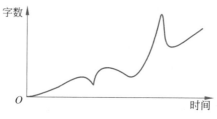

图 6.4　字数-时间曲线

色直线就是小明完整写完这篇论文的"效率线",这条直线的斜率就是小明完成这篇论文的"效率"——8000 字/周。不管小明在中间是如何斟字酌句、增删改查,整体而言小明的效率就是一周完成一篇 8000 字的论文。

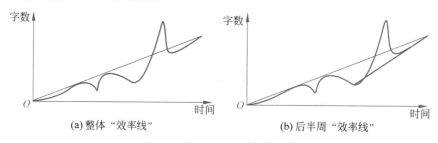

(a) 整体"效率线"　　　　　　　　　　(b) 后半周"效率线"

图 6.5　字数-时间曲线与效率

如果我们只看小明后半周的效率,"效率线"[见图 6.5(b)]明显更斜,说明他在后半周效率大增。延续这个思路,如果我们将这个时间段缩短为一小时、一分钟甚至一瞬间,画出来的线就是小明的"效率"。其"瞬间效率"就是他的论文字数对时间的导数。如果能将小明论文字数的变化用一个函数表达,那么我们就可以知道他的论文在这个时间点,字数变化的趋势是增加还是减少,与之对应的导数是正数还是负数。

导数是神经网络训练的基础概念,它指导着神经网络内部参数的调整方向。除此之外,我们还需要理解神经网络的训练过程,也就是参数更新过程,要理解这一点,可以用一个下山的例子来类比。

假如你站在某座山的山峰上,必须在完全天黑前下山回家,但周围并没有道路。你需要自由移动,找出最快的下山路径。地理知识告诉我们,不论是上山还是下山,最安全也是最慢的路径是坡度最小的山脊,而最危险也最快的路径是坡度最大的山谷。在这里,"坡度"的概念与导数有些相似,坡度是"高度变化的缓急",正好对应于高度的变化率。

所以,当你下山时,为尽快抵达山脚,就要寻找周围的"山谷",如果是晴朗的日间,你当然可以在山峰上举目眺望,山谷、山脊尽收眼底。但临近天黑,你只能看到你周围一小部分的山势,这时,你的最优解就是沿着坡度变化最大——梯度最大——的道路前进。每走一步,重新估计一下山脊的走势:周围哪个方向的坡度最陡? 就这样一步一步摸索着下山。

神经网络的训练正是这样一个"下山"过程。如果把神经网络的各个参数看成下山时的方向(当然,此时的方向就不再只有"前后左右"了,深层神经网络的参数可以多达数千万个。换句话说,要让神经网络"下山",需要兼顾几千万个维度的"方向",而三维以上空间就已经超出我们的想象)——为了保留我们的"想象空间",我们假设这个神经网络只有两个参数:"前后"和"左右",神经网络在具体任务中表现的好坏则决定了这座山的海拔。我们可以想象到,随着参数的变化,神经网络的训练效果就像山一样绵延起伏(见图 6.6)。

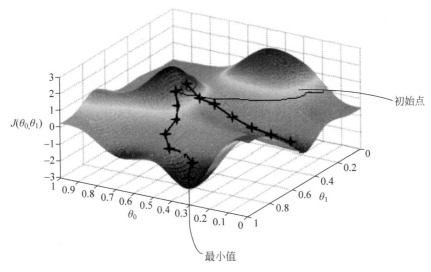

图 6.6　损失梯度示意图

　　衡量神经网络的训练效果和决定何时停止的就是神经网络的性能。在神经网络训练的一开始,计算机会"瞎蒙"一组参数值——也就是神经网络在"山"上的初始方位作为初始值,通过不断地求导得到"坡度",每次都往最陡峭的地方前进,最终快速地到达山脚,也得到了使模型效果最好的一组参数。

　　那么,我们"每次该迈多大的步子"? 这就是神经网络训练中调参操作的意义所在:决定每次参数的变化幅度,让神经网络能够恰好到达山脚。如果步子迈得过大,很容易从这个山坡跨到另一个山坡,在最低点的上方"反复横跳",始终无法得到最优化的结果;而如果步子迈得过小,下山的速度就显得太慢,有着庞大参数和数据体量的神经网络训练将耗费宝贵时间。比较好的策略是一开始大步前进,而到了山势较低的地方,换成小步反复试探,这个"步长"就是学习率。由此,在模型效果较差时提高学习率,而在模型效果较好时降低学习率,最终找到最优结果。

　　以上整个让神经网络"下山"的过程,就是梯度下降算法的基本思路,每一个神经网络模型都要经过这样的梯度优化过程。根据神经网络的训练结果,反推神经网络参数的梯度,逐一更新,这就是反向传播算法的基本思想。

6.3　卷积神经网络

　　图像的三个维度分别是高(Height),宽(Width)和通道数(Channels)。一张彩色图片的每个像素(Pixel)可以由 R、G、B 三个颜色通道组成,所以这三个通道就代表了 R、G、B 三种颜色。图 6.7 中,这张猫的图片是 $100\times100\times3$ 大小的矩阵。

　　卷积神经网络(Convolutional Neural Network,CNN)主要用于图像识别,其特点是预设了输入数据是图片格式,并通过这个预设简化需要训练的参数。首先,CNN 要求输入固定大小的[(长×宽×通道)]图片。如果图像形状大小不一,我们就需要在训练模型前预先标准化图片格式。输入的图像数据作为三维的张量(Tensor),即二维以上的矩阵。

　　如果要输入一个传统的卷积神经网络模型,我们需要把这一个三维的张量拼接成一个向量。一个三维的张量里面有多少数字呢？譬如，是由 $100 \times 100 \times 3$ 个数字所组成，将这些数字排成一列就是一个巨大的向量，之后，它们才可以作为神经网络的输入。每个像素由 R、G、B 三种颜色构成，各颜色都有一个数值代表其强度。在最右侧的向量里，每一维的数值就代表了某个图像位置的某一颜色强度。

如果按照传统神经网络分析思路的话，我们需要采用全连接网络（Fully Connected Network）来做图像分类任务，即每个输入都连接到所有神经元上。也就是说，如果我们输入的是 $100 \times 100 \times 3$ 个数字向量，假设第一层的神经元的数目有 1000 个，那第一层的权重参数就有 $1000 \times 100 \times 100 \times 3$ 个，也就是 3×10^{7}。如果参数过多会出现什么的问题呢？虽然随着参数的增加，我们可以增加模型的弹性，以增强它的能力，但是这也增加了过拟合的风险，并且计算复杂度可能过大。考虑到图像分类问题本身的性质，我们一般不需要全连接网络，而是基于对图像分类问题的观察引入 CNN 的框架（见图 6.8）。

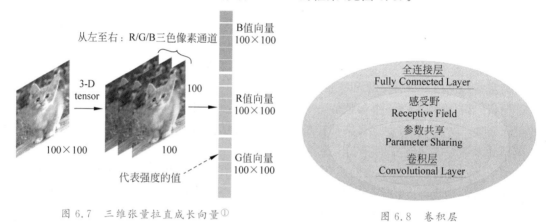

图 6.7　三维张量拉直成长向量①　　　　图 6.8　卷积层

6.3.1　感受野

对图像分类来说，假如想知道图 6.9 中有一只鸟，我们该怎么做呢？对一个图像分类网络中的神经元而言，它要做的就是检测该图片里是否出现了某些特别重要的模式（Pattern），而这些模式代表了某种物体。

如果现在有某一个神经元（Neuron）看到鸟嘴模式，又有某个神经元识别出眼睛模式，还有某个神经元看到鸟爪，把这些模式综合起来就意味着"识别出一只鸟"。对神经网络来说，这是一个有效的判断图像中有什么物体的方法。假如我们现在用神经元去判断有没有某种模式出现，也许无须每个神经元都去观察完整的图片。由此，并不一定要把整张图片输入神经元，部分图片就足以使神经元检测到某些关键模式是否出现。在 CNN 中，我们会设定一个区域叫"感受野"（Receptive Field）。所谓的感受野是神经网络中神经元"看到的"输入区域。

在图 6.10 中，定义神经元关注范围为黑色框内感受野——里面有 $3 \times 3 \times 3$ 个数值的立方体，感受野的前 2 维向量 3×3 称为卷积核大小（Kernal Size）。这个神经元要做的事情就是把这 $3 \times 3 \times 3$ 的数值拉直变成一个长度是 $3 \times 3 \times 3$ 也就是 27 维的向量，再把这 27 维的向量作为神经元输入。该神经元会给 27 维向量的每个维度一个权重，也就是 27 个权重，再

---

①　图片来源：http://speech. ee. ntu. edu. tw/~tlkagk/courses_ML20. html.

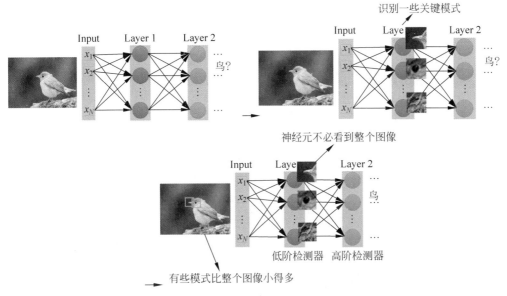

图 6.9　图像分类识别模式

加上偏置（Bias）得到的输出，一并给下一层的神经元当作输入。

在 CNN 中，越深层的神经元所看到的输入区域往往越大。图 6.11 中，感受野的尺寸均为 3×3，滑动窗口均为 1，在第一层（Layer 1）上深色标记的 9 个格子是第二层（Layer 2）每个神经元看到的区域，第二层上浅色标记的 9 个格子是第三层（Layer 3）某个神经元看到的区域。具体而言，第二层每个神经元可看到第一层 3×3 大小的区域，第三层每个神经元看到第二层 3×3 大小的区域，该区域又可以看到第一层 5×5 大小的区域。

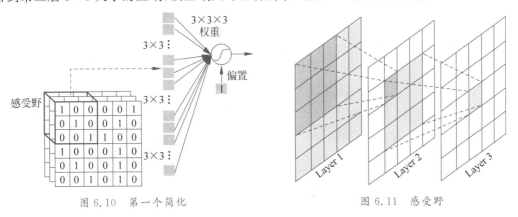

图 6.10　第一个简化　　　　　　　　　　　　图 6.11　感受野

那各个"感受野"之间的关系如何？在图 6.12 中，我们把最左上角的"感受野"往右移一点，制造一个新的感受野，移动的量称为步幅（Stride）。步幅往往不会太大，通常设为 1 或 2。当步幅＝2 的"感受野"不停往右移动，就会超出图像的范围。超出的范围做填充（Padding）处理，用 0 填补。"感受野"除了横向移动，也会垂直向下移动。当把垂直方向步幅设为 2，就有一个感受野向垂直方向移动两格，按照先水平后垂直的方向扫过整张图片。

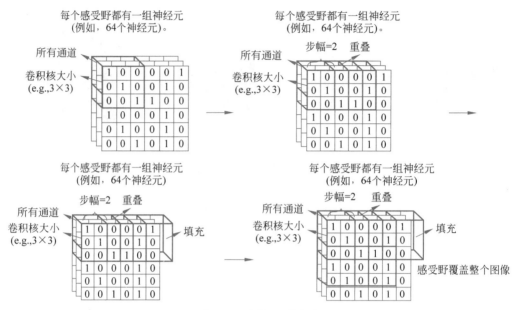

图 6.12 "感受野"设置

6.3.2 共享参数

事实上,同样的模式可能会出现在图片的不同区域中。譬如,虽然鸟嘴的形状都相同,但是鸟嘴这个模式可能出现在图片的左上角,也可能出现在中间。按照上一节的讨论,我们知道出现在左上角的鸟嘴它一定会落在某个"感受野"里,因为所设计的"感受野"是覆盖整张图片的(见图 6.13)。

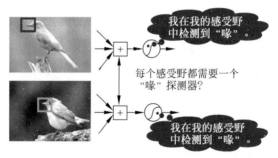

图 6.13 不同位置的模式

值得注意的是,这些检测出鸟嘴的神经元所完成的任务是相同的,只是它们检测的区域不完全一致。这种重复会增加参数的数量,一定程度上可能增加模型过拟合的风险。

为此,我们需要引入共享参数。在图 6.14 中,上下方两个神经元的第一个权重都为 w_1,第二个权重为 w_2。以此类推,上方神经元与下方的"感受野"是不同的,但参数完全一致。这些参数也称为滤波器(Filter),滤波器也称为卷积核。当两个神经元共用同一组参数为 Filter 1,那么另外两个神经元的共同参数就称为 Filter 2,同理还有 Filter 3、Filter 4 等,图 6.15 中,感受野不同但共享同一组参数的滤波器名称是相同的。在图 6.12、图 6.14 和图 6.15 中,卷积核(滤波器)与滑动得到不同的感受野的卷积实现了共享参数。

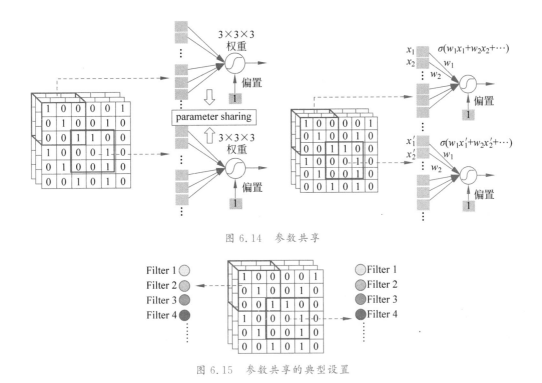

图 6.14　参数共享

图 6.15　参数共享的典型设置

6.3.3　池化

对图像进行卷积操作,意在突出图像的特征,回避原始图片给神经网络带来的巨大计算量。但是,仅仅依靠卷积操作并不能充分削减输入数据的体量,比如对于一个长、高各 300 个像素点的图片,经过 100 个 3×3 大小的卷积核进行卷积操作后,得到的特征矩阵仍将包含 $(300-3+1)×(300-3+1)=88804$ 个元素。池化(Pooling)是 CNN 中的一种操作,目的是进一步"浓缩"卷积操作得到的特征,并扩展感受野的范围。具体而言,当我们把一张比较大的图片做子采样(Subsampling),如把图像凡是偶数列和奇数行去除,图片变成为原来的 1/4,但不影响图片整体信息。以图 6.16 为例,左边是一只鸟,右图小的图片看起来还是一只鸟,它们就经过了池化的过程。池化本身没有参数,它不是一个层,里面没有权重,就是一个固定的运算。池化有多种版本,本节重点介绍最大池化(Max Pooling)。

图 6.16　池化

我们知道,卷积运算会得到一些数值,池化就要把它们重新分组。图 6.17 就是 2×2 个数值一组,每组选一个代表。在最大池化中,要选的代表是其中的最大值。我们做完卷积以后,往往还会用池化将图片变小,保持通道不变。在实际应用中,卷积跟池化会交替使用。不过,近年来神经网络分析开始把池化去除,而用全卷积的神经网络,很重要的原因在于近年来算力越来越强。

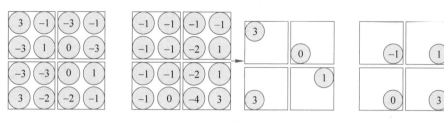

图 6.17   最大池化

6.3.4   拉平和 SoftMax

做完几次卷积以后如何得到最后结果呢？这就需要将池化的输出拉平（Flatten）。所

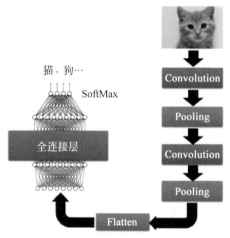

图 6.18   CNN 流程图

谓拉平就是将本来排成矩阵的样子的东西拉直，把所有的数值拉直变成一个长向量，再把该向量输入全连接层，我们可能还要经过 SoftMax，才能得到图像分类的结果。图 6.18 就是一个经典的图像分类 CNN，里面有卷积、池化和拉平，再通过全连接层或 SoftMax，最终得到图像分类的结果。

6.3.5   应用场景

CNN 在社会科学领域的应用越来越多。有学者利用 CNN 来识别区分自然灾害发生时社交媒体的关键信息[1]，它同样能被用于分析谈话中的"非语言因素"[2]。不仅如此，基于神经网络的攻击行为嗅探系统能够保护城市居民信息免受恶意社会工程（Social Engineering）手段攻击和窃取。[3]

最近，Engstrom 等利用 HSRI（高空间分辨率图像）的对象和纹理特征来估计和预测社会福利水平[4]，研究的区域覆盖了斯里兰卡的 3500 平方千米的 1291 个村庄。对于每个村庄，提取的对象特征包括汽车数量、建筑物的数量和大小、农田类型（种植园或稻田）、屋顶类型、道路范围和道路材料以及纹理测量。为此，作者使用 CNN 来识别卫星图片中建筑物、车辆及道路等固定资产，提取对象和纹理特征以用作贫困预测模型中的解释变量，以此评估这些地区的福利程度。

除卫星遥感照片外，谷歌街景照（Google Street View）也经常被学者使用。Glaeser 等展示了如何使用 Google 街景图像来预测纽约市的收入，这表明类似的图像数据可用于绘制以前无法测量的发展中国家地区的财富和贫困状况，讨论如何改进调查技术以更好地衡量

①　Sandouka H, Cullen A J, Mann I. Social Engineering Detection Using Neural Networks. International Conference on Cyberworlds. IEEE, 2009.

②　Brueckner R, Schuller B. Social Signal Classification Using Deep BLSTM Recurrent Neural Networks. ICASSP 2014. IEEE, 2014. 有关的数据集如: Interspeech 2013 Computational Paralinguistics Social Signals Sub-Challenge dataset.

③　Andouka H, Cullen A J, Mann I. Social Engineering Detection Using Neural Networks. International Conference on Cyberworlds. IEEE, 2009.

④　Engstrom R, Hersh J S, Newhouse D L. Poverty from Space: Using High-Resolution Satellite Imagery for Estimating Economic well-being. World Bank Policy Research Working Paper, 2017(8284).

为城市便利设施付费的意愿,解释如何使用互联网数据来提高城市服务质量。[①]

此外,人像也被广泛应用于计算社会科学研究领域。Edelman 等通过用机器学习技术判别 Airbnb 上的用户头像性别进而分析租房平台上是否存在性别歧视。[②] 该研究使用了文本分析软件 Leximancer 软件,以理解文本文档集合的内容并可视地显示提取的信息。

当然,CNN 也绝非是所有问题的"万灵药"。它对有标注数据(Labeled Data)的依赖是神经网络在诸多现实场景中的掣肘:搜集制作能够用于神经网络训练的大规模数据集需要耗费大量资源,而且如何保证数据和数据标签的准确性和代表性,进而保证神经网络模型的适用性,也是有关领域的重大议题。由此,计算社会科学不仅要将诸如 CNN 等方法作为手段,更要着力关注随之而来的新的社会现实,超越技术本身的场域,面向信息时代的治理问题和伦理挑战给出社会科学的回答。

6.4　案　例　分　析

6.4.1　案例 1:　单体汉字书法识别

单个汉字识别对人来说相对简单,但这对计算机的图像识别而言却并非易事。面对图 6.19 的这些字体,计算机要识别出它们就需要大量的学习。CNN 大大提升了深度学习模型在图像识别上的效率和准确度。一张普通的图片,经过卷积、池化、拉平等操作,能将其与众不同的核心特征凸显出来,作为神经网络判断和预测的依据。在图像处理中,卷积操作就是将多个像素通过合理地加权合并为一个子像素,对所有像素重复操作,就可以大大减小图片所包含的像素个数、缩小图片体积,减轻神经网络的计算压力,提高判断准确率。本案例将通过 CNN 来识别汉字手写字体,涵盖较易判断的楷书和较难辨认的行书甚至草书。

图 6.19　汉字字体的多样性[③]

---

① Glaeser E L,Kominers S D,Luca M,et al. Big Data and Big Cities:The Promises and Limitations of Improved Measures of Urban Life. Economic Inquiry,2018,56(1):114-137.

② Cheng M,Foley C. The Sharing Economy and Digital Discrimination:The Case of Airbnb. International Journal of Hospitality Management,2018,70:95-98.

③ 图片来源:https://cloud.tencent.com/developer/article/1142927.

1. 图片准备

```
1.   with open('data/data90717/label.txt', 'r', encoding = 'gbk') as f:
2.     print(f.readline())
3.
4.   !unzip /home/aistudio/data/data90717/HWDB1.1.zip
5.
6.   import numpy as np
7.   from PIL import Image
8.   import matplotlib.pyplot as plt
9.   import matplotlib.image as mpimg
10.  import os
11.  import paddle
12.
13.  def produceImage(file_in, width, height, file_out):
14.    image = Image.open(file_in)
15.    resized_image = image.resize((width, height), Image.ANTIALIAS)
16.    resized_image.save(file_out)
17.
18.  # if __name__ == '__main__':
19.  #   width = 32
20.  #   height = 32
21.  #   file_in = 'data/test/'
22.  #   file_out = 'work/test/'
23.
24.
25.  test_img_path = 'data/train/2836/0.png'
26.  img = mpimg.imread(test_img_path)
27.  plt.imshow(img)
28.  plt.axis('off')
29.  print(img)
30.  print(len(img),len(img[0]))
```

2. 架构与训练

```
31.  import paddle
32.  import paddle.nn.functional as F
33.
34.  class MyNet(paddle.nn.Layer):
35.    def __init__(self):
36.      super(MyNet, self).__init__()
37.      self.conv1 = paddle.nn.Conv2D(in_channels = 1, out_channels = 6, kernel_size = 5,
         padding = 2)
38.      self.conv2 = paddle.nn.Conv2D(6, 16, 3, padding = 1)
39.      self.conv3 = paddle.nn.Conv2D(16, 32, 3, padding = 1)
40.      self.conv4 = paddle.nn.Conv2D(6, 32, 1)
41.      self.conv5 = paddle.nn.Conv2D(32, 64, 3, padding = 1)
42.      self.conv6 = paddle.nn.Conv2D(64, 128, 3, padding = 1)
43.      self.conv7 = paddle.nn.Conv2D(32, 128, 1)
44.      self.maxpool1 = paddle.nn.MaxPool2D(kernel_size = 2, stride = 2)
45.      self.maxpool2 = paddle.nn.MaxPool2D(2, 2)
46.      self.maxpool3 = paddle.nn.MaxPool2D(2, 2)
```

```
47.        self.maxpool4 = paddle.nn.MaxPool2D(2, 2)
48.        self.maxpool5 = paddle.nn.MaxPool2D(2, 2)
49.        self.maxpool6 = paddle.nn.MaxPool2D(2, 2)
50.        self.flatten = paddle.nn.Flatten()
51.        self.linear1 = paddle.nn.Linear(128, 128)
52.        self.linear2 = paddle.nn.Linear(128, 10)
53.        self.dropout = paddle.nn.Dropout(0.2)
54.        self.avgpool = paddle.nn.AdaptiveAvgPool2D(output_size = 1)
55.
56.    def forward(self, x):
57.        y = self.conv1(x) # (bs 6, 32, 32)
58.        y = F.relu(y)
59.        y = self.maxpool1(y) # (bs, 6, 16, 16)
60.        z = y
61.        y = self.conv2(y) # (bs, 16, 16, 16)
62.        y = F.relu(y)
63.        y = self.maxpool2(y) # (bs, 16, 8, 8)
64.        y = self.conv3(y) # (bs, 32, 8, 8)
65.        z = self.maxpool4(self.conv4(z))
66.        y = y + z
67.        y = F.relu(y)
68.        z = y
69.        y = self.conv5(y) # (bs, 64, 8, 8)
70.        y = F.relu(y)
71.        y = self.maxpool5(y) # (bs, 64, 4, 4)
72.        y = self.conv6(y) # (bs, 128, 4, 4)
73.        z = self.maxpool6(self.conv7(z))
74.        y = y + z
75.        y = F.relu(y)
76.        y = self.avgpool(y)
77.        y = self.flatten(y)
78.        y = self.linear1(y)
79.        y = self.dropout(y)
80.        y = self.linear2(y)
81.        return y
```

3. 结果输出

```
82.    # 定义卷积网络的代码
83.    net_cls = MyNet()
84.    paddle.summary(net_cls, (-1, 1, img_size, img_size))
85.
86.    from paddle.metric import Accuracy
87.    save_dir = "output/model/v5_7"
88.    patience = 5              # 能够容忍在多少个 Epoch 之内模型的性能没有改进
89.    epoch = 50                # 在数据集上进行训练的轮数
90.    lr = 0.01                 # 学习率(learning rate),控制梯度下降的"步伐"
91.    weight_decay = 5e-4       # Adam 优化方法的参数,控制梯度下降的速度
92.    batch_size = 64           # 每批文件包含的图片个数
93.    momentum = 0.9            # Momentum 优化方法的参数,控制梯度下降的速度
94.    # 用 Model 封装模型
95.    model = paddle.Model(net_cls)
96.
97.    # 定义损失函数
98.    # optim = paddle.optimizer.AdamW(learning_rate = lr, parameters = model.parameters(),
```

```
           weight_decay = weight_decay)
99.    #lr = paddle.optimizer.lr.CosineAnnealingDecay(learning_rate = lr, T_max = 10000, eta_min =
       1e - 5)
100.   optim = paddle.optimizer.Momentum(learning_rate = lr, parameters = model.parameters(),
       momentum = momentum)
101.
102.   visual_dl = paddle.callbacks.VisualDL(log_dir = save_dir)
103.   early_stop = paddle.callbacks.EarlyStopping(monitor = 'acc', mode = 'max', patience =
       patience,
104.                                 verbose = 1, min_delta = 0, baseline = None,
105.                                 save_best_model = True)
106.   # 配置模型
107.   model.prepare(optim,paddle.nn.CrossEntropyLoss(),Accuracy())
108.
109.   # 训练保存并验证模型
110.   model.fit(train_dataset, test_dataset, epochs = epoch, batch_size = batch_size,
111.       save_dir = save_dir, verbose = 1, callbacks = [visual_dl, early_stop])
112.
113.   best_model_path = "work/best_model.pdparams"
114.   net_cls = MyNet()
115.   model = paddle.Model(net_cls)
116.   model.load(best_model_path)
117.   model.prepare(optim,paddle.nn.CrossEntropyLoss(),Accuracy())
118.
119.   #用最好的模型在测试集 10000 张图片上验证
120.   results = model.evaluate(test_dataset, batch_size = batch_size, verbose = 1)
121.   print(results)
122.
123.   # # # # # # # 测试
124.   #获取测试集的第一个图片
125.   test_data0, test_label_0 = test_dataset[0][0],test_dataset[0][1]
126.   test_data0 = test_data0.reshape([img_size,img_size])
127.   plt.figure(figsize = (2,2))
128.   #展示测试集中的第一个图片
129.   print(plt.imshow(test_data0, cmap = plt.cm.binary))
130.   print('test_data0 的标签为: ' + str(test_label_0))
131.   #模型预测
132.   result = model.predict(test_dataset, batch_size = 1)
133.   #打印模型预测的结果
```

6.4.2 案例 2: 文本自动生成[①]

　　文本生成按照不同的输入包划分为文本到文本的生成、意义到文本的生成、数据到文本的生成以及图像到文本的生成等。本案例将介绍基于循环神经网络的 GPT2 模型,并使用百度 PaddleHub 提供的预训练模型快速上手进行文本生成。和基本的循环神经网络模型一样,GPT2 模型完成的主要任务也是根据文本中已有的单词信息来预测下一个单词。GPT2 模型可以一次接收最长 1024 个单词的序列,它首先会从自己"认识"的单词中挑选出概率最大的词汇输出,并且将输出的单词"记"下来,在模型中保留信息(见图 6.20)。这种

"记忆"能够帮助 GPT2 模型进行指代关系的识别、生成更流畅的文本。每输出一个单词，GPT2 模型都要经过识别输入单词—回顾已有信息—输出单词—记忆这样一轮迭代。最后得到指定长度的输出。在 GPT2 模型的每一层里，都会有有关之前文本的信息，这让 GPT2 模型有了极佳的效果，同时，也使得 GPT2 模型拥有庞大的参数数量。[①]

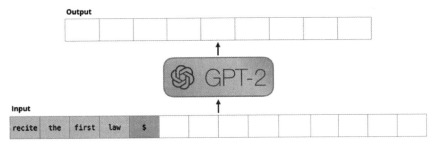

图 6.20　GPT2 模型

为了直观感受文本生成的过程，我们基于训练好的模型来展示输出结果，输入"费孝通从事社会学、人类学研究，写下了……成为国际人类学界的经典之作"（见图 6.21）。经过机器学习，我们可以看到生成的内容（输出窗口中加粗部分），基本与人工生成的较为一致，难以判断出这是机器生成的。

输入输出结果预览：

> **输入**：费孝通从事社会学、人类学研究，写下了数百万字的著作。费孝通在其导师马林诺夫斯基指导下完成了博士论文《江村经济》，该书被誉为"人类学实地调查和理论工作发展中的一个里程碑"，成为国际人类学界的经典之作。

模型训练

> **输出**：费孝通从事社会学、人类学研究，写下了数百万字的著作。费孝通在其导师马林诺夫斯基指导下完成了博士论文《江村经济》，该书被誉为"人类学实地调查和理论工作发展中的一个里程碑"，成为国际人类学界的经典之作。**费孝通将研究对象锁定在中国的江村，通过对几代中国人的调查，揭示了它的"中国人"特质。**

图 6.21　文本生成实例——费孝通生平

通过上面的分析可以看到，GPT2 预训练模型根据我们输入的有关费孝通先生的描述，自动扩展了句子，按照要求的长度（128 词）输出了生成后的文本。不仅如此，GPT2 模型还自动补充了有关信息（比如，费孝通先生的研究方向、生平纪实、研究方法和学界评价等等），这是因为该模型的训练过程中，可能是用了带有费孝通先生描述的数据，甚至是有关他本人的纪实文学。这是 GPT2 模型的强大之处。同时，如果 GPT2 模型遇到生僻、复杂甚至全新的信息，会出现什么效果呢？

在一段有关晶圆生产供应的文本基础上，GPT2 模型就相对难以获得令人满意的结果，在生成流畅有关联的句子上略显吃力（见图 6.22）。我们也能看出训练数据原本的痕迹在生成结果中的体现。如果进一步增加输出句子的长度，这种不协调可能会进一步加剧。类似模型的泛用性和准确性，就有进一步的提升空间。

---

①　参考资料：https://jalammar.github.io/illustrated-gpt2/.

输入：晶圆代工厂相继涨价无疑会给没有生产设备的芯片设计公司带来压力，毕竟不能因为芯片生产的报价提高而减少订单。由于当前产能非常紧缺，即便涨价了也需要争取产能。

模型训练

输出：晶圆代工厂相继涨价无疑会给没有生产设备的芯片设计公司带来压力，毕竟不能因为芯片生产的报价提高而减少订单。由于当前产能非常紧缺，即便涨价了也需要争取产能。**若能够将此次降价推至极致，让其他代工厂难以在品质上与别人竞争，则低端芯片生产商就有可能收缩产能甚至破产，魅族就能更顺利的运营。**

图 6.22　文本生成实例——芯片生产

1. 快速使用

```
1.    # 安装所需依赖
2.    !pip install paddlehub == 2.0.4 paddlenlp == 2.0.0rc14 sentencepiece == 0.1.92
3.
4.    import paddlehub as hub
5.
6.    # 加载时间较长,请耐心等待
7.    model = hub.Module(directory = 'GPT2_Base_CN')
8.
9.    # 输入文本
10.   inputs = input('请输入文本: ')
11.   print(inputs)
12.
13.   # 使用 Greedy Search 进行文本生成
14.   outputs = model.greedy_search(
15.     inputs,                       # 输入文本
16.     max_len = 128,                # 最大生成文本的长度
17.     end_word = '。',              # 终止符号
18.   )
19.   print(outputs)
20.
21.   print('-' * 30)
22.
23.   # 使用 Nucleus Sample 进行文本生成
24.   for x in range(5):
25.     outputs = model.nucleus_sample(
26.       inputs,                     # 输入文本
27.       max_len = 128,              # 最大生成文本的长度
28.       end_word = '。',            # 终止符号
29.       repitition_penalty = 1.0,   # 重复度抑制
30.       temperature = 1.0,          # 温度
31.       top_k = 3000,               # 取前 k 个最大输出再进行采样
32.       top_p = 0.9                 # 抑制概率低于 top_p 的输出再进行采样
33.     )
34.     print(outputs)
```

2. 文本生成

```
35.   # 解压预训练模型
36.   !unzip -q /home/aistudio/data/data72436/CPM-LM.zip -d GPT2_CPM_LM
37.   !unzip -q /home/aistudio/data/data72436/bpe.zip -d GPT2_CPM_LM
38.   import paddlehub as hub
```

```
39.
40.    # 加载时间较长,请耐心等待
41.    model = hub.Module(directory = 'GPT2_CPM_LM')
42.    # 输入文本
43.    inputs = input('请输入文本: ')
44.    print(inputs)
45.
46.    # 使用 Greedy Search 进行文本生成
47.    outputs = model.greedy_search(
48.      inputs,                    # 输入文本
49.      max_len = 128,             # 最大生成文本的长度
50.      end_word = '。',           # 终止符号
51.    )
52.    print(outputs)
53.
54.    print('-' * 30)
55.
56.    # 使用 Nucleus Sample 进行文本生成
57.    for x in range(5):
58.      outputs = model.nucleus_sample(
59.        inputs,                  # 输入文本
60.        max_len = 128,           # 最大生成文本的长度
61.        end_word = '。',         # 终止符号
62.        repitition_penalty = 1.0,# 重复度抑制
63.        temperature = 1.0,       # 温度
64.        top_k = 3000,            # 取前 k 个最大输出再进行采样
65.        top_p = 0.9              # 抑制概率低于 top_p 的输出再进行采样
66.      )
67.      print(outputs)
```

　　GPT2 模型已经在文字处理中得到了相当广泛的应用。然而,GPT2 模型的出现也引起了技术伦理上的争议。该模型在各种任务中表现出了最先进的水平,但它也可能生成极为真实的"反人类内容",譬如,当 GPT2 的任务是对某一话题评论：回收对世界有益,几乎每个人都同意这个观点,但是计算机会反其道而行(见图 6.23)。

> **文本生成案例:**
> "回收对世界不利。这对环境有害,对我们的健康有害,对经济不利。我不是在开玩笑。回收利用对环境不利。它对地球具有破坏性,是全球变暖的主要原因。回收利用对我们的健康不利。它导致肥胖和心脏病和癌症等疾病。回收利用对我们的经济不利。它增加了产品的成本,反过来又提高了产品的价格。回收利用对我们国家不利。我们为拥有世界上最先进和最有效的回收系统的特权付出了巨大的代价。回收浪费了大量时间、精力、金钱和资源。"

图 6.23　文本生成实例——回收的影响

　　这一特性可能被利用来进行虚假新闻的批量生成、发布垃圾内容、辱骂评论等,当先进的攻击手段遇到 GPT2 这类能够以假乱真的内容生成模型,其后果可能是灾难性的。在万物互联的当下,我们还能够推广、使用这些技术吗? 如何对技术进行监控和约束,甚至进一步说,是否有必要在研究伦理上针对这些技术进行调整? 都是计算社会科学在技术之外可以深入探索的领域。

本 章 小 结

本章介绍了神经网络技术的起源与发展历史,并从梯度下降与反向传播算法的角度介绍了神经网络模型的基本原理。神经网络是由感知机层次链接而成的,现代计算机性能的显著发展带来了神经网络分析的复兴。CNN 是一种特殊的神经网络,通过卷积操作,CNN能在缩小数据规模、简化数据结构的基础上进一步突出数据的基本特征,极大改进了神经网络的性能,已广泛应用于计算机视觉、自然语言处理等复杂任务中。

目前越来越多的学者开始利用神经网络开展相关研究,例如利用神经网络进行社会治理、贫困识别等相关研究,但是受限于当前技术,神经网络的精度和准确度仍有较大的提升空间。在本章的案例实践部分,我们分别介绍了 CNN 在识别领域的应用以及神经网络在文本生成的作用。随着算法的迭代和提升,神经网络在识别和生成领域的效率和精度也会不断提升。例如在文本生成领域,精度更高、效率更快的 GPT-4 也横空出世,相信未来神经网络模型在社会科学领域的应用更加多元和普遍。

习 题 6

1. 请回忆 CNN 中卷积层和池化层的作用,动手实践案例代码,并回答以下问题:

(1) 在某一图片数据集中,图片大小为 500×500,如果使用 5×5 的卷积核进行一次卷积操作,得到图片的大小是多少? 在此基础上,如果再隔行进行一次池化操作,得到的图片大小是多少?

(2) 请尝试修改手写汉字识别案例中的 lr 参数,体会学习率的变动对梯度下降和神经网络最终性能的影响。请问过高或过低的学习率分别可能导致模型训练过程和模型结果出现什么问题?

2. 请将文本自动生成案例中使用的模板文本替换成你喜欢的任意文本,并回答以下问题:

(1) 请更改模型的最大生成文本长度参数(max_len),你认为文本长度对 GPT2 模型生成的性能有影响吗? 如果没有的话,尝试提出一套客观评价文本“好坏”的评价体系。

(2) GPT2 模型的核心在于根据统计概率选择有最大可能“合适”的词汇,这类基于庞大统计结果的方法的优缺点在哪里?(提示:可以参考自然语言处理章节进行解答)

第7章

自然语言处理[①]

本章学习目标

- 理解信息提取的基本类型和方法
- 理解文本分类和文本聚类方法
- 掌握经典模型进行信息提取
- 掌握基本的文本分类和聚类处理
- 了解百度自然语言处理 API 的基本功能
- 了解自然语言处理的特点、历史和任务层次

7.1 自然语言处理基础

自然语言处理（Natural Language Processing，NLP）是一门处理自然语言的学科，这里的处理包含"理解""转化""生成"等过程。具体来说，它旨在基于计算机科学、语言学和统计学等学科知识，使计算机能够辨识、理解和分析人类语言，并借助其强大的算力来代替人工处理大规模的文本数据。[②] 在社会科学领域，学者们更常见的名称是"自动文本分析"（Automated Text Methods）或计算语言学（Computational Linguistics）等。自然语言处理的具体任务形式包括机器翻译、文本摘要、文本分类、文本校对、信息抽取、语音合成、语音识别等。

如果说自然语言是人类语言，那么计算机就是一个讲编程语言的超能力者，它能够一目万行，但是却对人类语言一窍不通。这时候就需要自然语言工程师来扮演一个翻译官的角

---

① 本章节词性标注、信息提取和案例部分由李凌浩同学撰写，同时感谢陈忱和范晓光通读初稿，他们对内容和文字都做了细致的改写.

② Coleman J，Coleman J S. Introducing Speech and Language Processing. Cambridge：Cambridge University Press，2005.

色,用规则、统计或者机器学习等方法把人们日常所用的"自然语言"翻译给计算机这个超能力者米听,再借助它的超能力来帮我们"处理"自然语言,而该过程就称为"自然语言处理"。

7.1.1 "是什么": 自然语言的特点

自然语言(Natural Language)通常是指一种自然地随文化演化的语言,比如汉语、英语、日语等都属于自然语言,是人类交流和思考的主要工具。和自然语言对立存在的是人工语言,是指那些由人特意为某些特定目的而创造的语言,包括人为设计的"世界语"、R、Python 等各种程式语言。现代语言学认为,语言由语音、语义、词汇和语法四个要素构成,本节就从和自然语言处理最相关的语义、词汇和语法三个角度来介绍自然语言的特点。

语义"晦涩难懂"。 作为自然语言使用者的我们,往往意识不到它的复杂性。如果站在一个既不会人类语言又不会程式语言的外星人的角度,自然语言会比编程语言难懂得多。自然语言难懂,首先表现在它饱含歧义,也就是同一个词汇在不同的上下文中表现为不同的义项。譬如,"有关系(Relationship)的就没关系(It is okay),没关系(Relationship)的才有关系(It is not okay)。"以上句式中的"关系",说明在不同的语境就可能代表了"个人的社会资本"和"个人处境"两个不同的义项。

事实上,其他语言中也大量存在这样的歧义现象。在"She didn't take his tip."中,她到底是没有接受"建议"还是没有接受"小费"? 读者只能通过上下文来判断。但是编程语言便没有这种对象不清的问题,如果程序员将两个含义复制给同一个对象,那便会触发编译错误。

在语义之外,作为语言最基础的组成部分,自然语言的词汇也远比人工语言要复杂得多。

词汇"恒河沙数"。 自然语言的词汇量真可谓无穷无尽。以英语为例,在长达 20 卷的《牛津英语词典》第二版中有 171476 个仍在使用的单词词条,这还不包括 47156 个已经被废弃单词词条,且在不断地增加和变化。但是,编程语言的关键词是确定且有限的,R 语言保留的常用关键字只有 18 个。①

语法"复杂易变"。 语法是自然语言里最难以理解的部分。一方面,自然语言尤其是口头表达和社交媒体中日常使用的自然语言是非结构化的,"主谓宾、主系表"这类的结构仅仅作为参考。例如主语和谓语放在了宾语之后的句子比比皆是,当山东人听到"山东话有很多倒装"时,常常这样表示不赞同:"全国都一样吧我觉得。"另一方面,在非结构化的自然语言中还充满着简洁和干练的用法,要真正读懂自然语言就需要有各种各样的知识储备。尤为重要的是,面对充满倒装和简洁表达的自然语言,即便错得再离谱,人们也能猜出它的意思,而这种容错性则进一步加大了计算机理解人类语言的难度。

7.1.2 "做什么": 自然语言处理的任务

在介绍自然语言处理的任务之前,我们需要先了解自然语言处理的输入形式,即自然语言是以什么样的数据格式进入模型的。总的来说,现有输入形式主要分为文本、语音和图片三种。对于文本输入,研究者直接进行后续分析;对于语音和图片的输入,我们则需要先借助语音识别技术和光学字符识别技术,将其转换成文本后再进行后续分析。除此之外,由于传播模态的变化和算力的增强,近年来视频分析也逐步进入计算社会科学研究,除了其本身的分析方法之外,视频也同样可以转换为文本进行分析。下面我们介绍自然语言处理的三

---

① 请参见: https://www.javatpoint.com/r-keywords。

种常见的任务①：

词法分析。与人类理解语言不同，计算机理解自然语言是先将句子这一个超长的无意义字符串打散，分类汇总成由不同带有词性标签的词语组成的列表或矩阵，而后再根据不同词语之间的依存关系去理解语义。前者就是词法分析的过程，它主要包括分词（将句子打散成最小的有意义的单位"词"）和词性标注（生成词语的属性列表或矩阵）两个过程。在语言的实际使用中，自然语言很多时候不以词为最小单位，而是以短语或者某种特定的不可分的组合为最小单位。比如说"中国人民银行"，将其分词成"中国""人民""银行"并不能帮助我们正确地理解其真正的含义，这时候我们就需要将这些具有特定含义的专有名词提取出来，这个过程就称为"命名实体识别"。如"中国人民银行是中华人民共和国的中央银行"这句话就从一个19个汉字组成的字符串变换成为"中国人民银行""是""中华人民共和国""的""中央""银行"6个词语组成的列表。

句法分析。完成词法分析后，文本从超长的字符串转换为具有实际意义的列表或矩阵，但是计算机仍然不明白文本的实际含义，那接下来就需要让计算机分析文本包含的不同词语之间的关系。具体来说，句法分析是对句子和短语的结构进行分析，目的是要找出词、短语的相互关系以及各自在句中的作用。譬如，根据句法分析后，"中华人民共和国的中央银行"这句的不同词语就被分为主语、系动词、表语和定语，而且句法分析还能够明确不同词语之间的关系。

综合应用。在以上分析后，在实际应用领域，我们还会面对很多结合词句法分析、文本分类和语义分析的综合任务。以百度人工智能平台的自然语言处理为例，它主要包括"语言处理基础技术""文本审核""语言处理应用技术""机器翻译"等功能（见图7.1）。② 这些自然语言处理的应用，是我们进行计算社会科学研究的工具箱。

图 7.1　百度自然语言处理平台

7.1.3　"怎么做"：自然语言处理的演进

"机器能否思考"是机器是否智能的重要标志，而"机器能否理解人类的语言"几乎从一

① 何晗. 自然语言处理入门. 北京：人民邮电出版社，2019.
② BAIDU. 百度自然语言处理——理解语言，拥有智能，改变世界[2021-08-31]. https://nlp. baidu. com/homepage/index.

开始就被学者认定为是"机器像人一样思考"的标志。从 20 世纪开始,计算机科学家们就不断尝试借助各种方法让机器理解人类语言。本节将这一探索的过程根据工具的不同分成"规则系统""统计方法""深度学习"三个阶段,具体如下:

规则系统阶段。20 世纪中叶是自然语言处理的萌芽时期,这一时期主流的处理方法都是基于规则系统。它就是机器根据语言学家的专业知识建立规则集来对不同的文本做出反应。在该阶段的自然语言处理任务中,机器其实并不是获得理解人类语言的能力,而只是一个大型的"如果-就"的判断工具(见图 7.2[①])。规则训练阶段的代表性工作主要是问答系统,它们都是根据专家写好的语法规则或是语义环境来进行规则判断,从而对相应的问题作出回答。但是,基于规则方法进行自然语言处理,不可避免地是规则的不完善,而且基于规则方法的开发成本较高且难以跟上语言的变化。因此,该阶段的自然语言处理尚处于萌芽时期,虽然奠定了学科的基本范式,但是远远没有像图灵等先驱们预测的那么乐观,并没有将自然语言处理实用化。[②]

图 7.2　人工智能与专家规则

统计方法阶段。20 世纪 90 年代之后,学者们不再过于依赖专家规则进行自然语言处理,而是采用预处理的语料库,将这些打好标签的语料库输入计算机,期待计算机自主学习语言规律,并将这些规律应用在新的未标注语料库。IBM 公司的华生实验室采用基于统计的方法,将当时的语音识别率从 70% 提升到 90%,为此做出了突出的贡献。[③] 该阶段提升模型预测的准确性有两种方式:(1)训练更复杂的模型;(2)扩大训练集的规模,使用更多的预标注文本。此时,自然语言处理虽然已经摆脱了专家规则,但是语言学家对预标注文本

---

① Commitstrip. AI Inside. 2017.
② 何晗. 自然语言处理入门. 北京:人民邮电出版社,2019.
③ Thomas J. Watson Research Center. http://www.research.ibm.com/labs/watson/,2021.

的处理仍有用武之地。语言学家利用专业知识将预标注的语料库制作成计算机更容易理解的形式,这一过程也被称为"特征工程"。

深度学习阶段。自 20 世纪中叶开始,以沃尔特·皮茨(Walter Pitts)为代表的学者就开始关注模仿人类神经元网络的分层结构来提升计算机的分析能力。但由于算力有限,且神经网络模型的参数过多、解释性不足、过拟合等问题使得神经网络的研究陷入低潮(具体可参见第 6 章的相关内容)。21 世纪以来,算力的提升为神经网络尤其是深度学习神经网络的发展提供了条件。神经网络由一个输入层、一个或多个隐藏层和一个输出层组成(见图 7.3)。[①] 在自然语言处理中,神经网络就像人类大脑的行为一样,将一个输入层细分为多个抽象层,不同元素之间的连接强度和权重决定了神经网络的最终模型,在进行模型训练期间,系统会根据指定的学习规则自动调整相关权重,直到神经网络正常执行所需任务为止。在该阶段,自然语言处理不再依赖任何的专家规则或是借助专家完成的特征工程来理解文本,而是可以自主地学习原始文本去理解人类语言。

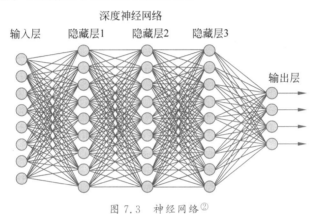

图 7.3　神经网络[②]

7.2　词法分析:分词、词性标注与命名实体识别

根据上一节的介绍可知,自然语言处理主要分为"词法分析""句法分析""综合应用"三个层次。其中,词法分析是指基于现有词典或是机器学习的方法,对原始文本进行分词、词性标注、命名实体识别等处理,定位基本语言元素,全面支撑后续机器对基础文本的理解与分析。中文的词法分析主要包括中文分词、词性标注、命名实体识别三大基础功能。

7.2.1　中文分词

中文语义最小的单位"词"之间并没有空格或者其他字符的区分,而对于计算机而言,中文的每一个分句其实是一段没有分割和意义的长字符串。因此,我们首先就是将连续的中文自然语言文本切分成具有语义合理性和完整性的词汇序列。中文分词技术作为中文自然语言处理的底层应用,是众多上层任务的首要基础工作,其运用到的隐马尔可夫模型、感知机、条件随机场等技术也为之后更复杂的自然语言处理任务提供基础和帮助。中文分词方法主要包括基于词典的分词和基于统计方法和机器学习的分词。

---

① 　Parmar R. Training Deep Neural Networks,2018.

② 　图片来源:https://www.ccaschoolgurgaon.org.

1. 基于词典的分词

基于词典的分词方法(也称字符串匹配分词算法)是自然语言处理在规则系统阶段的产物。在词典分词中,这套"规则系统"主要包括词典和一套查询词典的规则。词典分词的过程本质上就是计算机根据词典和查词规则对输入的自然语言进行查询和输出的过程。[1]使用词典进行中文分词的过程和我们日常的查询词典过程类似。首先需要有一个足够完整的词典作为分词基础,其次要有需查询的词语,这在分词当中称为原始语料,最后类似于根据笔画或拼音进行查询,我们的分词也有各种各样的查询方法。速度和精准程度是衡量词典分词算法的两大标准,要设计出又好又快的分词方法,高质量的匹配算法尤为重要。下面介绍几种常用的匹配算法。

切分算法。常用的切分方法包括完全切分、正向最长匹配、逆向最长匹配和双向最长匹配。**完全切分**是指找出原始字符串中的所有单词,它的原理是遍历字符串中所有的连续序列,并查询该序列是否在我们的词典中。譬如,对"计算社会科学"这一字符串,我们首先将其切分成 21(1+2+3+4+5+6)个连续序列,再查询词典中是否存在这些连续序列,将存在的序列返回即可。根据词典的不同,我们会得到不同的返回结果,如[计,计算,算,社,社会,会,科,科学,学]。该算法的问题在于将词语切割得过于碎片化,而且相互重叠。

最长匹配算法。将更长的单词设定更高的优先级,以解决碎片化和相互重叠的问题。也就是说,当词典包含多个相互重叠的连续序列,优先返回较长的序列。对于查询的顺序,如果从前往后则称为**正向最长匹配**,反之则称为**逆向最长匹配**。当我们调用完全切分法时,"社会"和"科学"将会分别输出,而调用正向最长匹配算法时则会获得更具实际意义的"社会科学"。但是,自然语言的复杂性使得并不一定是越长的词语就越符合现实。比如,当我们使用正向最长匹配算法切分"博士生活补助"时,就会得到[博士生,活,补助]这样的结果,而非我们所期待的[博士,生活,补助]。这一错误的原因在于"博士生"一词由于字符长度长,优先级要高于"博士"一词。然而,如果我们改变查询顺序,使用逆向最长匹配算法时就能获得更合理的输出。不过,对于另外一些短句,逆向最长匹配算法也会出现意想不到的问题。比如,当使用逆向最长匹配来切分"水温和水质",会得到[水,温和,水质]这样的错误结果。这时,为了将正向最长匹配和逆向最长匹配算法强强联合,**双向最长匹配算法**应运而生。该算法实际上是同时运行了正向最长匹配算法和逆向最长匹配算法,同时通过语言学知识和统计数据来执行一些既定的规则[2]。

2. 统计方法和机器学习分词

事实上,即使使用双向最长匹配算法,计算机仍然很难对最基本的单句进行分词。但是,即便是牙牙学语的孩童也能准确地判断哪种划分最合适。人类之所以能够轻松地判断是因为在我们的日常生活中使用了太多的自然语言,从而非常了解一个句子是否"正常"。而一个句子是否"正常"本身就是一个句子出现概率的表述方式,机器学习的出现使得计算机能够有效判断句子出现的概率高还是低。

语言模型与数据稀疏。我们计算句子出现的概率时,需要用数学的方式对其进行抽象,

---

① Manning C,Schutze H. Foundations of Statistical Natural Language Processing. MIT Press,1999.

② 为避免碎片化,优先输出正向最长匹配算法和逆向最长匹配算法两次切分中词数较少的那一个;如果词数相同,优先输出正向最长匹配算法和逆向最长匹配算法两次切分中单字较少的那一个;如果词数和单字数都相同,则输出逆向最长匹配算法的结果.

即语言模型。具体来说,对于句子 s,语言模型是计算 s 在全人类语言中出现概率 $p(s)$ 的模型。但是,由于自然语言的变化性,即使我们能够获取全人类的语料库,也只是对这一瞬间的人类句子进行"快照",无法实时枚举所有的句子。[①] 更为重要的是,由于词语的排列组合,同样的句子很少在自然语言中出现,实际遇到的句子大部分只出现过 1 次,甚至 0 次,因此句子出现会被认为是小概率事件,这种现象被称为**数据稀疏**。

由此,分词给了我们计算语言模型的思路:句子由词组成,虽然句子是无限的,词却是相对有限的;同一个句子出现的词数少,但是词语却不断地重复使用。因此,用词的共现来替代句子是我们计算语言模型的可行路径。对于较长的句子,使用单词来定义语言模型依然会遇到和单句类似的"数据稀疏"困境:句子越来越长,其包含的词汇也越来越多,词的共现关系也越来越独特,出现的概率也越来越小。因此我们需要进一步简化语言模型,引入经典的"马尔可夫假设"。

马尔可夫假设与 N-gram。该假设认为,下一状态的概率分布只能由前一状态决定,在时间序列中与它前边的时间均无关。在我们的语言模型中,马尔可夫假设就是指,一个单词的出现仅仅和前一个单词有关,和再之前的单词都没有关联。借助"马尔可夫假设",我们的语言模型就大大地简化,此时的模型被称为二元语法。因此,当一个单词的出现仅仅和前 $n-1$ 个单词有关时,这样的简化模型就叫作"N-gram"。

训练与预测。使用语言模型来表达自然语言后,研究者需要基于大量的语料库对语言模型进行训练,来获得合适的参数,从而用语言模型进行更科学的预测。

7.2.2 词性标注

词性标注是中文词法分析的另一项基础性工作。在通过分词切分句子后,需要将词语分类。词性标注就是以语法特征为主要依据,将词分类并标记的过程。常用的词性包括名词、动词、量词、代词、介词等。词性标注的正确与否直接关系到后续的自然语言处理任务。常用的词性标注模型有 N-gram 模型、最大熵模型、基于决策树模型和隐马尔可夫模型。

1. 中文词性标注的特点

汉语相对缺乏严格意义上的形态标志和形态变化,这就为词性标注带来了困难。比如,在英文"I was told that he was going to be married"中,我们很容易识别"told"的被动形态。但在中文里,"我被告知他要结婚了"就没有这样的形态变化,词性标注须根据句子结构和语义来判断。因此,中文词法分析的难点之一在于兼类词的识别。以"丰富"为例,它既能接受副词修饰(十分丰富),也能做谓语(丰富我的生活)、定语(丰富的生活),等,所以"丰富"兼具形容词和动词的特点。当然,不是所有的词都是兼类词,"显示器"就是严格的名词。还有一种词虽然不是兼类词,但在计算机看来却有兼类词的特征,即同音(形)词。比如,"花"可以是名词(一朵花),也可以是动词(花了十块钱),但它们表达的意义没有联系。在词性标注中,此类词语也是识别的难点。

2. 基于隐马尔可夫模型(HMM)的词性标注算法

在词性标注中,隐马尔可夫模型是应用广泛且效果较好的模型之一。该模型是马尔可夫链的一个应用场景:我们所感兴趣的词性是隐藏的,而需从词语序列中推断出词性,因此词性标记是一种隐藏状态。隐马尔可夫模型试图在**可被观察到的事实**与同事实有因果关系

---

① 何晗. 自然语言处理入门. 北京:人民邮电出版社,2019.

的隐藏事件之间建立关联,使得我们从可被观察的词语中推断出需要标记的词性。

隐马尔可夫链的核心任务是概率估计,它依赖于大量的语料数据。其基本思路是逐个确定给定词汇列表中各词汇的词性,估计特定词汇的某一词性在所有同词性词中的出现概率,与先前的词汇词性进行比较,并通过概率确定需要估计词汇的词性。[①] 出于效率考量,隐马尔可夫模型一般不会将所有已经出现的词汇纳入考虑范围,而是采取与 N-gram 模型相似的做法,只考虑最近出现的一部分词汇。这一范围被称为隐马尔可夫模型的"窗口",窗口外的词汇对当前词汇词性的判断没有影响。[②]

虽然隐马尔可夫模型可以达到较高的精确度,但对语料库和统计概率的依赖决定了它在处理新词和旧词新用等方面缺乏优势。然而,词汇的变化在语言使用中几乎每时每刻都在发生。为解决该难题,自然语言处理专家提出了"最大熵马尔可夫模型"等算法来改进马尔可夫模型,也有学者引入了神经网络来进行词语序列处理,以克服马尔可夫模型不能充分利用文本所有词语的缺陷。

7.2.3　命名实体识别

命名实体(Named Entity)是文本中的一个"实体",它可以是自然人、地理位置、客观事物乃至组织等用专有名称指代的事物。在研究中,命名实体通常可以拓展为不包含实体的短语,包括日期、时间甚至价格等相对固定的表达。譬如,"韦伯"和"涂尔干"是指代人物的命名实体,"世界贸易组织""联合国"是指代组织的命名实体,而"周五""￥600"等则是广义的命名实体。命名实体识别的反馈可以显著提高分词的精准度,并且降低词性标注的困难(命名实体的词性都是名词),避免将名词性短语拆分从而降低词性标注工作的效率和准确度,为之后的自然语言处理工作提供良好的词汇基础。

命名实体识别(Named Entity Recognition)的主要任务包括实体定位和实体分类两个步骤。首先需要在文本中框定哪些词语或短语是命名实体,然后再识别命名实体指代的是人物、地理位置、客观事物,还是组织等。边界和类型是命名实体识别首先考虑的两个变量。命名实体识别的过程是根据输入的文本逐词进行标注,确定命名实体边界,进而分析命名实体类型。

其中,基于条件随机场(Conditional Random Fields)的命名实体识别模型最早由 Lafferty 等人于 2001 年提出,主要基于最大熵模型和隐马尔可夫模型,它在序列分析任务中表现优良,一直在命名实体识别领域有着广泛的应用。该模型的基本思路是,在将给定的文本进行简单分词处理后,逐词对**简单的命名实体**进行识别,最终识别**复合命名实体**。其中,简单的命名实体是指不嵌套其他命名实体的专有名词,如北京市、海淀区、中关村东路等;而复合命名实体则是多个简单命名实体的嵌套,如北京市海淀区中关村东路、世界卫生组织卫生紧急项目等。

与马尔可夫模型相似,该模型也依赖于有标注的大规模语料,并有判断的"窗口"。经过

---

① 这是对隐马尔可夫模型十分简化的解释,如果读者想要进一步了解隐马尔可夫模型背后的原理,比如贝叶斯规则、维特比算法乃至动态规划算法等.可参见周志华.机器学习.北京:清华大学出版社,2016 和李航.统计学习方法.北京:清华大学出版社,2016 等.

② 譬如,对句子"我爱你"进行词性标注,首先进行分词得到"我""爱""你".通过语料库中大量文本的比较,可知"我"是且只能是名词,并且位于句子的开头.而"爱"则可能是名词,也可能是动词.进一步比较发现,跟在名词"我"后面的"爱",很大概率是一个动词.以此类推,在名词"我"和动词"爱"之后的"你",也只能是一个名词.

语料库训练的条件随机场模型,能够直接"看出"简单的命名实体及其内部结构。它逐字逐句地确定命名实体的可能边界与类型,并基于先前的词语信息来推断当前需判别的词汇是否为命名实体,抑或命名实体的一部分,最终达到判断复合命名实体的效果。

当然,条件随机场模型也存在和马尔可夫模型类似的缺点。由于其对语料库的依赖,使得条件随机场模型较难识别新词、新命名实体,有时较长的命名实体可能因超出条件随机场的窗口而不能完全识别。为此,学界相继提出了基于决策树、半监督学习以及无监督等新统计方法的命名实体识别模型,也有学者致力于综合各方法的优点去构建混合模型。

7.2.4　案例 1：使用 Baidu-LAC 进行词法分析

分词是使用计算机处理文本的第一步。通过统计我们感兴趣的词汇在不同文本中的出现次数,我们就能初步把握词汇的重要性。词频统计早已应用于社会科学的文献分析中,并且取得了不错的效果[①]。例如,可以进行不同时间段常用词汇的比较,从语言和社会关系的角度描述社会历史条件的流变对词汇使用和生活状态的影响;或者,通过统计高频词和常用词,初步体会文本和观点的侧重,为进一步分析提供基础。在自然语言处理中,分词是使计算机能够理解语言的"桥"。本案例将使用 HanLP 库 PaddleHub 预训练模型 LAC,以马克斯·韦伯的著名演讲《学术作为一种志业》[②]中的文段为例,演示汉语分词、词性标注与命名实体识别的操作。

安装。LAC(Lexical Analysis of Chinese)是百度推出的深度学习中文词法分析工具,它引入了可以反复学习利用数据特征的 GRU 语言模型,实现了远超平均水平的文本处理效能,整合了分词、词性标注与命名实体识别等常用功能。PaddleHub 库中包含我们需要用到的 LAC 模型。

```
1.    !python - m pip install - paddlehub == 2.0.0bl - i
      https://pypi.tuna.tsinghua.edu.cn/simple
```

加载预训练模型。LAC 的工作流程是先加载模型,通过预训练模型的接口进行词法分析任务。

```
1.    import paddlehub as hub
2.    lac = hub.Module(name = 'lac')
```

通过赋值创建 LAC 模型的一个实例,PaddleHub 会自动加载 LAC 模型。调用 hanlp.load 进行加载,模型会被自动下载到本地缓存。

载入本地文档。通过 Python 内置的 open()函数,载入我们需要处理的自然语言文档。

```
1.    data = []
2.
3.    with open("./work/科学作为天职.txt") as f:
4.        for i in range(0,2):
5.            data.append(f.readline())              # 读取文本的前两段
6.
7.        # 或者,一次性读取所有段落
8.        data = f.readlines()
```

[①]　比如,陈云松.大数据中的百年社会学:基于百万书籍的文化影响力研究[J].社会学研究,2015,30(01).

[②]　《学术作为一种志业》译文来自《韦伯作品集·学术与政治》。《韦伯作品集·学术与政治》.钱永祥,译.广西师范大学出版社,2004.

```
9.
10.    # 查看读取的文本
11.    for sentence in data:
12.        print(sentence)
```

指定任务。接下来,我们使用 LAC 模型预留的.cut()接口进行具体的分词操作。在本案例使用到的参数中,text 是传入的需要进行切分的句子,use_gpu 指定模型是否使用GPU 执行命令,return_tag 指定模型是否返回词汇的词性。

```
1.    results = lac.cut(text = test_text, use_gpu = False, return_tag = True)
2.    print(results)
```

results 中就存储了本次任务的结果,通过 print()可以查看具体内容,以便进行后续操作。

7.3　信　息　提　取

信息提取(Information Extraction)就是提取文本中的某些特定信息,是对复杂文本的一种简化。随着数字化文本体量的急剧增长,快速将文本信息(非结构化信息)转化为结构化信息的需求也日益凸显。上文所述的命名实体识别,也属于信息提取的子领域。较之于词法分析任务,信息提取任务对计算机的语义和文本理解性能提出了更高的要求。常见的信息抽取任务包括关键词提取、关键字提取与实体关系提取等三种,它们分别对应不同的信息提取模型和统计方法。

7.3.1　关键词提取

关键词是一个或几个表示文档主题和中心思想的词汇或短语。传统的关键词提取方法依靠词汇的统计信息(词语出现的次数等)进行抽取,而近年来已出现了能够整合文档主题结构、语义信息乃至外部信息等协同进行的关键词提取,从而克服了仅依赖词汇统计的短板。

1. 关键词提取的主要困难

关键词提取最大的困难在于语言表达的丰富性。比如,一篇研究舒茨现象学的社会学论文可能既有关于韦伯思想的主题,也有胡塞尔现象学的主题,而二者又难以被共同的关键词覆盖。即使能够被覆盖,也可能因为过度概化而失去与其他文本进行比较的依据。另外,某些较短文本的关键词甚至并不出现在文档中(最为我们熟悉的案例便是诗歌)。那么,根据文本全文提取的关键词能否同时关注**覆盖度**和**区分度**,则成为关键词提取任务的主要挑战。[①]

2. 基于词频-逆文档频率方法

TF-IDF(Term Frequency[②]-Inverse Document Frequency,TF-IDF)方法因其简洁、适用性广、基准性能较高而被广泛应用在一般的关键词提取任务中。TF-IDF 是一种基于词汇统计信息的方法,主要关注某一特定词汇在文档和语料库中出现的**频次**,以衡量该词汇对

[①]　刘知远.基于文档主题结构的关键词抽取方法研究.北京:清华大学,2011:8.

[②]　词频(Term Frequency)指的是某一词汇在文档中出现的次数。值得注意的是,关键词有时候可能在文档中出现的次数并不多,甚至完全不出现。然而,一些虚词、介词、连词,如"的""和""之",在文档中出现的频率会远超一般词汇。由此,我们不能简单地将词频与关键程度挂钩。

于文档的重要性。TF-IDF 方法不需要有标注的数据，但要求有一定数量、相同主题的文档组成的语料库。

该方法的思路是为文档设置"参照群体"。**逆文档频率**(Inverse Document Frequency)指的是在给定的语料库中，包含某一特定词汇的文档越少，IDF 的值越大。换言之，通过是否包含这一词汇的事实，就能将一部分文档与语料库中的其他文档区分开。然而，如果高 IDF 值的词汇在某文档中反复出现(高 TF 值)，那么该词作为关键词的概率就相对更高。总之，TF-IDF 方法就是通过衡量某篇文档中特定词汇的 TF 值与 IDF 值之比，过滤掉常见词汇，并保留重要词汇。

使用一个简化的例子来说明 TF-IDF 方法，如果我们有以下三篇十分简短的文章，各自只有一句话：

(1) 研究表明，爱笑的研究者容易写出好论文；

(2) 有关特殊人群人际关系的研究论文逐年增加；

(3) 论文被引量的增加让他变得更爱笑了。

在 TF-IDF 算法看来，在三篇文档里频繁出现的词汇(比如"的"和"论文")是这些文章共有的特征，难以代表每一篇文章的关键主题。相反，例如第一篇文章中的"研究者"、第二篇文章中的"特殊人群"与"人际关系"和第三篇文章中的"被引量"就能够很好地代表各自所处的文章(TF-IDF 值接近甚至超过 0.1，因为文章很短)，故而 TF-IDF 倾向于选择这样的词汇来表示每篇文章的主题。同时，从上面的例子我们可以看到，面对具有高词汇量的长文章，每个主题词的 TF-IDF 值可能相当小，而对某些特殊的文章来说，其主题词不会频繁出现甚至根本不出现，这就造成 TF-IDF 方法在关键词抽取上的覆盖度不足。

3. 基于隐含狄利克雷分布主题模型

主题模型是一种常用的文本挖掘工具，用于发现文本中隐藏的语义结构 LDA(Latent Dirichlet Allocation)模型由 Blei 等人于 2003 年提出。[①] 它同样要求一个由多篇文档组成的语料库，但有别于 TF-IDF 方法，LDA 模型根据给定的语料库反推其包含了哪些不同主题，并衡量各主题在语料库中的不同文档中出现的概率大小。LDA 的关键步骤是通过狄利克雷分布推断出主题分布，通过对语料库中的每个词汇不断地采样和更新，来最终确定语料库的主题以及各主题在文档中的概率分布。[②] 需要注意的是，LDA 的最终结果只是一簇簇关键词及其权重，并不会从语义上或逻辑上抽象出每簇关键词所对应的主题。使用者必须自己理解词汇以及词汇之间的语言含义，将 LDA 的结果蕴含的主题"转译"出来。本章案例给出了具体的例子。

对于 LDA 模型而言，事先指定主题的数目是必要的，但具体的主题数需要人工确定。普遍的做法是根据训练出来的结果反复优化主题个数，进而达到优化关键词抽取结果的效果。数学上，困惑度(Perplexity)是比较常用的衡量 LDA 模型性能的指标，词汇在语义上的同质性(主要通过词向量衡量)作为衡量聚类效果的指标也具有良好的性能。但 LDA 模型性能的评估更多依赖研究者的经验评判。

---

① Blei D M, Ng A Y, Jordan M I. Latent Dirichlet Allocation. Journal of Machine Learning Research, 2003(3): 993-1022.

② 这个解释十分简化，感兴趣的读者可以进一步阅读: Blei D M, Ng A Y, Jordan M I. Latent Dirichlet Allocation. Journal of Machine Learning Research, 2003(3): 993-1022, 以及周志华. 机器学习. 北京: 清华大学出版社, 2017 和李航. 统计学习方法. 北京: 清华大学出版社, 2016.

7.3.2　关键句提取

与关键词提取的思路类似,关键句提取同样需要考虑覆盖度**和**区分度。当然,关键句提取结果所包含的信息更完整和丰富,同一个文本中几乎不可能出现完全相同的句子,而单篇文章会重复使用同一词汇。

TextRank 是最常用的关键句提取方法之一,并且与 TF-IDF 方法紧密联系。该方法将文本中的每个句子作为节点,计算两个句子中的公共词汇的数量得到句子的相似度,选出高相似度的句子两两连边并构建出节点连接图。通过计算节点的"权重"(Rank 值),不断找出兼具独特性和代表性的句子赋予高权重,最终通过排序来得到关键句。TextRank 通过将完整句子进行分割来得到一个观察词汇共现关系的"窗口",具有共现关系的词汇之间的联系,TextRank 会在数值上将其表示为权重。通过不断在句子中"滑动"这一观察窗口(不断用窗口观察句子的各个部分),TextRank 就能够得到足以反映文章内部逻辑的词与词之间的权重,其中,权重越大的词越重要。最终,TextRank 就能通过权重来表达词汇在文章中的重要程度。本质上,TextRank 和 TF-IDF 方法一样,是基于词频和词的位置来确定词汇的重要性的,并且对分词的准确度有较高的要求。

7.3.3　实体关系抽取

在识别了具有实际指代的实体之后,研究者往往还想知道实体间属于什么关系,这种关系识别将有助于我们理解文本内容的指涉和意义。实体关系抽取也是根据自然语言文本构建复杂数据库的重要方式,文本摘要、自动问答、知识图谱乃至搜索引擎等领域都对实体关系抽取有密切关注。

实体关系抽取的结果是**关系三元组**,包括实体 1、实体 2 以及两个实体之间的关系(一般是实体 1 对实体 2 的关系),比如,"李彦宏创办了百度公司",其抽取的实体关系应为(李彦宏,百度公司,创办)。实体关系抽取主要包括模式匹配、词典匹配和机器学习三种思路。目前,机器学习在该领域占主流,尤其是**神经网络**分析能够有效地考虑句子中的各种信息,在有监督和无监督实体关系抽取任务中都较为高效。

总之,实体关系抽取是综合性较高的任务,由于语言处理工具的有限性,一些人名、地名、日期乃至新出现的实体难以被识别,而这些实体的关系抽取也就无从谈起。此外,缺少成熟的特征提取模型以及自然语言语义结构的丰富多变,也是此类任务在模型适用性、结果准确性等方面面临困难的原因。

7.3.4　案例 2:信息抽取

相较于词法分析方法,信息抽取能在更大体量的文本中提取更具一般性的文本特征。该方法要求在整体把握文本的同时,对其内在逻辑做出判定,从而达到区分"重要信息"的目标。目前,越来越多的计算社会科学研究通过信息抽取来获得包括行政政策、文学作品、网络发言等文本的共同特性。譬如,Bail 就使用信息抽取模型和网络分析方法探究了社交媒体中的"文化桥"在激发社群讨论中的作用。① 本节逐一引入 TF-IDF 方法、LDA 模型与

---

① Bail C A. Combing Natural Language Processing and Network Analysis to Examine How Advocacy Organizations Stimulate Conversation on Social Media. Proceedings of the National Academy of Sciences,2016,113(42): 11823-11828.

TextRank 关键句提取模型。需要澄清的是,这些演示并不是实现上述模型的唯一方法,读者可以自行探索易理解、更符合需要的实现方式,并尝试复现。本案例继续使用韦伯的文本。我们将演讲的每一段话视为"文档",将整篇演讲视为语料库。[①]

1. 基于 TF-IDF 方法的关键词抽取

本案例使用 gensim 库的'gensim.models.tfidfmodel.TfidfModel()'函数实现 TF-IDF 模型分析。

```
1.    !pip install -- upgrade gensim
2.    !pip install -- upgrade numpy
3.    import jieba
4.    data = []
5.    with open('./学术作为一种志业.txt', 'r', encoding = 'utf - 8') as f:
6.        data = f.readlines()[:53]              # 读取演讲全文(不包括译注)
7.    print(data[0])                             # 查看文本第一段(第一个"文档")
8.
9.    punc = "!@#￥%……&*()——,《。》、?;:'"'"\"\"【{}】|、·~[]1234567890"
10.   for line in range(0,len(data)):
11.       for i in punc:
12.           data[line] = data[line].replace(i, '').replace('','').strip('\n')
                                                 # 清理文本的标点、符号、数字,以及注释标记等
13.       data[line] = jieba.lcut(data[line])    # 使用 jieba 库进行分词
14.
15.   print(data[0])                             # 查看清理结果
16.   from gensim.models import TfidfModel
17.   from gensim.corpora import Dictionary
18.
19.
20.   dct = Dictionary(data)                     # 实例化 Gensim 字典
21.   corpus = [dct.doc2bow(line) for line in data] # 构建语料库
22.
23.   model = TfidfModel(corpus)                 # 载入模型
24.   vector = list(model[corpus[20]])           # 查看部分向量
25.   vector = sorted(vector, key = lambda x:x[1]) # 按词汇索引升序排序
26.   print(vector[:4])
27.
28.   keys = list(dct.token2id.keys())
29.   for i in range(0,3):
30.       print("词汇: ", keys[vector[i][0]])
31.       print("TF - IDF 值: ", vector[i][1])
```

2. 基于 LDA 模型的关键词提取

```
32.   from gensim.test.utils import common_texts
33.   from gensim.corpora.dictionary import Dictionary
34.   from gensim.models import LdaModel
35.
36.   common_dictionary = Dictionary(common_texts)    # 实例化 Gensim 字典并创建语料库
37.   common_corpus = [common_dictionary.doc2bow(text) for text in common_texts]
38.
39.   lda = LdaModel(common_corpus, num_topics = 10)   # 在语料库中训练 LDA 模型
40.   from gensim.test.utils import datapath
41.
```

[①] 这虽然便于案例呈现,能保证文档间彼此关联,并同属类似的主题,但可能会导致文档过于相似.

```
42.    temp_file = datapath("model")                        # 保存模型
43.    lda.save(temp_file)
44.
45.    lda = LdaModel.load(temp_file)                        # 载入已经保存的模型
46.    other_texts = [
47.      ['computer', 'time', 'graph'],
48.      ['survey', 'response', 'eps'],
49.      ['human', 'system', 'computer']
50.    ]  # 创建一个未在语料库中出现过的新文本并实例化
51.    other_corpus = [common_dictionary.doc2bow(text) for text in other_texts]
52.
53.    unseen_doc = other_corpus[0]
54.    vector = lda[unseen_doc]                              # 查看文本中的主题分布
55.    lda.update(other_corpus)                              # 更新 LDA 模型
56.    vector = lda[unseen_doc]
```

3. 基于 TextRank 的关键句提取

```
57.    from pyhanlp import *
58.
59.    document = "诸位希望我来谈谈"以学术为业"[1]这个题目。我们这些政治经济学家[2]往往
       有一种学究式的习惯,总是从问题的外部环境讲起,我也打算照此办理。这就意味着从这样
       一个问题开始: 以学术作为物质意义上的职业,是一种什么情况呢?今天这个问题的实际含义
       就是,一个决定献身于学术并以之作为职业的学生,他的处境如何?为了了解我们这里的特殊
       情况,对照一下另一个国家的情况,会对我们有所助益。这另一个国家,就是在这方面同德国
       形成最鲜明对比的美国。"
60.
61.    TextRankSentence = JClass("com.hankcs.hanlp.summary.TextRankSentence")
       # 下载 TextRank 关键句提取模型并解压
62.    sentence_list = HanLP.extractSummary(document,3)    # 提取关键句,本案例指定提取了
       # 3 个句子.
63.    print(sentence_list)                                  # 查看关键句提取结果
```

7.4　文本分类与文本聚类

7.4.1　文本分类

对文本的分类和聚类分析在计算社会科学中尤为关键。但由于自然语言的的复杂性,分析、理解、组织和整理文本数据既困难又耗时,我们并未能充分地发掘其潜力,而这恰恰凸显了利用机器学习分类文本的重要性。借助文本分类器,我们可以快速地整理包括大型调查、纸质书籍、社交媒介等各种各样的文本数据。

1. 规则系统与机器学习

和其他自然语言处理相似,文本分类的最初阶段也是一个基于规则系统的模型。但由于该方法对研究者知识积累要求较高,再加上十分耗时,它的推广难度偏大。机器学习的文本分类则不再依靠人工制定的规则,而是让机器学习过去的文本分类,多数情况是个监督学习的过程。我们将每一个文档转换成一个向量,相似文本的向量表达也会大致相似。然后,通过输入由成对的特征集和标签(例如教育和政治)组成的训练数据,生成分类模型。譬如,"选举"更有可能出现在政治类而非娱乐类文本中。只要使用足够的训练样本进行训练,机器学习模型就能做出准确的预测。

相较于传统的人工标注,机器学习的文本分类具有处理能力强、分析快速、标准更统一

等优势。同时,机器学习将相同的标准应用于所有数据和结果。一旦文本分类模型经过足够的训练,它就会准确执行。下面我们介绍机器学习文本分类的基本步骤和常用算法。

2. 机器学习的基本步骤

数据清洗。我们首先要对分析的文本数据进行清洗,该过程主要包括"标准化""符号化""设置停用词""命名实体识别"等步骤。具体内容和操作请参见本章前述的相关内容。在完成数据清洗后,我们还要在分析前进一步了解数据特征。在导入数据后,我们需要选择一些样本,对照标签是否与文本相对应;了解数据集的一些关键指标,比如样本数、类别数、每个样本的单词数、单词的频率分布、每类样本数等。

文本向量化。接下来我们需要将文本转换为数值向量,这个过程包括分词和向量化两个步骤。

选择模型。对于给定的数据集,我们的目标是找到准确度最高、耗时最少,即"又好又快"的算法。目前最常用的分类算法包括朴素贝叶斯[1]、支持向量机(SVM)[2]和深度学习算法[3]。相对而言,SVM 比朴素贝叶斯需要更多的计算资源,但 SVM 更快、更准确;深度学习算法比传统机器学习算法需要更多的训练数据(至少百万量级)。但神经网络没有学习的阈值,即提供给它们的数据越多,学习分类器会变得越好。

训练模型和**调整参数**。在将文本可读化和选择合适模型后,我们就要使用现有数据对模型进行训练。模型的训练涉及参数的设置,此时我们需要依靠经验、示例甚至直觉来进行设置。

7.4.2　文本聚类

与文本分类不同,文本聚类属于无监督学习。对于众多表述为向量的文本,我们可以利用聚类算法将其区分为不同的类别。聚类算法从顺序上可以分为两大类,即自上而下的分裂型和自下而上的凝聚型。后者先将每个对象放入自己的集群中,而后继续整合它们。前者从根类别开始不断分裂,直到只剩单个对象。下面介绍常用的聚类方法[4]:

布朗聚类是一种层次聚类方法,它引入一个质量函数来描述周围上下文词对当前聚类中词的出现的预测程度,然后通过将各单词分配给它自己的唯一集群来进行初始化,再合并具有最优质量函数值的两个簇,直到单词仅剩一个聚类。

TF-IDF 算法是一种用于信息检索与数据挖掘的常用加权技术,它可以抑制不太重要的词的影响。TF-IDF 代表词频和逆文档频率,它们是用于加权的两个因素。

在上一节介绍 LDA 算法除了能够进行关键词抽取外,还是文本聚类的常用算法。在

---

① 朴素贝叶斯尤其是多项朴素贝叶斯(MNB),在文本分类上优势明显.它基于贝叶斯定理,帮助我们根据每个单独事件发生的概率来计算两个事件发生的条件概率.其主要的优点在于即使在分析的样本量不是很大(少于 10000 个样本)并且计算资源稀缺的情况下,也能够获得较好的结果.

② 支持向量机(Support Vector Machine,SVM)与朴素贝叶斯一样,不需要太多训练数据即可开始提供准确的结果.简而言之,SVM 将空间划分为两个子空间,一个子空间包含属于某个组的向量,另一个子空间包含不属于该组的向量.

③ 深度学习类似于人类大脑在做出决策时的工作方式,同时使用不同的技术来处理大量数据.文本分类的两种主要深度学习架构是卷积神经网络(CNN)和循环神经网络(RNN).

④ k 均值是一种基于向量的聚类算法,它将向量空间中的 k 个随机点分配为 k 个聚类的初始虚拟均值,然后将每个数据点分配给最近的聚类均值,再重新计算每个集群的实际平均值,根据均值的变化重新分配数据点.这个过程会不断重复,直到聚类的均值保持稳定为止.第 5 章已对相关内容做了系统介绍,本节不再赘述.

文本聚类的应用中,主题建模算法(LDA)是一种软聚类的方法,一个文档可以是多个主题的一部分,通过分析原始文本的单词来发现贯穿它们的主题以及这些主题如何相互连接。[①]LDA 的目标是根据文档中的单词找到文档所属的主题。L(Latent)是指隐藏变量,D(Dirichlet distribution)是 Dirichlet 概率分布,A(Allocation)意味着基于两者分配值。在上一节中,我们知道所有主题模型都基于相同的基本假设:每个文档都包含一个主题分布,每个主题由词的分布组成。具体来说,LDA 遵循下列假设。

(1)每个文档都是词的集合或一个"词袋",因此,模型中不考虑单词的顺序和词性。

(2)有些词不携带任何关于"主题"的信息,因此可以作为预处理步骤从文档中删除。实际上,我们至少可以消除文档中出现的 $80\%\sim90\%$ 的单词,而不会丢失任何信息。

(3)研究者事先知道主题的数量,即"k"是预先决定的。

7.4.3　案例 3: 谣言分类[②]

谣言检测是互联网舆情治理的重要议题。早在 2016 年 4 月,习近平总书记在网络安全和信息化工作座谈会上强调,要用社会主义核心价值观和人类优秀文明成果滋养人心、滋养社会,做到正能量充沛、主旋律高昂,为广大网民特别是青少年营造一个风清气正的网络空间。近年来,网络谣言不断在各大网络社区平台上出现,引发了各种舆情事件。识别谣言、加强管控、及时干预是互联网建设的重要内容之一。谣言识别可以作为一个文本分类任务,我们可以通过 RNN 模型进行文本分类和 LDA 模型进行文本聚类来实现。

本案例所使用的数据是从新浪微博不实信息举报平台抓取的中文谣言数据。该数据集共包含 1538 条谣言和 1849 条非谣言。每条数据均为 json 格式,包括谣言的内容、描述、发帖者基本信息和谣言传播信息(转发、点赞)等,其中 text 字段代表微博原文的文字内容。[③]

本实践将使用 ERNIE 预训练模型,结合上述数据进行机器学习自然语言处理的实践。ERNIE 模型是一个能够自主学习数据信息与知识特征的机器学习模型,自推出以来取得了广泛的影响力。ERNIE 模型能够提取上下文信息进行语义理解,在诸多自然语言处理任务中表现良好。百度公司 ERNIE 模型也推出了包括信息提取、文本匹配、文本分类等诸多场景在内的预训练模型,稍加微调即可部署到新场景与新任务中。主要分为数据准备、模型配置、模型训练、模型评估与模型预测五个步骤。

1. 数据准备

```
1.    import os
2.    from multiprocessing import cpu_count
3.    import numpy as np
4.    import shutil
5.    import paddle
6.    import paddle.fluid as fluid
7.    from PIL import Image
```

---

① Blei D M. Probabilistic Topic Models. Communications of the ACM,2012,55(4): 77-84.

② 这部分代码参考了 AI Studio 开源平台项目"PaddleHub 微博谣言检测",并根据任务需要做了一定调整,源项目地址为 https://aistudio.baidu.com/aistudio/projectdetail/3395126? forkThirdPart=1.

③ 刘知远,张乐,涂存超,等. 中文社交媒体谣言统计语义分析. 中国科学: 信息科学,2015(12): 1536-1546. 更多数据集介绍请参考 https://github.com/thunlp/Chinese_Rumor_Dataset.

```
8.    import matplotlib.pyplot as plt
9.    2021 - 02 - 19 16:15:41,843 - INFO: font search path ['/opt/conda/envs/python35 -
      paddle120 - env/lib/python3.7/site - packages/matplotlib/mpl - data/fonts/ttf', '/opt/
      conda/envs/python35 - paddle120 - env/lib/python3.7/site - packages/matplotlib/mpl -
      data/fonts/afm', '/opt/conda/envs/python35 - paddle120 - env/lib/python3.7/site -
      packages/matplotlib/mpl - data/fonts/pdfcorefonts']
10.   2021 - 02 - 19 16:15:42,197 - INFO: generated new fontManager
11.   #解压原始数据集,将 Rumor_Dataset.zip 解压至 data 目录下
12.   import zipfile
13.   import os
14.   import random
15.   from PIL import Image
16.   from PIL import ImageEnhance
17.   import json
18.
19.   src_path = "/home/aistudio/data/data20519/Rumor_Dataset.zip"          #数据集路径
20.   target_path = "/home/aistudio/data/Chinese_Rumor_Dataset - master"     #解压路径
21.
22.   #进行解压
23.   if(not os.path.isdir(target_path)):
24.       z = zipfile.ZipFile(src_path, 'r')
25.       z.extractall(path = target_path)
26.       z.close()
27.   #分别为谣言数据、非谣言数据、全部数据的文件路径
28.   rumor_class_dirs = os.listdir(target_path + "/Chinese_Rumor_Dataset - master/CED_
      Dataset/rumor - repost/")
29.   non_rumor_class_dirs = os.listdir(target_path + "/Chinese_Rumor_Dataset - master/CED_
      Dataset/non - rumor - repost/")
30.   original_microblog = target_path + "/Chinese_Rumor_Dataset - master/CED_Dataset/
      original - microblog/"
31.
32.   #谣言标签为 0,非谣言标签为 1
33.   rumor_label = "0"
34.   non_rumor_label = "1"
35.
36.   #分别统计谣言数据与非谣言数据的总数
37.   rumor_num = 0
38.   non_rumor_num = 0
39.
40.   all_rumor_list = []
41.   all_non_rumor_list = []
42.   #解析谣言数据
43.   for rumor_class_dir in rumor_class_dirs:
44.       if(rumor_class_dir != '.DS_Store'):
45.           #遍历谣言数据,并解析
46.           with open(original_microblog + rumor_class_dir, 'r') as f:
47.               rumor_content = f.read()
48.           rumor_dict = json.loads(rumor_content)
49.           all_rumor_list.append(rumor_label + "\t" + rumor_dict["text"] + "\n")
50.           rumor_num += 1
51.           print(all_rumor_list[0])              #查看第一个谣言数据
52.
53.   #解析非谣言数据
54.   for non_rumor_class_dir in non_rumor_class_dirs:
```

```
55.        if(non_rumor_class_dir != '.DS_Store'):
56.          with open(original_microblog + non_rumor_class_dir, 'r') as f2:
57.            non_rumor_content = f2.read()
58.          non_rumor_dict = json.loads(non_rumor_content)
59.          all_non_rumor_list.append(non_rumor_label + "\t" + non_rumor_dict["text"] + "\n")
60.            non_rumor_num += 1
61.    print(all_non_rumor_list[0])                # 查看第一个非谣言数据
62.
63.    print("谣言数据总量为: " + str(rumor_num))
64.    print("非谣言数据总量为: " + str(non_rumor_num))
65.
66.    # 全部数据进行乱序后写入 all_data.txt
67.
68.    data_list_path = "/home/aistudio/data/"
69.    all_data_path = data_list_path + "all_data.txt"
70.
71.    all_data_list = all_rumor_list + all_non_rumor_list
72.
73.    random.shuffle(all_data_list)
74.
75.    # 在生成 all_data.csv 之前,首先将其清空(出于重复调试的考虑)
76.    with open(all_data_path, 'w') as f:        # 'w' - write, 'r' - read, 'a' - append
77.      f.seek(0)
78.      f.truncate()
79.
80.    # 将全部数据写入 all_data.csv
81.    with open(all_data_path, 'a') as f:
82.      csv.writer(f).writerows(data)
83.
```

2. 使用读取的数据生成训练集和测试集

```
1.    # 划分训练集和验证集,同样先进行清空
2.    with open(os.path.join(data_list_path, 'eval_list.csv'), 'w', encoding = 'utf - 8') as f_
      eval:
3.        f_eval.seek(0)
4.        f_eval.truncate()
5.
6.    with open(os.path.join(data_list_path, 'train_list.csv'), 'w', encoding = 'utf - 8') as f_
      train:
7.        f_train.seek(0)
8.        f_train.truncate()
9.
10.   with open(os.path.join(data_list_path, 'all_data.csv'), 'r', encoding = 'utf - 8') as f_
      data:
11.       lines = f_data.readlines()
12.
13.   i = 0
14.   with open(os.path.join(data_list_path, 'eval_list.csv'), 'a', encoding = 'utf - 8') as f_eval,
      open(os.path.join(data_list_path, 'train_list.csv'), 'a', encoding = 'utf - 8') as f_train:
15.       for line in lines:
16.         words = line.split('\t')[-1].replace('\n', '')   # 读取文本
17.         label = line.split('\t')[0]              # 读取对应标签
18.         labs = ""
19.         if i % 8 == 0:
```

```
20.                 labs = label + '\t' + words + '\n'
21.                 f_eval.write(labs)
22.             else:
23.                 labs = label + '\t' + words + '\n'
24.                 f_train.write(labs)
25.             i += 1
26.
27.     print("数据列表生成完成!")
```

接着准备将数据输入机器学习模型。

3. 模型配置与模型训练

```
1.      # 下载并导入最新版本的 paddlehub
2.      !pip install - U paddlehub - i https://pypi.tuna.tsinghua.edu.cn/simple
3.
4.      # 导入 paddlehub 和 paddle 库
5.      import paddlehub as hub
6.      import paddle
```

若无报错信息则说明成功导入。

```
1.      # 设置要求进行分类的两个类别
2.      label_list = list(total.label.unique())
3.      print(label_list)
4.
5.      label_map = {
6.          idx: label_text for idx, label_text in enumerate(label_list)
7.      }
8.      print(label_map)
9.
10.     # 只需指定想要使用的模型名称和文本分类的类别数即可完成 Fine - tune 网络定义,在预
        # 训练模型后拼接上一个全连接网络(Full Connected)进行分类
11.     # 此处选择 ernie 预训练模型并设置微调任务为 2 分类任务
12.     model = hub.Module(name = "ernie", task = 'seq - cls', num_classes = 2, label_map = label_
        map)
```

根据刚才处理数据得到的 csv 文件,我们进行模型的配置和训练。首先,导入有关的依赖库。

```
1.      # 导入依赖库
2.      import os, io, csv
3.      from paddlehub.datasets.base_nlp_dataset import InputExample, TextClassificationDataset
```

接着读取数据集,构建 IO 接口。

```
1.      # 数据集存放位置
2.      DATA_DIR = "/home/aistudio/data/"
3.
4.      # 对数据进行处理,处理为模型可接受的格式
5.      class RumorDetection(TextClassificationDataset):
6.          def __init__(self, tokenizer, mode = 'train', max_seq_len = 128):
7.              if mode == 'train':
8.                  data_file = 'train_list.csv'              # 训练集
9.              elif mode == 'dev':
10.                 data_file = 'eval_list.csv'               # 验证集
11.
```

```
12.            super(RumorDetection, self).__init__(
13.                base_path = DATA_DIR,
14.                data_file = data_file,
15.                tokenizer = tokenizer,
16.                max_seq_len = max_seq_len,
17.                mode = mode,
18.                is_file_with_header = True,
19.                label_list = label_list
20.                )
21.
22.        # 解析文本文件里的样本
23.        def _read_file(self, input_file, is_file_with_header: bool = False):
24.            if not os.path.exists(input_file):
25.                raise RuntimeError("The file {} is not found.".format(input_file))
26.            else:
27.                with io.open(input_file, "r", encoding = "UTF-8") as f:
28.                    reader = csv.reader(f, delimiter = "\t")
29.                    examples = []
30.                    seq_id = 0
31.                    header = next(reader) if is_file_with_header else None
32.                    for line in reader:
33.                        try:
34.                            example = InputExample(guid = seq_id, text_a = line[0], label = line[1])
35.                            seq_id += 1
36.                            examples.append(example)
37.                        except:
38.                            continue
39.                    return examples
40.
41.    # max_seq_len 需要根据具体文本长度进行确定,可以在数据处理时具体确定。但需要注意
    # max_seq_len 最长不超过 512
42.    train_dataset = RumorDetection(model.get_tokenizer(), mode = 'train', max_seq_len = 256)
43.    dev_dataset = RumorDetection(model.get_tokenizer(), mode = 'dev', max_seq_len = 256)
```

在完成数据准备后,再进行模型训练。

```
1.    # 优化器的选择,此处使用了 AdamW 优化器
2.    optimizer = paddle.optimizer.AdamW(learning_rate = 3e-5, parameters = model.parameters())
3.
4.    # 配置训练参数,启动训练,并指定验证集
5.    trainer.train(train_dataset, epochs = 5, batch_size = 64, eval_dataset = dev_dataset, save_interval = 1)
```

4. 模型评估

```
1.    # 使用 F1-score 指标对验证集上的效果进行评测
2.    import numpy as np
3.    # 读取验证集文件
4.    df = pd.read_csv('/home/aistudio/data/eval_list.csv', sep = '\t')
5.
6.    news1 = pd.DataFrame(columns = ['label'])
7.    news1['label'] = df["label"]
8.    news = pd.DataFrame(columns = ['text_a'])
9.    news['text_a'] = df["text_a"]
```

```
10.
11.    # 对进行预测的数据进行格式处理
12.    data_array = np.array(news)
13.    data_list = data_array.tolist()
14.
15.    # 对测试集进行预测得到预测的类别标签
16.    y_pre = model.predict(data_list, max_seq_len = 256, batch_size = 64, use_gpu = True)
17.
18.    # 测试集的真实类别标签
19.    data_array1 = np.array(news1)
20.    y_val = data_array1.tolist()
21.
22.    # 计算预测结果的 F1 - score
23.    from sklearn.metrics import precision_recall_fscore_support, f1_score, precision_score,
       recall_score
24.    f1 = f1_score(y_val, y_pre, average = 'macro')
25.    p = precision_score(y_val, y_pre, average = 'macro')
26.    r = recall_score(y_val, y_pre, average = 'macro')
27.    print(f1, p, r)
```

5. 模型预测

```
1.     # 要进行预测的数据
2.     data = [
3.         # 谣言
4.         ["开火了?这是真的吗?[思考]"],
5.         # 非谣言
6.         ["喵星人你这么萌,你自己知道吗?"],
7.         # 谣言
8.         ["延安女城管(双脚跳起踩头男城管之妻,视屏中穿黄色上衣躺在地上装死的那个女城
       管)遭人肉"],
9.         # 非谣言
10.        ["晚安的中文拼音 wan an,拆开就是: 我爱你,爱你! 告诉每一个爱你的人。小视爱你
       们,晚安[睡觉]"]
11.    ]
12.
13.    # 定义要进行分类的类别
14.    label_list = ['非谣言', '谣言']
15.    label_map = {
16.        idx: label_text for idx, label_text in enumerate(label_list)
17.    }
18.
19.    # 加载训练好的模型
20.    model = hub.Module(
21.        name = 'ernie',
22.        task = 'seq - cls',
23.        num_classes = 2,
24.        load_checkpoint = '/home/aistudio/data/ckpt/best_model/model.pdparams',
25.        label_map = label_map)
26.
27.    # 进行模型预测
28.    results = model.predict(data, max_seq_len = 256, batch_size = 1, use_gpu = True)
29.    for idx, text in enumerate(data):
30.      print('Data: {} \t Lable: {}'.format(text[0], results[idx]))
```

也可以自由改动,以测试模型性能。

7.4.4　案例4：通过 LDA 主题模型进行主题聚类

　　分类任务和聚类任务的区别在于有标注数据的使用。LDA 模型同样可以用来进行文本的主题聚类。和分类任务相似,聚类分析同样包括数据准备、模型配置、模型训练三个步骤,但由于有标注数据的缺失,聚类任务并不必须要有模型评估的环节。我们继续使用上一案例引入的网络谣言数据集,演示 LDA 主题模型的搭建、训练和使用。

　　考虑到 LDA 模型的特殊性,本案例在实际运行 LDA 模型前,首先使用 TF-IDF 作为基准将全部谣言的关键词进行简单筛选,以期得到更好的分类结果和更准确、有意义的关键词集合。读者可以自行尝试使用其他信息抽取方法进行进一步处理,也可以直接使用 LDA 模型进行聚类查看结果,在不同的情况下,模型的表现可能会出现比较大的变动——最简单的评判方式是直接审阅 LDA 模型的聚类是否符合"一般印象",具有实际意义。

1. 数据准备

```
1.    # 因本案例复用了上一案例的程序,在运行程序前,请先运行上一案例的"1. 数据准备"及之
      # 前部分
2.    import os
3.    import docx
4.    import jieba
5.
6.    def clean_cut(text):                    # 对语料进行清洗、分词
7.        aphb = "abcdefghijklmnopqrstuvwxyzABCDEFGHIJKLMNOPQRSTUVWXYZ"
          # 本例仅演示简单去除字母与数字,读者可以结合本书的其他方法完成更彻底、精准的清洗
8.        text = text.replace('\n','').replace(' ','').replace('\t', '').replace('.', '')
9.        for i in aphb:
10.           text = text.replace(i, '')
11.       text = clean(jieba.lcut(text))
12.       return list(set(text))             # 返回结果前使用元组 set() 去重
13.
14.   def clean(text):
15.       temp = []
16.       numbers = '0123456789. $ % '       # 去除数字与部分特殊符号
17.       for i in range(len(text)):
18.           if not text[i] in stopwords and len(text[i]) > 1:
19.               for n in numbers:
20.                   if not n in text[i]:
21.                       temp.append(text[i])
22.       return temp
23.
24.   documents = []
25.   with open(os.path.join(data_list_path, 'eval_list.csv'), 'a', encoding = 'utf - 8') as f_
      eval:
26.       # 出于演示方便和 LDA 模型的特殊性(无监督聚类模型,难以寻找现成的验证方式)考
          # 虑,仅使用验证集,读者可自行整合上述数据库探索模型
27.     for line in lines:
28.         words = line.split('\t')[ - 1].replace('\n', '')
29.         documents.append(clean_cut(words))
```

2. 模型配置

```
1.    import numpy as np
2.    import logging
3.    import pyLDAvis.gensim_models
```

```
4.    import json
5.    import warnings
6.    from gensim.models import TfidfModel
7.    warnings.filterwarnings('ignore')
8.
9.    from gensim.models.coherencemodel import CoherenceModel
10.   from gensim.models.ldamodel import LdaModel
11.   from gensim.corpora.dictionary import Dictionary
12.   from gensim.models.ldamulticore import LdaMulticore
13.
14.   logger = logging.getLogger()           # 启用日志,防止输入输出溢出
15.   logger.setLevel(logging.DEBUG)
16.   logging.debug("test")
17.
18.   dictionary = Dictionary(documents)
      # 建立语料库,方便后续分析。在本例中,我们将每一条博文看作一篇文档,所有博文的集合
      # 看作语料库
19.   corpus = [dictionary.doc2bow(document) for document in documents]    # 通过.doc2bow()
      # (词袋)方法将文本放入词袋中
20.
21.   tf_idf = TfidfModel(corpus)            # 使用 TF-IDF 模型进行前期筛选
22.
23.   corpus_b = []                          # 筛选后的语料库
24.   for k in range(len(corpus)):
25.       keywords = sorted(tf_idf[corpus[k]], key = lambda x:x[1], reverse = True)[:10]
          # 倒序排序所有语料,取前 10 个关键词。关键词的数目可以任意改动
26.       temp = []
27.       for i in range(len(keywords)):
28.           for j in range(len(corpus[k])):
29.               if corpus[k][j][0] == keywords[i][0]:
30.                   temp.append(corpus[k][j])
31.                   print(1)
32.                   break
33.       corpus_b.append(temp)
34.   print(corpus_b[0][:5])
```

3. 模型训练

```
1.    from gensim.test.utils import datapath
2.
3.    coh_results = []   # LDA 模型的 coherence 指数。有关 coherence 指数与 LDA 模型性能的
                         # 关系,可以查看本书正文的有关介绍
4.
5.    for n_topic in range(3,51):
      # 因为我们面对的是陌生的语料,所以让程序从 3 到 51 个主题数目中,查看可能适合的主题数
6.        print("Proceeding Topic" + str(n_topic))
7.        print(" --- " * 10)
8.        lda = LdaMulticore(
9.            corpus = corpus_b,
10.           id2word = dictionary,
11.           chunksize = 3000,
12.           iterations = 20000,
13.           num_topics = n_topic,
14.           distributed = True,
15.           passes = 20,
16.           update_every = 1,
```

```
17.             alpha = 'asymmetric',
18.             eta = 'auto'
19.      )
20.     lda.save(datapath('model_' + str(n_topic)))
21.     u_mass = CoherenceModel(model = lda, corpus = corpus, dictionary = dictionary,
        coherence = 'u_mass').get_coherence()
22.     v_c = CoherenceModel(model = lda, texts = documents, dictionary = dictionary,
        coherence = 'c_v').get_coherence()
23.     coh_results.append((u_mass,v_c))              # 保存最新的模型
```

4. 查看结果

```
1.
2.     # 绘制模型 coherence 指数随主题数变化的折线图
3.     import pyecharts.options as opts
4.     from pyecharts.charts import Line
5.
6.     x_data = [str(i) for i in range(3,51)]
7.     print(len(x_data))
8.
9.     (
10.      Line(init_opts = opts.InitOpts(height = '900px',width = '1800px'))
11.      .add_xaxis(xaxis_data = x_data)
12.      .add_yaxis(
13.          series_name = 'coherence',
14.          stack = 'stack1',
15.          y_axis = [i[0] for i in coh_results],
16.
17.      )
18.      .add_yaxis(
19.          series_name = 'coherence',
20.          stack = 'stack1',
21.          y_axis = [i[1] for i in coh_results],
22.          label_opts = opts.LabelOpts(is_show = False)
23.      )
24.     ).render_notebook()
25.
26.     # 查看 LDA 模型的聚类结果
27.     pyLDAvis.enable_notebook()
28.     pyLDAvis.gensim_models.prepare(result[0], corpus = corpus, dictionary = dictionary)
```

本 章 小 结

　　自然语言处理作为计算社会科学的重要技术,是计算社会科学研究者必备的一项技能。本章从自然语言本身的特点出发,在梳理自然语言不同的任务层次和自然语言处理的历史及流派的基础上,向读者介绍了词法分析、信息提取、文本分类与文本聚类等不同层次的自然语言处理技术,并结合具体案例进行项目实战。

　　在词法分析层次,介绍了分词、词性标注和命名实体识别技术,并借助 HanLP 进行了实操。在信息提取层次,本章了解了关键词提取、关键句提取和实体关系抽取,并结合多种方法进行信息抽取练习。在文本分类与文本聚类层次,讲述了文本分类和文本聚类的经典理论和模型,并结合谣言分类的案例进行文本分类的训练。

习 题 7

1. 请回顾 7.2 节词法分析部分的有关内容,回答下列问题:

(1) 中文词汇与英文词汇处理的主要区别有哪些? 中文自然语言分析可能面临哪些困难?

(2) 相较于基于数理统计的词汇处理方法,根据字典与语法规则等的词汇处理方法有哪些优点和局限性?

2. 百度自然语言处理 API[①] 以"理解语言,拥有智能,改变世界"为使命,提供了包括词法分析、词向量表示、词义相似度、依存句法分析、DNN 语言模型、短文本相似度等多种自然语言处理技术,大大简化了我们进行自然语言处理的学习成本和时间成本。请你选择感兴趣的一段或多段文本,借助百度自然语言处理 API 进行自然语言处理操作。

(1) 运用情感分析[②]功能,计算所选文本的综合情感倾向和情感得分;

(2) 运用文本分类[③]功能,将若干所选文本分成不同的类别,并根据(1)的结果比较不同类别文本的平均情感得分差异;

(3) 运用关键词提取[④]功能,提取所选文本的关键词,并根据(2)的结果对不同类别文本的关键词进行汇总。

3. 在网络营销与传播产业内,关键意见领袖(Key Opinion Leader,KOL)被认为是引导舆论、塑造观点的关键。中文突发事件语料库(Chinese Emergency Corpus,CEC)[⑤]是上海大学语义智能研究室构建的有关各类突发事件的网络新闻报道,经过了充分预处理和准确标注。请利用上述语料库,结合信息抽取、文本分类与聚类等知识,修改案例代码,尝试探索网络舆情的态度趋势与观点走向等具体方面,评估其是否受到了上述意见领袖的影响(提示:可以从关键词、关键句、情感倾向等具体指标在数值上的转折入手)。

---

① https://ai.baidu.com/tech/nlp_basic.
② https://ai.baidu.com/tech/nlp_apply/sentiment_classify.
③ https://ai.baidu.com/tech/nlp_apply/topictagger.
④ https://ai.baidu.com/tech/nlp_apply/doctagger.
⑤ 项目简介与数据下载地址: https://github.com/shijiebei2009/CEC-Corpus.

第8章

计算机视觉[①]

本章学习目标

- 了解计算机视觉领域中的图像分类、目标检测、图像分割和视频理解
- 了解图像对齐、图像拼接和图像合成
- 了解运动估计中平移对齐、光流和运动追踪基本概念和原理
- 了解图像识别在微表情分析中的应用

8.1　计算机视觉基础

计算机视觉（Computer Vision）是一门研究如何使机器"看"的科学。它是一个跨学科领域，涉及如何使计算机从数字图像或视频中获得高层次的理解，过去几年其理论和技术发展十分迅速。其定义一般有两种[②]：

（1）计算机视觉是从数字图像中提取信息的科学领域。从图像获得的信息类型很多样，诸如位置、类别、特征等；

（2）计算机视觉是通过应用程序，构建理解图像内容并将其用于其他应用程序。

计算机视觉涉及多个学科（见图 8.1），各个学科领域相互关联，并从其他学科中汲取灵感和技巧。

在计算社会科学领域，有大量应用计算机视觉技术的研究成果。例如，有学者通过算法分析了 5000 万张 Google 街景中的汽车信息，以此来了解相应社区及城市的政治、经

① 感谢范晓光、陈忱对本章文字和内容进行校对。
② https://github.com/StanfordVL/cs131_notes/blob/master/lecture01/lecture01.pdf.

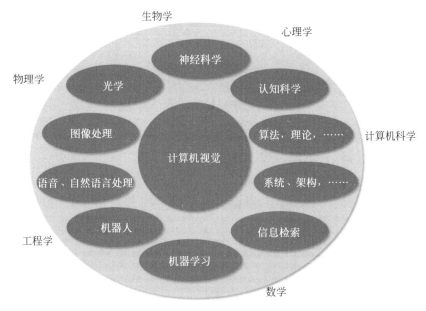

图 8.1　多个科学领域交叉的计算机视觉[①]

济情况[②]，也有学者开发了一种计算机视觉方法来测量 Google 街景中街区建筑的外观变化，发现了建筑外观与社区教育以及人口密度具有直接关联[③]，从而验证了人力资本聚集理论。

计算机视觉是充满挑战的领域。其中的部分原因就在于计算机视觉是一个逆问题：在没有足够的信息来找到解决方案的情况下，我们要试图恢复某些未知的东西。因此，我们必须求助于基于物理世界的概率模型，或者从大量示例中采用机器学习方法，以消除潜在解决方案之间的歧义。然而，对含有丰富且复杂信息的视觉世界进行建模比对产生语音的声道进行建模困难得多，因为图像的"像素"和图像表达的"意义"之间存在着巨大鸿沟。我们肉眼看到一幅有"意义"的图像作品，而在计算机里只是一些像素值的组合。在图 8.2 中，计算机在 3024×4032 RGB 图像中看到的是一组 12192768 个数字值（像素点×通道数＝3024×4032×3）。从这些数字获取到有意义的信息是非常困难的。可以说，人类的大脑视觉皮层解决了一个难以解决的问题：理解投射在视网膜上的图像，并将其转换为神经元信号。计算机视觉的目标是弥合"像素"和"意义"之间的差距。

最近，澳大利亚动物学家安德鲁·帕克（Andrew Parker）从大约 5.4 亿年前发现的化石中提出了一个理论——第一批动物发育出眼睛，视力的出现开始了爆炸性的物种形成。动物一旦能看到，生活变得更加积极主动，一些捕食者追逐猎物，猎物必须逃离捕食者，所以视觉的出现和进化开始了生物进化军备竞赛，动物必须快速进化才能作为一个物种生存，所以这是 5.4 亿年前之后动物视觉的开始。多年来视觉已经发展成为几乎所有动物的最大感觉系统，尤其是人类作为最智能动物，我们大脑皮层中几乎 50％ 的神经元都在参与视觉

---

①　https://github.com/StanfordVL/cs131_notes/blob/master/lecture01/lecture01.pdf.

②　数据来源：http://www.qdaily.com/articles/48810.html.

③　Naik N，Kominers S D，Raskar R，et al. Computer Vision Uncovers Predictors of Physical Urban Change. Proceedings of the National Academy of Sciences，2017，114(29)：7571.

174 227 234 176 225 237 178 224 239 180 223 241 180 223 241 180 223 241 180 223 241 180 223 241 180
223 241 180 223 241 180 223 241 180 223 241 180 223 241 180 223 241 180 223 241 180 223 241 180 223
241 180 223 241 180 223 241 180 223 241 180 223 241 180 223 241 179 222 240 179 222 240 179 222 240
179 222 240 178 221 239 178 221 239 178 221 239 178 221 239 179 222 240 179 222 240 179 222 240 180 223 241 180
223 241 180 223 241 179 222 240 179 222 240 180 223 241 180 223 241 180 223 241 180 223 241 179 222 240 179 222
240 178 221 239 181 221 240 181 221 240 181 221 240 181 221 240 181 221 240 181 221 240 181 221 240 180 220 239

图 8.2　像素 vs 意义

处理，它是最大的感觉系统，使我们能够生存、工作、交流、娱乐等。

图像无处不在，每一天互联网上传的图像数量呈指数级增长。Baidu、Instagram 等网站上有图像，优酷、抖音、YouTube 等网站有海量短视频，道路上有监控摄像头，医院有医疗和科学图像……因此计算机视觉是必不可少的。我们需要对这些图像进行分类，使计算机能够理解它们的内容。计算机视觉应用广泛。下面是一些典型的场景，有兴趣的读者可以进一步阅读[1]：

匹配移动和动作捕捉。跟踪源视频中对象的特征点来估计 3D 摄像机运动和环境参数，将计算机生成的图像与实际人物镜头合并，比如电影《侏罗纪公园》。[2] 电影中还需要精确的抠图，在图像前景和背景中插入新的元素，比如替身换真正的角色。动作捕捉是使用从多个摄像机的回光反射标记信号来捕捉演员的动作[3]，比如电影《阿凡达》通过记录人类演员所扮演的动作特征并制作其数字化身。

机器视觉检测。使用立体视觉和专门照明来测量飞机机翼、汽车车身、铁路轨道和扣件等零件的误差或使用 X 射线视觉检测铸钢件中的缺陷，以确保高质量的快速零件检测。图 8.3 中铁轨轨道图像，利用机器视觉检测方法，检查轨道上扣件是否有缺陷和异常。

三维建模（摄影测量）。从航拍和无人机照片中全自动地构建三维模型。计算机视觉用于将所有照片组合成单个三维模型。

仓库物流。自动交付包裹和托盘搬运"驱动器"[4][5]和机械手拣选零件[6]。

①　https://www.cs.ubc.ca/~lowe/vision.html.

②　Roble D,Zafar N B. Don't Trust Your Eyes: Cutting-Edge Visual Effects. Computer,42(7): 35-41.

③　Chuang Y Y,Agarwala A,Curless B. Video Matting of Complex Scenes. ACM Transactions on Graphics (Proc. SIGGRAPH),2002,21(3): 243-248.

④　Guizzo E Kiva. Systems: Three Engineers,Hundreds of Robots,One Warehouse. IEEE Spectrum,2008,45(7): 26-34.

⑤　O'Brian M. As Robots Take over Warehousing,Workers Pushed to Adapt. Associated Press,2019.

⑥　Ackerman E. Covariant Uses Simple Robot and Gigantic Neural Net to Automate Warehouse Picking. IEEE Spectrum,2019.

医学成像。手术前和手术中影像留存或随着年龄的增长对人们的大脑形态进行长期研究(见图 8.4)。

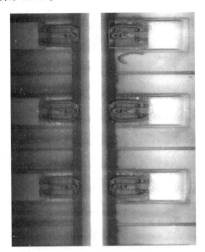

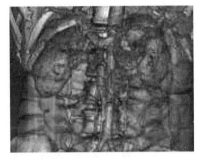

图 8.3 铁轨轨道扣件图像 　　　　　　　　图 8.4 医学成像[1]

场景识别。识别拍摄照片的位置。例如,可以将地标照片与谷歌上的数十亿张照片进行比较,以找到最佳匹配,推断出照片的位置。

监控。监控入侵者、高速公路交通,也可用于监控水边溺水受害者[2]。

指纹识别和生物识别。指纹识别和生物识别(如虹膜模式识别)用于自动访问身份验证以及取证应用。比如人脸检测已在相机中使用多年,可以聚焦人脸从而拍摄更好的照片。笑脸检测可以让相机在拍摄对象微笑时自动拍照。现在很多数码相机(如佳能、索尼、富士等)都有检测人脸的功能,这一功能可以用于聚焦,同时还可以启用"智能"裁剪。人脸识别比人脸检测更难,但以今天的数据规模,像 Facebook 这样的公司已经获得非常好的识别效果。

光学字符识别。光学字符识别(OCR)是将扫描的文档转换为文本的技术,许多扫描仪带有 OCR 软件。计算机视觉最古老的成功应用之一是识别字符和数字,早期应用有识别邮政编码或车牌。现在的移动视觉搜索,上传图像在 Google 等搜索引擎上,可以直接搜索查询,在线文字识别 OCR 服务非常方便[3]。

自动驾驶。自动驾驶是计算机视觉最热门的应用之一,能够在城市之间进行点到点驾驶汽车[4]以及自动驾驶飞行[5]。特斯拉、谷歌和通用汽车等公司竞相成为第一批制造全自动汽车的公司。Mobileye 是高级驾驶辅助系统(ADAS)和自动驾驶视觉技术开发的全球领导者。(图 8.5 为未经编辑的 40min Mobileye 自动驾驶汽车某帧画面。)

---

① https://www.hyland.com/en/perceptive.

② https://swimeye.com/.

③ https://cloud.tencent.com/product/ocr-catalog.

④ Janai J,Güney F,Behl A,et al. Computer Vision for Autonomous Vehicles:Problems,Datasets and State of the Art. Foundations and Trends in Computer Graphics and Vision,2020,12(1-3):1-308.

⑤ Kaufmann E,Gehrig M,Foehn P,et al. Beauty and the Beast:Optimal Methods Meet Learning for Drone Racing. In International Conference on Robotics and Automation (ICRA),2019:690-696.

图 8.5   未经编辑的 40min Mobileye 自动驾驶汽车某帧画面

自动结账。目标识别用于自动结账和全自动商店(如 Amazon Go),当顾客走出商店时自动收费。[1]

基于视觉的交互。Microsoft 的 Kinect 实时捕捉动作,并允许玩家通过动作直接与游戏互动。

增强现实。AR 现在也是一个非常热门的领域,多家公司正在竞相提供最好的移动 AR平台,如苹果公司发布的 ARKit。

虚拟现实。VR 正在使用与 AR 类似的计算机视觉技术。该算法需要知道用户的位置,以及周围所有物体的位置。当用户四处走动时,一切都需要以逼真和流畅的方式进行更新。[2]

8.1.1   计算机视觉简史

计算机视觉可以追溯到 1966 年麻省理工学院的本科暑期项目[3]。当时人们认为计算机视觉在一个夏天就可以解决(见图 8.6),但半个多世纪之后的今天,距离解决还很遥远。

图 8.7 呈现了计算机视觉发展的时间简史。我们可以把计算机视觉看作图像处理＋视觉模型,计算机视觉是从图像处理慢慢地转向视觉模型。21 世纪以来,计算机视觉有了一些新的发展趋势,包括:计算机视觉与图形学的相互影响加深("计算摄影学");物体识别中基于特征的方法显现(基于纹理特征的模式识别);更高效求解复杂全局优化问题的算法(全局最优);复杂的机器学习方法在计算机视觉问题中的应用(统计学习方法)。

8.1.2   图像形成

视觉由传感设备和解释设备两部分组成。传感设备先从三维世界捕获尽可能多的细

---

① Wingfield N. Inside Amazon Go,a Store of the Future. New York Times,2019-01-21.

② Szeliski R. Computer Vision: Algorithms and Applications. Springer Science & Business Media,2021:31.

③ Papert S A. The summer vision project,1966.

MASSACHUSETTS INSTITUTE OF TECHNOLOGY
PROJECT MAC

Artificial Intelligence Group   July 7, 1966
Vision Memo. No. 100.

THE SUMMER VISION PROJECT

Seymour Papert

The summer vision project is an attempt to use our summer workers effectively in the construction of a significant part of a visual system. The particular task was chosen partly because it can be segmented into sub-problems which will allow individuals to work independently and yet participate in the construction of a system complex enough to be a real landmark in the development of "pattern recognition".

图 8.6 麻省理工暑期视觉项目

1970	1980	1990	2000—2020
•数字图像处理 •块世界、线标签 •广义柱体 •图形结构 •立体视觉匹配 •本征图像 •光流法 •运动结构 •图像金字塔原理 •尺度空间处理	•明暗、材质及焦点结构 •物理建模 •正则化 •马尔可夫随机场 •卡尔曼滤波 •三维距离数据处理 •投影不变量	•因子分解 •物理视觉 •图像分割 •粒子滤波 •基于能量函数的图像分割 •人脸识别和检测 •子空间方法 •基于图像的建模和渲染	•纹理合成与修补 •计算摄影 •基于材质的识别 •MRF推理算法 •类型识别 •机器学习 •人体建模和跟踪 •语义分割 •SLAM和VIO •深度学习 •视觉和语言

图 8.7 计算机视觉简史[①]

节。譬如,人眼会捕捉穿过虹膜的光线并将其投射到人类的视网膜,由专门的细胞将信息通过神经元传递到大脑;数码相机以类似的方式捕获图像并将像素传输到计算机,它能看到比人眼更远更精确的细节。然后,解释设备处理这些信息从中提取意义。人脑不同区域起到解释设备的作用,而计算机视觉表现仍滞后于人脑。

1962 年,Hubel & Wiesel 试图通过记录神经元来了解猫的视觉系统,同时向猫展示明亮的线条。[②] 他们发现只有当这条线位于视网膜的特定位置,或者当它有特定的方向时,一些特殊的神经元才会被激活。该研究开启了理解人类视觉系统的科学之旅,直至今天仍然活跃。1981 年,他们的工作还获得了诺贝尔生理学和医学奖。

---

① Szeliski R. Computer Vision:Algorithms and Applications. Springer Science & Business Media,2021,37.

② Hubel D H,Wiesel T N. Receptive Fields,Binocular Interaction and Functional Architecture in the Cat's Visual Cortex. The Journal of Physiology,1962,160(1):106-154.

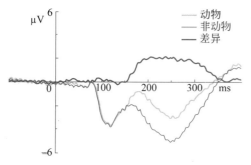

事实上,人类的视觉系统是非常高效的。因为当人类意识到威胁并对它们做出迅速的反应,对生存至关重要。数百万年来,人类进化完善了哺乳动物视觉系统。在正常的自然场景下,人体视觉系统的速度需要约 150ms 来识别动物。图 8.8 显示,大脑对动物和非动物图像的反应大约在 150ms 后发散。

图 8.8   动物和非动物反应之间的差异①

计算机视觉和人类的视觉原理类似。人类的视觉原理基本如下:从原始信号摄入开始(瞳孔摄入像素 Pixels)—做初步处理(大脑皮层某些细胞发现边缘和方向)—抽象(大脑判定眼前物体的形状)—进一步抽象(大脑进一步判定该物体属于什么物体)。

8.2   识   别

8.2.1   图像分类

图像分类是计算机视觉中重要的基础问题,常见的图像分类任务包括安防行业的人脸识别和智能视频分析、交通行业的交通场景识别、互联网行业基于内容的图像检索、图片鉴黄和相册自动归类、医学领域的图像识别等②。它的主要算法有两大类③:

(1) 经典的基于特征法,它依赖于手工选择并制作的特征及其统计数据,选择使用机器学习来进行最终分类。

(2) 深度学习法,主要基于第 6 章介绍的深度神经网络。

总体而言,分类任务通常可以采用传统视觉、机器学习和深度学习等三种方法(见图 8.9)。

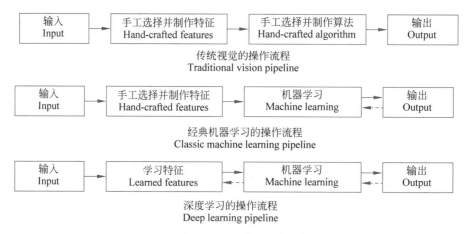

图 8.9   三种方法工作流程④

---

①   Thorpe S, Fize D, Marlot C. Speed of Processing in the Human Visual System. Nature, 1996, 381(6582): 520.

②   https://www.paddlepaddle.org.cn/documentation/docs/zh/1.5/user_guides/models/index_cn.html.

③   http://szeliski.org/Book/.

④   参阅 Goodfellow, Bengio, and Courville (2016, Figure 1.5). 具体参见 https://www.deeplearningbook.org/contents/intro.html.

在经典的视觉方法操作流程中,如从运动恢复结构的三维重建方法,其特征和算法在传统上都是手工设计的;机器学习方法采用提取特征并使用机器学习来构建分类器,而深度学习是学习整个处理流程,从像素开始一直到输出,使用端到端训练(由向后的虚线箭头表示)来微调模型参数。

8.2.2　目标检测

目标检测任务是给定图像或视频帧,让计算机找出其中所有目标的位置,并给出每个目标的具体类别。图 8.10 是目标检测综述文章中的图示[①],梳理了近些年目标检测算法的发展流程。

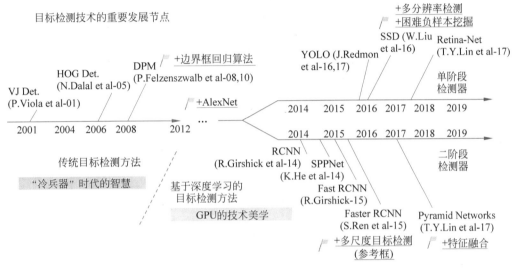

图 8.10　目标检测发展历程

早期 Rowley、Baluja 和 Kanade(1998)产生的人脸检测结果就能在 57 个真阳性结果中找到一个假阳性(见图 8.11)。

图 8.12 就是采用目前最常用的 Yolov3 网络得到的视频任务中的目标动态检测效果[②]。虽然我们可以将以上图像识别算法应用于图像中各个可能的子窗口,但这样可能既慢又容易出错。相反,构建专用人脸检测器可能更有效,其目标是快速找到可能出现特定对象(比如人脸)的可能区域。人脸检测器算法内置于当今的大多数数码相机中,以增强自动对焦,并内置于视频会议系统中以控制平移和缩放。现如今,我们使用深度神经网络解决了多类对象检测的问题。

8.2.3　图像分割

图像分割是指将一个图片划分为不同意义区域的过程。在计算机视觉中,我们经常感兴趣的是识别一组像素,称为图像分割问题(见图 8.13)。对人类而言,往往是凭直觉进行图像分割的。两个人在看同一视错觉(Optical Illusion)时可能会看到不同的东西,这完全取决于他们的大脑是如何分割图像的。以图 8.14 为例,你既可能看到斑马,也可能看到狮子。

---

① Zou Z,Shi Z,Guo Y,et al. Object detection in 20 years:A survey[J]. arXiv preprint arXiv:1905.05055,2019.
② 目前 Yolov3 方法已经有成熟的开源软件 OpenPose,具体参见 https://github.com/CMU-Perceptual-Computing-Lab/openpose.

图 8.11　人脸检测结果①

图 8.12　目标检测②③

图 8.13　分割目标：识别组合在一起的像素组④

①　Rowley H A,Baluja S,Kanade T. Neural Network-Based Face Detection. IEEE Transactions on Pattern Analysis and Machine Intelligence,1998,20(1)：23-38.

②　https：//playtube. pk/watch?v＝BNHJRRUKMa4.

③　Redmon J,Farhadi A. Yolov3：An Incremental Improvement. arXiv Preprint arXiv：1804. 02767,2018.

④　来源于 Steve Seitz,Kristen Grauman.

图 8.14　关于图像分割问题的视错觉①

　　我们在进行图像分割时,除了希望将图像分割成连贯的对象(见图 8.15),还希望根据附近像素的相似性将图像分割成许多组。这些组称为"超像素"(Superpixels)。超像素允许我们将许多单个像素视为一个簇,从而实现更快的计算。(图 8.16 即一个由超像素分割的图像示例。)

图像　　　　　　　　　　　　人工分割

图 8.15　将图像分离成连贯的"对象"②

　　超像素分割和其他形式的分割有助于支持特征提取。可以将像素组视为一个特征,从中获取图像的信息,图像分割也有利于一些常见的照片效果。如果能够正确地分割图像,就可以只保留我们想要的组并删除其他组。虽然分割非常有用,并且有许多实际应用,但是没有一种方法可以完美地分割图像,我们必须比较不同的分割算法以找到最佳解决方案。如果图像的组数过少,则容易出现分割不足,反之则会过度分割。即使是适当分割的照片,也有多个不同的可能分组。

　　为了解决分割图像的问题,一种方法是将分割视为聚类。我们通过聚类可以将相似的数据点组合在一起,并用一个奇异值来表示,这有助于操作图像或从中提取特征。我们还可以将某些人类可识别的视觉模式用于聚类算法。一些示例模式包括将相似的对象分为一组

---

　　①　https://www.moillusions.com/hidden-lion-optical-illusion/.

　　②　来源于 Svetlana Lazebnik.

或使用对称性来帮助分割。在某些情况下,我们也可以查看"共同命运",即一组物体似乎一起运动,共享相同的"命运"。在图 8.17 中,图像分割可以根据骆驼的共同命运对它们进行分组。

图 8.16 超像素允许通过聚类像素加快计算①　　　　图 8.17 共同命运提供了视觉线索的分割问题②

　　另一种对象分组方法是近邻法,即将对象与它们看起来距离近的对象分组。在图 8.18 中,我们可以将前景中的三个人分组在一起。

图 8.18 距离可以帮助分割③

　　语义分割和实例分割是常见的两种分割任务。前者是将整个图像分成像素组,再对像素组进行标记和分类,而后者试图先从类别上将目标提取出来,比如是人、车、狗还是树,然后对其进行像素组标记。语义分割除了识别人、道路、汽车和树木等之外,可以具体使用的方法包含 U-net、FCN、DeepLab 等,进一步确定每个物体的边界(见图 8.19)。

　　除了语义分割之外,实例分割进一步将不同类型的实例进行分类。比如用 3 种不同颜色来标记 3 个人(见图 8.20)。我们会看到多个重叠物体和不同背景的复杂景象,此时,需要将这些不同的对象进行分类,而且还要确定对象的边界、有何差异以及彼此之间的关系,具体使用的方法有 Mask R-CNN、FCIS、YOLCAT、PolarMask 等。

①　Ren X,Malik J. Learning a Classification Model for Segmentation. ICCV,2003.
②　来源于 Arthus-Bertrand.
③　来源于 Kristen Grauman.

图 8.19　语义分割

图 8.20　实例分割

8.2.4　视频理解

视频理解(Video Understanding)始于对人类行为的检测和描述,这些行为是视频的基本单位。在视频中,对象不再是静止的图像,而是一个由多帧图像构成,包含语音数据、运动信息等的视频对象。由此,理解视频需要获得更多的上下文信息,既要理解每帧图像是什么、包含什么,还需要结合不同帧了解上下文的关联信息。相较于图像,视频有一个绝佳的优势——时序性,不同帧的前后相关性能够更好地应用弱监督学习和自监督学习。

查找、识别和预测动作是视频行为理解中最重要的任务。视频理解常见有 6 类任务,具体为:视频行为识别(Action Recognition)、视频行为预测(Action Prediction)、时序动作提名(Temporal Action proposal)、时序动作定位/检测(Temporal Action Localization/Detection)、时空动作提名(Spatiotemporal Action Proposal)和时空动作定位/检测(Spatiotemporal Action Localization/Detection)(见图 8.21)。

视频理解的解决流程(见图 8.22)包含问题制定、数据集选择、数据准备、模型开发和基于度量标准的评估,同时兼顾计算性能、数据多样性、可转移性、稳健性和可理解性。

图 8.23 输入视频显示了一个行走的人和一只飞鸟。t 表示时间轴,通过同时播放鸟和人,可以产生左侧紧凑的视频概要(Video Synopsis)。视频概要[①]是一种基于活动的视频压

---

① 　Baskurt K B,Samet R. Video Synopsis:A Survey. Computer Vision and Image Understanding,2019,181:26-38.

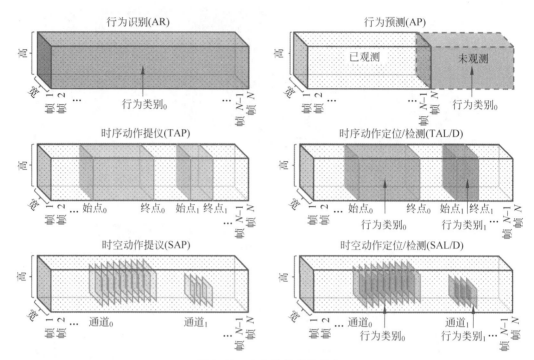

图 8.21　主要视频理解任务

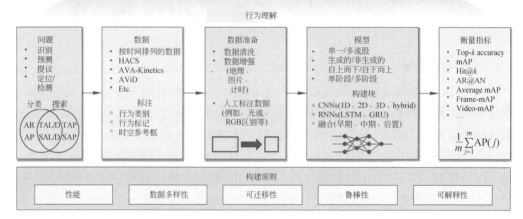

图 8.22　视频理解流程

缩方法,可实现监控摄像机的高效视频浏览和检索,这是减少输入视频的非活动密度,以提供对感兴趣部分的快速和轻松检索的最有效方法之一。与基于帧的视频摘要方法不同,感兴趣的活动在时域中移动可以获得更紧凑的视频表达。

近年来,视频理解技术已转向深度网络使用。有时与 LSTM 等时间模型相结合,也可以将这些网络直接应用于视频流中的像素(如使用 3D 卷积)。视频理解是一个未来可期的方向,近年兴起的“小视频”等大大增加了该方向的人才需求,一些大互联网公司如阿里、腾讯等也在悄然布局。目前,互联网视频分类、视频中的行为分析已经取得了巨大的进步。视频识别领域有许多工作专注于特定的视频理解任务,例如动作识别、场景理解等。

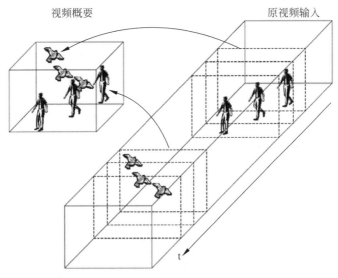

视频概要　　　　　　　　　　　原视频输入

t

图 8.23　视频概要①

8.2.5　案例 1：　汉字书法场景识别

随着计算机技术的发展,越来越多的学科在研究方法的选择上更多元,学科之间融合性也更强。一些原本与计算机不那么紧密的学科也采用更多新的统计方法、人工智能来开展研究,例如计算历史学、计算政治学等。本节案例关注的就是在档案学、历史学研究中常常会出现的问题,我们试图寻求解决之道。人工智能的发展为社会科学带来两大工具:一是新的数据,例如以往定量研究只能分析量化的数据,现在的人工智能使得我们有很多数据来源,如图片、文本等;二是新方法,例如文本挖掘、情感分析、语义分割、图片分类等。

在历史学领域,学者们越来越重视经典古籍的数字化保存②。古籍的数字化不仅可以降低保存的难度和成本,更重要的是对古籍有效的整理、保护和利用,有利于最大限度保护与传承中华文脉和传统文化。除了数字化保存之外,还有研究者利用文本挖掘技术对古籍进行深入挖掘,挖掘古籍中人物关系、情感分布等,同时对于部分带有地理位置属性的文本还可以利用 GIS 技术进行分析③。

2019 年 11 月,国家图书馆(国家古籍保护中心)组织第四次古籍数字资源共享联合发布——全国 20 家单位在线发布数字资源 7200 余部(件),全国古籍数字资源发布总数已超过 7.2 万部。④ 古籍数字化使得每个人都可以阅读相关文本,但我们希望进一步分析它们,例如绘制古籍中人物之间的关系、了解史料之间的联系性等。因此,我们需要对这些古籍数字化,即形成文本数据库。换言之,就是将书本上的文字变成计算机可以识别的文字,继而我们在这些文字数据上做分析。

如何把电子文献转换成文本数据？现实中有两种方案,一种是人工将这些文字输入计

①　Rav-Acha A,Pritch Y,Peleg S. Making a Long Video Short：Dynamic Video Synopsis. 2006 IEEE Computer Society Conference on Computer Vision and Pattern Recognition (CVPR'06). IEEE,2006,1：435-441.

②　黄庆文.论古籍的数字化与应用.南方文物,2019(4)：262-264.

③　魏晓萍.数字人文背景下数字化古籍的深度开发利用.农业图书情报学刊,2018,30(9)：106-110.

④　https://baijiahao. baidu. com/s?id=1654611451929620696&wfr=spider&for=pc.

算机文档,但是这种方案极其耗费人力,按照目前专业打字员的平均速度每分钟 90 个字,一本 20 万字的古籍需要 37 小时,这还未考虑人的疲劳和古籍中生僻字等因素对打字速度的影响。而且,研究者在研究中面临的往往不是一两本古籍,而是成百上千本,人工方法显然不是最佳方案。人工智能技术的出现提供了许多图像识别技术。比如,OCR 作为其中最基本的技术可以帮我们快速自动化识别,将图片和 PDF 中文字转化成我们需要的文本数据。

图 8.24 是永乐大典中其中 1 页。OCR 是指对图像进行分析识别处理,获取文字和版面信息的过程,包含文本检测和文本识别两个子任务[①]。作为历史学家们重要文本资料,本案例要演示如何快速将其中文字提取出来,供后续进一步深入分析。

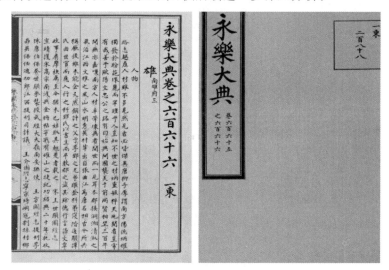

图 8.24 永乐大典内页

1. 环境设置:直接使用预训练模型

```
1.    # 安装 PaddlePaddle 库和 PaddleHub 库,我们的模型训练和导入需要依赖这两个库工作
2.    !pip install paddlehub -i https://pypi.tuna.tsinghua.edu.cn/simple
3.    !pip install paddlepaddle -i https://pypi.tuna.tsinghua.edu.cn/simple
4.    #OCR 模型依赖于第三方库 shapely、pyclipper,使用该 Module 之前,请先安装
      # shapely、pyclipper
5.    !pip install shapely -i https://pypi.tuna.tsinghua.edu.cn/simple
6.    !pip install pyclipper -i https://pypi.tuna.tsinghua.edu.cn/simple
```

2. 数据导入

```
7.    # 使用 matplotlib 库进行简单的图片处理
8.    import matplotlib.pyplot as plt
9.    import matplotlib.image as mpimg
10.
11.   # 待预测书法图片
12.   test_img_path = ["./work/744-160910120R0.jpg", "./work/744-160910120R2.jpg", "./work/744-160910120R1-50.jpg"]
13.
```

---

① https://paddlepedia.readthedocs.io/en/latest/tutorials/computer_vision/OCR/OCR.html.

```
14.    ♯ 展示第一幅书法图片
15.    img1 = mpimg.imread(test_img_path[0])
16.    plt.figure(figsize = (10,10))
17.    plt.imshow(img1)
18.    plt.axis('off')
19.    plt.show()
```

3. 数据分析

```
20.    ♯ 导入 PaddleHub 库并加载 OCR 模型
21.
22.    import paddlehub as hub
23.    ocr = hub.Module(name = "chinese_ocr_db_crnn_server")
24.    ♯ 设置使用 GPU 进行训练
25.    import os
26.    os.environ['CUDA_VISIBLE_DEVICES'] = '0'
27.    import cv2
28.
29.    ♯ 读取测试文件夹 test.txt 中的照片路径
30.    np_images = [cv2.imread(image_path) for image_path in test_img_path]
31.
32.    ♯ 进行模型预测
33.    results = ocr.recognize_text(
34.                images = np_images,        ♯ 图片数据,ndarray.shape 为 [H, W, C],BGR 格式
35.                use_gpu = True,            ♯ 是否使用 GPU; 若使用 GPU,请先设置 CUDA_VISIBLE
                                             ♯ _DEVICES 环境变量
36.                output_dir = 'ocr_result', ♯ 图片的保存路径,默认设为 ocr_result
37.                visualization = True,      ♯ 是否将识别结果保存为图片文件
38.                box_thresh = 0.5,          ♯ 检测文本框置信度的阈值
39.                text_thresh = 0.5)         ♯ 识别中文文本置信度的阈值
40.
41.    ♯ 打印预测结果
42.    for result in results:
43.      data = result['data']
44.      save_path = result['save_path']
45.      for infomation in data:
46.        ♯ 'text' - OCR 识别结果; 'confidence' - OCR 识别准确概率; 'text_box_position' -
         ♯ 文本识别框四角坐标在图片中的位置(图片左上角为(0,0));
47.        print('text: ', infomation['text'], '\nconfidence: ', infomation['confidence'],
         '\ntext_box_position: ', infomation['text_box_position'])
```

4. 结果呈现

```
48.    ♯ 查看预测结果示例
49.
50.    img1_predict = mpimg.imread('./ocr_result/ndarray_1628750553.660296.jpg')
51.    plt.figure(figsize = (10,10))
52.    plt.imshow(img1_predict)
53.    plt.axis('off')
54.    plt.show()
```

识别结果如图 8.25 所示。

在数字社会,大量文字信息的载体都将从传统的纸媒转向数字媒介,并进行快速分享和传阅。OCR 技术的成熟以及相关技术的应用,解决了传统的"手工录入信息"模式的痛点。该技术已经深入我们生活的方方面面:手机中的图片转文字程序、证件信息自动识别、实名

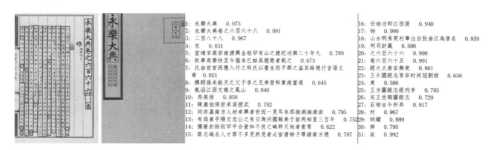

1: 永樂大典 0.973		16: 任地功邱江西提 0.940
2: 永樂大典卷之六百六十六 0.991		17: 物 0.999
3: 二百八十八 0.967		18: 山水明秀葉村事出自張曲江為唐名 0.859
4: 東 0.831		19: 刑判計畝 0.506
5: 宣靖宋高宗南渡興金殺早有山之捷紀功興二十年九 0.789		20: 之六百六十六 0.998
6: 欧事肩摩快至今猶未已始有其麗蓬者載之 0.673		21: 卷六百六十五 0.991
7: 氏由世宦南應入行之科氏以書生西平郡之盛其餘德行言語文章 0.821		22: 經大夫南安無使 0.881
8: 搏頭後未能天之父于李之兄弟登科第疫當通 0.645		23: 王介國趕志享亨时同冠劉傑 0.658
9: 氣沼江西文雅之麗山 0.840		24: 東 0.831
10: 昂英俔 0.958		25: 王方圍縂志提刑李 0.793
11: 陳康伯世承裝提扰 0.792		26: 宋王世期圍縂志 0.729
12: 阿亦嘉南方人材卓興者世而一見耳本都接测湘清淑 0.795		27: 石相古今所共 0.917
13: 有獻善平陽文忠公之有日與問國報乾于前兩相呈三百年 0.752	29: 刑判計畝 0.506	28: 村 0.967
14: 獨發於胗両早平合意如不世之城輝天地者壹常 0.622		30: 炯耀 0.889
15: 昂志越在人才那不多見晚見者必誓唐柳子厚請南方德 0.787		31: 御 0.795
		政 0.992

图 8.25　汉字场景识别结果

认证等场景都有 OCR 技术的加持。它已不再局限于传统的光学分析,诸如深度学习与神经网络模型等先进算法也被加入进来。未来,社会科学的海量数据也可能来自传统的纸质媒体,准确、快速、高效的 OCR 识别就能在转换大量非数字化信息中发挥作用,充分利用其快捷性和便利性助力计算社会科学的发展。

8.3　特 征 提 取

8.3.1　边缘检测

边缘是图像中显著的局部变化,是分析图像的重要特征,它通常出现在图像中两个不同区域之间的边界上。我们使用边缘检测(Edge Detection)来获取图像中的重要特征。边缘检测帮助我们提取信息、识别物体、恢复场景中的几何结构和视点,便于三维重建工作。线条图几乎和原始图像一样容易被人类所识别(见图 8.26)。

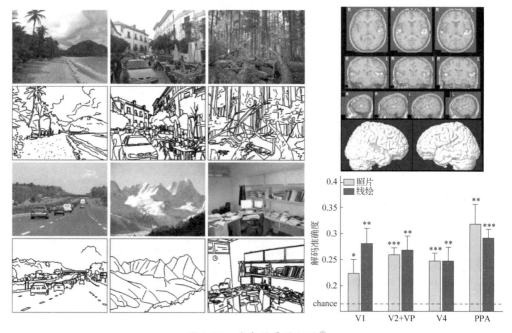

图 8.26　线条图易被识别[①]

---

① Walther D B,Chai B,Caddigan E,et al. Simple Line Drawings Suffice for Functional MRI Decoding of Natural Scene Categories. Proceedings of the National Academy of Sciences,2011,108(23):9661-9666.

在图像识别中,常用的边缘检测算子有 Canny 边缘检测器(Canny Edge Detector)、Sobel 边缘检测器(Sobel Edge Detector)和霍夫变换(Hough Transform)。图 8.27 就是使用 Python skimage 库制作出的 Roberts 和 Sobel 两种边缘检测算子所得的结果。

原始图片　　　　　Roberts边缘检测法　　　　　Sobel边缘检测法

图 8.27　边缘检测结果

8.3.2　轮廓追踪

轮廓追踪(Contour Tracking)就是使用活动轮廓做追踪。它一般可用于跟踪动画人物的面部特征,追踪移动的车辆,还可以用于医学图像分割,其中可以在计算机断层扫描中逐个切片跟踪轮廓,或在超声扫描中随着时间的推移进行轮廓跟踪。一个更接近计算机动画和视觉效果的应用是转描机技术(Rotoscoping),它使用跟踪的轮廓生成一组手绘效果的卡通动画,图 8.28 最左侧第 1 列是原始视频中两帧图像;第 2 列是转描轮廓(Rotoscoped Contours);第 3 列是重新上色更换的衣服(颜色稍深);最右列是最终得到转描手绘效果的动画(Rotoscoped Hand-drawn Animation)。

图 8.28　转描手绘动画[①]

姿态估计是通过人体关键节点的组合和追踪来识别人的运动和行为,从而描述人体姿态和预测人体行为。图 8.29 就是一个有效检测图像中多人二维姿势的示例。此方法使用非参数表示学习身体部位与图像中的个体关联关系。

8.3.3　案例 2:　假的真不了?

图片相似度分析是特征提取的具体应用,在工业中的应用非常广泛。虽然目前图片相

---

① Agarwala A,Hertzmann A,Salesin D H,et al. Keyframe-Based Tracking for Rotoscoping and Animation. ACM Transactions on Graphics (ToG),2004,23(3):584-591.

图 8.29 姿态估计 Pose Estimation[1]

似度技术逐渐被许多新技术所取代,但其在社会科学领域的应用场景依然非常丰富,例如使用图片相似度对文物、书画进行鉴定,通过比较同一位置不同时段街景图像以研究城市的变迁。

本案例将引入 SIFT(Scale-invariant Feature Transform)算法。SIFT 算法由 Lowe 在 1999 年提出[2],该算法的原理是先从待识别的图像中寻找出关键点,提取关键点信息,再将关键点信息进行比对和匹配,由此来计算图片之间的相似度。

本案例的任务是识别两幅"蒙娜丽莎"的相似度(见图 8.30)。如果让我们判断图 8.30(a)和后面几张图是否相同,大家很容易发现图 8.30(a)和后面几张图都不同。但如果要区别哪张图和图 8.30(a)最相似,就是个高难度的问题。事实上,我们可以用计算机视觉来回答。

1. 环境准备

```
1.    # 因知识版权问题,SIFT 模型不再包含在最新的 opencv 库中,故而我们指定下载 3.4.2.17
      # 版本的 opencv 库
2.    !pip install opencv - python == 3.4.2.17
3.    !pip install opencv - contrib - python == 3.4.2.17
```

2. 模型建构

```
4.    import cv2
5.    from matplotlib import pyplot as plt
6.    import numpy as np
7.    import os
8.    import math
9.
```

① Cao Z, Simon T, Wei S E, et al. Realtime Multi-Person 2D Pose Estimation Using Part Affinity Fields. Proceedings of the IEEE conference on computer vision and pattern recognition,2017: 7291-7299.

② Lowe D G. Object Recognition from Local Scale-Invariant Features. In Proceedings of the Seventh IEEE International Conference on Computer Vision,1999.

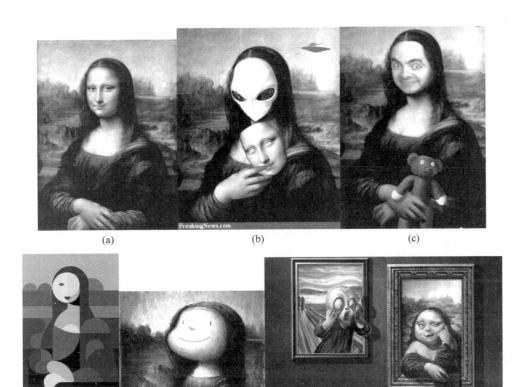

(a) (b) (c)

(d) (e) (f)

图 8.30　蒙娜丽莎图

```
10.
11.    def getMatchNum(matches, ratio):
12.        '''返回特征点匹配数量和匹配掩码'''
13.        matchesMask = [[0,0] for i in range(len(matches))]
14.        matchNum = 0
15.        for i,(m,n) in enumerate(matches):
16.            if m.distance < ratio * n.distance:     #将距离比率小于 ratio 的匹配点筛选出来
17.                matchesMask[i] = [1,0]
18.                matchNum += 1
19.        return (matchNum, matchesMask)
20.
21.    path = './data/MonaLisa/'
22.    queryPath = path
23.    samplePath = path + 'reference.jpg'     #样本图片
24.    comparisonImageList = []                #记录比较结果
```

3. 图像识别

```
25.    #建立 SIFT 特征提取器
26.    sift = cv2.xfeatures2d.SIFT_create()
27.    #建立 FLANN 匹配物件
28.    FLANN_INDEX_KDTREE = 0
29.    indexParams = dict(algorithm = FLANN_INDEX_KDTREE, trees = 5)
30.    searchParams = dict(checks = 50)
31.    flann = cv2.FlannBasedMatcher(indexParams, searchParams)
32.
33.    sampleImage = cv2.imread(samplePath, 0)
```

```
34.
35.    kp1, des1 = sift.detectAndCompute(sampleImage, None)        # 提取样本图片的特征
36.    for parent, dirnames, filenames in os.walk(queryPath):
37.        for p in filenames:
38.            p = queryPath + p
39.            queryImage = cv2.imread(p, 0)
40.            kp2, des2 = sift.detectAndCompute(queryImage, None)      # 提取比对图片的特征
41.            matches = flann.knnMatch(des1, des2, k = 2)    # 匹配特征点,为了筛选匹配点,指定 k
                                                             # 为 2,这样对样本图的每个特征点,返
                                                             # 回两个匹配
42.            (matchNum, matchesMask) = getMatchNum(matches, 0.9)   # 通过比率条件,计算匹配程度
43.            matchRatio = matchNum * 100/len(matches)
44.            drawParams = dict(matchColor = (0, 255, 0),
45.                singlePointColor = (255, 0, 0),
46.                matchesMask = matchesMask,
47.                    flags = 0)
48.            comparisonImage = cv2.drawMatchesKnn(sampleImage, kp1, queryImage, kp2, matches,
        None, ** drawParams)
49.            comparisonImageList.append((comparisonImage, matchRatio))    # 记录结果
```

4. 结果呈现

```
50.    comparisonImageList.sort(key = lambda x:x[1], reverse = True)         # 按照匹配度排序
51.    count = len(comparisonImageList)
52.    column = 4
53.    row = math.ceil(count/column)
54.    # 绘图展示
55.    figure, ax = plt.subplots(row, column)
56.    for index, (image, ratio) in enumerate(comparisonImageList):
57.        ax[int(index/column)][index % column].set_title('Similiarity %.2f % %' % ratio)
58.        ax[int(index/column)][index % column].imshow(image)
59.    plt.show()
```

相似度识别结果如图 8.31 所示。

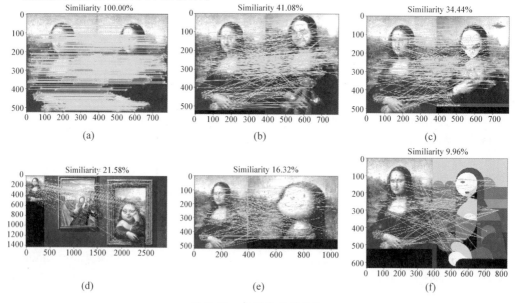

图 8.31　相似度识别结果

　　以上分析显示,图 8.30a 和图 8.30c 的相似度最高,达到了 41％,图 8.30(a)和图 8.30(d)之间的相似度最低,只有 9.96％。为了进一步展示分析结果,我们将这 6 张照片分别进行两两比对(见表 8.1),可以看到最相似的一组照片是图 8.30(b)和图 8.30(c),相似度达到 46％。

表 8.1　各图之间的相似度矩阵

编号	图(a)	图(b)	图(c)	图(d)	图(e)	图(f)
图(a)	100	34.43983	41.07884	9.958506	16.32089	21.57676
图(b)	38.85942	100	45.09284	15.91512	15.91512	25.99469
图(c)	38.54749	46.64804	100	12.7095	15.64246	25.83799
图(d)	32.18391	25.28736	35.63218	100	17.24138	18.3908
图(e)	14.95283	15.23585	16.03774	11.88679	100	11.08491
图(f)	22.57743	22.31195	21.34956	11.91372	16.95796	100

　　在计算社会科学中,图像相似度有大量的应用场景,它正不断扩展社会科学的传统界限。正如威廉姆斯在《图像作为社会科学研究的数据》所介绍的那样,图像在塑造和反映政治生活方面发挥着至关重要的作用,图像处理技术的出现为社会科学家创造了宝贵的新的研究机遇。[①] 但值得注意的是,当前受到算法模型的限制,图像识别的结果稳定性有待提升。

　　图片相似度检测指出了计算机视觉方法在人文社会科学中的应用。事实上,基于卷积神经网络在视觉上实现文物的分类和识别系统已在积极地探索和开发中[②],算法科学家可以在采集既有的权威文物信息的基础上,对不同文物进行分类,综合采用各种数据增强方法和神经网络模型进行文物识别。

8.4　图像对齐与拼接

8.4.1　图像对齐

　　我们一旦从图像中提取了特征,许多视觉算法接下来就要在不同的图像中匹配这些特征。这种匹配的一个重要组成部分是验证匹配特征集是否在几何上一致。比如,特征位移是否可以通过简单的二维或三维几何变换来描述。图像对齐(Image Alignment)是为了实现诸如图像识别、医学图像配准、图像拼接等后续处理的算法。譬如,我们在网站[③]上使用 2 张校园照片进行图像拼接(见图 8.32),图中有明显的拼接边界痕迹和视点不一致的问题。图像对齐技术目前有传统图像对齐方法(又分为 Homography、MeshFlow 和 Optical Flow 等)、基于深度学习的图像对齐算法和基于硬件的图像对齐(陀螺仪)三大类。

8.4.2　图像拼接

　　图像对齐算法非常适合视频摘要和全景图创建等后期应用,而图像拼接(Image Stitching)是将具有重叠视野的多张图像组合起来,以产生分段全景或高分辨率图像的过程。大多数图像拼接方法需要图像和相同曝光之间几乎精确的重叠,从而产生无缝结果。

---

　　① 　Williams N W, Casas A, Wilkerson J D. Images as Data for Social Science Research: An Introduction to Convolutional Neural Nets for Image Classification. Cambridge: Cambridge University Press,2020.

　　② 　熊友谊,王勇,熊四明,等. 基于人工智能的文物鉴定方法、装置、设备和存储介质,CN109948539A[P]. 2019.

　　③ 　https://pinetools.com/merge-images.

图 8.32　图像拼接边界不连续

当前很多数码相机内置了图像拼接即全景图的拍摄功能。图像拼接算法采用图像对齐算法产生的对齐估计,并以无缝方式混合图像,处理潜在问题。图 8.33 就是由 54 张照片构成的球形全景图结果。

图 8.33　图像拼接①

---

①　Szeliski R. Image Alignment and Stitching: A Tutorial. Foundations and Trends in Computer Graphics and Vision,2006,2(1):1-104.

8.4.3　图像合成

图像合成涉及选择最终合成表面(平面、圆柱、球面等)和视图(参考图像),同时还涉及选择哪些像素,以及如何最佳地混合这些像素以最大限度地减少可见的接缝、模糊和重影。解决这些问题的技术包括合成表面参数化、像素/接缝选择、混合和曝光补偿等。如图 8.34 所示,选择狗和孩子们作为源图像合成粘贴至目标游泳池中,中间采用简单合成粘贴形成的合成图显然无法匹配边界处的颜色,而最右的合成图采用泊松图像融合方法掩盖了这些差异,效果良好。

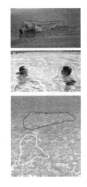

图 8.34　图像合成①

8.5　运动估计

8.5.1　平移对齐和光流

在两张图像或图像块之间建立对齐的最简单方法是将一张图像相对于另一张移动,即平移对齐(Translational Alignment)。运动估计最通用的方法是计算图像中每个像素的独立运动估计,通常称为光流(Optical Flow),它涉及图像上相应像素之间的亮度或色差要最小化。光流应用于运动恢复结构(Structure from Motion)、视频压缩(Video Compression)、视频稳像(Video Stabilization)等领域。

在图 8.35 中,呈现了一个球在连续 5 帧中移动,箭头表示其位移矢量。光流基于两个假设:对象的像素强度在连续帧之间不会改变;相邻像素具有相似的运动。换言之,只有符合这两个假设的应用场景才能使用光流法来估计运动信息。

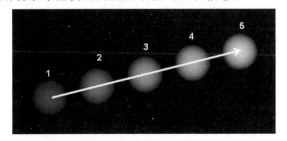

图 8.35　视频序列中运动物体的光流向量②

---

①　Pérez P,Gangnet M,Blake A. Poisson Image Editing. ACM SIGGRAPH 2003 Papers,2003:313-318.

②　https://en. wikipedia. org/wiki/Optical_flow#/media/File:Optical_flow_example_v2. png.

8.5.2 运动追踪

视频对象追踪(Video Object Tracking)是指在特定场景跟踪某一个或多个特定感兴趣对象的过程。传统的应用就是视频和真实世界的交互,在检测到初始对象之后进行观察。这些应用包括监控、动物或细胞的追踪、运动员跟踪其训练、无人驾驶汽车的安全跟踪。深度网络在视觉对象跟踪中发挥了重要作用,通常使用 Siamese 网络将被跟踪的区域映射到神经嵌入中。[①]

目标追踪旨在追踪随着时间不断移动的对象,它使用连续视频帧作为输入。该功能对于自动驾驶汽车而言可以实现高级空间推理和路径规划,也可以用于多人追踪系统,包括用于理解用户行为的系统(如零售店的计算机视觉系统),以及在游戏中监控足球或篮球等各类运动员的系统。图 8.36 就是多人运动跟踪的结果。[②]

图 8.36　视频跟踪[③]

8.5.3　案例 3: 老照片翻新

旧影像修复具有悠久的历史。一方面,人们对经典老片总是有着难以割舍的怀旧情结;另一方面,保护不断流失的珍贵影像遗产也是全人类的责任,有人其实很早就将老电影的修复工作提上日程。2020 年 5 月,一支百年前的老北京"Vlog"刷爆网络。作者用 AI 技术完成上色、修复帧率、扩大分辨率等步骤,对百年前的影像进行修复。经过 AI 的"妙手回春",影像画面逼真流畅,生动还原了当时人们生活的场景。但是,之前从事旧影像修复工作的往往是一些有深厚艺术功底的老师傅,依靠手工逐帧修复、合成的传统方式需要耗费大量的人力、物力和时间。有时候修复一部电影甚至需要两三年的时间,修复成本也很高,这在很大程度上制约了旧影像的大规模修复。近年来,随着人工智能领域机器学习、图像处理等技术的快速发展,AI 修复成为旧影片修复的新路径。

本案例使用的 Deoldify 模型,是 Jason Antic 基于 NoGAN 模型创作的[④]。相较于传统的关键点跟踪方法,NoGAN 算法使用了生成器和判别器,提高了深度学习模型自循环判断结果的准确性。

---

① https://www.votchallenge.net/.

② Izadinia H, Saleemi I, Li W, et al. 2 T: Multiple People Multiple Parts Tracker. European Conference on Computer Vision. Springer, Berlin, Heidelberg, 2012: 100-114.

③ https://www.crcv.ucf.edu/projects/MP2Tracker/index.php.

④ https://github.com/jantic/DeOldify.

1. 数据获取

选择任意老视频,也可以对现代黑白视频进行清晰、上色处理。案例示例采用 bilibili
平台上一段黑白历史视频进行处理(见图 8.37)。

图 8.37　案例示例视频截图

需要注意的是,深度学习计算机视觉修复需要消耗相对较长的时间和较多的资源,在应
用时,最好选择时长在 10s 左右、大小不超过 10MB 的视频文件(代码执行时间大约需要
15min)并以 GPU 模式执行。以免示例运行时间过长。

2. 安装并导入必要的 Python 库和 PaddlePaddle 模型

```
55.     !pip install paddlehub == 2.0.0rc0      # 安装 PaddleHub2.0,并获取分辨率提高模型和着色
                                                # 模型 Deoldify
56.     !hub install realsr == 1.0.1            # 超分模型
57.     !hub install deoldify == 1.0.1          # 着色模型
58.     !hub install photo_restoration == 1.0.1
59.     !rm - rf work
60.     !mkdir - p work/mp4_img work/mp4_img2 output % env CUDA_VISIBLE_DEVICES = 0
61.     % matplotlib inline
62.     # 使用 cv2 库初步处理视频(完成视频帧 - 图片的双向转换工作)
63.     # 使用 paddlehub 库完成翻新工作
64.     # 使用 os 库指定路径、读取视频
65.     import cv2
66.     import paddlehub as hub
67.     import os
```

3. 将视频转化为图片保存以待处理

```
68.     # 影像视频的实质是连续播放的图片,所以深度学习计算机视觉需要将视频还原回图片进行
        # 处理
69.     # 定义 transform_video_to_image()(视 - 图转换)函数,包括两个参数,视频存储地址 video_
        # file_path 和图片存储地址 img_path
70.     def transform_video_to_image(video_file_path, img_path):
71.         '''
72.         将视频中每一帧保存成图片
```

```
73.        '''
74.        # 利用 cv2 库的 VideoCapture()方法创建需要修复视频的实例,调用 CAP_PROP_FPS 方法
           # 保存实例每一帧的信息,存储在变量 fps 中(实际上 video_capture 内部也保存了视频
           # 的逐帧信息)
75.        video_capture = cv2.VideoCapture(video_file_path)
76.        fps = video_capture.get(cv2.CAP_PROP_FPS)
77.        count = 0
78.        while(True):
79.          ret, frame = video_capture.read()
80.        # 使用 read()方法循环读取 video_capture 内部的帧图像信息,返回两个参数 ret 和 frame。
           # ret 是读取结束标志,若 ret 为真,则调用 imwrite()方法存储帧图片,按存储顺序命名。循
           # 环结束,释放 video_capture 变量
81.          if ret:
82.            cv2.imwrite(img_path + '%d.jpg' % count, frame)
83.            count += 1
84.          else:
85.            break
86.        video_capture.release()
87.        print('视频图片保存成功, 共有 %d 张' % count)
88.        return fps, count
89.  fps, count = transform_video_to_image(input_video, 'work/mp4_img/')
```

4. 逐张修复由视频转化的图像

```
90.    # 定义图像处理函数 get_combine_img(),包含一个参数 input_file_patha。首先指定输入输
       # 出路径
91.    def get_combine_img(input_file_patha):
92.      output_file_path = "work/mp4_img2/" + input_file_patha
93.      input_file_path = "work/mp4_img/"
94.      # print(input_file_path)
95.      # print(output_file_path)
96.      model = hub.Module(name = 'photo_restoration')
97.      # 创建升采样模型的实例,通过 imread()从刚才的输入路径读取帧图像并进行修复。这是本
       # 修复代码的核心部分
98.      im = cv2.imread(input_file_path + input_file_patha)
99.      result = model.run_image(im)
100.   cv2.imwrite(output_file_path, result)
101.   # 调用图像处理函数修复图像。若使用本程序的示例视频,修复时间会花费 10～12min
102.   def transform():
103.     for i in range(0, count):
104.       name = str(i) + ".jpg"
105.       # print(name)
106.       get_combine_img(name)
107.     print('视频图片转换成功, 共有 %d 张' % (i + 1))
108.   transform()
```

5. 将修复完毕的图片重新合成视频

```
109.   # 定义图像合并函数 combine_image_to_video(),包含四个参数:需合并的图像所在的路径
       # comb_path,合并完成的视频的输出路径 output_file_path,视频帧数信息 fps(transform_
       # video_to_image()函数的返回值),以及是否在执行过程中打印图片信息 is_print()
110.   def combine_image_to_video(comb_path, output_file_path, fps, is_print = False):
111.     '''
112.       合并图像到视频
113.     '''
114.     fourcc = cv2.VideoWriter_fourcc( * 'MP4V')
```

```
115.
116.     file_items = os.listdir(comb_path)
117.     file_len = len(file_items)
118.     # print(comb_path, file_items)
119.     if file_len > 0 :
120.         temp_img = cv2.imread(os.path.join(comb_path, file_items[0]))
121.         img_height, img_width = temp_img.shape[0], temp_img.shape[1]
122.
123.         out = cv2.VideoWriter(output_file_path, fourcc, fps, (img_width, img_height))
124.
125.         for i in range(file_len):
126.           pic_name = os.path.join(comb_path, str(i) + ".jpg")
127.           if is_print:
128.               print(i + 1,'/', file_len, ' ', pic_name)
129.           img = cv2.imread(pic_name)
130.           out.write(img)
131.         out.release()
132. import time
133. final_name = "output/" + time.strftime("%Y%m%d%H%M%S", time.localtime()) + ".mp4"
134. tran_name = "! ffmpeg - i work/mp4_analysis.mp4 - i work/video.mp3 - c copy " + final_name
135. combine_image_to_video('work/mp4_img2/', 'work/mp4_analysis.mp4',fps)
136. ! ffmpeg - i test.mp4 - vn work/video.mp3
137. os.system(tran_name)
```

6. 查看结果

原视频和 AI 修复后的视频见图 8.38，很明显可以看到原先胶片拍摄造成的画面的撕裂、污损都有所缓解，画面的细节更为丰富，更具立体感，视频也从黑白转换为了彩色(该上色效果需要通过运行示例代码查看)。

图 8.38　修复前后的视频画面对比

本章小结

计算机视觉试图模仿人类视觉，是基于计算机的智能或人工智能的一个子集，从数字图像或视频中收集信息并加以分析。整个过程包括图像获取、筛选、分析、识别和信息提取，这种广泛的处理有助于计算机理解任何视觉内容并据此采取行动。本章从计算机视觉简史为起点，对识别、特征提取、图像对齐与拼接以及运动估计几个方面做了较全面的介绍。本章首先从图像识别引入，分析了计算机处理图像的方式与日常生活中的图像理解的不同，在对色彩、空间的数字描绘的基础上，计算机能够参与到对图像的理解和处理中，进而完成复杂

的工作。其次,本章介绍了特征提取与图像分割等计算机视觉技术的底层应用,并使用案例
演示了通过 SIFT 特征提取法进行图像区分。特征点是计算机"看见"图像、理解图像包含
的现实关系的主要方式之一。对特征点的正确区分,赋予了计算机跟踪目标、估计运动的能
力,并能够完成对图像的分割、拼接等复杂处理任务。最后,本章演示了基于计算机视觉技
术的表情追踪和视频翻新案例,充分展示了计算机视觉技术的前沿应用。

近年来,计算机视觉技术的应用已在日常生活中屡见不鲜。小到人脸解锁、自拍美颜,
大到治安管理、卫星监测,都离不开计算机视觉的加持,计算机视觉技术在短视频领域和文
本处理领域的任务也在不断探索中。虽然计算机视觉是一个已经充分证明其重要性、并具
有广阔发展空间的技术领域,但它的迅速普及和实践则具有复杂性。未来,计算机视觉技术
的应用在日常生活中更加普及。除了基于图像技术应用的计算社会科学外,关于图像技术
的算法审计也应该成为社会科学家关注的重点,例如 Google 关于性别歧视和种族歧视的案
例屡屡发生,给社会带来不小的影响。

习　题　8

1. 计算机视觉在经济生产乃至日常生活中有越来越重要的应用,请尝试探索应用计算
机视觉技术的场景,并指出可能面临的困难。

2. 图 8.39 是赵孟頫所作《人骑图》(局部),历经收藏,已有丰富的题字。请调整汉字书
法识别代码中文本框置信度与文本置信度阈值,让 OCR 程序能尽量全面而准确地识别出
画面内的落款与题字,并思考两种置信度在不同场景中应该如何权衡。

图 8.39　《人骑图》局部

3. 请仿照图片相似度案例的代码,使用 SIFT 算法在图片集 A 和图片集 B 中找出同一
个人的照片。(图 8.40 为图片集 A,图 8.41 为图片集 B,图片来自百度 AI 平台)。

4. 请使用百度 API 对第 3 题中的人脸进行表情分析,并思考类似 SIFT 的关键点识别
方法能否用于表情分析中? 为什么? (提示:请从 SIFT 产生特征关键点的过程思考)。

图 8.40　图片集 A

图 8.41　图片集 B

复杂性与网络分析篇

第9章

社会网络分析基础[①]

本章学习目标

- 掌握点、边、权重、游走、路径、以及连通性等概念
- 掌握二模图与一模图的转换
- 掌握密度、集聚系数、点度分布等描述社会网络的方法
- 掌握计算各种中心度的方式
- 了解强关系、弱联系与结构洞的相关理论

　　从我们天天刷的朋友圈和微博等社交媒体,到找工作或者办事时用来结交人脉的聚会,再到班级或者办公室里的各种复杂人际关系,都是社会网络的存在形式,而我们都身处其中。人们在社会网络里获取和传递信息、资源,扩散情绪,甚至改变他人的参与行动。尽管经济学更强调理性人假说,但是现实生活中每个人的行为与亲朋总是有着千丝万缕的联系。这种人与人之间相互关联的社会本质,恰恰说明了社会网络的重要性。然而,社会网络分析在计算社会科学中的应用,只能说还处于起步阶段。在本章,我们将对社会网络的基本概念和研究方法进行回溯。

　　社会网络研究的基础是图论,也有学者指出社会网络研究不过是图论在社会科学中的别称或应用。毋庸置疑,社会网络借用了许多图论的概念和公式。值得注意的是,在计算机领域,图论研究的重点是算法效率,譬如,如何最快提取图中某些局部或者总体特点,或者如何在道路有容量和费用的限制条件下,最节省地安排车流通过道路等。然而,社会科学中的

―――――――――――――――

　　① 本章在内容组织上受到了 Yang S,Keller F,Zheng,L. Social Network Analysis:Methods and Examples. SAGE Publications,Inc,2017 的启发,特此致谢.感谢曹立坤、李雪莲和芦佳琪对方法论和行文进行校对,以及集智俱乐部尤其是北美分部的友人一直以来对我们学习社会网络前沿理论的帮助和支持.当然,也感谢范晓光通读初稿,并给出了细致入微的修订.

图论研究,或者称之为社会网络研究的学科,其核心关切的并不是算法的效率,而是如何提取和表达给定社会网络中的结构,乃至这种结构本身如何促成了资本的积累、思想的创新,并让个体的倾向汇聚成群体行动乃至形成社会新秩序。

社会网络研究代表着一种有别于传统量化社会科学的思维方式。当后者强调通过获得独立且随机的个体数据以追求统计意义上的严谨时,社会网络研究则试图理解这些个体之间的关联,以及这些关联所构成的结构,乃至这些结构制度化后形成的宏观组织。需要指明的是,社会网络分析多以个体中心网络(Ego-centered)为主,所相熟识的政府官员、亲友的数量,都可以被理解为社会资本[①],而计算社会科学的社会网络分析更侧重整体网(Whole Network),如传统社会网络研究中的企业内部网络是否存在内聚力很高的小团体,连锁董事网络结构性指标(如中心性)对公司的政治捐赠行为的影响。[②] 当然,该类研究随着数据来源更为丰富和复杂,在计算社会科学中的相关议题也更为宽泛。

与其他类似的介绍性文献相比,我们更希望立足于计算社会科学,将社会网络分析与我们所面对的数字社会紧密关联起来。本章包含了若干图论的基本知识,它们不仅仅是一堆无聊的定义和公式,而是作为打开网络科学的一扇窗户。同时,我们还将着重介绍构建网络结构的思路,以及“描述”和“探索”网络数据的方法。至于更复杂的网络分析,包括网络数据中的因果关系推断(比如二次指派程序(Quadratic Assignment Procedure)),基于网络数据的机器模拟和预测(比如与基于行动者模型(Agent Based Modeling)相结合,或者链路预测),以及网络的“同群”效应(Peer Effect)和演化等知识前沿,就留给感兴趣的读者在读完本章及下一章后去自由探索。

9.1　社会网络语境下图的基本构成：点与边的意义

下面让我们从一张最基本的“图”入手。在图 9.1 中,我们称 A、B、C、D、E 为“点(Node)”(也称节点或顶点),把点连接起来的线叫作“边(Edge)”(也称邻边)。“图(Graph)”就是由给定的点以及连接这些点的边所构成的图形,图的数学表达为 $G=(V,E)$。其中 V 是所有点的集合(点集),即 $V=\{A,B,C,D,E\}$；E 是所有边的集合(边集),即 $E=\{AB,AC,AE,BC,BD,BE,CE\}$。社会网络中的网络指的便是这些图形,或更广泛地指代这些图的集合。当然,我们有时候可能只想关注图的一部分,即“子图(Subgraph)”$H=(V_h,E_h)$：$V_h\subseteq V,E_h\subseteq E$。

边有两个基本性质,即方向与权重。打个比方,有 A 和 B 两个人,已知 A 喜欢 B,但是 B 对 A 毫无旖旎之情。放在“有向图(Directed Graph)”里,就存在从 A 到 B 的箭头,但不存在从 B 到 A 的箭头。然而,如果我们的讨论重点变成他俩是不是邻居呢？就定义而言,如果 A 是 B 的邻居,那 B 必然也是 A 的邻居。此时,我们就无须强调他们俩关系的方向,可直接使用“无向图(Undirected Graph)”来简化运算。

当然,更为复杂的情况是,如果我们探讨的除了 A 和 B 是否存在关系,还关心他俩关系到底有多密切,那就有必要引入边的权重概念(见图 9.2)。譬如,A 喜欢 B 到夜不能寐,而

① Gaag M V D,Snijders T A B. The Resource Generator: Social Capital Quantification with Concrete Items. Social Networks,2005,27(1): 1-29.

② 马磊. 连锁董事网: 研究回顾与反思. 社会学研究,2014,(1): 217-240.

B 对 A 虽也有心意却仅是暧昧。在此,虽然 A 对 B 和 B 对 A 都有不可否认的邻边,但这两条边粗细不同,也即权重不同。当然,权重在无向图中也有体现:比如对门的邻居和同条街巷的邻居,串门的频率以及熟悉的程度大抵是不同的,因此 A 与 B 的空间距离可以用一种标注它们边的权重的方式来表示。这种边有权重的图被称为"加权图(Weighted Graph)",即 $G=(V,E,W)$, $W=\{w(e_i): \forall e_i \in E\}$,此处 $w(e_i)$ 表示 G 中任意边 e_i 的权重。

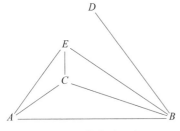

图 9.1　简单图示意

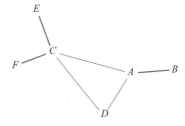

图 9.2　加权图示意(此处用边的粗细表示权重)

以上的图示,还带给我们两点启发。一方面,社会网络中的点通常代表行动者(Agent),或者本质上异质性的元素(比如语词、图片等),而非算法里通常默认的同质化个体。毕竟,人与人之间想建立联系,不仅基于物理上的相对关系,也离不开主动的意愿和行动,还受制于外部情境。因此,认识到社会网络中点的异质性,以及其中行动者的主观能动性,对建构和理解网络模型中的因果顺序极为重要。比如,点与点在图中相对位置的差异(即结构性相似度),究竟是源于网络本身的内生结构,还是源于外生的个体差异?为什么有些观点(思想)会更有影响力甚至影响整个社会发展进程,是因为它们足够绝妙,还是因为它们关联起更多本身迥异的领域,或调动了更多人的利益?这些思考都构成了计算社会科学中社会网络分析中的经典议题。

另一方面,在这些有主观能动性的相异个体之间存在的边,其性质也取决于行动者的主观感受、观察者的视角以及研究者思考的维度。这意味着同一组的行动者也可能存在多重网络。如约翰·帕吉特(John Padgett)对佛罗伦萨文艺复兴的研究就发现,文艺复兴中影响深远的创新并不仅仅来自寥寥几个旷古烁今的天才,而更多源自普通人庞大的多领域网络——亲缘网络、政治网络、经济网络等的重叠处,不断涌流的资源和想法的交汇。[①]

让我们重新回到图论。正如相邻的人家被叫做邻居,在无向图中,一个点的"邻居(Neighbor)"指的是所有从该点能通过一条边连接的点的集合,即 $\forall v_i \in V, \mathcal{N}(v_i)=\{v_j: \{v_i,v_j\} \in E\}$。无向图中边表达为 $\{v_i,v_j\}$,它不强调两点前后顺序,而有向图的边表达为 (v_i,v_j)。[②] 点的"度数(Degree)"是它的邻居总数,即所有与它相连的边的条数。有向图中,点的"入度(In-degree)"是它的内向邻居总数,即所有进入该点的边的条数;"出度(Out-degree)"是它的外向邻居总数,即所有从该点出发的边的条数。边和邻居如同一个硬币的两面,并分别对应了图在编程中的两种主要存储格式。从边的角度,"邻接矩阵(Adjacency Matrix)"用矩阵 M 记录了所有可能存在的边的性质。对图 $G=(V,E)$ 中任意两点 v_i,v_j,

①　Padgett J F, Powell W W. The Emergence of Organizations and Markets. Princeton: Princeton University Press, 2012.

②　也就是说, v_i,v_j 间存在无向边意味着同时存在从 v_i 到 v_j 和从 v_j 到 v_i 的两条有向边,即 $\{v_i,v_j\}=\{(v_i,v_j),(v_j,v_i)\}$.

我们定义 $w(v_i, v_j)$ 如下：如果 v_i, v_j 不连通，则 $w(v_i, v_j) = \infty$；如果连通，则 $w(v_i, v_j)$ 为边的权重。在无权重图中，边的权重可视为 1，或其他方便计算的常数。则邻接矩阵 $\boldsymbol{M}$ 可以表达为 $\forall v_i, v_j \in V$, $\boldsymbol{M}[v_i, v_j] = w(v_i, v_j)$。从邻居的角度，"邻接列表（Adjacency List）"则通过一个散列表（Hash Table）$T^{①}$ 记录每个点及其对应的所有邻居：$\forall (v_i, v_{ij}) \in E$，$T = \{v_1: [v_{11}, v_{12}, \cdots], v_2: [v_{21}, v_{22}, \cdots], \cdots, v_n: [v_{n1}, v_{n2}, \cdots]\}$。

事实上，计算机程序所"看到"的并不是一张我们意识里那种可视化的点边图，而是一个记录了所有点和它们邻居的矩阵（见图 9.3）。对于这一数据结构的掌握，有助于我们更好地理解和优化社会网络程序和算法。譬如，在录入和读取的社会网络数据量过大时，我们就需要根据网络的基本特征选择更高效的数据结构。从定义可知，邻接矩阵的总数据量是 $|V| \times |V|$，邻接列表的则是 $|V| \times |E|$。已知当所有点与所有点都有（有向）边时，$|E| = |V|^2$，则 $|V|^2$ 是 $|E|$ 的最大可能取值（$0 \leqslant |E| \leqslant |V|^2$）。由此，当给定图中边的数量不多时（$|E| \ll |V|^2$），邻接列表的存储方式更方便，而当边非常密集的时候（$|E| \approx |V|^2$），邻接矩阵的存储方式更为有效。

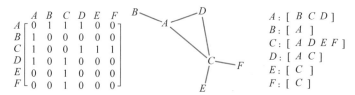

图 9.3 邻接矩阵（左）、网络图（中）和邻接列表（右）

9.2 线性视角下的局部流动性：游走、路径及连通性的相关概念

在数字时代，越来越多的人在计划旅游的时候都流行先搜路线图，看如何能够更轻松地打卡更多景点。譬如，游览杭州西湖，一种路线就是"断桥残雪"—"平湖秋月"—"曲院风荷"—"苏堤春晓"—"雷峰夕照"—"柳浪闻莺"—"南山路"。用图论的话说，便是西湖这个空间路网中一条路径或者游走。"游走（Walk）"是一个有限或无限的边的序列。这个序列表达了在图中从一个给定起始点开始，通过既有的边走到另一个给定终点的某一条路线。当这个序列中没有重复的点（也因此没有重复的边）时，则被称作"路径（Path）"；若仅有起点和终点重合，则被称为"环（Circle）"。总之，路径是游走的一个子集。如果说路径是"你精心计算好的西湖一日游路线，一步冤枉路也不愿意走"，那么游走就是"你在西湖风光中信马由缰，或也遵循计划的路线，或则听闻有朋自远方来，便回程与其重温已经走过的路和看过的风景"。那么，在图 $G = (V, E)$ 中，（有限）游走是边的序列 $(e_1, e_2, \cdots, e_n)$，$\forall i = 1, 2, \cdots, n$，$e_i \in E$。或者也可以用点的序列来表示，即 $(v_1, v_2, \cdots, v_n)$，$\forall i = 1, 2, \cdots, n-1$，$(v_i, v_{i+1}) \in E$。如果 $\forall i, j, i \neq j$，都有 $v_i \neq v_j$，这组序列也被称为路径。

虽然路径和游走的定义类似，但它们的适用场景差异明显，还有着截然不同的现实意义。路径通常被用来描述图的局部或整体的连通性，而游走往往作为一种模拟取样方法被提及。譬如，在实验中，将一群蚂蚁放入迷宫，观察并记录它们选择通关的路线分布，然后用这些数据进行统计学分析。如果蚂蚁总是在随机地选择岔路口的话，那这个实验过程可以

---

① 散列表即 Python 里的 Dictionary.

被称为"随机游走(Random Walk)"。从定义来讲,在一张给定的图上,行动者在每个单位时间都根据既定的概率,随机选择一个所在点的邻居移动过去(有的模型也包括原地不动这一选项),这样移动下去所形成的轨迹(或者说记录其位置变化的序列)就是一条随机游走。类似的随机游走模型属于蒙特卡罗法[①]的一种,被广泛应用在生物、物理、经济学等领域中,也是 2020 年以来新冠肺炎疫情时期各国预测疫情传播的重要理论基础。其实,如果从网络的角度去理解整个人类世界的运转,游走可以被理解成个体思考和成长的过程。在不同研究领域中想法(Idea)的游走,或许恰恰是很多学术创新的源头。[②]

在游走的模拟过程,所引入的随机性或者试探性(Heuristic)的行动规则,意味着其结果的概率性。然而,路径问题则倾向于关注特定性质(比如最短、最长、权重最小、权重最大等)的路径求解,即使存在多个最值目标路径,它们的属性(长度或权重)也应当是确定一致的。通过路径,我们可以计算图的很多性质,比如连通性和偏心率。下面我们列出了一些主要的概念供读者参考。

路径与连通性的相关定义:

(1) 如果图中的两点 u,v 之间存在路径,u,v 被称为是"连通(Connected)的点",否则称为不连通的。

(2) 如果图中任意两点间都是连通的,该图就是"连通的图",否则称为不连通的图。

(3) 如果把有向图的边全部替换成无向边之后,该图是连通的,那么这个有向图被称为"弱连通的";如果无须替换,该有向图中的任意两点间本身都存在有向路径,那么此图被称为"强连通的"。当然,强连通的图必然也是弱连通的,反之则不然。

(4) 如果对于图 $H=(V_h,E_h)$,图 $G=(V,E)$,有 $V_h\subseteq V,E_h\subseteq E$,则我们称 H 是 G 的"子图(Subgraph)"。

(5) 在无向图中,如果存在一个连通的子图,且此子图中的点与图中余下的任何点都不连通,那么它可以被称为"连通分量(Connected Component)"。此定义意味着:①每个点和边都属于且仅属于一个连通分量;②这个无向图是连通的,当且仅当它有且仅有一个连通分量。

(6) 在有向图中,如果有一个强连通的子图,且该子图中的点与图中余下的任何点都不强连通,那么此子图可以被称为"强连通分量"。一个连通图或连通分量中可能包含多个强连通分量。

(7) 两点 u,v 在给定图中的"距离(Distance)"$\mathrm{dist}(u,v)$ 是它们之间最短路径的长度;如果两点间不存在任何路径,则距离在计算机领域通常被定义无限。

(8) 点 v 的"偏心率(Eccentricity)"是其与图中所有其他点的距离的最大值,即 $\varepsilon(v)=\max\limits_{\forall u\in V}\{\mathrm{dist}(v,u)\}$。

(9) 图的"半径(Radius)"是图中所有点的偏心率的最小值,即 $r=\min\limits_{v\in V}\varepsilon(v)$。

(10) 图的"直径(diameter)"是图中所有点的偏心率的最大值,即 $d=\max\limits_{v\in V}\varepsilon(v)$。

(11) 所有偏心率与所在图半径相等的点被称为"中心点",所有偏心率与所在图直径相

---

① 蒙特卡罗法可以被粗略理解成一种用基于(伪)随机数的机器模拟来解决复杂计算问题的方法.

② 见第 10 章案例 3.

等的点被称为"边缘点"。事实上,一张图可能存在多个中心点或者边缘点。

总之,路径从存在和程度两个角度量化了网络中的连通性。以常见的信息网络为例:首先,路径是否存在——两点间是否存在(强)连通、图中任一两点是否存在(强)连通,表达了信息在网络中传播到某些位置的可能性。其次,路径的长度——两点间距离、图的半径及直径,表达了信息在网络中传播的速度以及可能经受损耗的次数。

那我们如何从社会科学的角度理解路径和连通呢?"六度分割理论"或"小世界理论"猜想提出,在一个现代社会里,联系上两个陌生人的路径平均只需要大概六个中间人。心理学家米尔格拉姆在 1967 年通过在美国的信件传递实验[①],首次从实证的角度验证了这个猜想。在互联网时代,如果把我们微信、微博等社交网站上的好友们全都加总,想要联系上某个陌生人所需要的中间人甚至更少。2011 年的一项研究基于脸书(Facebook)超过 7 亿活跃用户的全部数据表明,社交媒体平台上陌生人之间的中间人平均只有 3.74 个[②],作者将这个发现简称为信息时代的"四度分割"。现代社会依托发达的通信手段发展出的高连通性,暗示着大量的信息和资源不再会被传统的阶级和地域所限制,真相和谎言都可以顺着越来越短的陌生人路径,迅速流通到社会的每一个角落。

有趣的是,社交网络中的沟通频率并不总随着关系跨度变长而变小。比如,帕克等基于来自四个大洲十一个不同文化的网络超过五千万推特和手机用户的数据发现,社交网络上的好友之间的关系跨度(即去除直接联系的边后,两点间在网络中第二短的路径长度)与他们的社交强度成 U 形关系(见图 9.4)。[③] 换言之,人们在网络上沟通频繁的对象,不仅包括来自跟自己有很多共同好友的小圈子(短关系跨度),还有来自完全不同的陌生人的圈子(长关系跨度)。作者把这种长关系跨度比喻为网络世界的"虫洞"。这进一步体现了社交网络中间接关联对我们获取信息的重要性。

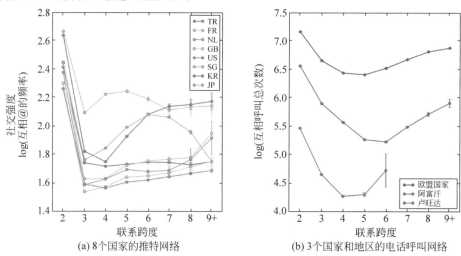

图 9.4　联系跨度(Tie Range)与社交强度(Tie Strength)关系折线图

---

① Milgram S. The Small-World Problem. Psychology Today,1967.

② Ugander J,Boldi P,Vigna S, et al. Four Degrees of Separation. ACM,2013.

③ Park P S,Blumenstock J E,Macy M W. The Strength of Long-Range Ties in Population-Scale Social Networks. Science,2018,362(6421): 1410-1413.

9.3　二模图与结构等价

当所有节点都属于同一类型时,我们称其为一模图。但我们也可以从不同的视角绘制同一个网络的不同样貌:比如,当我们把点的共同特征,而不是点的相互关系作为网络联系时,就可以用二模图的方式呈现社会网络。"二模(Two-mode)图"也称"二分图/偶图/双分图":如果图 G 的所有节点可以被分为两个互斥的独立点集 V_i 和 V_j,且所有边均连接 V_i 和 V_j 中的点,则 G 被称为二模图。狭义来说,社会网络中的二模图通常存在两组点,一组是行动者本身,一组是行动者可能共享的属性,如事件参与、组织归属、生活方式等。图 9.5 源自一个关于美国南方女性参加社交活动的经典研究。[①] 其中,左图将二模图以邻边矩阵表示,右图则是经典的二分图构造。在右图中,下面的点集是 18 名行动者,上面的点集则是她们参与的 14 个活动。

一组参与者的姓名	社会事件的编号和日期													
	(1) 6/27	(2) 3/2	(3) 4/12	(4) 9/26	(5) 2/25	(6) 5/19	(7) 3/15	(8) 9/16	(9) 4/8	(10) 6/10	(11) 2/23	(12) 4/7	(13) 11/21	(14) 8/3
1. Mrs.Evelyn Jefferson……	×	×	×	×	×	×	…	×	×	…	…	…	…	…
2. Miss Laura Mandeville……	×	×	×	…	×	×	×	×	×	…	…	…	…	…
3. Miss Theresa Anderson……	…	×	×	×	×	×	×	×	×	…	…	…	…	…
4. Miss Brenda Rogers……	×	…	×	×	×	×	×	×	…	…	…	…	…	…
5. Miss Charlotte McDowd……	…	…	×	×	×	…	×	…	…	…	…	…	…	…
6. Miss Frances Anderson……	…	…	×	…	×	×	…	×	…	…	…	…	…	…
7. Miss Eleanor Nye……	…	…	…	…	×	×	×	×	×	…	…	…	…	…
8. Miss Pearl Oglethorpe……	…	…	…	…	…	×	…	×	×	…	…	×	…	…
9. Miss Ruth DeSand……	…	…	…	…	×	…	×	×	×	…	…	…	…	…
10. Miss Verne Sanderson……	…	…	…	…	…	…	×	×	×	…	…	×	…	…
11. Miss Myra Liddell……	…	…	…	…	…	…	…	×	×	×	…	×	…	…
12. Miss Katherine Rogers……	…	…	…	…	…	…	…	×	×	×	…	×	×	×
13. Mrs.Sylvia Avondale……	…	…	…	…	…	…	×	×	×	×	…	×	×	×
14. Mrs.Nora Fayette……	…	…	…	…	…	×	×	…	×	×	×	×	×	×
15. Mrs.Helen Lloyd……	…	…	…	…	…	×	×	×	…	×	×	×	…	…
16. Mrs.Dorothy Murchison……	…	…	…	…	…	…	…	×	×	…	…	…	…	…
17. Mrs.Olivia Carleton……	…	…	…	…	…	…	…	…	×	…	×	…	…	…
18. Mrs.Flora Price……	…	…	…	…	…	…	…	…	×	…	×	…	…	…

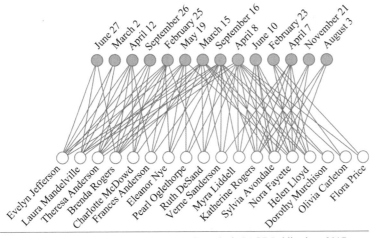

Yang S,Keller F B,Zheng L.Social Network Analysis.SAGE Publications.2017.

图 9.5　两种二模图表达示意图

① Davis A,Gardner M R,Wallach J J. Deep South:A Social Anthropological Study of Caste and Class. Chicago:University of Chicago Press,1941.

对于二模图,我们可以直接将它视作一模图,利用上文提到的一模图进行分析研究。然而,当行动者与属性都等同地交织在一个网络中,该网络的结构和特性(比如中心度、连通性等)在现实中的意义就很难被解释清楚。由此,我们通常会先将二模图转换为一模图后再进行研究。

我们首先引入"结构等价(Structural Equivalence)"概念。即如果节点 v,u 和图中所有其他节点的邻边都一样,那么它们是"结构等价"的。换言之,如果两个点结构等价,说明两个节点处于完全一致的社会情境中,并在网络中扮演着完全一致的角色。然而,越是在大型网络中,结构等价就越为罕见,由此我们通常会计算结构等价的程度,即结构相似度。[①] 计算结构相似度的方法较多(见表 9.1)。

表 9.1   计算结构相似度的方式[②]

Measure	Formula	Purpose
Ovverlap count	a	opportunity
Jaccard Similarity	$\dfrac{a}{a+b+c}$	opportunity(weighted by attendance)
Simple Matching	$\dfrac{a+d}{a+b+c+d}$	Behavioral Mirroring(weighted)
Pearson's Correlation	$a+d$(normalized)	similarity/social allegiance(best for valued ties)
Yule's Q(aka. Goodman & Kruskall's gamma)	$\dfrac{ad-bc}{ad+bc}$	similarity/social allegiance(correlation for binary ties)
Many more...	e. g. , https://cran. r-project. org/web/packages/philentropy/vignettes/Distances. html	

首先,最直接的是计算"重叠数"(即表 9.1 中的 a),但在大型且稀疏的网络中(即 d 很大),每个点的重叠数可能都相当且偏小,从而导致难以判断点与点之间在多大程度上是结构等价的。因此,我们也可以用"雅科比相似度(Jaccard Similarity)"进行加权:即忽略两个人都没有参与的事件(d),只关注在所有人参加过的所有事件中($a+b+c$)有多少是共同参加的(a)。另一种被称为"匹配"的思路则同时关注正反两边的行为对应,它认为两人的相似度不只取决于他们共同参与了什么事件(a),还取决于她们都没有参与的事件(d)。而当二模图本身的边具有权重的时候,我们则可以用皮尔逊相关系数(Pearson's Correlation)或者协方差来计算两个节点的相关度。

① Hanneman R A. 12. Network Positions and Social Roles: The Idea of Equivalence. Introduction to Social Network Methods.

② Murphy P. Bipartite/Two-Mode Networks in Statnet. RPubs.

9.4　图的密度与集聚

9.4.1　密度

费孝通在《乡土中国》里描述了"乡土社会"里"生于斯,死于斯"的社会状态:每个孩子都是在邻里被大家看着长大,村里几乎都是"熟人"。然而,在中国快速的城市化和人口流动的过程中,城市居民之间的陌生感却在不断被强化。在社会网络分析中,我们称前者为稠密(Tight-knit)的网络,后者则是稀疏(Loose-knit)的。用数学语言来表达就是一张图的"密度"$d(G)$为所有存在的(有向)边数÷所有可能存在的(有向)边数。即,对图 $G=(V,E)$,若 G 为无向,则 $d(G)=\dfrac{2|E|}{|V|(|V|-1)}$,若 G 为有向,则 $d(G)=\dfrac{|E|}{|V|(|V|-1)}$。虽然密度是个量化的概念,但它却常常出现在社会网络的定性讨论中。除了它简单直接,更主要的原因在于极密和极疏的社会网络通常意味着边在生成和维持过程中的不同机制。

然而,密度只是一种对图整体特征的粗略概括。图 9.6 中两张无向图都有 86 个点和 118 条边,密度都是 118÷[(86×85)÷2]=3.23%。但是左图里有一个中心点被"众星拱月",而右图则是一张每条边的存在概率都相同的随机图。不难看出,这两张图有着完全不同的结构和特性,也代表着迥异的现实意义。为此,我们需要引入更多的测量和描述方式。

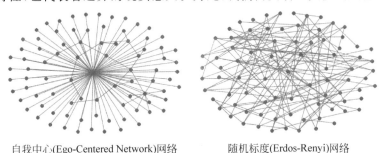

自我中心(Ego-Centered Network)网络　　　　随机标度(Erdos-Renyi)网络

图 9.6　密度相同,不代表图的结构相似

$$|V|=86,|E|=118$$

9.4.2　从局部到宏观: 三元组(Triad)与集聚系数(Clustering Coefficient)

在一张图中,任意两点无论连通与否,都称为二元组;同理,任意三点无论连通与否,也可被称为三元组。二元和三元并非数字加减,事实上在理论上存在着显著差异。经典社会学家格奥尔格·齐美尔(Georg Simmel)早在 1908 年的论文里便提出对三元组的经典论述。[1] 他总结认为,在二元关系中加入的"第三者",通常会扮演以下几种角色:①入侵者。比如情侣里的第三者,会干扰降低两个人之间原本纯粹而直接的互动和信任;②黏合者。比如孩子让夫妻因为有同样的操心对象而更加深入地共情和理解对方;③中立者。有的人出于社会地位、利益考量等原因,在矛盾和冲突中"不偏不倚",甚至作为仲裁者来化解矛盾或者主持公道;④鹬蚌相争时,坐收渔翁之利者;⑤统治者。有的统治者选择将被统治者分而治之,比如印加人征服了新部落之后,为了更好管理会将该部落划分成两个相似大小的部分,然后让两个几乎平级的官员分别治理。因此,相互制衡的两个部落加上处于统治地位

---

[1]　Nooteboom B. Simmel's Treatise on the Triad (1908). Journal of Institutional Economics ,2006,2(3): 365-383.

的统治者,就也形成了一个三元组。这几种分类并不固定,时而相互转换,尤其是当其中两方决定联合的时候,第三者的角色也就随之变化。[①]

当我们将这些微观概念拓展到宏观的计算中时,就需要理解传递性假设(见图 9.7)。该假设是指,在有向网络里,如果 A 信任 B,B 信任 C,那么 A 信任 C 的可能性就更高;而在无向网络里,如果 A 和 B 认识,B 和 C 认识,那么 B 有更大的可能把 A 和 C 约出来让他们俩互相认识。存在 AB、BC 边但是不存在 AC 边的三元组称为是"开放的",而 AB、BC、AC 三边同时存在的三元组则为"闭合的"。当边出现传递性,即两条边的存在促成了第三条边的出现,该图就是"三元闭合"。一般而言,三元闭合意味着对两个不连通的点,如果两个点都在同一个密集的集聚中,那么它们比图中任取的两点更有可能会在之后连通起来。[②][③]

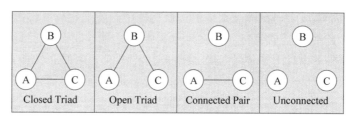

图 9.7　三元组的分类[④]

总之,三元闭合意味着节点之间的集聚。其数量除以三元组总数,可以作为计算集聚程度的系数。"局部集聚系数(Local Clustering Coefficient)"是由瓦茨(Duncan Watts)和斯托加茨(Steven Stragatz)在 1998 年最早提出的。[⑤] 它所测量的是:对于一个给定点,以其为核心的局部网络在多大程度上接近一个"全图"(即任何两点间都有边相连的图)。也就是说,这个局部网络里的所有三元组,距离全部闭合的最终状态还差多远。

上述的概念界定用数学语言可以表述如下:给定图 $G=(V,E)$,①定义 N_i 为 v_i 全部邻居的集合,则在有向图中的这些邻居之间最多能构成 $\kappa(v_i)=|N_i|\cdot(|N_i|-1)$ 条边;在无向图中,由于边(v_j,v_k)与边(v_k,v_j)等价,最多有 $\kappa(v_i)/2$ 条不同的边;②定义 e_{jk} 为点 v_k,v_j 间的边;③定义这 N_i 个邻居之间存在的边数为 $\varphi(v_i)=\{e_{jk}:v_j,v_k\in N_i,e_{jk}\in E\}$。基于①③,有向图中点 v_i 的局部集聚系数被定义为 $C_i=\varphi(v_i)/\kappa(v_i)$;无向图中,则 $C_i=2\varphi(v_i)/\kappa(v_i)$。既然 N_i 为 v_i 全部邻居的集合,那么对任意点 $v_j,v_k\in N_i$,都有 $e_{ij}\in E,e_{ik}\in E$。换言之,如果 e_{jk} 的确存在,那么 v_i,v_j,v_k 三点就构成了闭合三元组;反之这三点就构成了开放三元组。因此,在这个以 v_i 和其所有邻居构成的子图里,所有包含 v_i 的闭合三元组总数是 $\lambda(v_i)=\varphi(v_i)$,所有包含 v_i 的三元组(开放或者闭合)总数则为

①　所谓的"第三者"不一定是单一个体:三元组真正的重要性在于让"多数人投票"成为可能. 二元世界里,两者相互制衡,没有所谓联合可言. 而一旦变成三元之后,结党便成为可能乃至必要的政治策略. 而从三元组到多元组,就不是质变的区别了,毕竟只要是超过两个人的博弈里,联合多数人形成联盟便是最常见的取胜策略. 或许这也是理解"一生二,二生三,三生万物"的视角之一.

②　Holland P W,Leinhardt S. Transitivity in Structural Models of Small Groups. Comparative Group Studies,1971,2(2):107-124.

③　Watts D J,Strogatz S H. Collective Dynamics of"Small-World"Networks. Nature,1998,393(6684):440-442.

④　Tsvetovat M. Social Network Analysis for Startups,Alexander Kouznetsov. O'Reilly Media,2011.

⑤　Duncan,Strogatz,1998.

$\tau(v_i) = \kappa(v_i)$。而 C_i 也可以表示为含点 v_i 的闭合三元组在含点 v_i 的所有三元组中的占比,即 $\lambda(v_i)/\tau(v_i)$。

当然,局部集聚系数也可以拓展到宏观集聚的测量中。首先,既然对点 v_i 集聚系数等于以 v_i 为中心的子图里包含 v_i 的闭合三元组总数除以该子图里包含 v_i 的开放或闭合三元组总数,即 $C_i = \lambda(v_i)/\tau(v_i)$,那么我们同样可以定义"全局集聚系数(Global Clustering coefficient)"(也称传递性系数,Transitivity)为整个图中所有闭合三元组的总数除以图中所有开合或闭合的三元组总数,即 $C = \lambda/\tau$。有向图的全局集聚系数则一般视为其对应无向图的全局集聚系数。[①] 此外,我们继续沿用 Watts-Stragatz 局部集聚系数,定义"网络平均集聚系数"为 $\bar{C} = \frac{1}{n}\sum_{i=1}^{n} C_i$。由定义可知,上述两种集聚系数的取值都为 0~1。值得注意的是,虽然这两种系数通常会呈现出相同的趋势,但是确实存在某些特殊的网络结构,在其中随着点数趋近于无穷,两种系数会产生分歧,一增一减分别向 0 和 1 两个临界值逼近。[②]

9.4.3　弱连带与结构洞

三元组所引出的另一个重要讨论,是关于弱连带(Weak Ties)及结构洞(Structure Hole)的。如前所述,邻边在社会网络中可以具有权重:根据交往之时间、感情之强度、相互之信任、彼此之回馈,人与人之间存在权重高和低的联系,即"强边"和"弱边"。格兰诺维特(Mark Granovetter)在其著名的《弱连带的优势》[③]指出,强边所连接的两点通常是极为相似的:正是因为他们性格或者生活处境之相似,他们才会产生紧密的联系。然而这样的强边会导致彼此信息的重复,只有弱边才能成为"桥梁",连接不同的群体,带来新的信息(见图 9.8)。因此,想要摧毁一个社交网络的信息通路,需要的不是摧毁强边,而是移除这些作为桥梁的弱边,使得各个集群被孤立起来。格兰诺维特提到,引入弱边的概念可以弱化三元传递性的假设:传统的传递性假设需要 ABC 三个节点处于一个足够紧密的环境中,从而让 AC 之间因为 AB 和 BC 的联系而感受到它们也需要彼此关联。但是引入边的强弱概念之后,我们就可以突破上述的假设了,因为即使 ABC 不在一个紧密的环境中,无法形成基于集群的强联系,他们之间也可以出现基于弱联系的沟通,从而让重要的信息得以传递到不同的集群中。

如果说格兰诺维特论述的是"因为两个社群间的联系通常是弱联系,所以弱边更容易传递新的信息",那么伯特(Ronald Burt)的结构洞理论则是从反向的因果关系角度论述了类似的观察:"因为两个社群之间存在信息的差异,所以在它们之间存在需要填补的结构洞(即连接两个社群的节点)"。也就是说,占据更多结构洞位置的行动者,更能够斡旋于不同的社群之间,利用其中的信息差,取得更大的资源和权力。

无论是格兰诺维特还是伯特,他们所关注的其实都在于是否存在一些关键的节点和邻边,它们处在不同的社群之间,并充当了信息连接的媒介。从图论的角度来看,我们可以说这些节点或者它两边的邻边承载了更多的来自两个社群之间的往来,或者说两个社群间节

---

①　Transitivity of a Graph. Igraph R Manual Pages. Web. 09 July 2021. 源自 https://igraph. org/r/doc/transitivity. html.

②　Estrada,Ernesto. When Local and Global Clustering of Networks Diverge. Linear Algebra and Its Applications,2016,488:249-263.

③　Granovetter M S. The Strength of Weak Ties. American Journal of Sociology,1973,78(6):1360-1380.

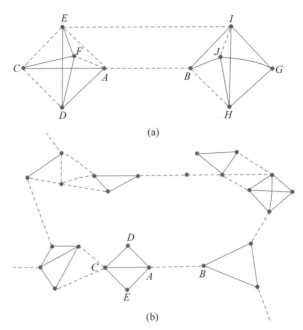

图 9.8　弱边(虚线)与强边(实线)

点的路径最短。从 9.5 节我们将看到,基于这样的思路,我们可以计算点的中介中心度。

9.5　中心度及其相关概念

节点的中心度反映了一个点在网络中是否处于中心位置,对其他点是否重要或有影响力。通过点中心度的分布特征,我们能更好地观测到网络的宏观结构。这种个体和群体的关联,暗含了一种结构主义的思维方式:因为我们在这里所定义的个体在群体中的影响力,并不完全取决于制度或资源禀赋,而取决于该群体的组织结构。但是这种强结构性假设也带来了弊端:对大部分中心度算法来说,其测度的准确性对网络数据的完整程度尤为敏感,一旦数据收集时遗漏了某些重要节点,那么全局所有点中心度的计算都可能产生重大误差。[①] 不过,中心度的计算既简洁又灵活,是社会网络分析中应用最广泛的研究方法之一。

本节主要介绍点度中心度(Degree Centrality)、接近中心度(Closeness Centrality)、中介中心度(Betweenness Centrality)和特征向量中心度(Eigenvector Centrality)。让我们从历史最悠久的"点度中心度"开始:在无向图中,点 v 的点度中心度就是其邻居数量;在有向图中,点 v 的入度中心度和出度中心度分别为其内向邻居和外向邻居数量。我们在研究时通常会标准化处理。

与点度中心度相关的,"度分布(Degree Distribution)"$P(k)$ 是用于描述网络结构最重要的特征之一。度分布描述的是图中一个随机选择点的度数为 k 的概率。从这个角度而言,复杂网络的拓扑结构可以被分为"随机网络(Random Network)"和"无标度(Scale-free)

---

① Ward M D,Stovel K,Sacks A. Network Analysis and Political Science. Annual Review of Political Science,2011,14(1):245-264.

网络",见图 9.9 和图 9.10[1]。在随机网络(或者说标度网络)中,对所有 k,总存在常数 C,λ,使 $P(k)$ 满足 $P(k) \leqslant Ce^{-\lambda k}$。标度网络模型假设存在稳定且有意义的标度,即度分布的期望值和方差,然而现实世界的复杂网络中(比如互联网),任意一个节点的度数很可能是小到忽略不计,但却也有可能大到近乎无穷。换句话说,在这类网络中,随着总点数趋近无穷,度数的期望值和度数方差也趋向于无穷,不再有明确的现实意义。因此,这类网络被称为无标度网络(或标度自由网络),即 $P(k) = Ck^{-\gamma}$。从生成的角度而言,标度网络的随机生成模型以 Erdos-Renyi(ER)网络为代表:对给定的点集,它假设任何两点之间的边的存在概率都是一致且固定的。而无标度网络的生成模型则假设关系是逐渐积累和演化的:它总是在既有的点上以固定的概率随机增加新的点和相连的边。这意味着一开始就存在的点具有更高的概率积累更多的关系,且密集区域的点会倾向于变得更密集。毋庸置疑,这种累积型关系模型更符合我们对于社会网络生成过程的直觉。在社会和自然网络中,研究者确实发现了标度网络的存在,比如受制于人口和空间分布的输电网络;但不得不承认绝大部分人类和自然世界中的网络都呈现出无标度的特性,包括 Email 沟通网、论文引用网、蛋白质相互作用网等。总之,在复杂网络分析中,我们最好汇报研究对象是否属于无标度网络,以及对应的 λ 或者 γ 的估值。

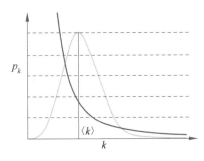

图 9.9　标度网络(浅)与无标度网络(深)的度分布示意图

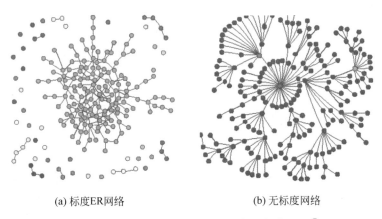

(a) 标度ER网络　　　　　　　(b) 无标度网络

图 9.10　随机生成的标度 ER 网络与无标度网络[2]

① Barabasi A L. Section 4. Network Science: The Scale-Free Property, 2014.
② Strogatz S H. Exploring Complex Networks. Nature, 2001, 410: 268-276.

让我们再次回到中心度的讨论中来。为了理解点在全图中扮演的角色,让我们引入其他三种常用的中心度测量方法(见表 9.2)。①"接近中心度"越高的点,平均而言离其他点更近,更接近图在几何上的中心位置。这些点类似于社交达人,谁都认识,跟谁都能聊上几句,顺便可能传个八卦。②"中介中心度"越高的点,越能控制信息在不同群集中的传播。它们类似于掮客,在不同的圈子里都各有相熟,并扮演连接这些圈子相互沟通的"桥"。③"特征向量中心度"越高的点,越可能认识其他特征向量中心度高的点。换句话说,你认识的人越重要,你就越重要。特征向量中心度的一个经典衍生算法就是谷歌赖以起家的"网页级别中心度"算法(见下文对这个算法的详细介绍)。①

表 9.2   中心度公式与常见的标准化计算方法

$G=(V,E)$	非标准化	标准化	注
点度中心度	$C_p(v)=\deg(v)$	$\dfrac{\deg(v)}{\lvert V\rvert -1}$	$\deg(v)$:点 v 的度数 $\lvert V\rvert -1$:点 v 在图中所有可能邻居的总数
接近中心度	$C_c(v)=\dfrac{1}{\sum\limits_{u\neq v}d(u,v)}$	$\dfrac{\lvert V\rvert -1}{\sum\limits_{u\neq v}d(u,v)}$	$d(u,v)$:u 到 v 的最短距离
中介中心度	$b(v)=\sum\limits_{s\neq v\neq t}\dfrac{\sigma_{st}(v)}{\sigma_{st}}$	$\dfrac{b(v)-\min(b)}{\max(b)-\min(b)}$	σ_{st}:从 s 到 t 的最短路径总数,$\sigma_{st}(v)$:从 s 到 t 且经过 v 的最短路径总数
特征向量中心度	$x_v=\dfrac{1}{\lambda}\sum\limits_{u\in G}a_{v,u}x_u$	$\dfrac{x_v}{\max(x)}$	矩阵 $\boldsymbol{A}=(a_{v,u})$ 为图 G 的邻接矩阵,λ 为矩阵 $\boldsymbol{A}$ 的特征值,即 $\boldsymbol{A}x=\lambda x$

网页级别中心度算法

(1) 所有 N 个网页以同样的重要性初始值开始;

(2) 在每次循环中,网页通过其所有外向边(即超链接)均匀发散出它当下全部的重要性:假设网页 A 的重要性为 $PR(A)$,并从 A 可以点进 $L(A)$ 个其他网站,则 A 从每个边发散出的重要性均为 $PR(A)/L(A)$;

(3) 依次更新每个网页的重要性为其所有内向边发散值的总和:比如假设网页 B 的内向边集合为 $\{(A,B),(C,B),(D,B)\}$,则更新后的 $PR(B)=PR(A)/L(A)+PR(C)/L(C)+PR(D)/L(D)$;

(4) 如果一个网页没有外向边,则将其重要性平均分给网络中所有其他的点;

(5) 重复(2)(3)(4),直到整个网络稳定下来,即每个网页的重要性不再随着更新出现很大变化;

(6) 这个算法通常会引入衰减因子 d,代表搜索者顺着网站一个个点下去的过程总会

---

①   网页级别中心度算法将互联网作为一个有向图,每个网页作为一个点、每个网页超链接作为一条边。然后它根据重要性给网站排名,从而筛选出搜索者最需要的网站.两者都强调人脉的质量而不是数量:毕竟在商场认识一个世界首富比一百个微商管得多.

停下来。

需要提醒的是,上述四种中心度并没有很强的相关性。点度中心度高的点并不一定是接近中心度或者其他中心度高的点(见图 9.11)。这意味着网络中的所谓影响力通常是多维度的:在同一网络中可能同时存在多种"领袖"。因此,我们在阐释每一种中心度的现实意义时,需要回归其本身的算法,而不是随机选某个中心度来计算所谓的最重要节点。

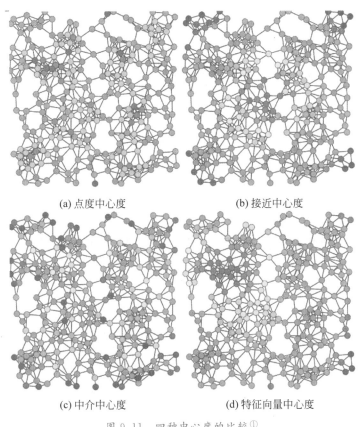

(a) 点度中心度　　　　　　　　(b) 接近中心度

(c) 中介中心度　　　　　　　　(d) 特征向量中心度

图 9.11　四种中心度的比较[①]

9.6　社区挖掘: 聚类研究在社会网络中的拓展

社区挖掘(Community Detection)是指找到复杂网络中的局部社区结构(如果它们存在的话)。譬如,以某中学高三的社交网络为例,该网络里任何两个学生都可能辗转有联系,但是同班或同社团同学可能有更密集频繁的交流。社区挖掘就是在此网络中,基于网络本身的信息挖掘出局部的社区结构,即以班级或者社团为单位的小型且紧密的群集。在社会网络分析中,社区挖掘能帮助我们简化复杂网络的信息,并甄别出存在于同一网络中的不同集群。

如果中心度计算方法已经算是"八仙过海,各显神通"的话,那社区挖掘算法就更可谓是"百花齐放"。与中心度相比,社区挖掘目前还并没有相对统一的范式。选择社区挖掘算法,通常基于以下几点考量:

① Rocchini C. Wikimedia,2012.

（1）对研究目标来说，社区能否重叠，即一个点能否同时属于多个社区。

（2）计算时间（或者说算法复杂度）。比如，邻边中介算法就只适用于小型网络（$N <$ 1000），效果虽好但复杂度却近乎 $O(N^3)$，即随着节点数量 N 的增加，其运行时间以立方阶的趋势迅速增加。[①]

（3）结果是否适切。就像第 5 章《聚类分析》论及的那样，一些社区挖掘（即把节点进行聚类）算法的结果取决于我们对"共应有多少社区""社区内是否还有更小的区隔"等的理论预设。在不同层级和类型的社区相互嵌套重叠的网络里，被挖掘的社区可能看起来更像是被建构的，与现实相去甚远。

（4）结果的可重复性。类似于机器学习的决策算法，许多社区挖掘算法的结果都具有随机性，不同的节点顺序就可能产生不同的社区。

由此，为了确保结果的有效性，我们通常会多次重复计算和交叉验证，来确定社区分类是否稳健。

就原理而言，社区挖掘算是聚类研究在社会网络中的拓展。不过，网络节点相对全局的结构特征并不能被直观地表示成向量，如果用到一个节点都需提取一遍全图数据，计算速度无疑会变得极慢，那么如何能在准确描述每个点的结构特征的同时，快速计算任意图中任意两点之间的差异就极为关键。

首先，最经典的社区挖掘思路是通过迭代，不断对初始的随机社区聚类进行优化，从而最大化模块度（Modularity）。在给定网络和某种划分社区的方式后，高"模块度"意味着每个社区内的连接更紧密且社区间的外部连接更稀疏。其数学表达为 $Q = \dfrac{1}{2|E|} * \sum_{ij} \big[\boldsymbol{A}_{ij} - \dfrac{\deg(i) * \deg(j)}{2|E|}\big]\delta(c_i, c_j)$，其中 $\boldsymbol{A}$ 是图 $\boldsymbol{G}$ 的邻边矩阵，$\deg(i)$ 是点 i 的度数，如果 i, j 在同一个社区则 $\delta(c_i, c_j) = 1$，反之等于 0。当社区本身有明确的现实意义时，模块度本身也可以作为研究对象。例如，美国国会合作网络里政治极化，两党"泾渭分明"，有学者便用模块度来测量在历史不同时期美国政治极化的程度，发现模块度越高的时期党争越激烈。[②]然而，在多数情况下，我们并不完全了解网络中真实存在的社区如何，而脱离现实社区的模块度本身现实意义不大，因此我们更多将其视为改进和比较算法的依据。比如 Fast Greedy[③] 和 Louvain[④]，都是在初始时将每个点分派至不同社区，然后通过不断地合并这些社区，逐步得到一个分层聚类的树状图，并在这个过程中找到最优化模块度的聚类方式（见图 9.12）。

其次，我们还可以使用其他网络分析方法先将节点进行分层聚类（而不是通过直接合并），再用模块度寻找最佳的聚类层级。比如，邻边中介算法认为，既然中介中心度高的边是

①　Yang Z, Algesheimer R, Tessone C J. A Comparative Analysis of Community Detection Algorithms on Artificial Networks. Scientific Reports, 2016, 6(1).

②　Waugh A S, Pei L, Fowler J H, et al. Party Polarization in Congress: A Network Science Approach. arXiv: Physics and Society, 2011-07-25.

③　Clouset A, Newman M, Moore C. Cristopher, Finding Community Structure in Very Large Networks. arXiv: Physics and Societ, 2004.

④　Blondel V D, Guillaume J L, Lambiotte R, et al. Fast Unfolding of Communities in Large Networks. arXiv: J Stat Mech P10008, 2008.

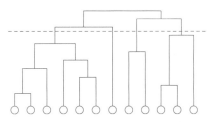

图 9.12　分层聚类的树状图以及其中的一个聚类层级（虚线）①

连接不同社区的纽带，那么通过移去这些边就可以把这些社区逐渐分离。Walktrap 的思路则是，既然我们定义社区的内部联系紧密、外界联系稀疏，那么从某一点出发的随机游走应该很容易被"困在"这个点所属的社区里；因此如果我们进行很多次的随机游走，就可以从其分布规律中理解此图的社区构造。② InfoMap 也使用到类似的思路，而它最小化的则是随机游走中因为经过不同社区而产生的信息熵。③

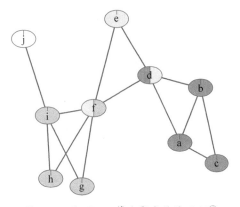

　　除此以外，常用来进行社区挖掘的还有标签传播算法⑤⑥⑦和 k-clique 渗透算法⑧等。前者是一种半监督学习算法，它一开始给每个节点都分配不同的标签（即随机分组），然后在迭代中让节点不断根据邻居的标签自我更新，直到结果收敛。标签传播算法的速度很快，因此适用于大型网络，但是它的结果比起其他算法来说较不稳定。⑨ k-clique 渗透算法⑩则主要用于构建重叠的社区聚类，它将社区定义为相邻的 k-clique 所能构成的最大集合，因此节点可以同时属于多个社区（见图 9.13）。

图 9.13　k-clique 算法聚类结果示例④

　　①　Fortunato S，Claudio C. Community Structure in Graphs. Encyclopedia of Complexity and Systems Science，2009：1141-1163.

　　②　Pons P，Latapy M. Computing Communities in Large Networks Using Random Walks. Journal of Graph Algorithms and Applications，2006，10(2)：191-218.

　　③　Edler D，Eriksson A，Rosvall M. The MapEquation Software Package. 参见网址 http://www.mapequation.org.

　　④　Lange J. CliquePercolation. Cran. r-Project. org，29 May 2021. 参见网址 cran. r-project. org/web/packages/CliquePercolation/vignettes/CliquePercolation. html.

　　⑤　Zhu X J，Zoubin Ghahramani. Learning from Labeled and Unlabeled Data with Label Propagation. Tech Report，2002.

　　⑥　Cordasco G，Gargano L. Community Detection via Semi-Synchronous Label Propagation Algorithms. 2010 IEEE International Workshop on：Business Applications of Social Network Analysis(BASNA)，2010.

　　⑦　Harry B. Detecting Communities in a Language Co-Occurrence Network. Medium，Towards Data Science，2019.

　　⑧　Palla G，Derényi I，Farkas1 I，et al. Uncovering the Overlapping Community Structure of Complex Networks in Nature and Society. Nature，2005，435：814-818.

　　⑨　Yang，2016.

　　⑩　在一张图中，如果存在一个节点数为 k 的完全子图（即任意两点之间都有边），则这个完全子图可以被称为 k-clique. 如果两个 k-clique 共享了 $k-1$ 个节点，则称它们是相邻的.

表 9.3　常见挖掘社区算法在 Python 和 R 中的对应函数 [①]

挖掘社区算法	Python	Python Package	R
Louvain	community	python-louvain	cluster_louvain
Fast Greedy	greedy_modularity_communities	networkx	cluster_fast_greedy
Edge Betweenness	girvan_newman	networkx	cluster_edge_betweenness
Walktrap	algorithms. walktrap	cdlib	cluster_walktrap
InfoMap	Infomap	infomap	cluster_infomap
Label Propagation	label_propagation	networkx	cluster_label_prop
k-clique	kclique. k_clique_communities	networkx	cpAlgorithm

本 章 小 结

　　本章主要梳理了社会网络研究的基本概念和分析方法。我们在日常生活和社会科学研究的语境下,引入了图的基本构成元素——点和边,以及它们的延展——游走和路径。基于这些图论知识,我们接着介绍了二模图与一模图及其转换,图的密度和集聚系数等特性,三元组以及相关的弱联系和结构洞等理论。而当我们有意分析图中节点之间的互动以及节点的影响力时,则可以通过多种计算中心度和挖掘节点聚类的方式来探索网络图中相对局部的信息。最后,本章围绕着各种中心度的计算方法,以及对社区挖掘算法的取舍做了介绍。

　　尽管上述的研究方法被广泛应用于计算社会科学中,但是很大程度上依赖于研究者事前对度量对象的定义,以及数据的完整程度。我们略过了连通性中的另一个重要概念"图的切割",即如何通过挪去最少的点或边将一个连通图分割成两个互不连通的子图(即连通分量),主要是因为其对数据完整性具有极高要求。在下一章,我们将聚焦于社会网络分析在研究中的应用,将社会网络分析置于学科脉络之中,结合具体案例,以理解其过去、现在和未来的发展。

习 题 9

　　1. 计算中心度。

　　(1) 写出图 9.14 对应的邻边矩阵,以及点 6 的邻边列表;计算图的直径;计算每个节点的点度中心度、接近中心度和中介中心度,进行标准化,并完成表 9.4。

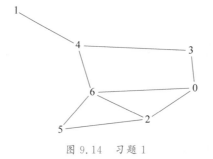

图 9.14　习题 1

[①] CliquePercolation 及其关联包对于 R 的版本要求较为复杂. R 语言里除了 k-clique 是单独的 library (CliquePercolation)以外,其他都在 igraph 里.

表 9.4　习题 1

点	点度中心度		接近中心度		中介中心度	
	值	标准化	值	标准化	值	标准化
0						
1						
2						
3						
4						
5						
6						

（2）假设这个图代表的是一个传递信息的网络。谁是网络中对信息的掌控力最强（一旦移除，对信息流通影响最大）的节点？为什么？谁是网络中能最有效率地获取信息的节点，为什么？

2．计算密度和集聚系数。

（1）计算图 9.15 的密度。

（2）以点 0 为顶点的开放三元组、闭合三元组各有几个？计算点 0 的局部集聚系数。

（3）在阅读第 10 章的编程案例之后，用 Networkx 中的函数验证你的答案。

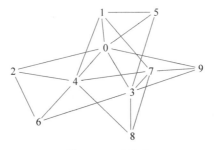

图 9.15　习题 2

3．结合所学的专业知识，请问中心度是否能作为一种度量权力的方式？

（1）如果是，你认为该用哪一种中心度？是否需要对原有算法进行改良？该如何解释这种中心度所测量的权力在现实中的意义？

（2）如果不是，请说明理由。在权力这个概念中，什么是中心度无法测量的部分？

第10章

社会网络数据与分析^①

本章学习目标

- 掌握自我中心网络以及滚雪球取样的概念
- 掌握 Networkx 的基本函数用法
- 了解社会网络分析的发展趋势和挑战
- 了解边界界定的不同思路以及相关研究

在第 9 章的讨论中,其实我们一直默认研究的是近乎完整的网络数据。这个假设有时确实成立,尤其是当我们研究的样本量很小,或者样本量极大但通过技术手段可以获得全样本(全体)数据的时候。前者可以经典的扎克利空手道俱乐部(Zachary's Karate Club)为例(见图 10.1),作者记录了某大学空手道俱乐部 34 个成员之间从 1970—1972 年的关系网络,并根据成员三年来的过往恩怨,用算法精确预测了哪些成员最终决定跟着新首领另起炉灶^②;后者则可参见基于论文库中所有论文的引用网络^③,或者分析某些社交网络给定范围里所有几千万活跃用户所构成的网络的研究。^④ 正是因为"全"数据,上文提到的计算方法才有准确度可言;也正是随着技术进步让大型复杂网络逐渐成为可能,社会网络研究才从

① 本章在内容组织上受到了 Yang S,Keller F,Zheng L. Social Network Analysis:Methods and examples. SAGE,2017 的启发,特此致谢. 感谢曹立坤、李雪莲和芦佳琪的建议,也感谢集智俱乐部尤其是北美分部的朋友们一直以来的帮助和支持. 当然,还要感谢陈忱对本章的修订.

② Zachary W W. An Information Flow Model for Conflict and Fission in Small Groups. Journal of Anthropological Research,1977,33(4):452-473.

③ Tang J,Zhang J,Yao L M,et al. ArnetMiner:Extraction and Mining of Academic Social Networks. In Proceedings of the Fourteenth ACM SIGKDD International Conference on Knowledge Discovery and Data Mining (SIGKDD'2008):990-998.

④ Backstrom,et al. 2012.

定性向计算社会科学转型,并逐渐开始重视算法的稳定性和速度。

大型复杂网络数据虽然看起来颇为"高大上",却存在两大主要问题:一方面,获得高质量数据难度较大。加上网络数据比普通数据的匿名化更难,而且收集起来也更费时费力,所以大型数据的提取时常涉及隐私保护、爬虫过载等制约;另一方面,我们哪怕运行最快的中心度或社区挖掘算法,在极大型的网络里也非常费算力。因此,无论是想从给定的全样本大型数据里再抽样,还是打算白手起家收集一个现实网络的样本数据,我们都需要对传统的社会网络取样方法有更全面的了解。

图 10.1　Zachary's Karate Club

10.1　自我中心网络

一般来说,除直接获取"全部网络"以外,最常见的取样方式是"自我中心网络":它指的是从总体中随机抽样一个或者多个样本作为"中心",记录每个中心点的"邻者",即直接邻居,以及这些邻者之间的连接(见图 10.2)。此外,介于全部和自我中心网络之间还有"滚雪球取样",即在收集完初始的自我中心网络之后,再接着把每个相邻者作为中心,继续提取对应的自我中心网络,最后形成的网络是多个自我中心网络的叠加。如果真实网络的本身不大且节点全部连通,我们甚至可以通过多次迭代,利用滚雪球取样得到完整网络。该取样擅长帮助研究者发掘未知的总体部分,类似于犯罪分子调查[1][2],警察通常是从已知的线人为

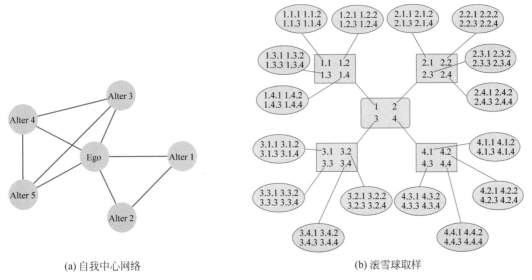

(a) 自我中心网络　　　　　　　　　　(b) 滚雪球取样

图 10.2　自我中心网络与滚雪球取样示意图[3]

①　Krebs V. Uncloaking Terrorist Networks. First Monday,2002,7(4).

②　Wright R,Decker S H,Redfern A K, et al. A Snowball's Chance in Hell: Doing Fieldwork with Active Residential Burglars. Journal of Research in Crime and Delinquency,1992,29(2): 148-161.

③　Yang S,Keller F,Zheng L. Chapter 2. Social Network Analysis: Methods and Examples. SAGE,2017.

切入点,询问这些线人所知道的相关人士,再去询问这些相关人员,如此一层层抽丝剥茧,以尽量描摹出整个地下网络结构。

10.2　边界的界定

虽然收集社会网络数据比收集一般数据更为费时费力,但这毕竟属于技术性问题。其实,对于社会网络分析的真正挑战(尤其在它发展的早期),在于论证其本质上具有实证意义。譬如,我们现在请你"列举自己全部的朋友",哪怕你再理解和配合,也可能会心生一些疑惑——谁能算是朋友——好久不联系但是当时处的不错的老同学算么?只是聊得来的同事算么?真要把这辈子所有算得上朋友的人都列出来,这个单子要列到猴年马月,又如何确保有人不被遗漏呢?事实上,研究者能否构建出一套收集数据的理论框架,进而确保数据在测量上具有相对统一的标尺,这决定了社会网络分析的质量优劣。我们将此类问题的学术讨论归纳为"边界的界定",即在取样中如何对点和边进行取舍。最经典的文献当属《网络研究的边界界定问题》[①],劳曼(Laumann,1983)在书中系统论述了"名义"和"现实"两种界定边界的视角的区别,并定义了三种取舍点边的方式,即"点的特性"、"边的特性"以及"给定事件的参与程度"。

现实边界和名义边界的主要区别在于:研究者和行动者认知中的网络谁是更本质的社会存在。在现实视角下,研究者对网络的构建完全依赖于行动者的自我描述。这种方式从研究者的角度来看或许更为客观,其前提假定是多数行动者对网络的构造存在共识。[②] 然而,这种共识在现实生活中极难达成:譬如精英团体里的核心成员经常对一些外围成员算不算"自己人"产生严重分歧。[③] 相反,在名义视角下,研究者自己会有意无意地将某种概念或理论框架"强加"在研究对象之上,相当于预设了一种社会网络的存在方式。假定我们要研究某个班级的学生网络,有两种研究设计:①如果我们的研究对象限定于这个班级组织本身,那么该分析框架问题不大;②但是如果我们要研究的是学生交友情况,由于交友不仅局限于所属班级,那么将范围限定在教室就可能会造成严重的数据偏误。

在劳曼看来,取舍点边的方式主要有三种。第一,根据点的特征进行筛选。比如该点是否属于正式成员或其客观的社会身份"地位(Positional)特征",抑或其他知情者是否认同其属于研究范围这样的"名望(Reputational)特征"等。第二,根据边的特征(比如沟通频率、交易金额等)设置阈值,只有超过阈值的强边才能被纳入研究。[④] 第三,根据某一个或几个给定事件来划定研究范围。譬如,弗里曼和韦伯斯特(Freeman & Webster,1994)从点的取舍角度记录了在一个沙滩上一个月内至少出现过三次的人与人之间的互动。[⑤] 第9章提到

① Laumann E O,Marsden P V,Prensky D,et al. The Boundary Specification Problem in Network Analysis. Applied Network Analysis: A Methodological Introduction,1983,61.

② 用作者自己的话说就是,它假设"一个社会实体(即所要研究的网络),作为其全部或者至少大多数成员所共享的一种主观意识而存在。"(A social entity exists as a collectively shared subjective awareness of all,or at least most,of the actors who are members.)

③ David K,Laumann E. The Social Organization of National Policy Domains: An Exploration of Some Structural Hypotheses. Social Structure and Network Analysis,1982: 255-270.

④ 不过我们或许不能武断地忽视弱边的意义,很多研究表明,弱边或许能起到比强边更重要的作用.

⑤ Freeman L,Linton C,Cynthia M W. Interpersonal Proximity in Social and Cognitive Space. Social Cognition,1994,12(3): 223-247.

的戴维斯(Davis,1941)则从边的取舍角度,基于报纸记录研究了美国南部 18 名女性社会运动者在 14 个社会事件中参与,并根据她们是否共同参与某一事件建构社会网络。

大型社会调查中的社会网络问题可以作为收集社会网络数据的参考。除了进行对边界等理论问题的建设以外,20 世纪 80 年代的社会网络学者们(如伯特、劳曼等)积极推动美国综合社会调查(General Social Survey,GSS)在 1985 年首次引入社会网络分析的相关题器。[①] 其对社会网络的数据收集方法,因为设计严谨,成为了最经典的大型自我中心网络调查范例之一,如下:

GSS 的自我中心网络访题

(1) 邻者名字的收集。人们总是会跟其他人讨论一些重要事务。回顾过去的六个月,谁是你选择讨论重要事务的人? 你只需要提供他们的简称/代号即可。

(2) 邻者的信息。(对每一个邻者 X 重复)请问 X 的种族和年龄?

(3) 中心点与邻者的关系。(对每一个邻者 X 重复)你觉得你跟这个人的关系有多紧密? 请用从 1 到 5 的数字描述,1 代表不紧密,5 代表非常紧密。

(4) 邻者之间的关系。请再回想一下你刚才所提到的人们之间的关系。他们或许完全是陌生人——哪怕在街上擦肩而过也认不出,也或许他们之间正如他们跟你一样亲密。(对每两个邻者 X,Y 重复)X 和 Y 是陌生人么? (如果不是)X 和 Y 关系非常亲密么?

10.3 网络分析的未来

从小学班级的同学网,到覆盖几亿人出行的基于 GPS 的交通数据,从利用回归模型分析谁和谁更容易产生友情,到用图神经网络对 COVID-19 传染的路径进行预测[②],从对现实社交网络中谣言的传播模式进行观察和描述[③],到完全抽象地用模型理解人类合作何以可能的缘起[④],社会网络分析及其相关的复杂性研究可以覆盖几乎所有的学科领域,也可以与各种计算方法结合起来发现新知识。因此,或许我们现在还难以给网络研究的"发展趋势"给出定论:四处都是蓝海,制约研究的也许并不是我们对远方的想象,而是将尚在发展中的复杂性理论与各学科的知识结合的学科交叉能力。目前,社会网络分析的主要挑战包括以下几个方面:

(1) 数据问题。首先,社会科学所关注的诸多网络(如一个村子里的人情往来)都难以从既有数据中直接提取。滚雪球取样需要根据上一轮的调查结果再锁定下一轮的样本,而且准确度经常取决于调查对象的主观报告。其次,数据隐私问题。大部分传统的研究数据只要把人名去掉就无法知道个体社会人口信息。[⑤] 然而,网络数据的节点位置本身就承载了许多个体信息。此外,很多网络数据较敏感(比如财务往来),数据获得难度决定了公开研

---

① Burt R S. Network Items and the General Social Survey. Social Networks,1984,6(4): 293-339.

② Allard A,Murphy C,Laurence E, et al. Deep Learning of Contagion Dynamics on Complex Networks. Nature Communications,2021,12(1).

③ Brown S. MIT Sloan Research about Social Media, Misinformation, and Elections. MIT Sloan, 2020-10-05, mitsloan. mit. edu/ideas-made-to-matter/mit-sloan-research-about-social-media-misinformation-and-elections.

④ Koduri N,Lo A W. The Origin of Cooperation. Proceedings of the National Academy of Sciences,2021,118(26).

⑤ 不过如果数据里变量很多(尤其是大数据),也有可能可以通过变量的信息锁定数据所描述的对象. 这就是为什么很多大型数据库会进行更复杂的匿名化过程.

究的难度相当大。[①] 而且，即使获得了相关数据，其结论通常也极难复现。最后，网络分析对数据缺失的敏感性远大于传统的独立样本数据。科斯奈特（Kossinets，2006）总结认为，数据缺失会导致对集聚的误判，以及对点度、节点适配（Assortativity）系数[②]、最大连通分量大小和直径等的计算偏误[③]。

（2）时间问题。现阶段的网络分析一般以研究某时间段的网络为主。譬如，案例2中的政治博客域（Blogosphere）就是基于博客对美国大选期间某一天政治讨论情景的"快照"。拉泽（David Lazer）指出，很多的联系本质上是短暂的："你与谁讨论时政"这个问题想问的是一种讨论时政的总体倾向，但是一场确实发生的时政讨论只存在在某一个时间点上。[④]但是，如果现实网络是动态的，那"快照"式的研究方法总是会造成偏误，由此构建基于时间序列的网络就显得尤为关键。在2019年美国麻疹暴发期间，约翰逊（Johnson et al.，2020）就基于不同社群之间的交流对近30亿脸书用户对于麻疹疫苗态度进行了基于网络分析的研究。

（3）因果问题。甄别网络数据中的内生和外生变量以及排除隐藏变量，也是网络分析的又一难点。毋庸置疑，社会网络中的个体相互关系可能是潜在的社会因素、节点之间的相似度、共同的生活环境等的结果[⑤]。而诸如此类的同群效应以及截面因素，却难以在单一网络中进行分析。既有的相关研究中，有学者通过随机友邻、随机干扰实验以及面板数据的方式控制外生变量，或者基于一些对于网络生成方式的猜想建模，试图将内生的部分作为控制变量。[⑥]此外，更复杂难解的因果问题则涉及因果本质。在复杂系统中，混沌、分岔（Bifurcation）和自组织等概念对传统的因果关系提出了挑战，复杂网络分析更趋向于用预测未来"解释过去"，但网络的"反身性"如何破解又成了新的挑战。

（4）解释问题。"两个人打了一通电话，在社会科学里怎么理解？"拉泽（David Lazer）在他关于社会网络在政治学的发展中提出了这个问题。[⑦]我们的确已经有能力研究上亿的通信和交通等数据，但是要用所观测到的客观交流行为去测量主观感情强度或行动意愿，仍然需要更多的人类行为和认知科学为基础。另一个方向则是邻边和局部结构的异质性，比如Jia（2021）发现，越能共享对外社会联系（三元嵌入 Triadic Embeddedness）的家庭，就越可能在四川雅安地震后有更多相互的通信以及与外界朋友的交流。[⑧]换言之，同是以通信作为邻边，隐藏在同样的通信下的是不同的感情纽带，它们会对不同的情境做出不一样的反馈。

---

①　Vadisala J, Vatsavayi V K. Challenges in Social Network Data Privacy. International Journal of Computational Intelligence Research, 2017, (5)：965-979.

②　一般指节点更愿意跟其他点度类似的节点相连接的相关系数.

③　Kossinets G. Effects of Missing Data in Social Networks. Social Networks, 2006, 28(3)：247-268.

④　Lazer D. Networks in Political Science：Back to the Future. PS：Political Science & Politics, 2011, 44(1)：61-68.

⑤　An W H. Chapter 17：Social Networks and Causal Inference. Handbook of Causal Analysis for Social Research, by Tyler J. VanderWeele, Springer Science+Business Media Dordrecht, 2013.

⑥　Yann B, Djebbari H, Fortin B, et al. Peer Effects in Networks：A Survey. Annual Review of Economics, 2020, 12(1)：603-629.

⑦　Lazer, 2011.

⑧　Jia J S, Li Y W, Ning Y J, et al. Triadic Embeddedness Structure in Family Networks Predicts Mobile Communication Response to a Sudden Natural Disaster. Nature Communications, 2021, 12(1).

综上所述,囿于上述挑战,我们认为社会网络分析的前沿议题可能集中于:①网络数据的匿名化和缺失值处理问题;②构建动态的基于时间序列的网络;③通过实验、模拟、以及计量方法区分网络中的内生和外生变量;④结合复杂性研究领域的其他学科,理解甚至重塑因果概念本身;⑤理解邻边和局部结构的异质性。此外,网络分析还可以不断地结合其他的研究领域,如在空间科学中研究人口流动预测疾病传播[①②③]、理解高频交易中的市场风险[④],乃至分析蛋白质的动力和进化问题[⑤⑥]。此外,随着图论的扩展,科学家们开始引入超图以及其他适用于更高维图结构的拓扑学工具。在超图中,节点不再是一个行动者而是某些元素的集合,该图可以包含普通图无法表达的关系。

10.4　案　例

10.4.1　案例 1:佛罗伦萨与美第奇家族的崛起

说起文艺复兴就不得不提到 15 世纪的佛罗伦萨,说起 15 世纪的佛罗伦萨又不得不提到美第奇家族(Medici)。该家族在统治佛罗伦萨期间,资助了达芬奇、米开朗琪罗、拉斐尔等我们耳熟能详的艺术巨匠。但是,美第奇家族是如何发展的,又是在怎样的环境下崛起的呢? 在 15 世纪,佛罗伦萨的新晋显贵中许多都是银行家,他们与当权家族联姻,既融入了最高的统治阶层,也逐渐瓦解了古老政治家族对于权力的垄断,让"新贵"们逐渐进入统治集团。美第奇家族就是这些新晋家族的典型代表。事实上,直到 14 世纪晚期,控制佛罗伦萨的都是阿比奇(Albizzi)家族。不过由于在阿比奇领导下的佛罗伦萨频繁战败,该家族不得不开始依赖银行借贷,而美第奇家族坐拥当时欧洲最大的银行——美第奇银行,便借机登上了佛罗伦萨的政治舞台,逐渐威胁到了老贵族的统治地位。1433 年,佛罗伦萨政治斗争到达白热化阶段,阿比奇家族流放了当时的美第奇家族族长科西莫。然而,科西莫作为一位极善于施恩和拉拢人脉的政治家,次年便成功回归并最终取代了阿比奇的统治。

帕杰特对佛罗伦萨的家族兴衰史,从社会网络分析的角度进行了非常经典的研究[⑦⑧⑨]。他通过几十年的档案学研究,基于当时佛罗伦萨的信件和文献,构建起佛罗伦萨家族之间的社会网络。他提出,在佛罗伦萨有三个主要的精英网络:政治、亲缘和经济网络,也就是说,每个行动者有三个维度的网络连接(见图 10.3)。他的理论是:当网络中的一个行动者将他在

　①　Tan S Y,Lai S J,Fang F,et al. Mobility in China,2020:A Tale of Four Phases. National Science Review,2021.

　②　Chang S,Pierson E,Koh P W,et al. Mobility Network Models of COVID-19 Explain Inequities and Inform Reopening. Nature,2020,589(7840):82-87.

　③　Han X Y,Xu Y L,Fan L L,et al. Quantifying Covid-19 Importation Risk in a Dynamic Network of Domestic Cities and International Countries. Proceedings of the National Academy of Sciences,2021,118(31).

　④　Musciotto F,et al. High-Frequency Trading and Networked Markets. Proceedings of the National Academy of Sciences,2021,118(26).

　⑤　Protein-Protein Interaction Networks. Nature News,Nature Publishing Group.

　⑥　Tang Q Y,Kunihiko K. Dynamics-Evolution Correspondence in Protein Structures. Physical Review Letters,2021,127(9).

　⑦　Padgett J F,Paul D M. Organizational Invention and Elite Transformation:The Birth of Partnership Systems in Renaissance Florence. American Journal of Sociology,2006,111(5):1463-1568.

　⑧　Padgett J F,Christopher K A. Robust Action and the Rise of the Medici,1400-1434. American Journal of Sociology,1993,98(6):1259-1319.

　⑨　Padgett J F,Walter W P. The Emergence of Organizations and Markets. Princeton University Press,2012.

某一个网络中的局部结构转移到另一个网络中,就产生了组织性创新(Organizational Innovation),当这种创新在新的网络中产生外溢效应,生成了新的产业和领域,就产生了组织性发明(Organizational Invention)。

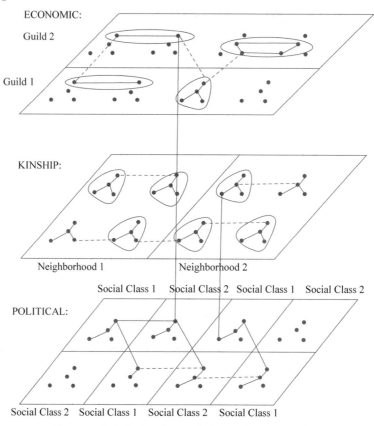

图 10.3   帕杰特对于佛罗伦萨多层社会网络的示意图

该理论以佛罗伦萨为其中的一个例子。一开始,即 13 世纪晚期到 14 世纪早期,欧洲大陆的国际贸易公司主要以上层贵族家族为单位。但在 1378 年佛罗伦萨的工人起义之后,作为一种缓和阶级矛盾的方式,佛罗伦萨的政治精英们将国内的银行家们"提拔"进议会,让他们加入了本由上层贵族家族把持的国际贸易领域。这些国内的银行家们更习惯遵循的不是那些古老的家族传承制度,而是师傅带徒弟、基于合同的合作模式。当他们把这样的师徒+合同逻辑带来与原有的家族制逻辑合并,就创造出一种新的家族间的合伙制度(组织性创新)。这种合伙制度指的是公司以家族为单位,而公司间则建立基于合同和复式计账的伙伴关系。这一制度促进公司开始围绕几个主要的赞助者(比如美第奇家族)形成更集中地金融化管理。于是,公司间贷款迅速增加,而更重要的是,它为美第奇家族通过金融手段控制其他公司及其背后的家族创造了条件。而且,这种新的组织逻辑逐渐以一种不可逆的趋势,通过金融家们的家庭和政治网络,逐渐渗入婚姻和政治领域并制度化(组织性发明)。家族之间的联姻开始比家族内部的继承更重要,人们在女儿嫁妆上花的钱甚至比给儿子继承的钱多。而科西莫,一个喜欢隐没在幕布之后,通过代理人操控婚姻、政治和经济网络的,"斯芬克斯"一样狡猾的政治家,得以最终带领美第奇家族获得统治地位。

帕杰特所使用的数据极为复杂,我们很难复现整个研究。本案例的主要背景是佛罗伦萨在大约 1430 年前后的政治斗争,尤其围绕着美第奇家族和斯特罗齐(Strozzi)家族。后者在 1434 年被流放之前,一直是美第奇家族最大的对手之一,也是佛罗伦萨最富裕的家族。数据可以从公开网站①下载,我们调用的是"padgett_data.xml"数据子集。在该数据中,共有两个行动者×行动者的(无向)网络,一个是 PADGM 婚姻网络,一个是 PADGB 商业网络。其中,婚姻网络记录的是家族之间的联姻,商业网络记录的是家族之间的金融往来(比如借贷和合作)。需要说明的是,以上网络数据不是全部数据,故我们的分析仅为教学示例。我们在案例中主要是通过小型网络练习 networkx 函数的应用。

1. 导入数据和构建网络

```
1.   import numpy as np                            # numpy 包可以帮忙简化数据处理的过程
2.   import matplotlib.pyplot as plt               # 为了作图
3.   from collections import Counter               # Counter(列表)可以用来统计列表中元素的频次
4.   import networkx as nx                          # Python 用来进行网络分析的包
5.   import xml.etree.ElementTree as ET             # 读入 xml 格式的原始文件
6.   tree = ET.parse('padgett_data.xml')
7.   root = tree.getroot()
8.   root[0][1][0].attrib, root[0][1][1].attrib
9.   ({'sourceType': 'agent', 'targetType': 'agent', 'id': 'PADGM'},
10.  {'sourceType': 'agent', 'targetType': 'agent', 'id': 'PADGB'})
11.  padgm_edgelist = []
12.  for child in root[0][1][0]:                    # PADGM
13.    temp = list(child.attrib.values())
14.  # 这个数据收录了所有"可能"出现的边:其中确实存在的边权重为1,其实不存在的边的权
     # 重为 0
15.    if int(float(temp[3])) == 1:                 # 因此我们只需要保存确实存在的边
16.      padgm_edgelist.append((temp[0], temp[1]))
17.  padgb_edgelist = []
18.  for child in root[0][1][1]:                    # PADGB
19.    temp = list(child.attrib.values())
20.    if int(float(temp[3])) == 1:
21.      padgb_edgelist.append((temp[0], temp[1]))
22.  G_marriage = nx.Graph()                        # 创建一个新的空的无向图
23.  G_marriage.add_edges_from(padgm_edgelist)      # 从邻边列表构建图
24.  nx.info(G_marriage)                            # 可以用 info 函数了解图的基本信息
25.  'Graph with 15 nodes and 20 edges'
26.  G_business = nx.Graph()
27.  G_business.add_edges_from(padgb_edgelist)
28.  nx.info(G_business)
29.  'Graph with 11 nodes and 15 edges'
30.  # 在我们的数据里,商业网络的点集是婚姻网络的点集的子集,下列四个家族只存在于婚姻
     # 网络中
31.  G_marriage.nodes() - G_business.nodes(), G_business.nodes() - G_marriage.nodes()
32.  ({'ACCIAIUOL', 'ALBIZZI', 'RIDOLFI', 'STROZZI'}, set())
```

2. 绘制婚姻和商业网络

在介绍具体函数之前,让我们先绘制两张网络图(图 10.4、图 10.5),对它们有个总体印象。

───────────

① http://www.casos.cs.cmu.edu/computational_tools/datasets/external/padgett/index2.html.

```
33.    # 如上所示,既然婚姻网络的点集更大,那么在这里我们就用婚姻网络来计算点的位置
34.    pos = nx.spring_layout(G_marriage, seed = 60)
35.    plt.figure(figsize = (10, 6))
36.    #画边,alpha 控制透明度。很多时候为了美观,我们会提高边的透明度(降低 alpha)来突出
       #点的信息
37.    nx.draw_networkx_edges(G_marriage, pos, edge_color = "grey",
38.            width = 1, alpha = 0.5)
39.    #为了美观,就不把点画出,仅标注点代表的名字(label)
40.    nx.draw_networkx_labels(G_marriage, pos)
41.    plt.title('Marriage Network')
42.    plt.axis('off'); plt.show()
```

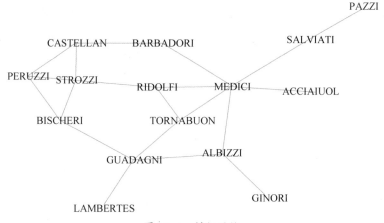

图 10.4 婚姻网络

```
1.    plt.figure(figsize = (10,6))
2.    nx.draw_networkx_edges(G_business, pos, edge_color = "grey",
3.            width = 1, alpha = 0.5)
4.    nx.draw_networkx_labels(G_business, pos)
5.    plt.title('Business Network')
6.    plt.axis('off'); plt.show()
```

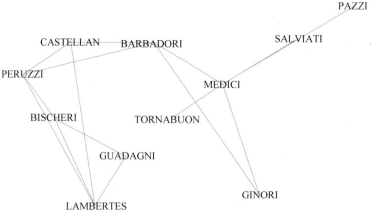

图 10.5 商业网络

3. Networkx 函数应用

接下去我们以婚姻网络为例,以理解基本的 networkx 函数运用。

（1）获取图中点和边的信息。

```
7.    G = G_marriage
8.    print(G.nodes())                 # 输出点集
9.    ['ACCIAIUOL', 'MEDICI', 'ALBIZZI', 'GINORI', 'GUADAGNI', 'BARBADORI', 'CASTELLAN', 'BISCHERI', '
      PERUZZI', 'STROZZI', 'LAMBERTES', 'TORNABUON', 'RIDOLFI', 'SALVIATI', 'PAZZI']
10.   print(list(G.edges())[:3])       # 输出邻接列表
11.   [('ACCIAIUOL', 'MEDICI'), ('MEDICI', 'ALBIZZI'), ('MEDICI', 'BARBADORI')]
12.   A = nx.adjacency_matrix(G)        # 输出邻接矩阵
13.   print(A.todense())
 [[0 1 0 0 0 0 0 0 0 0 0 0 0 0 0]
  [1 0 1 0 0 1 0 0 0 0 0 1 1 1 0]
  [0 1 0 1 1 0 0 0 0 0 0 0 0 0 0]
  [0 0 1 0 0 0 0 0 0 0 0 0 0 0 0]
  [0 0 1 0 0 0 0 1 0 0 1 1 0 0 0]
  [0 1 0 0 0 0 1 0 0 0 0 0 0 0 0]
  [0 0 0 0 0 1 0 0 1 1 0 0 0 0 0]
  [0 0 0 0 1 0 0 0 1 1 0 0 0 0 0]
  [0 0 0 0 0 0 1 1 0 1 0 0 0 0 0]
  [0 0 0 0 0 0 1 1 1 0 0 0 1 0 0]
  [0 0 0 0 1 0 0 0 0 0 0 0 0 0 0]
  [0 1 0 0 1 0 0 0 0 0 0 0 1 0 0]
  [0 1 0 0 0 0 0 0 0 1 0 1 0 0 0]
  [0 1 0 0 0 0 0 0 0 0 0 0 0 0 1]
  [0 0 0 0 0 0 0 0 0 0 0 0 0 1 0]]
```

（2）邻居和点度。

下面我们来考察斯特罗齐家族在佛罗伦萨婚姻网络中与其他家族的关联。

```
14.   # 列出所有该点在 G 中的邻居,即所有与 STROZZI 家族联姻的家族
15.   list(G.neighbors('STROZZI'))
      ['BISCHERI', 'CASTELLAN', 'PERUZZI', 'RIDOLFI']
```

在数据集中,共有 4 个家族与斯特罗齐家族联姻,另有 6 个家族与美第奇家族联姻。

```
16.   print(G.degree['STROZZI'])              # 用 degree 函数获取点度
17.   print(G.degree(['STROZZI', 'MEDICI']))
      4
      [('STROZZI', 4), ('MEDICI', 6)]
```

（3）中心度。

那么,斯特罗齐和美第奇两个家族在这个婚姻网络里的势力到底孰强孰弱? 让我们来比较不同的中心度。首先,在中介中心度计算中,第一步是获取最短路径,当然也可单独获取从某一点到另一点的最短路径。如下所示,我们通过函数获取两点间的最短路径。结果表明,两大家族在这段时间内并没有直接的联姻,但是血缘关系也并非太疏远,RIDOLFI 家族或许在一定程度上充当了两者之间的协调人。

```
18.   nx.shortest_path(G, source = 'STROZZI', target = 'MEDICI')
      ['STROZZI', 'RIDOLFI', 'MEDICI']
19.   bet_cent = nx.algorithms.centrality.betweenness_centrality(G)       # 计算中介中心度
20.   sorted(bet_cent.items(), key = lambda x: - x[1])[:5]
      # 按中心度倒数排序,显示中心度前五的家族及其中心度
      [('MEDICI', 0.521978021978022),
       ('GUADAGNI', 0.25457875457875456),
```

```
('ALBIZZI', 0.2124542124542125),
('SALVIATI', 0.14285714285714288),
('RIDOLFI', 0.11355311355311355)]
```

虽然两大家族在联姻的数量上(度数)相差不大,但美第奇家族的中介中心度远比斯特罗齐高。我们接着计算 4 种主要的中心度(中介中心度、点度中心度、接近中心度、特征向量中心度),并绘制相应的柱状图(见图 10.6)。

```
21.    import seaborn as sns                          ♯ 用于绘图
22.    import networkx.algorithms.centrality as nx_cent    ♯ 计算中心度
23.    ♯ 为避免代码冗余,我们先建立一个方便遍历的列表
24.    cent_list = [('Betweenness', nx_cent.betweenness_centrality),♯ 中介中心度
25.              ('Degree',     nx_cent.degree_centrality),♯ 点度中心度
26.              ('Closeness',   nx_cent.closeness_centrality),  ♯ 接近中心度
27.              ('Eigenvector', nx_cent.eigenvector_centrality)] ♯ 特征向量中心度
28.    ♯ 以 2×2 的格式绘制四张图,figsize 控制图的总大小
29.    ♯ sharex 的意思是共享 x 轴,即只保留最下面两张图的 x 轴
30.    fig, axs = plt.subplots(2, 2, figsize = (10,6), sharex = True)
31.
32.    ♯ enumerate 函数将列表组合为一个索引序列,即 pair 为数据,i 为其索引(数据下标)
33.    for i, pair in enumerate(cent_list):
34.        ♯ 获取画图的位置:
35.        ♯ 比如说,列表中的第 3 项应该画在 axs[3//2][3%2] = axs[1][1]即左下的位置
36.        ax = axs[i//2][i%2]
37.        ♯ 比如计算 centrality = nx_cent.betweenness_centrality(G)
38.        centrality = pair[1](G)
39.        ♯ 然后把获得的 centrality(格式是字典)按照中心度数值逆序排列,保存为一个列表
40.        centrality = sorted(centrality.items(), key = lambda x: - x[1])
41.        ♯ 用 seaborn 包进行绘图(用 palette 来选择色卡)
42.        sns.barplot(y = [i[0] for i in centrality], x = [i[1] for i in centrality],
43.                palette = "Blues_r", ax = ax)
44.        ax.set_xlim([0, 0.6])          ♯ 确保 x 轴的比例尺是一致的
45.        ax.set_title(pair[0])          ♯ 根据上面创建的列表命名每张图
46.        ♯ 在每张图中把两个家族的 Y 轴标成红色
47.        [i.set_color('red') for i in ax.yaxis.get_ticklabels()
48.                if i.get_text() in ['MEDICI', 'STROZZI']]
49.
50.    fig.suptitle('Centrality')        ♯ 设置大标题
51.    fig.tight_layout()                ♯ 让四张图没有重复的部分,排列得更好看
52.    plt.show()
```

我们不难发现,两大家族在联姻的数量(点度中心度)上相差无几,而且均选择了相对来说属于相似核心位置的家族(特征向量中心度)。但是,两者在中介中心度和接近中心度上差异明显。结合网络图来看,美第奇更大程度上控制了一些边缘家族(比如 Pazzi)与这个上流贵族圈子联系的渠道(中介中心度),而且处于图的中心位置,平均而言更容易联系到其他的家族(接近中心度)。

综上,尽管我们并没有全部数据,但是在数据子集中,我们可以对 1430 年前后美第奇和斯特罗齐家族之间的政治斗争做一番(不一定准确的)推测。可以说,斯特罗齐家族虽然仍属显贵,但该家族对于这个婚姻网络的掌控力度或动员能力,已远不如美第奇家族。

(4) 全局网络。

此外,我们还可以对全局网络进行一些简单的分析。结果显示,商业网络的全局集聚系

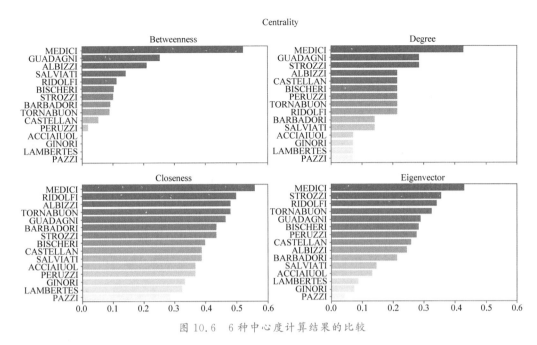

图 10.6　6 种中心度计算结果的比较

数和网络平均集聚系数都比婚姻网络要高,因为商业网络里有更多的闭合三元组。这或许也呼应了商业合作和婚姻的不同性质:合作和信任容易基于相互引荐而传递到第三方,但是婚姻的联系却取决于更复杂的情感与血缘考量,一般难以直接传递。

```
53.    print('婚姻网络')
54.    print("密度: ", nx.classes.function.density(G_marriage))
55.    print("全局集聚系数/传递性系数: ", nx.algorithms.cluster.transitivity(G_marriage))
56.    print("网络平均集聚系数: ", nx.average_clustering(G_marriage))
       婚姻网络
       密度: 0.19047619047619047
       全局集聚系数/传递性系数: 0.19148936170212766
       网络平均集聚系数: 0.16
57.    print('商业网络')
58.    print("密度: ", nx.classes.function.density(G_business))
59.    print("全局集聚系数/传递性系数: ", nx.algorithms.cluster.transitivity(G_business))
60.    print("网络平均集聚系数: ", nx.average_clustering(G_business))
       商业网络
       密度: 0.2727272727272727
       全局集聚系数/传递性系数: 0.4166666666666667
       网络平均集聚系数: 0.43333333333333335
```

(5)可视化算法的比较。

在以上分析中,我们一直利用 spring_layout (Fruchterman-Reingold force-directed algorithm)算法生成各节点在结果图中的位置。实际上,我们也可以尝试调用其他有意思的 Layout。以下代码中,Circular,Shell 和 Spiral 都强制性地将节点按照给定的图案排布,Planar 和 Spring 希望消除或者尽量减少边之间的重叠以让图尽量美观,而 Spectral 则强调画出点的聚类。图 10.7 比较了 6 种常见的作图方式。

```
61.    # 为避免代码冗余,我们重新建立一个方便遍历的列表
62.    draw_list = [
```

```
63.    ('Circular', nx.circular_layout),        # 把节点排成环形
64.    ('Shell',    nx.shell_layout),           # 将节点排成同心圆形状
65.    ('Spiral',   nx.spiral_layout),          # 把节点排成螺旋形状
66.    ('Planar',   nx.planar_layout),
67.    # 确保边没有任何交叉,即将图"拍"成平面(无法变成平面则报错)
68.    ('Spring',   nx.spring_layout),
69.    # 一遍遍调整点的位置,令边的长度基本等同并且减少边之间的重叠
70.    ('Spectral', nx.spectral_layout),        # 根据拉普拉斯矩阵进行聚类,并基于聚类作图

71.
72.    fig, axs = plt.subplots(2, 3, figsize = (15,8), sharex = True)
73.
74.    for i, pair in enumerate(draw_list):
75.        ax = axs[i//3][i%3]
76.        nx.draw(G_marriage, pos = pair[1](G_marriage),
77.            node_size = 50, node_color = 'black', ax = ax)
78.        ax.set_title(pair[0])
79.
80.    plt.show()
```

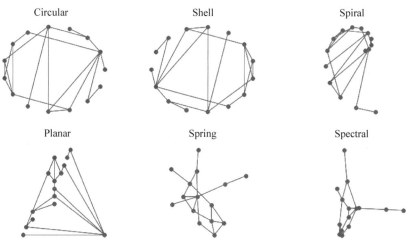

图 10.7　可视化算法的比较

10.4.2　案例 2：美国的政治极化与博客域（Blogosphere）

在美国政治的语境下,"极化"(Polarization)是指民主/共和党或者说自由/保守派的双方,其观点越发对立,以至于互相敌视、无法达成共识的状况。传统博弈论认为,在民主政体里中,越是中立的政客越可能得到更多选票(即中位投票者定律)。但是,在一个极化的社会中,很多时候立场越极端的政客反而越有影响力。因此,政治的极化一直以来都是美国社会科学研究的热点。本案例所引用的文献,从计算社会网络分析的角度对政治极化做了经典刻画[①]。这些作者在 2004 年美国大选期间,收集了 1 天内的 1000 多篇政治博文[②]作为对网络讨论整体网的一个"快照"。以政治博客的网站为节点,以网站之间的超链接为邻边,这些

---

①　Adamic L A, Glance N. The Political Blogosphere and the 2004 U. S. Election. Proceedings of the 3rd International Workshop on Link Discovery-LinkKDD'05, 2005.

②　博客是当时流行的社交软件.

作者构建了一个博客网络,描绘了人们是如何在当时的社交网络中互动和交流政治议题的。他们发现,自由派和保守派几乎只在自己派系内部交流,而且保守派之间的沟通更频繁,集聚密度更大。他们用 GUESS 软件绘制的博客域(Blogosphere)网络图,鲜明地呈现了美国网络世界的政治极化现象,成为计算社会科学的经典之一。

需要说明的是,他们在研究中采取了自由/保守派的划分,而不是民主党和共和党,因为前者可以更准确地概括研究对象。两党的意识形态在历史沿革中都经历了变迁,但是近几十年来民主党以自由派(Liberals)为主[①],共和党以保守派(Conservatives)为主。在根据博客内容的政治倾向进行分类时,本文仅以自由/保守派划分。

下面,我们首先导入需要的函数包。

```
1.    import numpy as np              # numpy 包可以帮忙简化数据处理的过程
2.    import matplotlib.pyplot as plt  # 为了作图
3.    from collections import Counter  # Counter(列表)可以用来统计列表中元素的频次
4.    import networkx as nx            # Python 用来进行网络分析的包
```

1. 获取数据

Blogosphere 数据可直接从 R 的 gsbm 包中获取。在此,我们先从 R 中提取数据(见下面的代码),把它们以 txt 格式保存。其中,*A* 是这些 blog 的邻接矩阵,names 是每个节点对应的网址,opinion 是作者标注的每个节点属于保守派(1)还是自由派(0)。

```
5.    rary(Matrix)
6.    library(igraph)
7.    library(gsbm)
8.    data(blogosphere)
9.    write.table(blogosphere $ A, file = "blogosphere_matrix.txt", row.names = FALSE, col.
      names = FALSE)
10.   write.table(blogosphere $ names, file = "blogosphere_names.txt", row.names = FALSE,
      col.names = FALSE)
11.   write.table(blogosphere $ opinion, file = "blogosphere_opinion.txt", row.names = FALSE,
      col.names = FALSE)
```

在获取数据之后,我们再用 Python 读取数据。在 Python 里,用 numpy 可以直接读入邻接矩阵。值得注意的是,dtype 需设定为 integer,否则默认为 float 格式,产生数据读取错误。

```
12.   jacency_matrix = np.loadtxt("blogosphere_matrix.txt", dtype = 'i', delimiter = ' ')
13.   adjacency_matrix, adjacency_matrix.shape
      (array([[0, 1, 0, ..., 0, 0, 0],
              [1, 0, 0, ..., 0, 0, 0],
              [0, 0, 0, ..., 0, 0, 0],
              ...,
              [0, 0, 0, ..., 0, 1, 0],
              [0, 0, 0, ..., 1, 0, 0],
              [0, 0, 0, ..., 0, 0, 0]], dtype = int32),
      (1222, 1222))
```

我们用 Counter 函数进行计数。结果显示,数据中共有 586 个自由派和 636 个保守派网站。

[①] 自由派不是自由主义者(Liberalist),后者在美国政治语境下属于保守派之一.

```
14.    opinions = np.loadtxt("blogosphere_opinion.txt", dtype = 'i', delimiter = ' ')
15.    opinions, Counter(opinions)
       (array([0, 0, 0, ..., 1, 1, 1], dtype = int32), Counter({0: 586, 1: 636}))
```

2. 创建图和处理数据

我们利用 from_numpy_matrix 直接导入邻接矩阵,创建一个 DiGraph(有向图)。create_using 默认是无向图,而网站链接具有方向性,故我们需要创建一个有向图。

```
16.    G = nx.from_numpy_matrix(adjacency_matrix, create_using = nx.DiGraph())
17.    nx.info(G)
'DiGraph with 1222 nodes and 33428 edges'
```

从 opinion 中获取保守派和自由派的节点信息,然后遍历所有邻边,将它们分成三类:
(1) 自由派→自由派,(2) 保守派→保守派,(3) 自由派→保守派或者保守派→自由派

```
18.    liberals = np.where(opinions == 0)[0]
19.    conservatives = np.where(opinions == 1)[0]
20.    liberal_edges, conservative_edges, cross_edges = [], [], []
21.    for (v1, v2) in G.edges():
22.        if (v1 in liberals) and (v2 in liberals):
23.            liberal_edges.append((v1, v2))
24.        elif (v1 in conservatives) and (v2 in conservatives):
25.            conservative_edges.append((v1, v2))
26.        else:
27.            cross_edges.append((v1, v2))
```

3. 绘图

我们继续使用 spring_layout 算法生成每个节点在结果图中的位置。在案例 1 中,我们已经比对了不同的 layout 算法可视化效果的区别,在这里则介绍最常用的 spring_layout 算法中可能用到的参数。Spring_layout 算法的大致思路是通过迭代不断调整点的位置,直到所有边的长度尽量一致的同时,让它们尽可能避免交叉。但是因为大部分复杂网络都无法被转化为完全没有边重叠的平面(planar),而且这种绝对的平面也对数据分析并非很重要,我们通常会在迭代到一定程序的时候就暂停。因此,迭代次数(iteraction)会影响最终结果。它的默认值是 50,我们可以按需增减,不过赋值太大会导致运行时间过长。k 则控制了节点的发散程度,默认为 $1/\mathrm{sqrt}(n)$。我们提高了 k 值,以确保外围的点不至于过于发散,这使得图的结果更为突出和美观。Seed 是种子,赋值之后可以使算法的每次运行结果均保持一致。

```
28.    pos = nx.spring_layout(G, iterations = 50, k = 0.1, seed = 100)
```

下面我们计算点的入度中心度。根据原文,中心度高的点,在结果图中面积更大,生成的 centrality 是一个[{点:中心度}¡]的 dictionary 列表。在计算 top_centrality 的四行代码,主要目的是更准确地复现原文结果,并展现更多的可视化技巧。为了画出下图中那些黑色的“泡泡”,我们在中心度最高的 600 个点中随机挑选 200 个(这样比较能分布开)和中心度最低的 500 个点。对每个所选节点,我们将 edgecolors 设为黑色。

```
29.    centrality = nx.algorithms.centrality.in_degree_centrality(G)
30.    import random
31.    top_centrality = [i[0] for i in sorted(centrality.items(), key = lambda x: - x[1])
       [:600]]
```

```
32.    least_centrality = [i[0] for i in sorted(centrality.items(), key = lambda x: - x[1])
       [ - 500:]]
33.    selected = random.sample(top_centrality, 200) + least_centrality
```

为了避免代码冗余,我们定义两个 helper 函数来简化绘制邻边和节点的流程:draw_edges 函数用给定的颜色(color)绘制给定的边集(edges)。其中,width 是边的粗细,alpha 是边的透明度,在比较密集的图中,我们通常会降低边的透明度,进而在可视化中突出点的位置和特性。draw_nodes 函数用给定的颜色(color)绘制给定的点集(nodes),其中 node_size 为节点大小。由于共有 1000 余个节点,标准化后的 centrality 本身数值很小,因此我们将每个点的 centrality 先乘以 1000 再作为节点的面积。此外,对所选定的 top_centrality 的点,我们还想将它们的外轮廓(edgecolors)画成黑色。

```
34.    def draw_edges(edges, color, graph = G, position = pos):
35.      return nx.draw_networkx_edges(graph, position,
36.                     edgelist = edges,
37.                     edge_color = color,
38.                     width = 0.3, alpha = 0.5)
39.    def draw_nodes(nodes, color, margin = None, graph = G, position = pos):
40.        return nx.draw_networkx_nodes(graph, position,
41.                     nodelist = nodes,
42.                     node_color = color,
43.                     node_size = [centrality[i] * 1200 for i in nodes],
44.                     edgecolors = margin)
```

完成以上步骤后,我们就可以根据类别画出所有不同颜色的邻边和节点。鉴于绘图是层层覆盖的,我们要把需要强调的图层在后续再绘制。

```
45.    plt.figure(figsize = (10, 10))        # 控制图片的大小
46.    draw_edges(cross_edges, 'yellow')
47.    draw_edges(conservative_edges, 'grey')
48.    draw_edges(liberal_edges, 'black')
49.    draw_nodes([i for i in liberals if i not in selected], 'black')
50.    draw_nodes([i for i in liberals if i in selected], 'blue', margin = 'black')
51.    draw_nodes([i for i in conservatives if i not in selected], 'red')
52.    draw_nodes([i for i in conservatives if i in selected], 'red', margin = 'black')
53.    plt.axis('off'); plt.show()
```

最后完成的效果(图 10.8)与论文原图总体相似(见图 10.9)。不过,由于绘图软件不同,我们利用 Python 的可视化效果还存在一定差异。

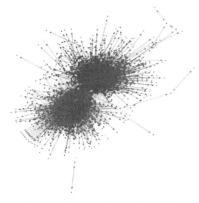
图 10.8　Blogosphere 的作图结果

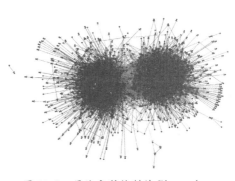
图 10.9　原论文所绘制的 Blogosphere

值得注意的是,我们的图中有不少灰点分布在黑色集聚里,而黑点很少在灰色中,这有可能是因为我们后来绘制的灰点覆盖了早先所画的黑点。为了避免这种可能性,我们下面先灰点后黑点,不过黑色的点依旧更不愿意去灰色的地方,这与原图仍然不完全吻合。

```
54.    plt.figure(figsize = (4, 4))
55.    draw_nodes(conservatives, 'grey')
56.    draw_nodes(liberals, 'black')
57.    plt.axis('off'); plt.show()
```

我们认为主要有以下两种可能的原因:其一,由于参数设置(尤其是 iteraction)所致,而且 spring_layout 也具有较强的随机性。其二,如原文所述,他们发现比起自由派(黑点),保守派(灰点)更爱在博客里放上其他博客的链接——主要是其他保守派的博客,但也不乏自由派的。因此这些混迹在黑色里的灰点可能并非偶然。当然,这种绘图偏差提醒我们不可盲目通过目测(Eyeballing)网络图来推出结论。网络图的可视化更多是一种参照,其效果主要取决于所选的可视化算法、参数以及随机性,而严谨的分析还必须结合量化图和节点信息。

接下来,让我们来检验该网络的"极化"程度。原文作者认为近 91% 的连接是保守派→保守派或者自由派→自由派的,我们在本案例中的确也得到了类似结果(保守派 90.87%,自由派 90.26%)。需要提醒读者的是,"回音壁现象"——即观念在一个闭合的系统中如同回音一般不断回响并走向极端,是一个早已突破学术圈的"热词"。与其他经典文献相似,该文作者对到底如何测量"回音壁"也尤为谨慎:他们强调,文本分析显示人们的语言习惯在集聚的内部和外部并没有很强的差异。换言之,尽管我们的确发现了一个"极化"的网络结构,但很难从给定的数据去判断政治观念是否已经完全被限制在某个集聚中。

```
58.    num_from_consv = [v1 for (v1,v2) in G.edges() if v1 in conservatives]
59.    print(f"{round(len(conservative_edges)/len(num_from_consv) * 100, 2)}%")
60.    num_from_liberal = [v1 for (v1,v2) in G.edges() if v1 in liberals]
61.    print(f"{round(len(liberal_edges)/len(num_from_liberal) * 100, 2)}%")
90.87%
90.26%
```

4. 社区挖掘

接下来让我们来尝试不同的社区挖掘算法。我们导入需要的算法包,并定义 helper 函数 draw_communities。该函数对给定的图 graph 和分组方式 p,对每个分组分配不同的颜色,并进行作图。为了与图 10.10 进行比对,我们沿用之前 spring_layout 算法所生成的节点位置。同时,考虑到我们已经可以在上述图中看到邻边的分布情况,为了节省运算时间就不再画邻边。

```
62.    from networkx.algorithms import community as cmty    # 社区挖掘算法的包
63.    import matplotlib.cm as cm                           # 导入 matplotlib 中的色卡
64.    import time    # 可以用来计时
65.    def draw_communities(graph, p):
66.        cmap = cm.get_cmap('prism')
67.        plt.figure(figsize = (8, 6))
68.        for i, group in enumerate(p):
69.            # 为了方便与上图进行对比,我们将最大的两个集聚(i = 0, i = 1)手动标注为黑色和
                 # 灰色
70.            if i == 0: color = 'black'
```

```
71.          elif i == 1: color = 'grey'
72.          # 如果还有其他的集聚,则从 cmap 中按顺序提取颜色
73.          else: color = np.array([cmap(i/len(p))])
74.          nx.draw_networkx_nodes(graph, pos,          # 沿用了之前的节点位置,方便比较
75.                   group, node_size = 10,
76.                   node_color = color)
77.     plt.axis('off'); plt.show()
```

让我们从原图(有向图)开始,图 10.11 使用了较快速的 Clauset-Newman-Moore greedy modularity 算法。初步结果显示,除了比较明显的黑、灰两个大集聚以外,似乎还有很多杂乱无章的小集聚。

```
78.     start = time.time()          # 对程序所花的时间计时
79.     partition = cmty.modularity_max.greedy_modularity_communities(G)
80.     draw_communities(G, partition)
81.     print(round(time.time() – start,4), "sec")
82.     print('mudularity', cmty.modularity(G, partition))
83.     1.8109 sec
mudularity 0.30344946951113544
```

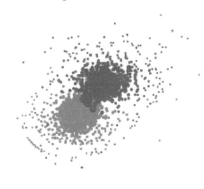

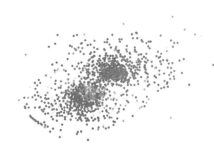

图 10.10 　更改图层顺序之后重新绘制的 Blogosphere(省略了边)　　图 10.11　Greedy Modularity 算法的集聚结果 (每个颜色代表一个集聚),有向图

当我们将原图(有向图)转化为无向图(图 10.12)后再次使用同样算法,此时所挖掘到的集聚明显要更"整齐"。或许是因为这种"快照"式数据就像在总体中随机取了一个点,其自身的随机性更强,而有向图中计算模块度的方式对这种"噪声"更为敏感。具体而言,两个节点虽然可能在网络中位置类似,但恰好此时一个节点被连接,另一个连接了别的节点,如果用有向图的社区挖掘就更容易将它们划分到不同的集聚。

最后,除了 greedy modularity 算法,我们还尝试了标签传播算法(图 10.13)[①]。结果表明,在这种集聚两端的分布很明显的时候,不同的算法会趋向相似的结果。此外,此外还汇报了覆盖率(coverage)和表现(performance)[②]。

```
84.     G_undirected = nx.from_numpy_matrix(adjacency_matrix, create_using = nx.Graph())
85.     start = time.time()
```

[①] 　目前在 networkx 包里,这个算法只能用于无向图,还无法用于有向图的版本。
[②] 　覆盖率计算了集聚内部的邻边占所有邻边的百分比,表现计算的是(集聚内的邻边＋集聚之间的非邻边)/所有可能存在的邻边总数。

```
86.    partition = cmty.modularity_max.greedy_modularity_communities(G_undirected)
87.    draw_communities(G_undirected, list(partition))
88.    print(round(time.time() - start,4), "sec")
89.    print('mudularity', cmty.modularity(G_undirected, partition))
90.    print('coverage and performance', cmty.quality.partition_quality(G_undirected,
       partition))
91.    3.1088 sec
92.    mudularity 0.42686454864499285
93.    coverage and performance (0.922938853655618, 0.5516312324822963)
94.    start = time.time()
95.    partition = cmty.label_propagation.label_propagation_communities(G_undirected)
96.    draw_communities(G_undirected, list(partition))
97.    print(round(time.time() - start,4), "sec")
98.    print('mudularity', cmty.modularity(G_undirected, partition))
99.    print('coverage and performance', cmty.quality.partition_quality(G_undirected,
       partition))
100.   0.1765 sec
101.   mudularity 0.42609514108566354
102.   coverage and performance (0.9266483187746799, 0.5319551064231915)
```

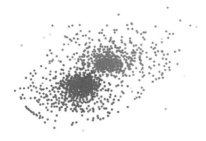 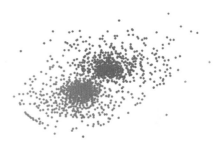

图 10.12　Greedy Modularity 算法的集聚结果，无向图　　图 10.13　标签传播算法的集聚结果

事实上，尽管本案例所绘制的图只有 1000 余个点，但是对本章介绍的大部分社区挖掘算法而言，已经是一个耗费大量时间的"大工程"。如常用的 Girvan-Newman（只能用于无向图）算法需要的计算时间过长，我们就不再展示，有兴趣的读者可以自行尝试。

10.4.3　案例 3：网络游走与知识创新

石峰（Feng Shi）和伊万斯（James Evans）的团队[①]测量了观念网络上的思维游走与知识创新传播过程之间的关系。[②] 基于美国《医学索引》中 100 多年来近 2000 万篇有关生物医学的论文，该团队从每篇论文的归类标题中提取了论文中所提到的化学品、病症、研究方法等特征，然后将所提取特征和作者名作为同一网络中四种类型的节点，即每个节点都是一个包含四种元素的集合。最后，他们把所有在同一篇论文里出现的要素用边联系起来，最终构建了一个高维网络（即超图，见图 10.14）。

该研究发现，通过在超图网络中不断模拟随机游走，所构建的模型可以出色地预测新边的产生，背后的原因是绝大部分新产生的边都是在本就相近的点对之间产生的。然而，这些

---

① 该团队来自芝加哥大学知识实验室，具体介绍参见附录 C。

② Shi F，Foster J G，Evans J A，Weaving the Fabric of Science：Dynamic Network Models of Science's Unfolding Structure. Social Networks，2015，43：73-85.

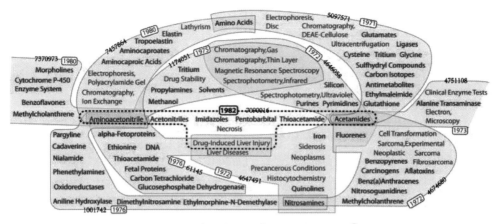

图 10.14　基于生物医学论文的超图网络①

能预测新边的点对通常并非属于同一类型,这或许意味着科学创新的过程通常是触类旁通的。譬如,化学品 A 和化学品 B 常见于同篇论文,化学品 B 和研究方法 C 常见于同篇论文,那么新的论文很可能就将化学品 A 和研究方法 C 结合起来。总之,此研究的基本结论是:基于既存的多维的(包括人、物质、观念、方法)网络结构,绝大部分新的生物医学论文都可以被游走的模拟数据所预测。

最近,该团队结合了美国生物医学、物理学和专利数据库,将上述结论进一步拓展。②他们用类似的方式构造了超图,但区分了"内容"(即单篇学术成果所关注的现象、概念、方法)和"背景"(即其所出现的期刊和会议)。每个点代表了一个概念在超图中的拓扑特征从多维降成三维后的对应位置(见图 10.15)。作者定义创新度 N 为学术成果(如图 10.15 的三个

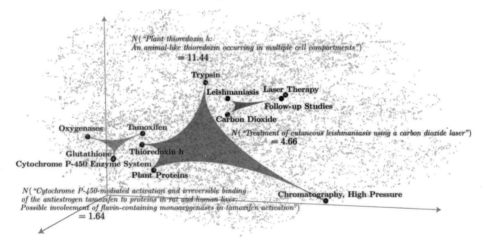

图 10.15　用领域跨度衡量创新性的示意图

---

① 注:这是网络中一个样本,其中化学品、病症、研究方法分别以蓝、橙、粉标注,每一个灰色的圆圈代表一篇论文,也就是一条超边.这张图主要显示的是两种化学品氨基乙腈(Aminoacetonitrile)和乙酰胺(Acetamides)是怎样在这个多维网络中被连接起来的.

② Shi F,Evans J. Science and Technology Advance through Surprise. ArXiv:Digital Libraries (Cs. DL),arXiv:1910.09370.

曲面)在超图网络中的跨度。在该研究中,"创新度"也被作者称为"惊奇度(Surprise)",因为 N 越大就意味着其所代表的成果出现概率越低。作者发现,像荣获诺贝尔奖的文章这样高影响力的成果,虽然其"背景创新度"不高,但其"内容创新度"却远高于平均水平。换言之,高影响力的学术成果虽然是在和别人类似的期刊和会议背景中"打磨"出来的,但它们更倾向于涵盖多领域的知识概念,在旁征博引中实现更深入的创新。

考虑到计算难度远远超出了本章的教学目标,我们没有和案例1、案例2那样复现该研究。对社会网络分析的新手来说,虽然本案例中的网络分析复杂度过于"吓人",要充分理解上述研究具体的实现过程也绝非易事,但我们希望读者从中能体会到:社会网络分析的前沿研究所关注的,除了我们时常听闻的社交媒体中人与人之间的沟通,还可以涵盖对学术知识网络和创新关系的思考,乃至其他更大胆的设想。

本 章 小 结

本章主要梳理了一些收集和理解社会网络数据的方法。首先,当完整网络难以直接获得时,自我中心网络和滚雪球取样成为两种重要的取样方式。然而,边界的界定问题以及随之而来的数据缺失或者偏误问题,都是社会网络研究一直以来的理论难点。然后,本章也回溯了一些社会网络分析的其他难点,包括数据、时间、因果和解释等维度,并基于这些难点展望了未来可能的发展趋势。最后,我们通过2个实操案例和1个前沿理论案例,试图告诉大家在计算社会科学研究中可以如何开展有效的科学分析。

当然,正如第9章前言所论及的,社会网络分析和复杂性密切相关,仍然有许多有趣的前沿知识无法一一涉猎。对于更复杂的社会网络分析,包括网络数据中的因果关系推断,结合网络数据和社会模拟的分析和预测等,就留给感兴趣的读者后续的自由探索。

习 题 10

1. 如果你要调查所在班级的同学的社交情况,并分析这个社交网络对学习或者找工作的影响。请问:

(1) 你认为如何取样比较好,为什么?

(2) 设计3~5个调查问卷访题。结合实际,解释设计的理念,并分析这几个访题分别可能造成什么潜在的遗漏。

2. 我们对网络生成和度分布分析的相关概念进行考察和延展。

(1) 在 networkx 的 random_graphs 包中,找到 Watts-Strogatz 小世界网络、Erdos-Renyi 网络以及 Barabási-Albert 网络的生成函数。

(2) 令 $n=100, k=4, p=0.3$,生成一个 Watts-Strogatz 网络。阅读 networkx 中相关的文档,解释其中参数 n, k, p 的含义,并汇报这个网络的邻边数量(E_{WS})。

(3) 根据 Erdos-Renyi 函数在 networkx 中的定义,解释其中参数 p 的含义。计算:如果我们希望生成一个 $n=100$ 的 Erdos-Renyi 网络,令其邻边数量的期望值为 E_{WS},那么 p 应被设定成什么值?重复1000次生成 $n=100$ 的 Erdos-Renyi 网络并计算邻边数量,验证这个结论。

(4) 给定一个 $n=100, m=2$ 的 Barabási-Albert 网络,不通过编程的方式,根据其函数定义直接计算出这个网络的邻边数量(提示:这个数量应该是定值)。生成这个网络,验证结论。

(5) 分别用 shell 和 spring_layout 画出上述三个网络进行比较,你有什么发现?解释这些发现。提示:因为节点 ID 都是 0～99,我们可以尝试先固定点的位置,再绘制不同网络图的边进行比较。

(6) 创建一个 $n=3000, k=4, p=0.3$ 的 Watts-Strogatz 网络 WS_{1000}。根据(3)中我们发现的 p 和 E_{WS} 的关系,以及(4)中我们发现的 Barabási-Albert 网络中 m 和邻边数量的关系,计算所需的 p 和 m 值,以得到邻边数量与 WS_{1000} 接近的 Erdos-Renyi 网络和 Barabási-Albert 网络。

(7) 用散点图画出三个网络图对应的点度分布图,其中 X 轴为点度,Y 轴为频率。(提示:可以对 X 轴 Y 轴分别取 log 再作图。)对比三张图,描述和解释它们之间的区别和联系。

3. 除了 networks 以外,snap 也是一个常用的网络分析包,它没有 networkx 那么丰富的函数,但更适用于一些大型网络的分析。在这道题中,我们尝试使用 snap 分析包做如下分析:

(1) 从 SNAP-DBLP[①] 下载"com-dblp. ungraph. txt. gz"和"com-dblp. top5000. cmty. txt. gz"两个数据包。DBLP 是一个关于计算机领域论文的大型数据库,我们所下载的这个网络则是基于 DBLP 所建立的一个关于作者的合著(co-authorship)网络[②]。

(2) 解码两个数据包,用"com-dblp. ungraph. txt"生成网络,这个网络 G 应该包含 317080 个节点和 1049866 个邻边。计算 G 的平均集聚系数、闭合三元组(Triangles 数量),以及闭合三元组的比例(Fraction of Closed Triangles),并与上述网站进行核对。(提示:因为 networkx 中关于三元组的函数只适用于有向图,且在大型网络上运行速度很慢,这里建议使用 snap 包[③]而不是 networkx,下面给出 snap 示例。此外,因为直径计算速度太慢,此处不作要求,不过 networkx 和 snap 包里都有相应函数,有兴趣的读者可以在小一些的图中尝试。)

```
1.    #!pip install snap-stanford
2.    import snap
3.    G_snap = snap.TUNGraph.New()
4.    for v in G_nx.nodes(): G_snap.AddNode(v)
5.    for v1,v2 in G_nx.edges(): G_snap.AddEdge(v1,v2)
```

(3) 读入"com-dblp. top5000. cmty. txt"文件,这个文件包含了整个网络中最大的 5000 个社区,我们从中得到最大的社区,并用 subgraph 函数从 G 中提取对应的子图,命名为 sub_G ($n=7556$)。然后,我们用 networkx 包中的 greedy modularity 函数挖掘 sub_G 中的社区,并再次提取其中最大的社区,称为 sub2G。(提示:因为 greedy modularity 函数假设要图中节点 ID 为 0-N,而我们的子图中节点 ID 并不是连续的,所以我们需要先用 nx. relabel. convert_node_labels_to_integers 函数重命名 sub_G 中的节点,才能进行社区挖掘。)

① https://snap. stanford. edu/data/com-DBLP. html.

② Yang J, Leskovec J. Defining and Evaluating Network Communities based on Ground-truth. ICDM, 2012.

③ Leskovec J, Sosič R. SNAP: A General-Purpose Network Analysis and Graph-Mining Library. ACM Transactions on Intelligent Systems and Technology, 2016, 8(1): 1-20.

（4）在最后得到的 sub2G（$n \approx 1200$）中，发挥你的创意和审美能力，尝试不同的可视化函数（比如不同的 layout）和其中的参数组合（比如不同的 iteration 值）。图 10.16 是用 greedy modularity 进行了一次社区挖掘并根据社区来涂色的例子。

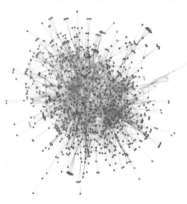

图 10.16　社区挖掘的结果示例

第11章

基于多主体建模 与仿真[①]

本章学习目标

- 掌握基于多主体建模与仿真的基本概念
- 掌握基于多主体建模与仿真经典案例的建模过程
- 了解基于多主体建模与仿真在社会科学中的应用
- 了解基于多主体建模与仿真研究社会复杂性的前景

11.1 ABM定义与核心概念

基于多主体建模与仿真（Agent-based Modeling，简称 ABM）是一种面向对象的计算模型。ABM 的核心概念可以从主体、环境和规则三方面来理解。我们结合经典的糖域模型（Sugarscape Model）来解释核心概念。该模型是由约书亚·爱泼斯坦（John Epstein）与罗伯特·阿克斯特尔（Robert Axtell）合作开发的 ABM 模型[②]。它假设有一个虚拟的二维世界，划分为 $n \times n$ 的网格，网格中分布着不同数量的固定资源——糖。该世界中分布着大量的主体（Agent），主体依靠吃糖维持生命，也可以将多余的糖存储并积累。主体可以移动到富含糖的网格中获得糖。在每个步骤中，主体都会环顾周围，找到离自己最近的糖含量最高的网格，然后移动并消耗一定的糖。随着时间的推移，主体会消耗糖，当糖消耗殆尽又没有得到及时的能量补充时，主体会死去。研究者通过改变糖域模型的条件，对财富分配、人口变迁、社会进化等问题展开诸多有意义的研究。

---

① 周文博士对本章初稿提出建议，方佳薇、王远卓为本章搜集前期资料，范晓光对本章文字进行校对，在此一并感谢.

② Epstein J M，Axtell R. Growing Artificial Societies：Social Science from the Bottom up. Washington，Brookings Institution Press，1996.

ABM 的第一个核心概念是主体。主体指的是 ABM 模型中的行动者,这些行动者既可以是个体,也可以是家庭、群体和组织。主体是一个环境中的对象,它具有特定的属性(Attributive Values)。譬如,在糖域模型中,主体具有视力范围 r 和持有糖数量 s 的属性,视力范围 r 意味着主体能够看到多远的网格,r 越大则意味着主体寻找糖的能力越强。随着时间的推移,主体会消耗糖,当持有糖的数量 $s=0$ 时,意味着主体会死亡。ABM 的主体具有下列几种特征:

(1)主体是自主的。自主性意味着主体可以根据既定的目标和信息决定做什么。行动者嵌入社会结构,但是社会结构只作为环境要素出现,模拟过程不受社会结构的控制,而是通过主体之间的互动来实现。如在糖域模型中,主体观察周围的情况,最终会自主地选择移动到某一个含糖量较高的网格,这个过程不受研究者的控制。

(2)主体是异质的。基于均值的回归模型中,如果求收入的性别差异,一般来说是比较男女性的平均收入。因此,男性就是作为一个同质性的群体来研究。ABM 研究中主体不以某些特性划分为同质性群体,主体在每个方面都是异质的。在糖域模型中,主体的视力范围 r、持有糖数量 s 都是异质的,一些属性会随着时间而发生内生性的变化。

(3)主体是相互依存和作用的。主体之间可以互相影响、惩罚、模仿,当与主体相联系的主体做出某种行动时,主体会对其产生的影响做出回应,这些回应也会影响其他主体的行动。比如,当有主体在糖域模型率先移动到某一个高含糖网格并消耗了网格中的糖,该网格的糖含量就会减少,对其他主体的吸引力相应地下降。

(4)主体具有适应性和前瞻性。主体之间的互动会产生一个复杂的适应系统。主体的适应性和前瞻性有个人和集合两个表现层面。从个人层面来看,主体通过模仿和学习可以适应不同的环境。从集合层面来看,主体经过选择、相互模仿和社会影响等演化的手段之后,最终形成某种宏观社会现象。糖域模型可以用来探究财富分配,随着时间的推移,少数主体会掌握大量的糖资源,财富分配不均衡现象会自然地出现。

ABM 的第二个核心概念是环境(Environment)。主体处于一个环境之中,这个环境可以分为若干部分,每部分的连接或松散或紧密。譬如,在人口迁移研究中,每个主体处于城市或农村环境中,这两种环境就是松散的。与此同时,每个主体同时属于某个特定的宗族网络之中,宗族的环境是紧密的。ABM 的环境既可以包括自然环境,如山川、河流、天气,也可以包括人工环境,如道路、市场、公园。

ABM 中的主体会根据环境状况决定行动。在糖域模型中,糖被分配在 $n×n$ 的网格中,网格即是糖域模型的环境。主体在每次行动中会观察视力范围内所有网格的糖含量,并确定拥有最大糖含量的网格。此外,糖域模型可以在网格中加入更为复杂的环境信息,比如以河流为界分为两个区域,若想过河获得更高含量的糖,则需要消耗更多的糖。

ABM 的第三个核心概念是规则(Rule)。规则通常是局部的,因为它影响的是主体,通常不会直接对全局产生影响。规则通过改变每个微观个体的行为,最终影响宏观现象。各主体都遵循一定的规则,比如规范、惯例、协议、道德和法律的约束等。即使这些规则十分简单,我们行为产生的影响也可能变得极为复杂,它们有利于解释宏观现象。主体之间的规则包括沟通、交流、合作、冲突等,这些规则一般都以社会科学理论为基础。在人口迁移过程中,老乡的迁移行为很可能会对自己产生更大的影响。当然,主体与环境之间同样存在一定的规则——环境 A 与原居住地的物理距离影响个人的迁移决策。

以糖域模型为例,其主体的游走遵循如下的法则:

(1) 观察四个方向视力范围内的所有网格,确定拥有最大糖含量的网格;

(2) 如果有几个网格含有相等的最大糖含量,则选择最近的一个;

(3) 移动到这个方格,根据移动距离消耗一定数量的糖;

(4) 获得该方格的糖并更新持有糖数量 s。

11.2　ABM 简史与经典案例

11.2.1　ABM 的先驱学者

自 20 世纪中期以来,以 ABM 为代表的社会仿真建模方法经历了快速的发展。梅西(Macy)和维勒(Willer)对 ABM 的发展历程做了回顾[①]。瑞典地理学家哈格斯特朗(Hägerstrand)在研究瑞典的两种农业创新传播时,设计并进行了最早的基于多主体的社会仿真[②]。在他的模型中,每个单元中都装有一定数量的"机器人"。假设采用创新的"机器人"与尚未采用创新的"机器人"对话时,创新便会传播开来。根据他的模型,这种交换发生的可能性取决于"机器人"所在的两个单元之间的距离。使用 ABM 在上述规则的基础上进行仿真,哈格斯特朗得到了与真实世界分布相似的创新传播形式。现在 ABM 经常因为缺乏和现实世界的关联而被批评,然而早期的学者就非常重视 ABM 模拟的结果与真实数据相关联的可能性。

总体而言,社会仿真研究经历了从宏观仿真到微观仿真,再到基于主体仿真的发展历程[③]。社会仿真研究关注宏观和微观之间的关联,这也是经济学家希尔伯特·西蒙(Herbert Simon)对社会仿真的主要贡献之一。西蒙提出社会系统在宏观和微观之间的复杂性是非同构的,社会仿真最重要的是运用一个微观—宏观都兼顾的方法,将复杂的社会系统简化和模型化。[④] 西蒙认为,了解组织各构成之间的相互作用机制,对于观察宏观社会系统的复杂性至关重要。这很大程度上启发了后来的学者使用 ABM,从微观个体互动行为出发探讨宏观现象的涌现(Emergence)。

托马斯·谢林(Thomas Schelling)是使用 ABM 开展社会科学研究的先驱,他在《微观动机和宏观行为》一书中提到,应该从微观个体的互动来理解宏观现象。谢林认为宏观社会不是个人行为的简单加总,为了理解人类社会复杂的社会现象,需要考虑个体与个体、个体与环境之间的相互作用。[⑤] 传统的基于变量的回归模型无法处理个人决策和行为的长期演化及其产生的宏观影响,因此需要引入处理复杂性的 ABM 模型(或者元胞自动机模型 Cellular Automata Model)。

隔离模型(Segregate Model)就是这样的经典案例[⑥]。在该模型中,谢林假设每个人都

---

① Macy M W, Willer R. From Factors to Actors: Computational Sociology and Agent-based Modeling. Annual Review of Sociology, 2002, 28(1): 143-166.

② Hägerstrand T A. Monte Carlo Approach to Diffusion. European Journal of Sociology, 1965, 6(1): 43-67.

③ Gilbert N, Troitzsch K. Simulation for the Social Scientist. Buckingham: Open University Press, 1999.

④ Simon H. The Sciences of the Artificial. Cambridge: MIT Press, 1969.

⑤ 托马斯·谢林. 微观动机和宏观行为. 北京:中国人民大学出版社, 2005.

⑥ 谢林隔离模型发表于《数理社会学》(Journal of Mathematical Sociology)1971 年创刊号,这个模型最早是一个简单的元胞自动机模型,后来逐步改进为 ABM 模型.

希望自己的邻居有 1/3 以上和自己是相同种族,而如果邻居中和自己相同种族的比例小于 1/3,则他们会搬走,否则就留在原地,该过程不断持续直到没有人搬家。图 11.1 呈现了谢林隔离模型的演化过程。假设图 11.1a 是原始状态,♯ 和 O 分别代表黑人和白人,通过多次搬迁之后,最终的居住模式从 a 演化为 b 和 c,而 b 和 c 种族隔离程度比 a 更高。该结果表明,即使每个人对与自己不同种族的人相处很宽容(只有当同种族少于 1/3 才会离开),依然可能出现种族隔离的宏观现象。使用社会仿真建模方法,隔离模型解释了宏观种族隔离现象来自微观个体简单动机的长期演化。在下一节中,我们会详细介绍如何使用 Python 软件实现隔离模型。

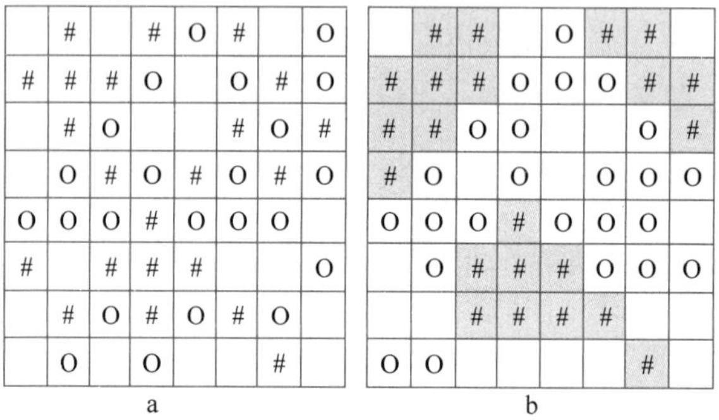

图 11.1　谢林隔离模型的初始状态及演化结果

格兰诺维特(Mark Granovetter)是社会学界使用 ABM 的代表人物之一。与谢林的观点类似,格兰诺维特同样关注相互依存的个体行为对宏观现象的影响。为了解释集体行动是如何产生的,格兰诺维特从微观个体互动入手,提出了著名的阈值模型(Threshold model)。该模型可以应用在创新的扩散、谣言与疾病传播、社交等许多场合。

此外,社会学家科尔曼(James Coleman)也同样强调主体互动在确定社会模式中的关键作用。早在 20 世纪 60 年代,科尔曼就致力于通过计算机仿真来扩展基于方程的统计模型,他认为计算机模拟会激发基于主体的社会学转向,社会仿真可以作为连接个人与社会系统的桥梁①。

科尔曼强调,在解释宏观层面现象的关联时,应深入探讨其中包含的微观关系。韦伯的《新教伦理与资本主义》指出新教伦理是推动西方资本主义兴起的主要原因(见图 11.2a),但科尔曼认为这样的分析还不够,应该把 a 修正为 b,增加 3 个步骤:①从宏观层面的新教伦理成为个人层面的价值观;②个人价值观影响经济行为;③个人理性计算的经济行为聚集为社会层面的资本主义发展。科尔曼认为社会科学研究应该关注宏观-微观的转换问题,①和②解释起来往往是明晰的,而从微观到宏观经常较为模糊。科尔曼认为③并不是个人行为的简单加总(尽管许多经验研究都这么做),而应该充分考虑社会互动,该过程正是 ABM 所关注的复杂性研究的涌现问题。

约书亚·爱泼斯坦(Joshua Epstein)、罗伯特·阿克塞尔罗德(Robert Axelrod)、奈杰尔·吉尔伯特(Nigel Gilbert)、德口广弘(Hiroshi Deguchi)等是更为晚近的 ABM 学者。其中,爱泼斯坦与阿克塞尔罗德合作创立了糖域模型,该模型的具体设定已在上节论述。后者

---

① Coleman J S. Foundations of Social Theory. Cambridge：Harvard University Press,1994.

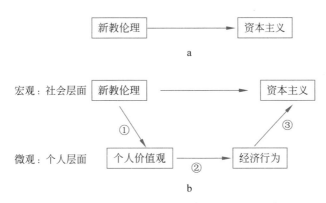

图 11.2 科尔曼对新教伦理与资本主义兴起的解释

出版了一系列 ABM 经典著作。其中,《合作的演化》①展现了将实验、博弈论和计算机仿真相结合的潜力。在阿克塞尔罗德之后,ABM 进入了一个全新的发展,开始在欧美的社会科学界作为一种重要方法,取得了许多标志性成果。譬如,专注于复杂性研究的圣塔菲实验室、第一个 ABM 开源平台 SWARM、社会仿真研究的专业杂志《人工社会与社会模拟杂志》②(JASSS)。

该阶段的领军人物主要有吉尔伯特和德口广弘。其中,吉尔伯特担任 JASSS 主编多年,他的《社会科学家的模拟》是社会仿真研究的标准参考书。德口广弘是亚太社会学系统科学计算实验方法协会主席,为推动 ABM 方法在亚太地区的发展发挥了重要作用。

11.2.2 案例 1:隔离模型

1. 背景及意义

根据 11.2.1 节的介绍,谢林的隔离模型聚焦于描述人群的同质性趋向特征对人群居住空间隔离的影响与作用。在美国,该模型的同质性趋向特征主要关注基于种族或收入的讨论,如 11.2.1 节中提到的"每个人都希望自己的邻居中有 1/3 和自己属于同一种族"这一假设。尽管 1968 年《公平住房法》明确规定"禁止在住房市场因种族、肤色、宗教或出生国的原因进行歧视活动",美国民众并没有真正破除种族居住隔离。图 11.3 反映了 2000 年芝加哥地区的种族隔离的空间分布现状,可以看到同一种族聚集居住现象依然比较明显。

对转型期的中国来说,隔离模型可以用于解释大城市"外来人口聚集居住"的现象。随着大城市对周边的资源和人口吸引力越来越大,无数怀揣着"北京梦""上海梦"等的外来人口涌入其中。由于存在各种制度障碍和社会排斥,外来人口经常需要借助"老乡关系"这一社会资本寻找住所,因此曾经出现北京"浙江村""河南村",深圳出现"平江村"等外来人口聚集居住的现象。同乡关系究竟会如何影响居民最终的居住选择?又有哪些其他因素会影响居民搬迁的倾向与目标搬迁地的选择?居住隔离这一规模性现象是如何在个体搬迁过程中涌现的?隔离模型就有助于回答以上问题。

2. 模型设定与模拟规则设定

(1)模型环境设定。

谢林模型采用生成模型中的二维网格,以模拟真实的城市空间。每个网格都可以居住,

---

① Axelrod R. Evolution of Cooperation. New York: Basic Books, 1984.

② 相关信息请查阅附录 C.

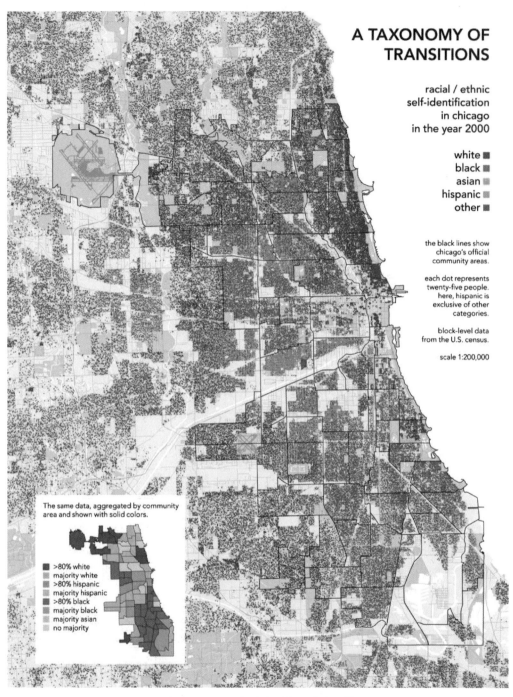

图 11.3　2000 年的美国芝加哥地区 ①

空置房屋比例以初始值进行设定。对于每一个网格中居住的居民来说,周边房屋(上下左右、左上右上、左下右下)定义为邻居,图 11.4 是 Netlogo 模型库中设定城市空置房屋为20%后随机生成居民的初始居住状态。

———————————

① http://www.radicalcartography.net/,原图已经过灰度图转化处理.

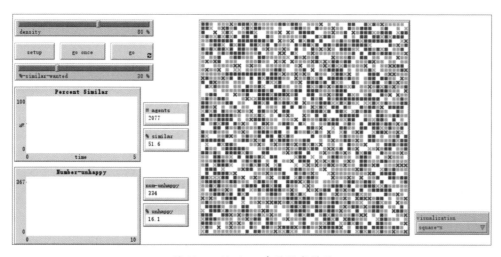

图 11.4　Netlogo 中的隔离模型

（2）行动者设定。

在模型中，居民的初始状态可以用本地人和外地人这对二分属性来理解，也可以用"浙江""河南""上海"等多类型来描述。每个行动者倾向于和自己同属性的人居住，并且有对周边邻居相似性的预期值（即相似性阈值）。

（3）行为规则。

每一轮行动中，居民首先评估周边邻居有多少是与自己的原初属性相同（即周边邻居的相似比），如果相似比小于预期的相似性阈值则搬迁。例如，假定居民分为"本地人"与"外地人"，如果周边邻居中本地人的比例小于相似性阈值，该本地人会随机搬到城市中某个"空"的住处，并在下一轮搬迁时再次进行上述评估，直到周围邻居的相似比达到相似性阈值，不再继续搬家。从模型的整体考虑，通过迭代次数的设定，我们可以控制居民搬家的最大次数，从而观察宏观层面上居住隔离的呈现进度与状态。由此，隔离模型需要设定的变量见下表 11.1。

表 11.1　谢林模型的变量设定

序　　号	变量名称	变量作用简述
1	城市规模——长	城市规模（单元格个数）
2	城市规模——高	城市规模（单元格个数）
3	城市空置率	城市中空房子的比例
4	相似性阈值	居民对于周边邻居相似性的预期值
5	迭代次数	居民搬迁次数上限
6	研究属性的类别数	"本地人-外地人"二分类别，或区分不同来源地的类别变量

3. 代码分析步骤

在本案例中，居民区分为"本地人"和"外地人"，并用不同颜色标注。①

---

　　①　Python 代码基于网络资源的改造，具体可参考 https://www.binpress.com/simulating-segregation-with-python/.

（1）Python 环境准备。

```
1.    #将所有需要的 Python 库模块载入
2.    % matplotlib inline
3.    # Magic 关键字用于实现特殊的功能,% 表示单行的 Magic 关键字功能,matplotlib inline 显
      # 示 matplotlib 包生成的图形
4.    import matplotlib.pyplot as plt
5.    import itertools          #库中的内置函数能够实现生成原始的矩阵列表
6.    import random             #模拟现实城市中,居民居住行为是随机产生的
7.    import copy
```

Matplotlib 库为 Python 中的绘图库,我们在最后使用图像呈现居住隔离的过程中将调用此库;而 itertools 库中的内置函数能够帮助生成原始的矩阵列表;random 函数用于模拟现实情况中的初始居民居住随机性;copy 函数用于复制居民数据和信息。

（2）模型环境设计。

```
8.    # 采用 Python 中类和对象的代码构建方法进行环境设计
9.    class Schelling:
10.
11.    def __init__(self, width, height, empty_ratio, similarity_threshold, n_iterations,
          hometown = 2):
12.        self.width = width
13.        self.height = height
14.        self.hometown = hometown
15.        self.empty_ratio = empty_ratio
16.        self.similarity_threshold = similarity_threshold
17.        self.n_iterations = n_iterations
18.        self.empty_house = []
19.        self.agents = {}
```

在上述设定中,我们已经初步规定了此次模拟过程中的变量。

```
20.    #populate 方法用于生成初始居住空间
21.    def populate(self):
22.
23.        self.all_houses = list(itertools.product(range(self.width), range(self.height)))
24.        random.shuffle(self.all_houses)
25.
26.        self.n_empty = int(self.empty_ratio * len(self.all_houses))
27.        self.empty_houses = self.all_houses[:self.n_empty]
28.
29.        self.remaining_houses = self.all_houses[self.n_empty:]
30.        houses_by_home = [self.remaining_houses[i::self.hometown] for i in range(self.
          hometown)]
31.
32.        for i in range(self.hometown):
33.            self.agents = dict(
34.            self.agents.items() | dict(zip(houses_by_home[i], [i + 1] * len(houses_by_home
              [i]))).items()
```

生成模拟过程中的初始城市见图 11.5：

```
35.    #is_unsatisfied 方法用于衡量居民是否满意,是否需要搬家
36.    def is_unsatisfied(self, x, y):
37.        home = self.agents[(x, y)]
```

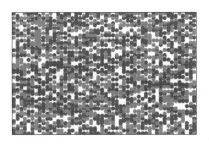

图 11.5　隔离模型初始状态①

```
38.        # 在这一方法内,将 home 定义为对应中心居民的种族标签
39.        count_similar = 0
40.        count_different = 0
41.        # 设定相似人数和不同人数的统计量
42.
43.        if x > 0 and y > 0 and (x - 1, y - 1) not in self.empty_houses:
44.          if self.agents[(x - 1, y - 1)] == home:
45.            count_similar += 1
46.          else:
47.            count_different += 1              # 衡量周围邻居是否是相同种族
48.        if y > 0 and (x, y - 1) not in self.empty_houses:
49.          if self.agents[(x, y - 1)] == home:
50.            count_similar += 1
51.          else:
52.            count_different += 1
53.        if x < (self.width - 1) and y > 0 and (x + 1, y - 1) not in self.empty_houses:
54.          if self.agents[(x + 1, y - 1)] == home:
55.            count_similar += 1
56.          else:
57.            count_different += 1
58.        if x > 0 and (x - 1, y) not in self.empty_houses:
59.          if self.agents[(x - 1, y)] == home:
60.            count_similar += 1
61.          else:
62.            count_different += 1
63.        if x < (self.width - 1)   and (x + 1, y) not in self.empty_houses:
64.          if self.agents[(x + 1, y)] == home:
65.            count_similar += 1
66.          else:
67.            count_different += 1
68.        if x > 0 and y < (self.height - 1) and (x - 1, y + 1) not in self.empty_houses:
69.          if self.agents[(x - 1, y + 1)] == home:
70.            count_similar += 1
71.          else:
72.            count_different += 1
73.        if x > 0 and y < (self.height - 1) and (x, y + 1) not in self.empty_houses:
74.          if self.agents[(x, y + 1)] == home:
75.            count_similar += 1
76.          else:
77.            count_different += 1
```

---

①　此处已对原始图片进行灰度处理.

```
78.        if x <(self.width - 1) and y < (self.height - 1) and (x + 1, y + 1) not in self.
           empty_houses:
79.          if self.agents[(x + 1, y + 1)] == home:
80.            count_similar += 1
81.          else:
82.            count_different += 1
83.
84.        if(count_similar + count_different) == 0:
85.          return False
86.        else:
87.            return float(count_similar)/(count_different + count_similar) < self.
             similarity_threshold
88.        # 控制这一方法最终的返回值,当周边邻居的相似比例达到预期相似阈值时候返回
          # False,反之返回 True
89.        # 这一方法的返回值将会在之后的内容中被调用
90.
91.    # 模拟居民的搬家过程(包括有对于搬家轮次以及单个居民搬家行为的定义)
92.      def update(self):
93.        for i in range(self.n_iterations):    # 控制最多进行多少轮搬迁
94.          self.old_agents = copy.deepcopy(self.agents)
95.          n_changes = 0                        # 统计每轮中的搬迁次数
96.          for agent in self.old_agents:
97.            if self.is_unsatisfied(agent[0],agent[1]):
                # 调用前文中对于居民是否满意的判断
98.              agent_home = self.agents[agent]
99.              empty_house = random.choice(self.empty_houses)
100.             self.agents[empty_house] = agent_home
101.             del self.agents[agent]
102.             self.empty_houses.remove(empty_house)
103.             self.empty_houses.append(agent)
104.             n_changes += 1
105.        if n_changes == 0:    # 当出现有当前轮次结束,居民搬迁次数仍然是 0,说明居民已
                                  # 经全部满意,结束搬家
106.            break
107.    def move_to_empty(self, x, y):
108.      home = self.agents[(x,y)]
109.      empty_house = random.choice(self.empty_houses)
110.      self.updated_agents[empty_house] = home
111.      del self.updated_agents[(x, y)]
112.      self.empty_houses.remove(empty_house)
113.      self.empty_houses.append((x, y))
114.
115.    # 平均相似度计算
116.      def calculate_similarity(self):
117.        similarity = []    # 设定 similarity 列表,作为容器存储当前设定值下的平均相似度,用
                              # 于衡量搬家结束后的隔离程度
118.        for agent in self.agents:
119.          count_similar = 0
120.          count_different = 0
121.          x = agent[0]
122.          y = agent[1]
123.          home = self.agents[(x,y)]
124.          if x > 0 and y > 0 and (x - 1, y - 1) not in self.empty_houses:
125.            if self.agents[(x - 1, y - 1)] == home:
```

```
126.              count_similar += 1
127.            else:
128.              count_different += 1
129.         if y > 0 and (x, y - 1) not in self.empty_houses:
130.            if self.agents[(x, y - 1)] == home:
131.              count_similar += 1
132.            else:
133.              count_different += 1
134.         if x < (self.width - 1) and y > 0 and (x + 1, y - 1) not in self.empty_houses:
135.            if self.agents[(x + 1, y - 1)] == home:
136.              count_similar += 1
137.            else:
138.              count_different += 1
139.         if x > 0 and (x - 1, y) not in self.empty_houses:
140.            if self.agents[(x - 1, y)] == home:
141.              count_similar += 1
142.            else:
143.              count_different += 1
144.         if x < (self.width - 1) and (x + 1, y) not in self.empty_houses:
145.            if self.agents[(x + 1, y)] == home:
146.              count_similar += 1
147.            else:
148.              count_different += 1
149.         if x > 0 and y < (self.height - 1) and (x - 1, y + 1) not in self.empty_houses:
150.            if self.agents[(x - 1, y + 1)] == home:
151.              count_similar += 1
152.            else:
153.              count_different += 1
154.         if x > 0 and y < (self.height - 1) and (x, y + 1) not in self.empty_houses:
155.            if self.agents[(x, y + 1)] == home:
156.              count_similar += 1
157.            else:
158.              count_different += 1
159.         if x < (self.width - 1) and y < (self.height - 1) and (x + 1, y + 1) not in self.empty_
            houses:
160.            if self.agents[(x + 1, y + 1)] == home:
161.              count_similar += 1
162.            else:
163.              count_different += 1
164.         try:
165.            similarity.append(float(count_similar)/(count_similar + count_different))
                 #生成相似总数与不同综述的方法与前述满意度衡量方法的过程类似
166.         except:
167.            similarity.append(1)          #将每个房屋对应的相似度添加到 similarity 列表中
168.         return sum(similarity)/len(similarity)
169.         #平均相似度计算方法的返回值是对应相似度列表中相似度总和取平均值
170.
171.    #运用 plot 函数绘制 scatter 图
172.      def plot(self, title, file_name):
173.        fig, ax = plt.subplots()
174.      agent_colors = {1:'b', 2:'r', 3:'g', 4:'c', 5:'m', 6:'y', 7:'k'}
                         #假设种族种类有 7 种,就需要给每一种都设定对应的颜色
175.        for agent in self.agents:
176.         ax.scatter(agent[0] + 0.5, agent[1] + 0.5, color = agent_colors[self.agents
```

```
                    [agent]])
177.
178.        ax.set_title(title, fontsize = 10, fontweight = 'bold')
179.        ax.set_xlim([0, self.width])
180.        ax.set_ylim([0, self.height])
181.        ax.set_xticks([])
182.        ax.set_yticks([])
183.        plt.savefig(file_name)
184.    schelling_1 = Schelling(50, 50, 0.3, 0.3, 500, 2)
185.    schelling_1.populate()
186.
187.    schelling_2 = Schelling(50, 50, 0.3, 0.5, 500, 2)
188.    schelling_2.populate()
189.
190.    schelling_3 = Schelling(50, 50, 0.3, 0.8, 500, 2)
191.    schelling_3.populate()
192.    schelling_1.plot('Schelling Model with 2 colors: Initial State', 'schelling_2_initial.
       png')
193.    #生成初始城市时候,populate 方法中并不会用到相似性阈值,因此三种情况的初始城市居
        #住分布是一样的
194.    schelling_1.update()
195.    schelling_2.update()
196.    schelling_3.update()    #对三种阈值设定情况,分别调用 schelling 类中的 update 方法进
                               #行居民搬家模拟
197.
198.    schelling_1.plot('Schelling Model with 2 colors: Final State with Similarity Threshold
       30%', 'schelling_2_30_final.png')
199.    schelling_2.plot('Schelling Model with 2 colors: Final State with Similarity Threshold
       50%', 'schelling_2_50_final.png')
200.    schelling_3.plot('Schelling Model with 2 colors: Final State with Similarity Threshold
       80%', 'schelling_2_80_final.png')
201.    similarity_threshold_ratio = {}
202.    for i in [0, 0.1, 0.2, 0.3, 0.4, 0.5, 0.6, 0.7]:
203.        schelling = Schelling(50, 50, 0.3, i, 500, 2)
204.        schelling.populate()
205.        schelling.update()
206.        similarity_threshold_ratio[i] = schelling.calculate_similarity()
207.        #在进行城市初始化与搬迁模拟后计算对应平均相似比,用 similarity_threshold_ratio
         #列表记录
208.
209.    fig, ax = plt.subplots()    #绘制平均相似比分布图,横轴为相似阈值,纵轴为平均相似比
210.    plt.plot(similarity_threshold_ratio.keys(), similarity_threshold_ratio.values(), 'ro')
211.    ax.set_title('Similarity Threshold vs. Mean Similarity Ratio', fontsize = 15, fontweight = '
       bold')
212.    ax.set_xlim([0, 1])
213.    ax.set_ylim([0, 1.1])
214.    ax.set_xlabel("Similarity Threshold")
215.    ax.set_ylabel("Mean Similarity Ratio")
216.    plt.savefig('schelling_segregation_measure.png')
```

4. 小结

当我们控制了城市规模、城市房屋空置率、居民搬家行为总轮次以及城市中居民来源地数量后,城市居住隔离程度随着期望相似阈值的下降而降低。也就是说,居民对于不同来源

地差异的包容度增加,将有助于城市居住隔离情况的缓解。尽管如此,我们对城市居住隔离也不容乐观,即使期望相似度阈值下降至 0.2,城市的居住平均相似比仍然超过了 0.5,宏观上的城市仍然表现出居住隔离。由此,以上社会仿真一定程度上说明,居住隔离的缓解很难是内生的,很可能需要外部力量(如公共政策)的干预,而且这是必不可少的。

11.3　ABM 的特点

11.3.1　ABM:一种社会仿真建模方法

根据乔菲-雷维利亚在《计算社会科学:原则与应用》中的叙述,社会仿真使用计算机模型研究社会系统和过程,比起统计学、数学、史学等研究方法,社会仿真建模可以更好地研究社会的复杂性。社会仿真模型可以分为三大类,分别是面向变量的模型、面向对象的模型以及介于面向变量的模型和面向对象的模型之间的混合社会仿真。其中,ABM 属于面向对象的社会仿真建模方法。

面向变量的社会模拟主要以变量为基本单位,使用数学方程式来研究社会的复杂性,比如系统动力学模型。系统动力学的主要研究对象是社会、经济、生态等复杂系统,它提供了处理非线性、高阶次复杂性问题的解决方案。而且,该模型通常包含变量和变化率之间的反馈与前馈依赖性,形式上由一个具有向前或向后差分的离散时间差分方程组成。在军备竞赛的系统动力学研究中,假设 X 是我方军备水平,Y 是敌方军备水平,a 和 α 是反映系数,b 和 β 是换从系数,g 和 h 是敌对系数,t 是时间,以下连续时间的方程组指定了竞争动态:

$$\frac{\mathrm{d}X}{\mathrm{d}t} = aY - bX + g$$

$$\frac{\mathrm{d}Y}{\mathrm{d}t} = \alpha Y - \beta X + h$$

上述竞争状态以包含差分的离散时间方程组可以表示为

$$X(t+1) = aY(t) - bX(t) + g$$
$$Y(t+1) = \alpha Y(t) - \beta X(t) + h$$

与面向变量的社会仿真相比,面向对象的仿真模型主要以社会实体(如元胞和主体)为基本单位理解宏观现象的复杂性,常见的有元胞自动机和 ABM。元胞自动机用于研究元胞的临近实体,通过某种规则在既定环境中交互,从而改变宏观形态。与元胞自动机相比,ABM 中的主体享有相当大的自主权,特别是决策自主权,而元胞自动机更多地依赖他们的邻居。ABM 的主体的行动更加自由,而元胞通常具有固定的位置。因此,ABM 中的主体比元胞自动机中的元胞更像人,也更适用于研究复杂的人类社会互动行为。

11.3.2　计算社会科学中的 ABM

以上对 ABM 和其他社会仿真方法的差异做了讨论,以 ABM 为代表的仿真研究究竟在计算社会科学中居怎样的地位? 一般而言,计算社会科学主要研究领域有:自动化数据提取与处理(如机器学习、自然语言处理)、社会网络分析、社会复杂性、社会仿真(乔菲-雷维利亚,2019)[①]。ABM 是一种自下而上的分析方法,其通过对微观主体行动的模拟,实现对社会系统本质与特征、复杂的社会现象及其形成机理的揭示,搭建起微观与宏观之间的桥梁。

[①] 克劳迪奥·乔菲-雷维利亚.计算社会科学:原则与应用.梁君英,译.杭州:浙江大学出版社,2019.

与其他计算社会科学方法相比,ABM 具有理论研究的独特优势,因为它是通过对个体微观活动的仿真实验,实现对宏观层面的解释(见图 11.6)。

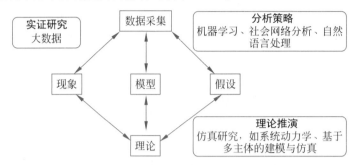

图 11.6   计算社会科学中的 ABM

11.3.3   此模型非彼模型:ABM 与实证社会科学

实证社会科学是基于现实世界的调查资料和观察的研究,无论是量化研究还是质性研究,其资料均源于真实世界。以 ABM 为代表的仿真研究是在计算机设定的虚拟环境中,模拟人类社会行为而进行的研究。[①] 该模拟的过程往往是现实中难以进行的实验,通常需要微观主体之间的互动来对宏观层面的现象给予解释。

尽管社会模拟在虚拟环境中进行,ABM 会使用实证科学,包括量化和质性研究中得到的数据作为模拟设定的参数。比如中国农村—城市之间的人口迁移中,城市的外商直接投资(FDI)是引起迁入的重要拉力,ABM 可以来自国家统计局的官方统计来设定各省的外商直接投资额,在此基础上对人们的迁移行为展开模拟。[②]

对于熟悉量化社会科学的读者来说,模型(Model)这个概念并不陌生。不过,量化社会科学的模型主要是统计模型,它基于方程解释变量之间的关联,最常用的线性回归(OLS)模型是 $y=\beta_0+\beta X$,可以称为基于方程的模型(Equation-based Modeling)。在统计模型中,观察值遵循独立同分布的假设,即彼此没有关联。统计模型的重点是根据既有的数据和方程形式对参数(β_0,β)进行估计,判断变量之间是否存在关联。ABM 中的基本元素是主体,它们是相互依存和自适应性的,它设定一系列互动规则以及可变的主体参数和环境参数。总之,ABM 是通过计算机的模拟来判断设定的规则、参数对最终形成的宏观结果的影响,它完全不同于统计模型。

11.4   ABM 的软件实现

ABM 的发展离不开社会仿真软件的开发和应用。目前,可以运行社会仿真的软件和平台较为丰富。我们分别从支持工具的多少、灵活性的高低,来把常用的软件做了简单的归类(见图 11.7)。其中,预设的支持工具越多表示平台自带更多便于操作的模块,对初学者来说使用起来非常方便,当然灵活性和自由度会逊色一些。支持性工具从多到少可以分为

①   Flynn B B,Sakakibara S,Schroeder R G,et al. Empirical Research Methods in Operations Management. Journal of Operations Management,1990 9(2):250-284.

②   Fu Z,Hao L. Agent-based Modeling of China's Rural-urban Migration and Social Network Structure. Physica A,Statistical Mechanics and its Applications,2018,490:1061-1075.

4 类,分别是 NetLogo;Python、R、Anylogic、Matlab、Mathematic;Java、Repast、Swarm;C、C++,接下来我们重点介绍四种。

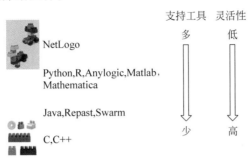

图 11.7　常用模拟软件比较

NetLogo 是一种主要用于 ABM 建模的编程环境。该软件自带一个广泛的模型库,其中包括适用于多个领域的模型,例如经济学、社会学、生物学、物理学、化学、心理学、系统动力学等。NetLogo 的支持工具较多,比如允许通过修改开关、滑块、选择器、输入和其他界面元素来进行模型调试与探索。NetLogo 是免费开源软件,其官方手册对主要功能做了详尽的介绍。[①]

Anylogic 可以对系统动力学、离散事件仿真、基于代理的模型等进行建模。该软件也有自己的模型库,可以帮助建立商业、个人、交通等方面的模型。Anylogic 应用领域主要包括物流、供应链、制造生产业、行人交通仿真、行人疏散、城市规划建筑设计、城市发展及生态环境、应急管理、GIS 信息等。不过,此软件属于付费型,商业领域应用较多。[②]

NetLogo 和 Anylogic 主要适用于社会仿真的编程环境,而 Python 作为一种编程语言,综合性更强。它可以用于 Web 和 Internet 开发、科学计算和统计、人工智能、桌面界面开发、软件开发、后端开发、图形处理、数字处理等。Python 应用的领域非常广泛,目前 Python 应用在计算社会科学领域非常普遍,如非结构化数据获取和清洗、机器学习、文本分析等(见第 2 章)。近年来,Python 开始越来越多地应用在以 ABM 为代表的社会仿真研究,本章的所有案例均采用 Python。

11.5　社会科学中的 ABM 应用

11.5.1　验证经典理论

如 11.4 节所述,ABM 通过计算机对个体行动者的相互作用进行模拟,在理论研究上具有独特优势。理性人是新古典经济学的核心假设,但是在一些著名的博弈案例中,如因徒困境、公地悲剧,理性人假设往往无法实现帕累托最优。由此可见,人们在社会经济活动中不只有追求个体利益最大化的自利性,还有兼顾他人、群体的社会偏好(Social Preference)。社会偏好指的是有可能给自己带来损失,而对他人或集体有利的行为偏好[③],如合作、利他、

①　读者可在官网 https://ccl.northwestern.edu/netlogo/下载.

②　官网为 https://www.anylogic.com/.

③　List J A. Social Preferences:Some Thoughts from the Field. Annual Review of Economics,2008,1(1):563-579.

信任等。在自然界中,受困火圈的蚂蚁裹成一团逃出重围,这种牺牲部分蚂蚁而保全大多数的行为正是合作。而在人类社会中,当每个人都追求个人利益最大化,为什么会出现合作?什么条件下合作更容易产生?阿克塞尔罗德以囚徒困境来验证合作的演化,这是使用 ABM 验证经典理论的代表之一。[①]

囚徒困境是一个经典的博弈论应用场景,广泛地应用于社会科学研究。[②] 它假设两个共谋犯罪的人被关入监狱,二者不能互相沟通。如果双方都不揭发对方,由于证据不确定,每个人都坐牢 1 年;若一人揭发,而另一人沉默,则揭发者立即获释,沉默者因不合作而入狱十年;若互相揭发,则因证据确凿,二者都判刑八年。如果把囚徒困境抽象化表示,A、B两个人都合作时,双方收益为 R;当一方合作一方背叛时,合作者获得 S,背叛者获得 T;当双方都背叛时,双方收益为 P。囚徒困境规定的几种收益关系为 $T>R>P>S$,见表 11.2。

表 11.2 囚徒困境

B 的选择	A 的选择	
	合作	背叛
合作	A 获得 R B 获得 R	A 获得 T B 获得 S
背叛	A 获得 S B 获得 T	A 获得 P B 获得 P

阿克塞尔罗德使用 ABM 模拟真实世界的人类互动:假设一定数量的人群随机两两配对进行囚徒困境博弈,每个人可能合作或者背叛,每次互动之后得到一个收益,每次互动后重新配对,进行多次互动后,每个人可能会和之前配对过的人再次进行囚徒困境博弈。阿克塞尔罗德的研究发现,为了确保收益最大化,一种均衡且稳定的行为策略是"礼尚往来"(TFT,Tit For Tat),即①自己不会首先选择背叛,②重复配对对象上次和自己互动时的决策。礼尚往来是一种基于互惠性质的合作行为,如果 ABM 模拟中每个主体都遵循礼尚往来的策略重复多次互动,最终会出现人类的合作行为。

除了合作的演化,ABM 已经广泛地应用于经典理论的论证之中,比如陌生人信任的演化[③]、海德(Heider)的结构平衡理论[④]。ABM 验证经典理论时可以增加许多额外的规则,这对于验证理论的应用范围具有重要的价值。

11.5.2 解释宏观现象

ABM 从个体互动行为出发来解释宏观现象,擅长揭示现象出现背后的机制。社会影响是一种随处可见的现象,比如小道信息的传播、创新技术的扩散、恐慌情绪的蔓延。这些现象的共性是从少数个体的行为或者观点变化开始,然后通过人与人之间的相互作用,达到该行为或观点的大规模流行(即集体行为)。社会科学对这一现象非常关注,社会学家格兰

---

① Axelrod R,Hamilton W D. The Evolution of Cooperation. Science,1981,211(4489):1390-1396.

② Lu P,Zheng X. Social Stratification and Cooperative Behavior in Spatial Prisoners' Dilemma Games. Plos One,2015,10(7):1-16.

③ Macy M W,Skvoretz J. The Evolution of Trust and Cooperation between Strangers:A Computational Model. American Sociological Review,1998,63(5):638-660.

④ Aguiar F,Parravano A. Tolerating the Intolerant:Homophily,Intolerance,and Segregation in Social Balanced Networks. Journal of Conflict Resolution,2015,59(1):29-50.

诺维特就提出了著名的阈值模型(Threshold Model)来解释这类现象是如何产生的。[①]

格兰诺维特假定,个体做出某种决定的部分原因,取决于周围有多少个体作出了相同的决定。在真实社会系统中,决策者往往缺乏全局信息,或者对所掌握的信息处理能力有限,导致他们习惯于观察周围人的决策来决定自己的行为。为此,格兰诺维特引入了一个"阈值"的概念,即假定个体从一个行为状态转变到另一个行为状态时存在一定的"门槛"。通俗来讲,阈值指的就是人群中观察到周围人发生某种行为的比例。假设一场演出较为无趣,观众们很想退席,这时候人们很可能会关注是不是有其他观众退席。有的观众可能很在乎社会规范,如果没有其他观众退席自己就不退的立场;另外一些观众可能不那么在乎,不管有没有其他观众退席,只要自己不想继续观看就会离开。我们思考两个极端,阈值为 0 代表的是完全不在乎别人的行为,即使没有人退席自己也会离开,阈值为 99% 表示非常在乎他人的行为,只有当 99% 的人退席自己才会离开。

格兰诺维特认为阈值由个体的内在因素决定,对于不同文化、性格、宗教信仰等背景的人来说,阈值往往是不一样的。阈值模型的临界点解释了什么时候看似"怪异"的行为会变成集体行为的产生。阈值模型类似于"多米诺效应",当第一个人参与时,继而引发后面的人参与。如果有 100 个人观看演出,他们阈值的分布是 0,1%,2%,3%,…,100%,那么到第 1 个阈值为 0 的人退席后,他会引发阈值为 1% 的人退场,这两个人退场后又会引发阈值为 2% 的人退场。以此类推,直到 100 个观众都退场,集体的退场行为得以出现。

阈值模型假设人群中的阈值呈正态分布,当标准差增加时,模型的均衡反映出惊人的非连续性。阈值的标准差为 0 时,每个人和其他人都差不多,集体行为很难发生。然而,当阈值的标准差超过特定的值(0.122)时,即使只超过一丁点,就会出现集体行为,这种对非连续性的"捕捉"恰恰反映了 ABM 模型研究集体行为的独特优势。而当标准差继续增加,集体行为的参与人数反而开始下降。由此,根据 ABM 的模拟结果,格兰诺维特提出阈值标准差与集体行为参与比例的关系模型(见图 11.8)。

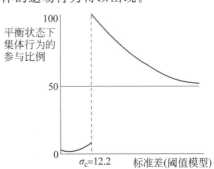

图 11.8　阈值标准差与集体行为
参与的比例

阈值模型较好地解释了何时社会影响会最终导致集体行为的出现。事实上,使用 ABM 解释宏观现象的研究日趋多样。近年来,ABM 应用于中国的社会科学研究有不断增长的趋势。邱泽奇和黄诗曼引入 ABM,和传统的调查数据分析结合,以解释为什么电商创业的模仿与创新热潮出现在中国的乡村[②],付兆灏与郝令昕分析社会网络变化如何影响我国不断加速的从农村到城市的迁移。[③]

在 11.5.4 节,我们将介绍使用 ABM 解释风险认知信息的传播,该案例借助 Python 软件实现。

---

　①　Granovetter M. Threshold Models of Collective Behavior. American Journal of Sociology,1978,83(6)：1420-1443.

　②　邱泽奇,黄诗曼. 熟人社会、外部市场和乡村电商创业的模仿与创新. 社会学研究,2021(4)：133-158.

　③　Fu Z,Hao L. Agent-based Modeling of China's Rural-urban Migration and Social Network Structure. Physica A,Statistical Mechanics and its Applications,2018,490：1061-1075.

11.5.3 预测：决策科学的革命

随着计算社会科学的发展,社会科学已经不满足于仅仅对现有现象作出机制解释,而是逐渐以预测行为作为目标。传统决策过程对社会结果的预测往往依赖于专家的判断,主观性较大,计算社会科学可以减少因主观性导致的偏差,同时可以用极低的成本,使用计算机实验模拟类似真实世界的决策环境。因此,计算社会科学提供了一个应对高度复杂和快速变化环境的高效能、低成本的工具。其中,ABM 可以灵活地设置主体、环境及各种规则,适用于社会预测。

有研究使用 ABM 模拟空间接触,从而对流行病的传播做出科学预测[①]。作者以北京为例模拟人工城市,他们从人口普查中获得北京的人口数、家庭数、年龄性别分布、家庭子女数、家庭的地理空间分布等资料,使用 ABM 在人工城市中给每个个体设定性别、年龄、家庭角色(祖代、父代、子代)、社会角色(婴儿、学生、有工作、退休)。其中,每个人有不同种类的行为,如一部分学生的行为是工作日在校学习、周末外出娱乐和就餐。在 ABM 环境中,还设定不同种类的区域,包括学校、教育机构、工作单位、消费场所、娱乐场所、医疗场所 6 个种类,各区域的分布情况参考北京 GIS 资料,人工社会共设置 8216011 个区域。此外,作者在人工社会还加入了北京市的全部地铁和公共交通线路,以及个体之间的社会网络联系。

在人工社会中,空间接触一般分为三种类型:(1)常规接触,比如同一个班级的学生、同一个工作部门的职员;(2)交通接触,如果两个个体在同一个地铁站换乘,他们就属于交通接触;(3)社会接触,比如同去某个娱乐场所购物,或者同去某个餐厅吃饭。按照上述设定,作者模拟人工社会中疾病的传播,并预测哪一个年龄段的群体更可能感染疾病,哪一个区域疾病容易传播,何种社会角色的群体更容易感染疾病,何种空间接触容易带来疾病的扩散等[②],该研究对预测北京的传染病传播有一定帮助。

当然,使用 ABM 做预测的例子还有许多。比如马廖卡及其合作者使用 ABM 模拟预测中美洲跨国毒品走私,特别是面临封锁时,毒品交易会在何时何地出现[③];唐世平团队对美国 2020 年大选各州的选举结果进行预测,其预测结果较为准确[④];陈彬团队使用多主体模型对新冠肺炎疫情的传播风险进行预测和评估。[⑤] 随着 ABM 更为广泛地应用于社会预测,我们相信它所带来的决策科学的革命,将深深地影响未来社会科学的进步。

11.5.4 案例 2：风险认知信息的传播模型

1. 案例背景

在数字社会中,人们常常通过各种媒介,从各类组织(专家、政府组织、社区成员)中获取

[①] Zhang M, Verbraeck A, Meng R, et al. Modeling Spatial Contacts for Epidemic Prediction in a Large-scale Artificial City. Journal of Artificial Societies and Social Simulation,2016,19(4):1-33.

[②] Stroud P, Valle S D. Spatial Dynamics of Pandemic Influenza in a Massive Artificial Society. Journal of Artificial Societies and Social Simulation,2007,10(4):1-18.

[③] Magliocca N R, McSweeney K, Sesnie S E, et al. Modeling Cocaine Traffickers and Counterdrug Interdiction Forces as a Complex Adaptive System. Proceedings of the National Academy of Sciences,2019,116(16):7784-7792.

[④] http://www.ccda.fudan.edu.cn/index.php? c=article&id=108.

[⑤] 陈彬,杨妹,艾川,等. 基于人工社会的疫情传播风险预测和防控措施评估. 系统仿真学报,2020,32(12):2507-2514.

对于重大事件的有效信息,从而确定应对事件的最佳行动策略。由于上述信息可能模棱两可,同时还可能存在潜在的误导性,民众对公共事件风险的认知取决于大家接受、阐述和传播信息的方式。假设有关某种风险(如流行性疾病的暴发、自然灾害的发生)的信息传播具有预防风险的效果,人群接受、阐述和传播信息的方式是否会影响预防风险的效果?如果人们对接受的知识依据自己的认知进行再创造,这对于观点的沟通会有什么影响?下面我们结合 ABM 案例来了解风险认识信息的传播模型。

2. ORE(Opinions on Risky Events) 模型[①]

ORE 模型假设有 L 个主体,每个个体都拥有一个自己的意见值(观点)。这个意见值被界定为对于某一特定灾难实际发生可能性的主观判断值,观点数值变化阈为[0,1]。模拟的初始设定是主体的意见值呈现从 0 到 1 的均匀分布。同时,给每个个体设定三个参数:风险敏感性、沟通倾向程度和信任程度。

(1)风险敏感性。行动者在−1,0,1 中随机获得该数值,其初始分配不受信息获得的影响。

(2)沟通倾向程度。该要素与风险敏感性相互关联,风险敏感性更高的人更倾向和人们谈论风险,并倾向于传递与最初风险感知一致的信息。这可能就会导致群体初始风险感知放大,同时也会助长不同群体之间的观点极化。

(3)信任程度,即对收到信息的信任水平。它是一个在 0～1 间变化的实数,信任接近 0 的时候,收到的信息不会对最初的意见产生任何影响;反之,随着信任增加,信息的影响也会增强。这里的补充假设是:个体对于公共机构的信任和对于同伴的信任呈现负相关,以区分两种不同信息来源的信任,并对两类信息传播进行模拟。

从日常的生活经验中,我们可以总结出信息主要以三种方式传播:

(1)行动者之间的信息沟通,呈现为双向进行的互动方式;

(2)从提供信息的机构向个人的单向信息传播;

(3)媒体传递信息用语方式的影响。

对后两者而言,我们可以理解为一种单向的行动者作为接受方的传播方式。机构的信息来源用 I 来表示,ABM 模型中将其分为中立、焦虑、宽慰三种方式,行动者对机构信息的反应程度同时受到个体对机构的信任程度、行动者的风险敏感度的影响。行动者之间的信息沟通中,他们本身的表达意愿决定了其是否会参与到信息的交流与个人观点的改变中。同时,行动者对于灾难的忧虑程度也会影响其最终观点的生成。最后,媒介会参与到对机构来源信息的传播塑造中,媒体的表现形式也可以界定为宽慰、焦虑、中立三种表达。我们认为,个体会以相同的概率收到这些表达方式。

为了便于理解上述内容,我们假设行动者个体相关变量(如行动者风险敏感性、沟通倾向性、对于机构以及环境群体的信任度等)为正态分布,以最简单情境下的 ORE 模型进行介绍。随着时间的推移,no I 线条表示没有来自机构或媒体的信息影响,$I=0$ 线条表示行动者有接收到宽慰性机构或媒体的信息、$I=0.5$ 线条表示行动者接收到中立机构或媒体的信息,$I=1$ 线条表示行动者接收到焦虑性机构或媒体的信息(见图 11.9)。

① Giardini F, Vilone D. Opinion Dynamics and Collective Risk Perception: An Agent-Based Model of Institutional and Media Communication About Disasters. Journal of Artificial Societies and Social Simulation, 2021, 24(1): 1-18.

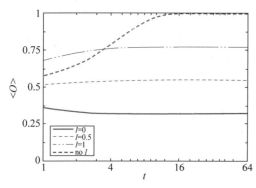

图 11.9　媒体信息对风险认识信息传播的影响

我们不难发现,当人们没有受到机构或媒体的影响时(no I),群体的风险认知会逐渐倾向于最大化风险的群体焦虑,而在加入机构信息时,行动者最终的集体风险认知在三种类型机构信息下都有所下降。总体来说,相对于官方机构信息,个体之间的信息传播更容易出现危言耸听的情况,官方机构的信息进入信息交流平台有助于降低行动者的忧虑情况。而这也与我们前述的基础模拟结果和模拟预期假设相呼应。

使用 ABM 模型有利于理解当面临风险事件时,机构信息和人际交流信息如何共同影响个人的风险认知态度。具体而言,如果没有机构信息,在完全人际交流的环境下,人们倾向于最大化风险认知。可以理解为,具有较高风险敏感性的行动者,本身会更加倾向于与他人交流意见并表达自己的担忧,最终可能逐渐演变为将人群的整体风险意识带动向具有风险性的演变。而上述模拟结果显示,当面对重大风险性事件时,我们可以通过加入机构信息来源与媒体影响来平衡民众的风险认知,避免人群中更大范围的恐慌传播。

3. 代码分析操作

接下来,我们将基于 Python 实现的 ABM 模型,简要介绍如何模拟风险认知流言(rumour)在人群中的传播,并探讨初始传播行动者的设定不同会对流言的传播速度造成怎样的影响。为便于读者理解,此处我们将依然采用较为基础的元胞自动机模型。

```
217.    from matplotlib import pyplot as plt
218.
219.
220.    def count_rumour(matrix,rumour):    ♯二维矩阵,计算风险认知信息的数目
221.        sum_rumour = 0
222.        for sublist in matrix:
223.            sum_rumour += sublist.count([0,rumour]) + sublist.count([rumour,rumour])
224.        return sum_rumour
225.
226.    def spread(size,rumour,start_x,start_y):
227.        ♯ 初始化
228.        rumour_matrix = [[[0, 0] for i in range(size)] for j in range(size)]
229.        rumour_spread = []
230.        rumour_matrix[start_x][start_y] = [1, 1]
231.        rumour_spread.append(count_rumour(rumour_matrix, rumour))
232.        ♯ 个体更新
233.        while count_rumour(rumour_matrix, rumour) < size * size:
234.            for i in range(size):
235.                for j in range(size):
236.                    ♯ 制定风险认知信息的传播规则:1、准备传播风险认知信息的传播给邻居
                        ♯ (上下左右);2、上次听到风险认知信息的,变为准备传播风险认知信息
237.                    if rumour_matrix[i][j][0] == rumour:
238.                        if i - 1 >= 0:
239.                            rumour_matrix[i - 1][j] = [rumour,rumour]
240.                        if i + 1 < size:
241.                            rumour_matrix[i + 1][j][1] = rumour
```

```
242.              if j − 1 >= 0:
243.                  rumour_matrix[i][j − 1] = [rumour,rumour]
244.              if j + 1 < size:
245.                  rumour_matrix[i][j + 1][1] = rumour
246.          elif rumour_matrix[i][j][1] == rumour:
247.              rumour_matrix[i][j][0] = rumour
248.      rumour_spread.append(count_rumour(rumour_matrix, rumour))
249.  plt.plot(rumour_spread)
250.
251. ♯设置参数
252. size = 200
253. rumour = 1
254. ♯最里面的列表中第 2 个元素为 rumour 说明更新刚听到风险认识信息,第 1 个元素为 rumour
     ♯说明准备传播风险认识信息
255. center_x,center_y = int(size/2),int(size/2)
256. spread(size,rumour,center_x,center_y)
257. spread(size,rumour,0,0)
258. plt.show()
```

我们可以直观地从图示中理解,不同起始流言传播者的位置设定对于整体流言传播速度的影响(如图 11.10)。横轴表示风险认知信息(流言)传播经历的时间步长,而纵轴表示对应时间步长下,人群中收到风险认知信息的个体数量(包括该时间步内刚听到流言的个体行动者与准备传播流言的个体行动者数量)。深色曲线代表起始流言传播者处于人群中心位置时的风险认知信息传播速度模型,浅色曲线代表起始流言传播者处于人群角落位置(模型中设定为[0,0])时的风险认知信息传播速度模型。可以看到,在我们设定的传播规则之下,当起始流言传播者处于人群的中心位置时,风险信息会更快地在人群中进行扩散。

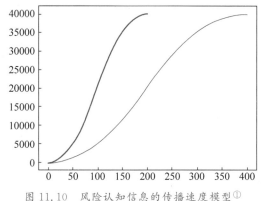

图 11.10　风险认知信息的传播速度模型[①]

4. 总结与讨论

在以上案例中,我们看到了使用 ABM 模型不仅有助于探究行动者之间的互动、行动者内外因素的共同影响,而且还可以研究微观层面的因素在宏观层面的涌现结果。上述模型不仅可以应用于风险认知信息的传播,还可以更进一步地用来研究观点的动态形成[②],以及

[①]　此处已对原始图片进行灰度处理.

[②]　Giardini,Francesca,Vilone,et al. Opinion Dynamics and Collective Risk Perception:An Agent-Based Model of Institutional and Media Communication About Disasters. Journal of Artificial Societies and Social Simulation,2021, 24(1):1-19.

观点因何走向两极分化①。本节介绍的模型只加入了单向的传统媒体影响,即宽慰的、中立的和焦虑的信息。现代社交媒体信息更为丰富,传播方式更为纵深,对日常信息传播的影响更为多元,未来可以进一步使用该方法拓展媒体信息对观点形成的动态影响。概言之,基于ABM的相关模型可以广泛地应用于风险认知观点的传播、谣言与疾病的扩散、灾难的过程及应对策略等议题上。

11.6　ABM 的未来

ABM是一种计算机模拟的模型。计算社会科学的发展离不开复杂社会现象的模拟,ABM的主体享有较大的自主权,规则和环境的参数可以灵活改变,在社会科学领域检验理论、解释宏观现象和社会预测等领域均有很大的发展前景。未来ABM的研究有几个极具潜力的方向。

第一,数据驱动型ABM。它是将实证数据引入ABM中,用实证数据来进行模型的校准和检验,从而确保模型的稳健性②。目前,普查、大规模抽样调查中的社会人口学信息可以作为ABM主体的参数特征分布的参考。随着大数据的发展,感应器可以自动提取海量、实时的数据信息,为数据驱动型ABM提供新的发展契机,比如自动提取Twitter用户的地理、性别、姓名信息作为ABM构建主体的参考③。由于大数据可以提供每一时刻下环境和主体的特征,以及主体之间的互动过程,未来的数据驱动型ABM可以更多地应用这些连续、动态的数据信息。

第二,主体设置更加合理、灵活和智慧。ABM的主体是三大核心概念之一,主体的行为设置应该利用行为经济学和认知科学的最新研究成果④。既有研究较多关注偏好在决策中的作用,缺乏对个体收集信息、做出决策等过程的详细讨论,比如个体如何从经验中学习,如何看待时间较远和较近的不同经验等等。随着认知科学的发展,ABM的主体决策过程可以实现进一步优化,使得ABM的主体更加智慧,从而更好地对个体行为和社会环境的进化进行仿真。

第三,引入翔实的地理信息数据,关注人们的社会互动如何受到地理空间系统(GIS)的影响。长期以来,社会科学家对地理环境、空间的重视不足,仅仅关注社会关系的形成。然而,地理距离、地理障碍、地理环境布局对人们的行为决策,如居住流动、就业机会、学校选择等有很大的影响。这些地理学信息会同样影响群体之间的互动关系,以及这一过程聚集起来的不同群体之间的合作或冲突。11.5节所介绍的空间接触对传染病的传播就是一个利用地理学信息的研究案例。随着GIS分析技术的迭代,未来的发展方向应该把地理空间的丰富信息纳入ABM模型,从而理解地理环境对个人、群体之间的互动和影响,进一步阐明空间何以影响人类的社会生活。

---

① Centola D,Gonzalez-Avella J C,et al. Cultural Drift,and the Co-evolution of Cultural Groups. Journal of Conflict Resolution,2007,51(6):905-929.

② 梁玉成,贾小双. 数据驱动下的自主行动者建模. 贵州师范大学学报(社会科学版),2016(6):31-34.

③ Mislove,Alan,Sune Lehmann,et al. Understanding the Demographics of Twitter Users. Artificial Intelligence,2011:554-557.

④ Payne J W,Payne J W,Bettman J R,et al. The Adaptive Decision Maker. Cambridge:Cambridge university press,1993.

本 章 小 结

ABM 是一种研究社会复杂性的社会仿真建模和分析方法。传统的统计分析主要解决同一层次变量间的关系,多层次分析可以进一步探讨宏观对微观的影响,然而微观如何演化为宏观现象一直是个未解之谜。个案研究有助于分析微观机制,进而解释宏观现象,然而个案研究很难对宏观后果进行标准化的测量。ABM 恰恰可以克服统计分析与个案研究的局限,其主体具有异质性、自主性、适应性、前瞻性、有限理性等特点,这些特点与复杂性的来源一脉相承,因此 ABM 具有研究社会复杂性的独特优势。

通过设立主体、环境和简单规则,ABM 使用计算机模拟符合人类社会现实的人类行为和社会互动,研究社会规律如何出现和演化。与其他仿真方法不同的是,ABM 尤为强调微观个体的行为及互动如何导致宏观社会现象,尽管 ABM 的设定基于微观个体,其关注核心却在于微观个体按照规则行动而涌现出来的宏观社会现象。我们在 11.2.2 节中介绍了谢林的隔离模型。该模型就是应用 ABM 模型从微观个体的同质性居住偏好出发,经过多次演化过程,最终生成宏观的居住隔离现象。

作为计算社会科学方法家族中的重要成员,ABM 既是一种重要的理论推演工具,可用于检验经典理论。同时,ABM 还可以用于解释宏观现象,如糖域模型解释财富分配的不平等何以演化,阈值模型可用来理解集体行动何以发生。我们在 11.5.4 节中引入了风险认知信息传播模型。通过它可以解释媒体的风险信息与大众的交流如何影响民众的风险态度。

最后,我们认为在人类进入数字社会后,数据驱动型 ABM 将是一个尤为重要的发展方向。它不但可以从实证资料中汲取智慧,还借助大数据自动化信息提取的优势,充分利用连续、动态、实时、丰富的数据资源,重访经典理论,服务社会预测,提升决策智慧。

习 题 11

1. 请总结 11.2.2 节的谢林隔离模型中有哪些影响个体搬迁的因素。你认为还有哪些案例中没有提到的因素也会影响人们的搬家决策? 请对这些因素进行解释。如果在 ABM 中加入这些因素,你认为可以怎样测量?

2. 如果 11.5.4 节的案例模型中加入现代媒体信息影响,你认为可以是哪些因素? 这些因素在 ABM 中如何测量?

3. 利用 Python 以下面两个场景构建 ABM 模型,确定模型的主体参数、环境参数和规则。

(1) 消费者在大型商业广场中选择去什么餐厅就餐;

(2) 大一新生第一次参加校园英语角。

(提醒:(1)参数应该尽可能多元,体现异质性;(2)特别注意不同主体之间的相互作用规则。)

4. 与传统的实证社会科学相比,你认为 ABM 方法有哪些优缺点? 针对这些缺点,你认为如何弥补?

附录A

R语言入门

A.1　引　言

R语言既是一款便捷免费的编程语言,同时又为统计计算和数据绘图提供了操作环境。通常来讲,编程语言的复杂性可能会导致许多对编程不太熟悉的初学者望而却步。然而,R语言的可读性与易懂性使其并不像其他编程语言那样难以入门。

- 直接性。与编程语言需要构建一个完整的程序相比,R语言中输入的命令能够直接执行。
- 易懂性。R语言语法简单明了,能直接与计算机对话,毫不夸张地说,只要掌握一些基本的英语单词便能与R对话。
- 可视性。众所周知,R语言的可视化功能十分强大。对于人文社科学者来说,结果的可视化呈现十分重要。毋庸置疑,R语言在可视化方面是我们必不可少的一位伙伴。

A.2　R语言历史

了解R语言的历史有助于我们更好地运用它。实际上,"R"并不是其最初的名字,其"祖先"是美国贝尔实验室于1976年开发的S语言。直到20世纪90年代初,R语言才得以成功问世。

R语言的名称来源于——Ross Ihaka和Robert Gentleman,这两位主要研发者的姓名首字母均为R,R语言便由此而来。1995年,Ross和Robert将R语言免费开放给世界各地有需要的人,R语言也正式成为免费的开源软件。1997年,R Core Team正式形成,小组成员主要承担R语言的发展与维护工作。与此同时,开发者们还建立了CRAN(Comprehensive R Archive Network),即通过使用分布在全球各地的镜像服务器存储R安装包及其扩展包的网络。

R语言良好的兼容性使全球的用户们都能参与推动R package的开发与维护,因此R

语言的拓展包日益丰富与强大,功能可谓包罗万象,不仅包括统计计算与机器学习、金融分析与生物信息,还有为人文社科学者量身制作的社会网络分析与自然语言处理。在 R 用户的努力下,*R News* 于 2001 年正式创刊(2009 年更名为 *The R Journal*),主要介绍 R 语言的特征、最新进展、各种包的说明及使用手册、五花八门的编程技巧以及应用示例。

目前,任何学习者都可以在 R-project 官方网站的 CRAN 页面免费下载 R 语言安装包(最新版本为 4.1.0)。截至 2020 年底,R 语言提供了 3400 多个功能丰富的扩展包。

A.3 R 环境和 RStudio 的安装及使用

1. 安装 R 环境

(1) 首先进入 R 语言的下载地址,为了能够快速下载 R,推荐单击左侧的"Mirror"以便选择国内镜像。选择镜像后,然后根据使用者计算机的操作系统(Windows、Mac、Linux)在页面顶部选择相应的下载链接。

(2) 下载完 R 安装包后便可进行安装。值得注意的是,虽然有多种语言可供选择,但我们仍然推荐使用英语,这主要是由于 R 语言的用户们多用英语进行报错沟通,因此使用英语以方便我们能够更快速、更准确地获取系统报错的原因和解决办法。

(3) 通过上述两个步骤,我们已经能够在 R GUI 中运行代码了。但 R GUI 的观赏度与直观度有所欠缺,因此我们建议在安装 R 环境的同时安装 RStudio,它可以让 R 语言代码更直观,实现"所见即所得"。

2. 安装 RStudio

RStudio 相当于一个容器,是 R 的集成开发环境,RStudio 不仅能够实现在 R GUI 中实现的功能,其界面也十分简洁与美观,使得用户在 RStudio 中进行 R 编程能够更加轻松、方便。

首先进入 RStudio 的下载页面,选择"Desktop-Open Source Edition-DOWNLOAD RSRUDIO DESKTOP",然后根据自己电脑操作系统选择相应的版本下载并安装。RStudio 的下载过程与 R 环境类似,此处不再赘述。接下来对 RStudio 进行简要介绍。

RStudio 的工作界面共分为以下四个区:

A:程序代码编辑区,主要用于代码编辑和命令输入。写入代码后,将鼠标光标移动到想要运行的命令行,然后单击右上角的"run",R 便会运行代码。

B:程序运行及结果区,主要负责结果的呈现。A 区代码运行完毕后,结果便会自动出现在 B 区。

C:工作空间,主要是代码运行记录区。在 C 区可以看到当前的环境搭建、代码运行的历史记录以便获取数据或溯源输入的代码从而处理 Bug。

D:绘图、程序包、R 帮助区。该区不仅可以看到绘图结果、有关 R package 的各种信息以及加载和运行的程序包,还可以通过搜索包的名称安装包。

最后,我们输入 A 区的所有命令和代码实际上就是一个脚本文件,如果希望存储该脚本,那么我们只需要单击工具栏左侧的"file",然后单击下拉菜单中的"save",便可以将该脚本文件保存到指定的路径下。同样,如果我们想要某个脚本文件的代码在 RStudio 中运行,可以通过单击工具栏 file 下拉菜单中的"open file",这样就可以打开想要运行的脚本文件进行操作了。

3. 使用 R 语言

R 程序包实际上是多个函数集合。无论多么复杂的要求和功能,我们只需要通过输入简单的函数命令便可以实现,如上所述,只需要懂一些简单的英语单词,便可以畅通无阻地与 R 语言沟通。通过各种包(package)的安装与加载,R 能够实现各种功能。因此,对于初学者来说,最重要的便是学会安装(install)与运行(library)包。作为 R 的基础包,base 包涵盖了 R 语言最基本的函数,能够实现许多简单的功能。除 base 包外,还有用于数据清理的 tydiverse package、用于可视化的 ggplot2,以及用于回归表格的 modelsummary 等,也欢迎大家积极改进和开发各种包。

从上面可知,使用各种 R 包中的前提是安装并加载,而我们只需要输入简单的命令便可以实现 R 包的安装。值得注意的是,在 R 中输入的所有代码和命令(包括标点符号、斜杠等)都需要使用英文输入法。此外,除了通过手动输入代码实现包的安装外,我们还可以在上方的工具栏 Tools 下安装包或者在 D 区直接通过搜索实现安装。

```
1.    # 安装 R 包
2.    install.packages("package name")
3.
4.    # 载入包
5.    library(package name)
6.
7.    # 更新包
8.    update.packages(package name)
9.
10.   注意:脚本中 # 后面的内容不会被运行,一般用于备注说明。
```

当我们运行完 library(package name)后可能会出现一些警告信息(warning messages),这主要是由于导入包不成功所致的。当然,也可能是因为加载所需包之前需要先载入其他包,还有可能是现有的 R 版本太低,需安装最新版本。我们可以通过以下命令查看并更新 R。

```
11.   # 查看 R 版本
12.   R.Version()
13.
14.   # 更新 R
15.   install.packages("installr")
16.   library(installr)
17.   updateR()
18.
19.   # 运行上述命令,然后根据对话框提示选择即可。
```

当然,对于初学者来说,我们对许多命令以及 R 包都不熟悉,这时可以通过运行如下代码获取有关信息。代码运行后便会在 D 区就会出现包括 descriptions,details,authors 和 examples 等的详细介绍。

```
20.   ?packagename/functionname
21.   或
22.   help(packagename/functionname)
```

A.4　R 语言基础语法

本节旨在介绍 R 语言的基础语法,包括变量、数据类型、运算符、控制结构和函数等内容。通过对本节的学习,读者将能够掌握 R 语言的基本语法,为进一步的数据分析和可视化奠定基础。

1. 变量

在 R 语言中,变量可以用来存储各种数据类型的值,例如数字、字符串、逻辑值等。定义变量的方法是使用赋值符号"<-"或"=",例如:

```
23.    x <- 5
24.    y = "hello"
25.    z <- TRUE
```

其中,变量"x"存储的是数字 5,变量"y"存储的是字符串"hello",变量"z"存储的是逻辑值 TRUE。需要注意的是,变量名不能以数字开头,也不能包含空格或其他特殊字符。

2. 数据类型

R 语言中有多种数据类型,包括数字、字符、逻辑值、因子、日期、时间等。

(1) 数值型。

数值型变量表示数值,包括整数和实数。在 R 中,可以使用<-或=进行变量赋值,例如:

```
26.    x <- 5
27.    y <- 3.14
```

(2) 字符型。

字符型变量表示文本字符串,需要用单引号或双引号括起来,例如:

```
28.    name <- 'Alice'
29.    address <- "123 Main St."
```

(3) 向量型。

向量型变量表示一组数值、字符或逻辑值的序列,可以使用 c()函数将多个值组合成一个向量,例如:

```
30.    scores <- c(80, 90, 85, 77, 92)            # 数值向量
31.    names <- c('Alice', 'Bob', 'Charlie')      # 字符向量
32.    logicals <- c(TRUE, FALSE, FALSE, TRUE)     # 逻辑向量
```

(4) 矩阵型。

矩阵型变量表示二维数组,可以使用 matrix()函数创建,例如:

```
33.    m <- matrix(c(1, 2, 3, 4, 5, 6), nrow = 2, ncol = 3)      # 创建 2 行 3 列的矩阵
```

(5) 数据框型。

数据框型变量表示表格数据,可以看作是多个向量的组合,每个向量表示表格中的一列,可以使用 data.frame()函数创建,例如:

```
34.    df <- data.frame(name = c('Alice', 'Bob', 'Charlie'), age = c(25, 30, 35), gender = c
       ('female', 'male', 'male'))
```

(6) 时间型。

日期和时间可以使用特定的函数进行处理,例如:

```
35.    date <- as.Date("2022-03-08")
36.    time <- as.POSIXct("2022-03-08 14:30:00")
```

3. 运算符

在 R 语言中,有多种运算符可以用来进行算术运算、逻辑运算、比较运算等。例如,加号"＋"可以用来进行加法运算,减号"－"可以用来进行减法运算,乘号"＊"可以用来进行乘法运算,除号"/"可以用来进行除法运算,例如:

```
37.    date <- as.Date("2022 - 03 - 08")
38.    x <- 5
39.    y <- 3
40.    z <- x + y
```

其中,变量"z"的值为 8。除了基本的算术运算符外,还有逻辑运算符(如"&"表示逻辑与,"|"表示逻辑或),比较运算符(如"<"表示小于,">"表示大于,"=="表示等于)等。

4. 控制流语句

控制流语句用于控制程序的执行流程,包括条件语句和循环语句。

(1) 条件语句。

条件语句用于根据条件执行不同的代码块,包括 if 语句和 switch 语句。

a. if 语句

if 语句根据一个条件来执行代码块,如果条件为真,则执行代码块中的语句,否则跳过代码块。语法如下:

```
41.    if (condition) {
42.    statement1
43.    statement2
44.    ...
45.    }
```

例如,以下代码判断一个数是否为正数:

```
46.    x <- -2
47.    if (x > 0) {
48.    print("x is positive")
49.    } else {
50.    print("x is not positive")
51.    }
```

b. switch 语句

switch 语句可以根据给定的条件,从多个可能的选项中选择一个并执行相应的代码块。switch 语句的语法如下:

```
52.    switch(EXPR, CASE1, CASE2, ..., DEFAULT)
```

其中,EXPR 是一个表达式,通常是一个变量或者一个函数的返回值。CASE1、CASE2 等是每个选项对应的值或表达式。DEFAULT 是可选的,当没有匹配的选项时,执行 DEFAULT 语句块。下面我们来看一个例子,假设通过一个函数来实现根据一个字母代码来返回相应的数字。字母代码只有 A、B、C 三种可能,对应的数字分别是 1、2、3。我们可以使用 switch 语句来实现这个功能,代码如下:

```
53.    to_number <- function(code) {
54.    num <- switch(
55.    code,
56.    A = 1,
```

```
57.      B = 2,
58.      C = 3,
59.      "Unknown code"
60.      )
61.      return(num)
62.   }
63.
64.   # 测试函数
65.   to_number("A")              # 返回 1
66.   to_number("B")              # 返回 2
67.   to_number("C")              # 返回 3
68.   to_number("D")              # 返回 "Unknown code"
```

在上面的代码中，我们定义了一个 to_number 函数，它接受一个参数 code，表示字母代码。在函数体内，我们使用 switch 语句根据 code 的值来返回相应的数字。如果 code 的值是 A、B、C 中的一个，就返回对应的数字；否则返回 "Unknown code"。注意，最后一个选项的值需要用双引号起来，因为它是一个字符串而不是一个变量或表达式。

上述代码执行结果如下：

```
69.   to_number("D")  # 返回 "Unknown code"
70.   [1] 1
71.   > to_number("B")
72.   [1] 2
73.   > to_number("C")
74.   [1] 3
75.   > to_number("D")
76.   [1] "Unknown code"
```

（2）循环语句。

循环语句用于重复执行代码块，包括 for 循环、while 循环和 repeat 循环。

a. for 循环

for 循环可以对一组序列中的元素进行遍历，并执行代码块。语法如下：

```
77.   [1] "Unknown code"
78.   for (val in seq) {
79.      statement1
80.      statement2
81.      ...
82.   }
```

其中，val 表示序列中的每个元素，seq 表示需要遍历的序列。例如，通过以下代码计算一个向量的平均值：

```
83.   vec <- c(1, 2, 3, 4, 5)
84.   sum <- 0
85.   for (val in vec) {
86.     sum <- sum + val
87.   }
88.   mean <- sum / length(vec)
```

b. while 循环

while 循环根据一个条件来重复执行代码块，直到条件为假为止。语法如下：

```
89.    while (condition) {
90.        statement1
91.        statement2
92.        ...
93.    }
```

例如，通过以下代码计算斐波那契数列：

```
94.    a <- 0
95.    b <- 1
96.    n <- 10
97.    while (n > 0) {
98.        c <- a + b
99.        a <- b
100.       b <- c
101.       n <- n - 1
102.       print(c)
103.   }
```

c. repeat 循环

repeat 循环可以无限次重复执行代码块，直到满足某个条件才退出循环。语法如下：

```
104.   statement1
105.   statement2
106.      ...
107.   if (condition) {
108.       break
109.   }
110.   }
```

例如，以下代码从标准输入中读取字符，直到读取到字母'a'为止：

```
111.   repeat {
112.       x <- readline()
113.       if (x == 'a') {
114.           break
115.       }
116.   }
```

5. 函数

函数是一段可重复使用的代码块，接受输入参数并返回输出结果。在 R 语言中，可以使用 function 关键字定义函数，例如：

```
117.   myfunction <- function(arg1, arg2, ...) {
118.       statement1
119.       statement2
120.       ...
121.       return(result)
122.   }
```

其中，arg1、arg2 等为输入参数，result 为输出结果。

例如，以下代码定义了一个计算阶乘的函数：

```
123.   factorial <- function(n) {
124.       if (n == 0) {
125.           return(1)
```

```
126.        } else {
127.            return(n * factorial(n - 1))
128.        }
129.    }
```

可以通过以下方式调用函数：

```
130.    result <- factorial(5)
```

A.5 实践案例：数据爬取和分析

1. 技术准备

要进行计算社会科学研究时，首先需要数据源。传统的问卷调查、访谈和实验等数据源，越来越难以满足我们对数据的需求，而手动从互联网中去寻找数据并不太现实。利用爬虫技术，自动地从互联网中爬取相关数据内容，再进行更深层次的数据分析，越来越成为一种"新常态"。

用 R 语言实现网络爬虫不仅需要我们对 HTML 和 CSS 相关知识有一定的了解，还要掌握如何使用 Selector。该插件使得我们可以通过单击任一网页中的所需数据就能获得相应的标签。当然，也可以通过学习 HTML 和 CSS 的知识手动实现这一过程。

在此将使用"HadleyWickham"开发的"rvest"包来实现爬虫。从这里获得这个包的文档。如果没有安装这个包，请执行以下代码。

```
1.    install.packages('rvest')
2.    library(rvest)
```

2. 数据爬取

本案例主要是爬取政府工作报告。政府工作报告是什么，有什么研究价值，这个文本的爬取如何迁移到其他文本的爬取上，都得做适当的阐释。2021 年 3 月 5 日上午时任国务院总理李克强代表国务院做政府工作报告，海外专家学者热议政府工作报告，那么《2021 年国务院政府工作报告》究竟有何特点？下面运用 R 语言进行数据爬取告诉你结果。

```
3.    # 加载包
4.    library('rvest')
5.
6.    # 指定要爬取的 url
7.    url <- 'http://www.gov.cn/guowuyuan/zfgzbg.htm'
8.
9.    # 从网页读取 html 代码
10.   webpage <- read_html(url)
```

Step 1：使用 selector gadget 获得排名的 CSS 选择器。单击浏览器中的插件图标并用光标单击排名的区域。

Step 2：选择正确的区域，复制在底部中心显示的相应的 CSS 选择器。

Step 3：抓取正文。

```
11.   # 获取文本信息
12.   text <- html_nodes(webpage,"#conlun2_box_text") %>% html_text()
13.   step4: 将抓取的数据组成一个数据框
14.   #将标题、正文组成一个数据框
15.   df <- data.frame(title,text)
```

```
16.
17.    # 查看数据框
18.    View(df)
```

3. 词云分析

数据爬取后,我们可以对数据进行初步的分析、可视化和推断等。具体操作步骤如下:

```
19.    # 1.分词处理:第一步涉及自然语言处理,主要是用 jieba 包进行分词:
20.    install.packages("jiebaR")            # 安装包
21.    install.packages("jiebaRD")
22.    library(jiebaRD)                       # 运行包
23.    library(jiebaR)
24.
25.
26.    # 2. jiebaR 包里有一个叫 segment 的函数,它可以用来分词,主要的输入格式如下
27.    segment(code,jieba)
28.
29.    # code 是文件的内容,jieba 是用来分词的工具,我们首先设置下分词的工具,输入
30.    engine = worker()
31.    mixseg <- worker("mix")                # 建立模型分词
32.    title <- df $ title                    # 提取文本数据所在列
33.    a <- segment(title,mixseg)             # 开始分词
34.    freq <- table(a)                       # 词频统计
35.    freq                                   # 查看词频统计结
36.    Step2:绘制词云
37.    # 3. 绘制词云
38.    install.packages("wordcloud2")         # 安装包
39.    library(wordcloud2)                    # 运行包
40.    wordcloud2(freq,shape = 'star')        # 绘制词云
41.
42.
43.    # 4. 有关 worldcloud2 数据解读
44.    wordcloud2(data, size = 1, minSize = 0, gridSize = 0,
45.            fontFamily = 'Segoe UI', fontWeight = 'bold',
46.            color = 'random-dark', backgroundColor = "white",
47.            minRotation = -pi/4, maxRotation = pi/4, shuffle = TRUE,
48.            rotateRatio = 0.4, shape = 'circle', ellipticity = 0.65,
49.            widgetsize = NULL, figPath = NULL, hoverFunction = NULL)
50.
51.
52.    # data: 包含每列中的 word 和 freq 的数据帧,按照 word 出现的顺序由内向外画图(可以按照
       # freq 降序美化 wordcloud)
53.    # size: 字体大小,默认为 1。较大的大小意味着较大的单词
54.    # fontFamily: 要使用的字体
55.    # fontWeight: 字体重量,例如 normal, bold or 600
56.    # color: 文本的颜色,可以使用关键字 random-dark 和 random-light。也支持颜色矢量
57.    # minSize: 字幕的字符串
58.    # backgroundColor: 背景的颜色
59.    # gridSize: 用于标记画布可用性的网格大小,网格大小越大,单词之间的差距越大
60.    # minRotation: 文本应该旋转的最小旋转(以 rad 为单位)
61.    # maxRotation: 文本应旋转的最大旋转(以 rad 为单位)
62.    # rotateRatio: 单词旋转的概率。将数字设置为 1 以始终旋转
63.    # shape: 绘制"云"的形状。'circle'(default), 'cardioid'(心形',苹果或心形曲线,最知名
       # 的极坐标方程), 'diamond'(菱形), 'triangle-forward'(三角形前移), 'triangle'(三角
       # 形), 'pentagon'(五角形), and 'star
64.    # ellipticity: 平坦度
65.    # figPath: 画布路径
66.
```

附录B

飞桨全景与平台应用

AI 经过一段时间的发展,目前已经积累一系列较成熟的算法和模型。利用这些"工具箱"将能大大提高效率,助力研究者开展计算社会科学研究。百度公司的飞桨平台提供多种开发工具和预训练模型,并提供详细的帮助文档和课程,能让广大师生快速有效地开展学习和研究。目前,生物[1]、医学[2]、计算机[3]等领域的研究者已经利用百度飞桨的技术完成许多高水平的科学研究,并在顶尖期刊发表和高水平会议宣读。最近,《自然》杂志评论认为百度飞桨的技术水平正在快速追平欧美同行。[4]

B.1 飞桨全景介绍

1. 飞桨介绍

飞桨(PaddlePaddle)以百度多年的深度学习技术研究和业务应用为基础,是中国首个开源开放、技术领先、功能完备的产业级深度学习平台。其中包括 EasyDL、AI Studio、EasyEdge 等服务平台,PaddleHub 等工作组件及一系列的开发套件、基础模型库、核心框架等。

飞桨拥有多项领先技术,助力学术研究和工业应用。平台开发了便捷的深度学习框架(见图 B1.1),支持动态圈和静态圈;拥有超大规模深度学习模型训练技术,支持千亿特征、万亿参数的高速并行训练;提供多端多平台部署的高性能推理引擎,支持多框架、多平台和多操作系统;拥有产业级开源模型库,产业级算法总数达到 146 个。

---

[1] Huang L, et al. LinearFold: Linear-Time Approximate RNA Folding by $5'$-to-$3'$ Dynamic Programming and Beam Search. Bioinformatics, 2019, 35(14): 295-304.

[2] Chen M, et al. Classification and Mutation Prediction Based on Histopathology H&E Images in Liver Cancer Using Deep Learning. NPJ Precision Oncology, 2020, 4(1): 14.

[3] Xiao D, et al. ERNIE-GEN: An Enhanced Multi-Flow Pre-Training and Fine-Tuning Framework for Natural Language Generation, 2020.

[4] O'Meara S. China's Ambitious Quest to Lead the World in AI by 2030. Nature (London), 2019, 572(7770): 427-428.

图 B1.1　飞桨企业版

2. 飞桨开发套件

同时,飞桨平台提供多种开发套件,包括目标检测、生物计算、文本识别等。套件内提供问题解决的相关主流算法、训练数据集、数据标记工具、模型训练、模型评估、模型部署等,帮助开发者更高效地建立模型,实现应用落地。

3. 基础模型库

此外,飞桨平台还提供了多种基础模型库。模型算法种类多样,包含经过产业实践长期打磨的主流模型以及在国际竞赛中的夺冠模型;适合多样的应用场景,包括语义理解、图像分类、目标检测、图像分割、语音合成等。模型库则关注前沿研究,提供相关技术文档和代码,帮助实现前沿研究结果的快速复现,推动科研发展。

B. 2　PaddleHub 介绍

在 PaddleHub 中,我们能便捷地获取 PaddlePaddle 生态下的预训练模型,运用模型实现模型的管理和一键预测,能快速进行文本、图像、视频等模型建设。其优点主要在于:

(1) 无须数据和训练,一键实现模型应用,通过 Python API 或命令行实现模型调用,可快速体验或集成飞桨特色预训练模型;

(2) 轻松实现模型转服务,简单一行命令即可搭建属于自己的深度学习模型,对 API 服务完成部署;

(3) 提供易用的迁移学习,通过 Fine-tune API,内置多种优化策略,只需少量代码即可完成预训练模型的 Fine-tuning;

(4) 自动超参优化,内置 AutoDL Finetuner 能力,一键启动自动化超参搜索;

(5) 获得丰富的预训练模型包括文本模型(语义模型、词向量、词法分析、句法分析、情感分析等)、图像模型(文字实别、图像分类、目标检测、图像生成等)、视频模型(视频分类、视频修复等)。

有关飞桨的更多信息可以参考飞桨的官方网站[①]、官网教程[②]、Github 网站[③]。

[①]　https://www.paddlepaddle.org.cn/hublist.

[②]　https://aistudio.baidu.com/aistudio/personalcenter/thirdview/79927.

[③]　https://github.com/paddlepaddle/paddlehub.

B.3 EasyDL 介绍

1. 零门槛 AI 开发平台

EasyDL 是飞桨的企业版,是云端平台,集成了飞桨框架,预置了完善的开发环境、模型训练集群及任务调度机制,同时提供数据服务、模型训练完成后的服务部署。经典版适合 AI 零基础或追求高效率开发的企业和个人开发者。

EasyDL 基于百度自主研发的深度学习平台飞桨,图 B3.1 是 EasyDL 的平台界面。结合业界先进的工程服务技术,EasyDL 是一个简单易用的模型训练和服务平台,它提供的服务包括丰富的技术方向与模型类型,实现一站式模型定制,功能特性水平领先,至今已服务超过 70 万用户,覆盖 20 多个行业场景。

图 B3.1 EasyDL 平台界面

2. EasyDL 的模型类型

EasyDL 具有丰富的技术方向与模型类型,主要分为 7 个模型:图像模型、文本模型、语音模型、文字结构化识别模型、视频模型、结构化数据模型、零售行业版(商品检测模型)。具体如下:

图像模型主要涵盖了图像分类、物体检测、图像分割等技术方向。EasyDL 能够定制基于图像进行多样化分析的 AI 模型,实现图像内容理解分类、图中物体检测定位等,适用于图片内容检索、安防监控、工业质检等场景。

文本模型主要包括分类任务、匹配任务、序列标注等技术方向。基于百度大脑文心领先的语义理解技术,平台提供一整套自然语言处理的定制与应用功能,广泛应用于各种自然语言处理的场景。

语音模型主要借鉴了语音识别、声音分类等技术。EasyDL 能够定制语音识别模型,精准识别业务专有名词,适用于数据采集录入、语音指令、呼叫中心等场景,还能够定制声音分类模型,用于区分不同声音类别。

文字识别模型能够结构化输出关键字段内容,满足个性化卡证票据识别需求,适用于证照电子化审批、财税报销电子化等场景。

视频模型涵盖目标跟踪、视频分类等技术方向。平台服务能够定制化分析视频片段内容、跟踪视频中特定的目标对象,适用于视频内容审核、人流/车流统计、养殖场牲畜移动轨迹分析等场景。

结构化数据模型主要运用表格预测、时序预测等技术,它能帮助挖掘数据中隐藏的模式,解决二分类、多分类、回归等问题,适用于客户流失预测、欺诈检测、价格预测等场景。

零售行业版主要用于训练定制化商品检测和地堆检测模型,开放基于百度大规模零售数据的预训练模型及数据增强合成技术,实现低成本获得高精度 AI 模型服务。

3. EasyDL 一站式模型定制服务

EasyDL 支持一站式模型定制(见图 B3.2)。它的模型定制服务在数据管理、模型建构、模型部署与应用方面都能为开发者提供支持。在数据管理上,它可以提供卓越、全面的智能数据服务,在模型构建上能够提供零代码自动构建高精度模型,在模型部署与应用上,开发者可以灵活选择端边云部署方案。

图 B3.2   EasyDL 模型定制

B.4   EasyEdge 介绍

作为一个便捷的端与边缘 AI 服务平台,EasyEdge 拥有基于多种深度学习框架、网络结构的模型,能够快速转换发布适配多种 AI 芯片与操作系统的端/边缘计算模型,同时支持纯离线计算/端云协同服务。平台具有领先的技术优势,提供丰富的应用场景。图 B4.1 为 EasyEdge 的平台界面。

1. 便捷的端与边缘 AI 服务

EasyEdge 是一个便捷的端与边缘 AI 服务平台。

(1)支持多来源模型,如多种深度学习框架和网络的模型、飞桨丰富的开源模型、使用 EasyDL/BML 定制的高精度 AI 模型等。

(2)零门槛适配 AI 芯片,包括通用 ARM 芯片、通用 x86 芯片、英伟达 GPU、ARM GPU、百度昆仑 XPU、百度 EdgeBoard FPGA、华为昇腾 Atlas、英特尔 Myriad VPU、比特大陆、华为海思 NNIE、华为 HiSilicon NPU、高通 Snapdragon DSP。

(3)支持多样化的本地部署,如纯离线部署,让模型在本地离线计算,不受网络环境约束,可支持端云协同部署,令模型在本地离线计算,联网即可在平台一键更新模型。

便捷的端与边缘AI服务平台

图 B4.1 EasyEdge 平台界面

2. 特色优势

EasyEdge 拥有多项领先的技术优势。

(1) 零门槛。支持可视化操作,零代码即可轻松获取适配本地硬件的端/边缘计算模型。平台使用流程只需简单的三步:上传本地模型/使用飞桨开源模型;选择本地的硬件/芯片与操作平台;获取适配的离线模型部署包。

(2) 性能高。支持主流深度学习网络在 15＋主流 AI 芯片的适配,支持多种操作系统。

(3) 广适配。深入研究每一款芯片特性,并通过量化裁剪技术,实现不同网络在芯片上的最高性能。①

(4) 易集成。它提供封装完善的本地部署包、全套示例工程和 Demo,助力快速集成。在纯离线 SDK 之外,该平台还支持便捷的"一键下发"端云协同部署,方便进行端与边缘模型的快速集成应用。

EasyEdge 可以满足丰富的应用场景需要。在安防监控领域,能应用在智能摄像头等终端设备上,实现实时生产环境安全监控、交通巡检等。在工业质检上,能帮助实现流水线上集成瑕疵检测、零件识别等模型,满足工业质检的毫秒级要求。在智能结算方面,平台能将果蔬、菜品、商品的检测模型集成到电子秤等智能终端上,实现离线实时结算。在手机 App 方面,将模型集成到手机 App 中,实现手机端的商品识别、服装识别等。

B.5 EasyData 介绍

EasyData 智能数据服务平台提供数据采集、标注、清洗、加工等一站式数据服务,为训练模型提供优良的数据支持(见图 B5.1)。

---

① 平台支持范围包括:a. 上传模型支持 6 种框架:Caffe (ssd)、PyTorch (1.5)、TensorFlow (1.13.2)、PaddlePaddle (1.8.3)、MXNet、DarkNet;b. 上传模型支持 50 多种网络:包括 MobileNet 系列、ResNeXt 系列、DenseNet 系列、Inception/Xception 系列、SSD 系列、YoloV3 系列等;c. 适配 10 多种 AI 芯片:如通用 ARM 芯片、通用 x86 芯片、英伟达 GPU、高通 Snapdragon GPU/DSP、百度 EdgeBoard、英特尔 Movidius VPU、华为 HiSilicon NPU、华为海思 NNIE、苹果 A-Bionic 等。

图 B5.1　EasyData 平台界面

1. 功能介绍

EasyData 功能主要集中于数据的采集、标注、清洗和加工处理等。

（1）它提供可视化数据管理功能，能够对图片、文本、音频、视频等丰富数据类型进行可视化管理，支持便捷的数据导入、导出、查看、分版本管理等完善的管理服务。

（2）平台提供便捷的数据采集方案，丰富的数据标注模板及工具，以及智能化的数据清洗及加工服务，为 AI 开发提供高质量的训练数据。

（3）平台与 EasyDL、BML 衔接，支持将采集、标注、加工等处理后的高质量数据直接对接至 EasyDL、BML 等百度 AI 开发平台，服务于后续的模型训练输出更高精度的模型效果。

2. 特色优势

EasyData 特色包括全面丰富的数据服务、高质量的数据加工、完善安全的数据服务、与 AI 开发紧密衔接等。它能够提供多种数据服务：能从摄像头采集图片数据、通过云服务接口采集数据；提供丰富的标注模板、智能标注、百度众测及数据服务商标注支持；提供图片去模糊、图片去重、图片批量裁剪、图片旋转等服务。

B.6　AI Studio[①] 介绍

AI Studio 集开放数据、开源算法、免费算力于一体，为开发者提供高效易用的学习和开发环境、丰富的体系化课程、海量开源实践项目、以及高价值的 AI 竞赛，并提供教育版支撑高校和机构师生轻松实现 AI 教学，助力深度学习人才培养。目前 AI Studio 平台上已积累了 60 多万开发者，40 多万的样例工程和数据集、4000 多精品课程内容，每年组织 50 余场 AI 竞赛，并提供海量免费 GPU 算力资源。

1. 平台简介

百度 AI Studio 集 AI 教程、深度学习样例工程、各领域的经典数据集，云端的超强运

---

① 　AI Studio 支持 Chrome/Firefox/Safari 等浏览器，在 IE/360 等其他浏览器上不能保证正常运行.

算、存储资源、比赛平台、交流社区于一体。利用 AI Studio,学习者可以:

（1）根据自己的学习水平与能力进行课程选择;

（2）教程与样例代码高度衔接,可以课后随时进行代码练习;

（3）大量可供选择的高质量数据集,可以进行模型训练。

2. 平台功能

平台主要包括项目、数据集、课程、比赛、考试认证等模块。项目模块有 2000 多个优质公开项目,覆盖 CV、NLP、推荐算法等众多 AI 热门领域,完美支持 Notebook、脚本及图形化任务。数据集模块包含 1000 多个开放数据集,种类多样,支持数据集预览、下载、上传,单次上传容量高达 100GB。课程模块集视频、项目、文档三位一体,打造沉浸式学习体验;联合名师,匠心打造体系化课程;提供诸多免费优质课程,快速入门 AI。前置课程包括"从 0 开始学 Python""机器学习的思考故事"等;零基础入门课程包括"百度架构师手把手带你零基础入门深度学习""深度学习工程师认证初级教程"等;深度学习 7 日打卡营课程包括"零基础玩转深度学习 CV""Python 小白逆袭 AI 大神""强化学习"等。实战进阶课程包括"PaddleCV""百度架构师手把手带你产业级实践深度学习"等。比赛模块涵盖持续上线奖金丰厚的新手练习赛、常规赛、高级算法大赛。考试认证模块中有深度学习工程师考试。考试由飞桨和 Linux Foundation 开源软件大学共同创建。通过 AI studio 平台认证的人才可以获得百度飞桨人才认证标签、百度 AI 技术岗位免笔试、生态伙伴岗位联合人才招募的"绿色通道"。

3. 创建并运行项目

用户在项目大厅页,可以创建、管理、查看各种项目。项目管理栏分为平台公开项目、用户自己创建项目和用户收藏项目三部分。

（1）项目大厅页,单击"创建项目",可以设置下面的内容:

① 项目名称,用来标识项目,便于日后进行查找和管理,创建后支持修改;

② 项目标签,定义项目属性,最多可选择五个标签,右侧滑动条可查看所有标签类别,选择完毕单击确认;

③ 配置资源,程序部署运行环境,包括 Notebook、脚本任务和图像化任务,单击查看详情;

④ 预加载项目框架,深度学习开发框架,支持 PaddlePaddle 多种版本,未来也将集成更多的开发框架;

⑤ 项目环境,语言基础环境,包括 Python 2.7(默认),Python 3.5;

⑥ 项目描述,描述项目背景、用途等,创建后支持修改。

（2）如果项目涉及数据集,可以考虑直接使用系统预置的数据集:

单击"添加数据集",勾选所需数据集,选择完毕单击添加。每个项目最多可以引入两个数据集,便于模型比较在不同数据集下的准确率和召回率。如无合适的数据集,用户也可以自行上传创建新数据集。项目可对多个数据集分类排序,包括公开数据集、个人数据集和收藏数据集,同时支持数据集搜索。[①]

（3）最后单击"创建"并在弹出框中选择"查看"进入项目详情页:

在项目详情页可以对项目进行编辑,并对数据集进行变更。如我们可以在项目的预览

---

① 若无须数据集,可由上文"(1)"操作后直接跳转"(3)".

页中单击右上角的"编辑"按钮,在弹出界面中对项目属性进行重新编辑,包括项目所使用的项目环境(Python 版本切换)、框架版本、项目名称、项目描述、数据集等。

4. AI Studio 的优势

AI Studio 是百度重点打造的"一站式 AI 教学解决方案＋优质学习环境＋超强免费算力"在线一体化学习与实训社区。它注重教育合作,合作高校或机构达 300 多个,能够为线上教学提供从教学项目、AI 在线实训环境、教学管理的全流程一站式解决方案。在学习环境方面,它为我们预置了 Python 语言环境和百度飞桨深度学习开发框架。同时用户可以在其中自行加载 Scikit-Learn 等机器学习库。在算力方面,Notebook 项目配备了 Tesla V100 高级算力资源。Tesla V100 为当今市场上人工智能、高性能计算和图形的数据中心 GPU 中的精尖之作。

附录C

计算社会科学相关网站[①]

C.1 实 验 室

名　　称	所在大学	简　　介
THUCSS[②]	清华大学	该平台利用清华大学、大数据产业界、政府部门的多样化资源,组织经济学、心理学、社会学、政治学等多学科研究团队将大数据资源、方法和方案应用于社会科学研究,为社会科学研究范式转换、为重大社会经济问题的解决提供理论和应用知识。负责人为政治科学家孟天广等
"社计师"实验室[③]	中国社会科学院	该实验室志在通过跨学科、跨平台的合作交流,解决中国社会经济发展中的重大问题,推动数字中国建设。其研究领域涵盖数字经济、平台治理、平台责任等,并积极探索与各大互联网公司在计算社会科学人才、平台企业责任、数字治理领域的合作。负责人为社会学家吕鹏等
复杂决策分析中心[④]	复旦大学	该中心立足社会科学研究方法与问题前沿,直面变化与复杂的世界各国,尤其是中国所面临的格局变迁和角色转换。在研究与实训工作中,其建立起一套基于广泛而丰富的历史经验和科学方法的分析框架、模型和工作软件,将前沿的社会科学研究方法与实际的学术与政策研究结合起来;把战略行为和战略决策研究的经验一般化和模型化,做到可复制可移植。负责人是政治科学家唐世平等

---

① 截至 2021 年 8 月 31 日.

② 微信公众号：ComputationalSocialScience.

③ http://www.baiji.org.cn.

④ http://www.ccda.fudan.edu.cn/index.php.

续表

名　称	所在大学	简　介
计算社会科学研究中心[①]	浙江大学	该实验室致力于分布式人工智能建模与社会科学研究的结合,以社会仿真为主要方法,研究领域包括数据隐私保护、数据定价和资产化、社会治理、数字政府和智慧城市建设等。研究成员学科背景涵盖计算机科学、公共管理学、经济学、医学等。负责人是人工智能科学家吴超等
Computational Social Science Laboratory[②]	香港中文大学	该实验室汇集了来自地理学、社会学、经济学等多学科的学者,专注于复杂和大规模人类行为和行为变化的计算方法的发展和应用,力图推进基于人类行为的基础理论,解决重大的社会问题。负责人是地理学家黄波(HUANG Bo)和社会学家谭康荣(TAM Tony Hong wing)
Berkman Klein Center[③]	哈佛大学	该中心的使命是探索和理解网络空间,以研究其发展和动向,并评估法律和制裁的需求或缺陷,它致力于探索未知世界。其研究方法包括构建网络空间,在实践中生产数据、自我学习和共享。负责人包括法学家 Christopher Bavitz 等
Center for Computational Social Science[④]	斯坦福大学	该中心的成员主要来自政治科学、经济学、工程学等多个学科。中心主要使用包括数据挖掘、自然语言处理、文本分析、网页抓取、数据可视化、机器学习等前沿方法来研究一些传统的社会科学议题,如民主、安全、经济增长和不平等等。负责人包括政治科学家 Justin Grimmer 等
Political Communication Lab[⑤]	斯坦福大学	该实验室成员主要包括斯坦福大学政治科学和传播系的教师和研究生。其主要从事新闻和精英修辞的大规模内容分析、政治两极分化的实验研究、涉及超过 14 个国家的公众反对移民的跨国调查。负责人为政治科学家 Shanto Iyengar
Human Nature Lab[⑥]	耶鲁大学	该实验室从事基础研究和应用研究,包含在线实验和发展中国家的公共卫生自然实验等。研究方法从复杂的网络科学到将人工智能主体引入社会系统,再到开发新的软件工具。主要研究议题包括生物学、遗传学和人类社会互动的进化起源,以及社会制度的涌现特性等。负责人是社会学家 Nicholas Christakis
Laboratory for Social Minds[⑦]	圣塔菲研究所	该实验室是圣塔菲著名的实验室之一,用跨学科的方法从事经济学、社会学、政治学等学科的研究。研究方法包括对历史和当代现象进行实证调查,并建立数理理论。该实验室以理解和预测人类的未来为己任,对政治秩序的重大转变进行综合剖析。负责人包括社会科学家 Simon DeDeo 等

① https://mo.zju.edu.cn/css/.

② http://www.soc.cuhk.edu.hk/research/research-clusters/computational-social-science/.

③ https://cyber.harvard.edu.

④ https://iriss.stanford.edu/css.

⑤ http://pcl.stanford.edu.

⑥ https://humannaturelab.net.

⑦ https://sites.santafe.edu/~simon/.

续表

名　称	所在大学	简　介
MIT Media Lab①	麻省理工学院	该实验室力促跨学科研究,将不同领域的兴趣和探索汇集在一起。它建立了宽泛的研究议程以及媒介艺术和科学的研究生学位课程。教师、学生和研究人员在数百个不同学科的项目上合作,包括社交机器人、物理和认知弥补、新的学习模型和工具、社区生物工程和可持续城市模型等。负责人是管理科学家 Sandy Pentland
Social Dynamics Lab②	康奈尔大学	该实验室研究网络拓扑结构和社会互动之间的相互作用,擅长使用计算模型、在线网络数据和参与者的实验室实验。研究领域包括仇恨言论、复杂社会渲染、沟通网络中的跨文化差异等。负责人为社会学家 Michael Macy
Lazer Lab③	美国东北大学	该实验室进行政治学、计算机科学和信息科学的交叉研究,研究成员具有计算机科学、政治学、信息科学、认知心理学、经济学等多样化的学科背景。研究领域涉及政治选举预测、政治舆论传播、流感病毒传播、网络科学等,其研究方法涵盖社会网络分析、自然语言处理、仿真建模、人机交互、在线行为实验、机器学习等。负责人包括政治科学家 David Lazer 等
Computational Social Science Lab④	多伦多大学	该实验室是计算机科学系的一个跨学科研究小组,主要进行人工智能、大数据和社会科学的交叉研究。研究方法主要包括大型网络数据集分析,在线随机实验,机器学习方法开发等。研究领域涵盖计算社会科学、数据科学、机器学习、算法偏差、技术的社会影响、推荐系统等。负责人包括计算社会科学家 Ashton Anderson 等
Behave Lab⑤	米兰大学	该实验室是社会学和政治科学系联合成立的行为社会学研究和培训中心。其目标是将实验和计算研究结合起来,以检验从行动主体交互中生成的大规模、复杂的社会模式。负责人为社会学家 Flaminio Squazzoni

C.2　欧美知名学者

姓　名	机　构	个人主页
Dashun Wang	美国西北大学 凯洛格管理学院、麦考密克工程学院	https://www.dashunwang.com
David Lazer	美国东北大学 社会科学与人文学院、Khoury 计算机科学学院	https://cssh.northeastern.edu/faculty/david-lazer/

---

① https://www.media.mit.edu.

② http://sdl.soc.cornell.edu.

③ http://www.davidlazer.com/home.

④ http://csslab.cs.toronto.edu.

⑤ http://behavelab.org.

续表

姓　名	机　构	个 人 主 页
Duncan Watts	宾夕法尼亚大学 计算机与信息科学系、信息与决策系	https://www.asc.upenn.edu/people/faculty/duncan-j-watts-phd
Gary King	哈佛大学 肯尼迪政府管理学院	https://gking.harvard.edu
James Evans	芝加哥大学 社会学系	https://sociology.uchicago.edu/directory/james-evans
Matthew Salganik	普林斯顿大学 社会学系	http://www.princeton.edu/~mjs3/
Michael Macy	康奈尔大学 社会学系、信息科学系	https://sites.google.com/site/michaelmacy14/home
Nicholas Christakis	耶鲁大学 社会学系、生态和进化生物学系	https://sociology.yale.edu/people/nicholas-christakis
Sandy Pentland	麻省理工学院 斯隆管理学院	https://mitsloan.mit.edu/faculty/directory/sandy-pentland

C.3　相关英文期刊

期　刊	网　址
Nature	https://www.nature.com
Science	https://www.sciencemag.org
PNAS	https://www.pnas.org
Journal of Computational Social Science	https://www.springer.com/journal/42001
Journal of Artificial Societies and Social Simulation	http://jasss.org
Journal of Social Computing	https://www.firstacademics.com/journal/2688-5255
Complexity	https://onlinelibrary.wiley.com/journal/10990526
Computational Communication Research	https://computationalcommunication.org/index.php/ccr
Computational Economics	https://www.springer.com/journal/10614

附录 D

专业词汇中英文对照表

A	
Adaptive boosting	自适应提升法
Adjacency list	邻接列表
Adjacency matrix	邻接矩阵
Agent	主体
Agent-based modeling	基于多主体建模与仿真
Assortativity	节点适配
B	
Betweenness centrality	中介中心度
Bias	偏差
Bias-variance tradeoff	偏差-方差权衡
Bifurcation	分岔
Blending	融合
Blogosphere	政治博客域
Binary tree	二叉树
Bipartite graph/ bigraph	二分图
Branch	分支
Brown clustering	布朗聚类
Boosting	提升法
Bootstrapping	拔靴法
Bootstrap aggregating	袋装法
C	
Cannyedge detector	Canny 边缘检测器
Cellular automata model	元胞自动机
Classification	分类

续表

Classification tree	分类树
Cluster analysis	聚类分析
Cluster center	聚类中心
Clustering coefficient	集聚系数
Channels	通道数
Chebyshev distance	切比雪夫距离
Circle	环
Closeness centrality	接近中心度
CNN(Convolutional Neural Network)	卷积神经网络
Coefficient of determination	决定系数
Community detection	社区挖掘
Complete graph	全图
Computational social science	计算社会科学
Computer vision	计算机视觉
Complete segmentation algorithm	完全切分算法
Complexity science	复杂性科学
Compositing surface	合成面
Conditional random field	条件随机场
Connected component	连通分量
Connectivity	连通性
Contour Tracking	轮廓追踪
Convolution	卷积
Convolutional Layer	卷积层
Cross-validation	交叉验证
D	
Data-intensive	数据密集型
Decision tree	决策树
Deep learning	深度学习
Degree	度数
Degree centrality	点度中心度
Degree distribution	度分布
Density	密度
Density-based clustering	密度聚类
Dictionary	字典
Directed graph	有向图
E	
Eccentricity	偏心率
Edge	边/邻边
Edge detection	边缘检测
Edgebetweenness algorithm	邻边中介算法
Ego-alter	中心-邻者
Ego-centric network	自我中心网络
Eigenvector centrality	特征向量中心度

续表

Elastic net	弹力网
Empirical social science	实证社会科学
Emergence	涌现
Ensemble learning	集成学习
Entity relationship extraction	实体关系抽取
Entropy gain	熵增益
Equation-based modeling	基于方程的模型
Euclidean distance	欧氏距离
F	
Feature	特征
Feature engineering	特征工程
Feature selection	特征选择
Filter	滤波器
Filtering	滤波
Flatten	拉平
Forward longest matching algorithm	正向最长匹配算法
G	
Generalization error	泛化误差
Generative model	生成模型
Global clustering coefficient	全局集聚系数
Gradient descent	梯度下降
H	
Hash table	散列表
Heuristic	试探性
Hidden Markov model	隐马尔可夫模型
Hidden layer	隐藏层
Hierarchical clustering	层次聚类
Hold-out	留出法
Hough transform	霍夫变换
HTML(Hyper Text Markup Language)	超文本标记语言
HTTP(Hyper Text Transfer Protocol)	超文本传输协议
Hyperparameter	超参数
I	
Image alignment	图像对齐
Image stitching	图像拼接
In-degree	入度
Information entropy	信息熵
Information extraction	信息提取
Input	输入
Irreducible error	不可避免误差
J	
Jaccard similarity	雅科比相似度

续表

K	
K-fold	K 折法
K nearest neighbor	K 近邻法

L	
Label	标签
Labeled data	标注数据
Label propagation algorithm	标签传播算法
LASSO (Least absolute shrinkage and selection operator)	拉索回归
Language model	语言模型
LDA (Latent Dirichlet Allocation)	隐含狄利克雷分布
Learning rate	学习率
Leave-one-out	留一法
Lexical analysis	词法分析
Linear regression	线性回归
Link prediction	链路预测
List	列表
Local clustering coefficient	局部集聚系数
Loose-knit	稀疏
Log-linear model	对数线性模型
Loss function	损失函数

M	
Manhattan distance	曼哈顿距离
MAP(Maximum a posteriori probability)	最大后验概率
Markov hypothesis	马尔可夫假设
Markov model	马尔可夫模型
Max pooling	最大池化
Modularity	模块度
Minkowski distance	闵可斯基距离
MSE(mean squared error)	均方误差
Multicollinearity	多重共线

N	
Natural language processing	自然语言处理
Named entity recognition	命名实体识别
Network average clustering coefficient	网络平均集聚系数
Nested cross-validation	嵌套交叉验证
Neural networks	神经网络
Neuron	神经元
Node	节点
Nodei mpurity function	不纯度函数
Nonparametric approach	非参数方法

续表

O	
OLS（Ordinary least squares）	普通最小二乘法
Opinions on risky events（ORE）Model	风险认知模型
Optical illusion	错视觉
Out-degree	出度
Output	输出
Overfitting	过拟合

P	
Padding	填充
Parametric approach	参数方法
Parameter tuning	调参
Participle	分词
Part-of-speech tagging	词性标注
Pearson's Correlation	皮尔逊相关系数
Perceptron	感知机
Pixel(Picture elements)	像素
Pixelselection and weighting(deghosting)	像素选择和权重(去重影)
Pooling	池化
Pose estimation	姿态估计
Principal component analysis	主成分分析
Prototype-based clustering	原型聚类

Q	
Quadratic assignment procedure	二次指派程序

R	
Random forest	随机森林
Random network	随机网络
Random walk	随机游走
Receptive Field	感受野
Regression	回归
Regression tree	回归树
Regularization	正则化
Reverse longest matching algorithm	逆向最长匹配算法
Ridge regression	岭回归
Ridge trace	岭迹图
Rotoscoped contours	转描轮廓
Rotoscoping	转描机技术
RSS(residual sum of squares)	残差平方和
Rule system	规则系统

S	
Scale-free network	无标度网络
Schelling segregation model	谢林隔离模型
Sequential ensemble approach	序贯集成法

Shrinkage penalty	收缩惩罚
Silhouette coefficient	轮廓系数
Snowball sampling	滚雪球取样
Social engineering	社会工程
Sobeledge detector	Sobel 边缘检测器
SQL(Structured query language)	结构化查询语言
Stride	步幅
Structural equivalence	结构等价
Structural similarity	结构相似度
Structural hole	结构洞
Sparse model	稀疏模型
Subgraph	子图
Subsampling	子采样
Sugarscape model	糖域模型
Superpixels	超像素
Syntax analysis	句法分析
T	
Tensor	张量
Test error	测试误差
Testing	测试过程
Test set(data)	测试集(数据)
TF-IDF （Term Frequency-Inverse Document Frequency)	词频-逆文档频率
Text categorization	文本分类
Text vectorization	文本向量化
Text clustering	文本聚类
Threshold model	阈值模型
Tight-knit	稠密
Training	训练过程
Training set(data)	训练集(数据)
Translational alignment	平移对齐
Triad	三元组
Triadic closure	三元闭合
Triadic embededdness	三元嵌入
Tuple	元组
Two-mode network	二模图
Two-way longest matching algorithm	双向最长匹配算法
U	
Underfitting	欠拟合
Undirected graph	无向图
V	
Validation set	验证集

续表

Variability	异质性
Video object tracking	视频对象跟踪
Video stabilization	视频稳像
Video synopsis	视频概要
Vector	向量
VIF(Variance Inflation Factor)	方差膨胀因子
W	
Walk	游走
Weak ties	弱连带
Weight	权重
Weighted graph	加权图
Whole network	整体网
X	
XML(Extensible Markup Language)	可扩展标记语言

后　　记

　　"昨天我整体过了下正文 11 章加附录,一个一个文档打开,已经是满满的成就感了。等到出版出来的那一刻,估计就更有成就感啦!"2021 年 10 月 30 日,陈忱老师在我和范晓光老师组成的一个叫做"计算社会科学导论主编小组"的微信群里留下这么一段感言。

　　这个感言,代表了我们这个小组里每一个人的心声。在不到半年的时间里,我们组织了精干力量,投入了大量的心血和精力,终于完成了这本《计算社会科学导论》的编写工作。在我们有限的阅读范围内,当编写完这本书的时候,我们还没有看到其他由国内社会科学工作者主导完成的同类教材。在 2023 年的盛夏,这本书终于和大家见面。在党中央提出"要重视通用人工智能发展,营造创新生态,重视防范风险"的今天,在教育部开始大力推行"新文科"建设的战略机遇期,能够为计算社会科学(Computational Social Sciences)这门"新兴"交叉学科的学科建设做出一点小小的贡献,这正是我们的初心所在。

一、本书的定位与目标

　　这并不意味着我们对这本书感到完全满意。时间是一个硬性的约束,但更重要的是,"计算社会科学"作为一门真正意义上的"学科",尚未定型,许多研究议题和方法也方兴未艾;不管是计算科学还是社会科学,每天都在诞生新的思路、技术和成果。所以,从一开始,我们就给这本书做了三个定位。

　　第一,这是一本主要给人文社科类专业的学生学习使用的入门书或教材,目的是让他们大体了解"计算社会科学"主要的研究领域和研究方法,了解计算社会科学的源起和发展,从而开启他们的学习与研究之旅。本书不追求太多技术上的细节,所以并不像市面上的很多人工智能图书那样,展示大量的技术原理、公式和代码。如果人文社会科学类专业的学生对计算社会科学的技术层面感兴趣,清华大学出版社的其他读本完全可以满足这个需求。相反,正如我们在第 1 章所说的那样,我们追求的是展现一种"研究范式"或者说"思维方式"。在此基础上,我们精心选择了回归分析、机器学习、聚类分析、神经网络分析、自然语言处理、计算机视觉、社会网络分析、ABM 等内容。这些内容有的是主流人工智能图书的重头戏(比如机器学习、神经网络分析等),有的则在其他相关图书中很少甚至完全没有涉及(比如回归分析、社会网络分析)。但我们认为,这些对于一个人文社会科学类专业的学生来说,不仅是必要的,甚至可能是最常使用的。因此,我们带着一种"社会科学家的人工智能工具箱"的理念,为读者们选择了这些"工具",并根据可能使用的强度,对一些内容做重点介绍;而对一些在计算科学里虽然重要,但社会科学家们目前依然较少使用的方法,则只做简略的介绍。

　　第二,虽然这是一本"适文化"的书,但也是一本可以供计算科学类专业的学生和研究者来了解"社会科学家们到底在做什么?"的索引,有助于他们提高人文社科素养。随着计算机技术在经济、社会和政治领域越来越广泛的应用,我们不仅要考虑技术本身的发展与变革,还要考虑其活动的目的、手段以及后果的正当性和正义性。但在计算科学领域,人们对于大数据和人工智能可能导致的社会风险缺乏敏感的意识。例如,监控和隐私保护虽然不是一个新问题,但在大数据、人工智能时代背景下,呈现了新的特点,伦理学、政治学、法学、传播学、社会学、心理学、经济学都从不同的视角探索了这一问题,但要理解和面对这一问题必须了解监控的发展历程,以及伴随着的隐私观念及隐私保护策略的变化。近年来,已经有越来越多的人认识到,必须将社会科学的许多理念、理论和方法引入计算设计的过程。但是,对于社会科学家们能不能进入这一领域,以及进入这一领域之后能够做什么,许多人心中还有疑问。实际上,今日的社会科学早已突飞猛进。本书有很大的篇幅都在介绍"案例"。这些案例,实际上就是展示了社会科学的一些应用场景。因此,对于希望触及和解决社会问题的开发者而言,本书也是一项结合科技能力与社科素养教育、结合技术与社会知识体系的尝试,使技术有更多的人文考量,从而培养与赋能一批跨越社会科学和计算科学两大领域的复合型人才,实现共建人工智能素养内容生态,用科技力量支撑"新基建"与国家治理能力现代化,推动科技创新与社会创新齐头并进,从而形成"科技高地"与"思想高地"比翼齐飞的双高地格局。

　　第三,这是一本开源的、不断更新的活教材。一本教材,如果没有人使用,没有更新,就丧失了它存在的意义。以高级统计学、社会研究方法为代表的"量化研究"课程已成为大多数社会科学学科的必修课和选修课,而国内外名校已纷纷开始开设大数据相关的第二学位课程甚至专业学位课程。我们希望为探索社会科学量化课程教学和研究的新范式与方法做一点贡献。在过去的两年里,我们与百度共同开展了一系列与计算社会科学有关的活动。例如,2020 年 8 月,我们开设了"费孝通群学讲坛·社计未来 社会科学家的第一节人工智能课"(公益课程班),在中国社会科学院社会学所经济与科技社会学研究室公众号"社计未来"的直播平台上进行全程同步直播,累计观看数超过 39485 人次,收到 760 余份课堂作业。"社计师成长计划"吸引了 146 位来自北京大学、清华大学、中国科技大学、香港中文大学、台湾大学、日本早稻田大学等海内外著名高校的研究人员报名。"人工智能提案创意比赛"收到了 37 份参赛作品,涵盖教育、媒体、心理学、环保、法律、医疗卫生、科技等社会生产和公益领域。2021 年 5 月,我们完成了一套 64 课时的人文社科类人工智能课程的 PPT。2021 年 7 月,我们与百度公司、兰州大学哲学社会学院等机构合作,再次开设"费孝通群学讲坛·社计未来 社会科学家的第一节人工智能课"(2021 计算社会科学师资班),这次师资培训班做了更加针对性的改造:全程聚焦机器学习、全程原理＋实操、全程伴随大咖启发式分享＋学员头脑风暴,来自中国社会科学院、百度公司、清华大学、北京大学、复旦大学、中山大学、浙江大学、南京大学、中央民族大学、国防科技大学、西安交通大学等机构的共 10 位专家学者分享了计算社会科学领域的前沿理论与各自研究领域的心得。通过这些活动,我们希望推动我国"计算社会科学"学科现有科研队伍人才结构和知识结构升级,升级现有的量化研究课程,主动探索大数据和人工智能技术在社会科学研究中的运用,扩大社会科学家在人工智能政策领域的话语影响。我们希望能够有更多的教学一线老师们使用本书以及我们制作的PPT 课件,并随时反馈你们的意见和建议;如果您也希望成为教材编写中的一员,也欢迎通过我们的网站(社计师网站:ai. baiji. org. cn)或邮箱(lv-peng@cass. org. cn)与我们联系。这将是一本开放的教材,不断地更新迭代。

二、未来的规划与召唤

　　我们把自己的团队称作"社计师"(So-coders),把我们的活动叫作"社计未来"。"社"代表社会科学,"计"代表计算科学。我们希望与全国社会科学界从事高级统计方法、社会调查与研究方法等量化研究课程教学的青年教师,以及有志于从事大数据分析和研究,用人工智能技术分析和服务国家战略的青年学者和学生一道,促进文科与理工科的学科交叉融合,提高人文社科类人才的 AI 素养与技能,拓展技术开发者的社科视野。在未来,"社计未来"系列活动将会继续以计算社会科学人才为抓手,通过建设多层次立体方案,赋能一批跨越社会科学和计算科学两大领域的复合型人才,为改造与优化人工智能人才的结构做出积极的探索。

（1）建设人才培育中心。以师资培训班为基础,不断定期举办培训课程,并逐渐完善课程模式,推出多种特色课程,覆盖从零基础学生到专业教师的不同层次人群。在条件成熟时,与有关机构、企事业单位筹划共建人工智能与社会科学培育中心和实践基地。

（2）推动社会领域的知识图谱、数据库、实训平台建设。建立囊括海内外著名高校和研究机构研究人员、在校师生的人工智能社群,打造跨越国界的、高质量的人工智能人才生态圈,人工智能人才不仅包括具有计算科学背景的人才,还包括同时兼具社会科学素养的人才。让全球范围内的连接、合作更加高效和有深度。

（3）建立计算社会科学实训平台。社会科学研究者需要符合本学科场景和认知特点的应用平台,与有关机构合作打造多模块系统化实训教学体系。我们之前的两次师资班都使用了百度飞桨 AI Studio 平台,为不同基础和学科的学生提供了更具有针对性和实效性的实操训练。未来将不断完善实训课程的建设,不仅完成多种数据处理方法的教学,更聚焦于在"差异化"上做文章,积极探索计算社会科学"多层次、多模块"的实践教学体系。

（4）鼓励高校开设相应课程,期待推动计算社会科学专业学位认证和"社计师"资质认证。通过建设计算社会科学领域的基础教材,为社会科学赋能更多通晓人工智能的人才,也将推动人工智能技术融入课堂;并同时设置相应的基础课程体系,通过免费开放的方式向更多学生宣传与推广。从辅修学位、微课堂到专业学位,争取在获得人力部门支持的基础上,将计算社会科学专业认证为新的职业类型。

（5）向女性科研工作者倾斜。2021 年 7 月 19 日,中国科技部官网公布了《关于支持女性科技人才在科技创新中发挥更大作用的若干措施》,指出"在'十四五'和今后相当长时期内,要坚持性别平等、机会平等,为女性科技人才成长进步、施展才华、发挥作用创造更好环境,努力造就一批具有世界影响力的顶尖女性科技人才"。计算社会科学领域中最具影响力学者存在男女比例失衡问题。"社计未来"致力于推动为女性创造更好的条件和更公平的上升通道,将针对女性推出特别计划。

总之,我们想要做的事业,并不仅仅是一本教材,而是通过"理论＋案例＋平台"的架构,能够为计算社会科学的学科建设添砖加瓦。计算社会科学是数据驱动的社会科学,它与人工智能的结合能够使我们不但可以更清晰地描述人与人之间的信息互动过程和模式,而且能更合理地解释社会现象及其发生机制,更准确地预言人的日常行为和社会系统的发展趋势。在今天,计算科学和社会科学之间的对话,有着越来越重要的意义。

三、致谢

本书受到了百度公司在 AI 实践案例方面的支持和中国社会科学院大学新文科研究与改革实践项目"社会科学的人工智能工具箱建设"的资助。我们要感谢百度公司的战略决策和社会责任。百度公司可能是最早与社会科学家们进行密切合作、最早推进"计算社会科学"学科建设、最广泛地培养计算科学与社会科学交叉的 AI 人才的中国互联网大厂之一。我曾经向其他一些互联网大厂的朋友们"兜售"过"计算社会科学"的理念,但并不总是能获得积极的回应。我们还要感谢韦成文、卢健、曹海涛、丁进、吴蕾、文灿、程军、汪庆辉、吕健、张翰迪、安梦涛、张一超、赵佳明、乔文慧、张崇乐等诸多百度同学的穿针引线、组织协调。

　　我要感谢范晓光、陈忧两位老师的辛苦付出。范晓光在这本书之前,已经就量化研究、计算社会学做了一些引领性的工作。即便如此,面对这样一个系统性的工程,他依然兢兢业业,付出了大量的心血,不仅共同制定了全书的布局,还统管了几乎所有的细节。陈忧是学术新秀,她不仅贡献了两个章节的内容,作为副主编,还在处理编书的各种学术与社会议题时非常睿智和老练。

　　我要感谢我们优秀的作者们。我们很荣幸地既能够邀请到中央民族大学的陈心想教授、中国社会科学院大学的蒋欣兰教授这样的资深学者,也有诸如华中科技大学的刘河庆、麻省理工学院的梁晨这样的青年学者加盟。来自中国社会科学院大学的董书昊、李凌浩、方琦、徐圆,清华大学的孙宇飞、朱萌,中央民族大学的刘金龙,华中科技大学的刘太石,浙江大学的成佳慧、王培琦都是青年学子,他们在老师们的指导下独立地完成了自己的部分,并承担了大部分案例的写作。中国社会科学院大学的贾叶子、施佳其、潘春旭同学则承担了本书的部分编务工作。本书各章节的分工如下:

	理　论	案　例
第 1 章	范晓光、吕鹏	
第 2 章	徐圆、方琦、李端	(政府工作报告热点分析)方琦、徐圆 (关注新冠疫情)方琦、徐圆
第 3 章	陈心想、董书昊	(预测居民的幸福度)董书昊 (预测住院群体的医疗支出)董书昊 (预测小麦产量)董书昊
第 4 章	陈忧、范晓光	(申请研究生的录取率预测)苏振昊 (员工离职率预测)苏振昊
第 5 章	刘和庆、刘太石	(强基建与促发展:中国村居发展的类型差异)刘太石 (关注与忽略:中国家庭教育的不同模式)刘太石
第 6 章	蒋欣兰、刘金龙	(单体汉字书法识别)刘金龙、李凌浩 (文本自动生成)刘金龙、李凌浩
第 7 章	孙宇飞、李凌浩	(使用 HanLP 进行词法分析)刘金龙、李凌浩 (信息抽取)刘金龙、李凌浩 (文本分类与文本聚类:谣言分类)刘金龙、李凌浩 (通过 LDA 主题模型进行微博主题聚类)刘金龙、李凌浩
第 8 章	蒋欣兰、李凌浩	(汉字书法场景识别)刘金龙、李凌浩 (假的真不了?)刘金龙、李凌浩 (表情分析)刘金龙、李凌浩 (老照片翻新)刘金龙、李凌浩
第 9 章	梁晨	
第 10 章	梁晨	(佛罗伦萨与美第奇家族的崛起)梁晨 (美国的政治极化与 Blogosphere)梁晨 (网络游走与知识创新)梁晨

续表

	理　论	案　例
第 11 章	陈忱	（居住隔离模型）王培琦 （风险认知信息的传播模型）王培琦
附录 A	孙宇飞、朱萌	（政府工作报告案例爬取）朱萌
附录 B	方琦、徐圆	
附录 C	成佳慧	
附录 D	全书作者	

　　最后，我们要感谢许许多多支持我们的学界和业界同仁。中国社会科学院高度重视交叉学科建设，在计算社会科学领域做了很多前沿布局。高翔院长多次提出要打破学科领域壁垒，密切关注科技革命和时代变革的最新趋势，围绕人工智能、大数据、量子计算等互联网新兴技术，培育新的学术增长点和创新点。感谢李培林、王灵桂等时任院领导的支持和鼓励，感谢陈光金、穆林霞、王春光、杨典、王俊秀、李炜、李春玲、邹宇春、赵联飞、王晶、付伟、向静林等所内同仁在推进这项工作上的大力支持或鞭策，感谢中国社会科学院马援副秘书长，人事局赵芮局长，科研局胡滨、赵克斌等领导和王永磊、周磊、王继峰、王维、王寅等众多同志，以及中国社会科学院大学王新清、林维、高文书、赵一红、王国成、杨蓉蓉、王炜、蒋甫玉等老师对我们推进交叉学科建设的支持。从进入计算社会科学这一领域的第一天起，我们就一直受到包括邱泽奇、刘欣、沈原、刘少杰、赵鼎新、毛丹、张海东、唐世平、梁玉成、陈云松、洪岩璧、胡安宁、孟天广、孟晓峰、唐远雄、周旅军、朱斌、李丁、陈彬、龚为纲、贺力、吴超、孙萍、刘学、王成军、何晓斌等在内的师友的关心与鼓励。由于篇幅所限，不能一一致谢。我们相信，随着计算社会科学的队伍日益庞大，这份名单只是一个开始。

　　　　　　　　　　　　　　　　　　　　吕　鹏

　　　　　　　　　　　　　　　　2023 年 5 月 31 日于北京